Sandra Kirsch
Emigration als Herausforderung

Sandra Kirsch

Emigration als Herausforderung

Eine Studie zu Identitätskonstruktionen von aus dem nationalsozialistischen Deutschland emigrierten Kindern und Jugendlichen

Humanities Online

Bibliografische Information Der Deutschen Nationalbibliothek

Die Deutsche Nationalbibliothek verzeichnet diese Publikation in der Deutschen Nationalbibliografie; detaillierte bibliografische Daten sind im Internet über http://dnb.ddb.de abrufbar.

Frankfurt am Main
www.humanities-online.de
info@humanities-online.de

Erste Auflage 2010
ISBN 978-3-941743-07-6

Gesetzt aus der Sabon
Umschlaggestaltung: Uwe Adam, Bruchköbel
Printed in Germany

Dieses Buch ist auch als E-Book erhältlich: www.humanities-online.de

Inhalt

»We shall not cease from exploration.
And the end of all our exploring
Will be to arrive where we started
And to know the place for the first time.«

(T. S. Elliot)

1. Einleitung

> »Das Ich ist nie eine Insel. [...] Die psychosoziale Identität hat [...] eine psychohistorische Seite, und daher müssen wir untersuchen, wie Lebensgeschichte unauflöslich mit Geschichte verwoben ist.«[1]

Bei der vorliegenden Arbeit handelt es sich um eine Untersuchung zur Bedeutung des lebensgeschichtlichen Ereignisses (erzwungener) Emigration aus Deutschland zur Zeit des Nationalsozialismus für die Identitätsentwicklung von Kindern und Jugendlichen. Die Bedeutung von Erfahrungen mit dem Nationalsozialismus und dem Holocaust für Überlebende der ersten Generation wie auch für deren Nachkommen ist zum einen in einer Vielzahl (auto-)biographischer, teils literarisch-fiktionaler Veröffentlichungen dokumentiert worden, zum anderen in unterschiedlichen Disziplinen in den letzten Jahrzehnten intensiv erforscht worden.

Im Zentrum meiner Arbeit stehen jedoch nicht Angehörige der zweiten Generation, also die nach Kriegsende geborenen Kinder von Holocaust-Überlebenden, sondern Menschen, für die sich in jüngerer Zeit der Terminus der ›child survivors‹[2] eingebürgert hat (vgl. z.B. Suleiman 2002; Schreiber 2005): Dieser bezeichnet im allgemeinen Kinder bzw. Jugendliche, die den Nationalsozialismus erlebt haben, Verfolgung ausgesetzt waren und diese entweder in den Lagern oder versteckt im eigenen Land überlebt haben oder aber durch Emigration entkommen konnten. Auf Kinder und Jugendliche dieses letzteren Kreises (und davon auf Emigranten aus Deutschland[3]) wird sich die Arbeit konzentrieren.

Die Bedeutung von nationalsozialistischer Verfolgung und Emigration für die weitere Entwicklung ist für diese Kinder und Jugendlichen im Gegensatz zu Überlebenden der ersten Generation und ihre Nach-

1 Erikson 1982, 17f.

2 Auf die Problematik dieses Begriffs bzw. seine nicht ungeteilte Akzeptanz von Seiten der so Etikettierten soll hier zunächst nicht weiter eingegangen werden. Im historischen, oft auch im psychologischen Sinne (vgl. Bar-On 1992, 178) trifft die Bezeichnung als ›Überlebende‹ auf Emigranten gleichermaßen zu. Ich selbst verwende sie allerdings in meiner Arbeit vor allem deshalb nicht, weil es mir in der Rekonstruktion der Fälle nicht um die Verarbeitung des Holocaust geht und weil für mich zudem offen ist, ob eine solche Bezeichnung für die jeweilige Selbstdefinition überhaupt relevant ist.

3 Die Beschränkung auf deutsche Kinder/Jugendliche ergibt sich aus der Materialgrundlage, auf die nachfolgend noch eingegangen wird.

kommen, auf die sich viele Untersuchungen der psychologischen und psychoanalytischen Traumaforschung beziehen, insgesamt weniger gut, insbesondere biographietheoretisch jedoch so gut wie gar nicht erforscht[4]. Zwar liegen zum Problem der Emigration als krisenhaftem Lebensereignis Forschungsarbeiten sowohl aus dem Bereich der Migrationsforschung als auch der psychoanalytischen und psychologischen Forschung vor, während jedoch erstere die – meines Erachtens spezifische – Situation von Kindern und Jugendlichen zur Zeit des Nationalsozialismus weniger fokussiert als Migrations- und Flüchtlingsbewegungen der heutigen Zeit, hat sich letztere seit den 1960er Jahren vor allem mit Traumatisierungen von Holocaust-Überlebenden der ersten Generation und ihrer Nachkommen befasst. Damit wurde zwar ein maßgeblicher Beitrag geleistet zum Verständnis der für Kinder und Jugendliche aus den besonderen innerfamilialen psychischen Gemengelagen erwachsenden Individuierungsschwierigkeiten (z. B. aufgrund von ›Schonung‹ des Kindes durch Schweigen der Eltern einerseits und emotionaler Überforderung andererseits), doch ist gerade an solchen, eher dem medizinisch-psychiatrischen Diskurs folgenden Zugängen auch Kritik geübt worden mit dem Hinweis, eine perzeptuelle Konzentration von Medizinern und Therapeuten auf Traumatisierungen leiste neuen Traumatisierungen geradezu Vorschub (vgl. Van Gelder 1999).

Denn eine solche Perspektive vernachlässigt erstens, dass die Beantwortung der Frage, welche Ereignisse überhaupt zu biographisch bedeutsamen Erfahrungen werden, abhängt von der lebensweltlich und subjektiv je unterschiedlichen Relevanz im Schützschen Sinne und sie erkennt zweitens Emigranten *per se* die Fähigkeit zur integrativen Um- und Neudeutung biographischer Erfahrungen ab, die jeweils im Zusammenhang mit der weiteren lebensgeschichtlichen Entwicklung zu sehen ist.

Hinsichtlich der Erforschung der Bedeutung des Holocaust und seiner Bewältigung kommt auch der amerikanische Historiker John Bendix (2004) zu dem Schluss, es stelle ein zentrales Problem dar, dass dieser immer schon unter Hinzuziehung moralisch zu bewertender Handlungen bzw. moralischer Gefühle (wie Verfolgung, Leid und Schuld) betrachtet werde, statt entweder analytisch hinsichtlich seiner Bedeutung für Gemeinschaft, Gesellschaft oder Kultur oder aus biographischer Perspektive untersucht zu werden (vgl. Bendix 2004, 128). Bendix schlägt eine Verbindung dieser beiden Perspektiven vor:

4 Arbeiten von Kestenberg u. a. (vgl. z. B. Kestenberg 1974; Kestenberg/Brenner 1996; Kestenberg 1994 u. 1998) haben sich mit dieser ›Generation‹ zwar sehr wohl beschäftigt, eine nicht nur auf die psychoanalytische Erforschung von Traumata und ihrer Verarbeitung fokussierte Forschung ist aber hinsichtlich aller drei Generationen eher die Ausnahme (vgl. z. B. aus eher literaturwissenschaftlicher Perspektive Bauer/Strickhausen 1999).

> »A better sense of the surrounding context would enhance the many personal narratives we have of life before and during the Holocaust; a better sense of how individuals saw (or positioned) themselves within their environments would enhance an understanding of what choices and external constraints they faced. My suggestion is therefore to try to leave the moral categories, with their implicit and explicit judgments, to one side and try instead to meld this either/or distinction together« (ebd.).

Studien zur Traumaverarbeitung der ersten und zweiten Generation stehen einige wenige Untersuchungen gegenüber, die sich zwar für die ›child survivors‹ und deren weitere Lebenswege interessieren, dabei aber auf quantitative Forschungsmethoden zurückgreifen. So war es z. B. das Interesse von Gerald Holton und Gerhard Sonnert, in ihrem ›Project Second Wave‹ (2003) zu erforschen, was aus einstmaligen deutschen und österreichischen Emigrantenkindern im Emigrationsland USA geworden war, also z. T. auch, wie deren Leben aus welchen Gründen weiter verlaufen war.

Auch im Rahmen der Exilforschung sind in den letzten Jahren einige Arbeiten zum Thema Kindheit und Jugend entstanden, so insbesondere der Band ›Kindheit und Jugend im Exil – ein Generationenthema‹ (Krohn et al. 2006). Dabei wird meines Erachtens aber erstens nicht berücksichtigt, dass die wenigsten der Kinder und Jugendlichen, von denen dort die Rede ist, tatsächlich ins ›Exil‹ gegangen waren, es wird also bereits nicht genügend scharf unterschieden zwischen Exil, Emigration, Auswanderung oder Flucht. Dies ist kein vernachlässigbares Detail, sondern es bestehen diesbezüglich grundlegende Unterschiede, die auch für die jeweilige Lebenssituation bedeutsam sind. Zweitens werden im Bereich der sogenannten Exilforschung Lebensläufe vor allem illustrativ verwendet. Zwar scheint auch hier das Ziel zu sein, die jeweilige Bedeutung der Erfahrungen für die biographische Entwicklung zu erforschen, aber das ›Wie‹ der Erforschung wird kaum oder gar nicht dargelegt (vgl. z. B. Hansen-Schaberg 2006). Es werden anhand literarischer oder autobiographischer Quellen Exilerfahrungen eher verallgemeinernd beschrieben und dann mit Zitaten illustriert, ohne das je Besondere tatsächlich aus dem Material selbst heraus aufzuschließen. Die dargestellten Erfahrungen werden somit – ohne Zweifel unwillentlich – degradiert zu Erfahrungen einiger exotischer, zu Zeitzeugen geradezu mumifizierter Exemplare einer vergangene Epoche.

Wenn aber solche Erfahrungen uns zu Erkenntnissen führen sollen hinsichtlich eines Allgemeineren, was die Frage menschlicher Entwicklungspotentiale und -risiken betrifft, so bedarf die je individuelle lebensgeschichtliche Bedeutung, ihre Konstruktion (und damit zugleich die Interpretation dieses Gewordenseins) der Erschließung mittels rekonstruktiv verfahrender Forschungsmethoden, die im Ausgang von der Annahme der Regelgeleitetheit des (u.a. im Regelsystem Sprache fundierten) sozialen Handelns überhaupt erst ermöglichen, zu erschließen, anhand welcher sozial gültiger Regeln und individueller Relevanzsetzungen soziale Wirklichkeit einerseits und individuelle Sinngebung andererseits konstruiert werden.

Insofern lässt sich ein Forschungsdesiderat in zweierlei Hinsicht formulieren, dem mit dieser Untersuchung begegnet werden soll:

1. Hinsichtlich des Forschungsinteresses, das sich

a. auf Kinder und Jugendliche richtet, die den Nationalsozialismus in Deutschland erlebt haben und aus unterschiedlichen Gründen emigrieren mussten.

Das Interesse konzentriert sich dabei aber

b. in Abgrenzung zur Traumaforschung auf die Frage, wie sich vor dem Hintergrund dieses lebensgeschichtlichen Ereignisses Identitätsbildungsprozesse vollzogen haben, welche Bedeutung das ›Datum‹ Emigration in diesem Kontext überhaupt hat, wie Erwachsene also in autobiographischen Darstellungen und Erzählungen ihre Erlebnisse und Erfahrungen deuten und darüber ihre Identität konstruieren.

2. Hinsichtlich der Forschungsmethode ergibt sich aus diesen Fragen, wie bereits oben skizziert, ein anderer methodischer Zugang.

Erziehungswissenschaftliche Biographieforschung richtet ihr Interesse auf menschliche Entwicklung über die gesamte Lebensspanne hinweg und begreift Rekonstruktion als Weg der forschenden Aufschließung, also der Erkenntnisgewinnung. Diese rekonstruktive Erschließung soll mit der Methode der objektiven Hermeneutik erfolgen, die (bislang) selten explizit als Methode der Biographieforschung verstanden wird, aber meines Erachtens insofern besonders geeignet ist, als sie erstens in der Lage ist, präzise zwischen objektiven Bedeutungsstrukturen bzw. latenten Sinnstrukturen und subjektiven Intentionen zu differenzieren und zweitens über die Herausarbeitung objektiver Bedeutungsstrukturen Aussagen zu treffen in der Lage ist, die über den jeweils spezifischen Fall hinausgehen. Die objektiv-hermeneutische Rekonstruktion von Fallstrukturen und ihren ›Gesetzlichkeiten‹ ermöglicht die Erarbeitung spezifischer ›Haltungen‹ und Strukturen einer Lebenspraxis ebenso wie das Nachzeichnen ihres Gewordenseins im Bildungsprozess des Subjekts, und zwar für den konkret vorliegenden Fall wie auch zugleich für andere, mögliche Fälle.

1. Forschungskontext und Materialgrundlage

Die Idee zu dieser Arbeit ist innerhalb eines Projektzusammenhangs entstanden, der sich seit 1996 intensiv mittels biographischer Forschungsmethoden mit autobiographischen Manuskripten von Emigranten aus Deutschland und Österreich zur Zeit des Nationalsozialismus auseinandersetzt. Den Hintergrund meiner Untersuchung bilden autobiographische Texte der Elterngeneration, die im Rahmen eines wissenschaftlichen Preisausschreibens der Harvard-Universität 1940 unter dem Titel »Mein Leben in Deutschland vor und nach dem 30. Januar 1933« verfasst wurden und in Form sowohl von Einzelfallstudien als auch stärker thematisch und typologisch angelegten Studien analysiert wurden (z. B. zu An- und Aberkennungsprozessen, moralischer Entwicklung und Entwicklung biographischer Ressourcen)[5]. Die vorliegende Untersuchung erweitert die Forschungsperspektive der bislang in diesem Zusammenhang durchgeführten Projekte und Arbeiten insofern, als sich der Fokus hier nun auf die Kinder der Autobiographen richtet. Mit diesen geführte lebensgeschichtliche Interviews stellen nun die Grundlage der Fallrekonstruktionen dar; teilweise wurden zudem Archivrecherchen durchgeführt sowie die autobiographischen Manuskripte der Eltern als ergänzende Informationsquellen herangezogen.

Es ist zunächst davon auszugehen, dass es sich bei der Emigration um ein objektiv krisenhaftes Ereignis handelt. In der Rekonstruktion von Biographien der Elterngeneration hat sich allerdings gezeigt, dass die Annahme, es müsse sich bei der Emigration um einen Wendepunkt handeln, der das Leben gewissermaßen zweiteilt in ein Leben vor und ein qualitativ anderes nach der Emigration, nicht ohne weiteres haltbar ist. Wenngleich das Verlassen Deutschlands oder Österreichs für alle Emigranten ein einschneidendes Ereignis gewesen sein mag, veränderte es nicht zwangsläufig den Blick auf das eigene Selbst und die Welt, sondern konnte, je nach ›biographischer Ressourcenlage‹ ungebrochen in das bisherige biographische Selbstkonzept integriert werden (vgl. Bartmann 2006). Das bedeutet darüber hinaus, dass Emigration nicht zwangsläufig als Prozess des Erleidens gedeutet werden kann.

Es ist allerdings anzunehmen, dass Verfolgungs- und Emigrationserfahrungen für Kinder und Jugendliche von fundamental anderer Quali-

5 Für einen Überblick vgl. Garz 2000c; Garz/Lee 2003 und Garz 2005; zu Aberkennungsprozessen Blömer 2004; Garz 2006, 2007a, 2007b; zur Entwicklung biographischer Ressourcen: Bartmann 2005, 2006 sowie von Moral Garz/Lee 2002 und ›moral voices‹ im Lebensverlauf Garz/Tappan 2001. Zu Einzelfallstudien vgl. Garz 1999/2000a, 2000b, 2006; Garz/Knuth 2004; Lohfeld 2003.

tät sind als für Erwachsene, weil erstere in Prozessen der primären und sekundären Sozialisation erst noch die emotionalen, kognitiven und sozialen Kompetenzen entwickeln müssen, die Erwachsenen bereits – in welcher performativen Ausprägung auch immer – zur Verfügung stehen.

Somit wird es in dieser Arbeit darum gehen, kindliche und adoleszente Identitätsbildungsprozesse vor dem Hintergrund emigrationsbedingter Erfahrungen zu untersuchen. Ausgewählt wurden dafür bereits vorliegende narrative Interviews sowie ein autobiographischer Text; ein weiteres Interview wurde noch erhoben. Alle Personen sind in Deutschland geboren und als Kinder bzw. Jugendliche (die Altersgrenze bzgl. der Auswahl wurde auf 17/18 Jahre festgesetzt), z.T. über Zwischenstationen, in die USA emigriert. Darunter waren sowohl jüdische als auch nichtjüdische Kinder wie auch solche, deren Eltern aus politischen Gründen emigrierten. Abgesehen davon, dass es sich bei der Emigration um eine Reaktion auf bereits erfahrene oder aber abzusehende Verfolgung handelte, wurden somit keine engeren Kriterien hinsichtlich der Gründe für die Emigration festgelegt. Im Zuge der Arbeit verengte sich die Auswahl auf drei Fälle, die aus jüdischen Familien stammten (dies stellte aber kein Auswahlkriterium dar).

2. Konkretisierung der Fragestellung

Die Arbeit ist im Kontext historischer Sozialisations- bzw. Biographieforschung angesiedelt und soll einen rekonstruktiven Beitrag zur Erkenntnisgewinnung hinsichtlich erziehungswissenschaftlich relevanter Fragen (historischer) Sozialisationsprozesse leisten, nämlich wie faktische Krisenlagen (im Sinne von ›brute facts‹) einerseits und Entwicklungskrisen andererseits bearbeitet werden und ob dabei Individuierung im Sinne der Entstehung des Neuen und kohärente biographische Sinnkonstruktion möglich wird.

Ausgehend von der Perspektive auf ›Emigration‹ als Datum mit objektivem Krisenpotential, aber subjektiv je unterschiedlichen Bearbeitungsmöglichkeiten und der Konzeption des Sozialisationsprozesses als Prozess der Krisenbewältigung (Oevermann) besteht das Ziel der Untersuchung in der Herausarbeitung unterschiedlicher Typen der Krisenbewältigung.

Dabei ist zu berücksichtigen, wie das jeweilige primär- bzw. sekundärsozialisatorische Milieu beschaffen war, in dem das Kind bzw. der Jugendliche vor und nach der Emigration aufgewachsen ist. Das heißt, es sind zum Beispiel bei der Analyse und Interpretation der objektiven Daten – in Anlehnung an Bourdieu – auch die (vor und nach der Emigration) jeweils vorhandenen materiellen, sozialen und kulturellen bzw.

symbolischen Kapitalien zu berücksichtigen, die optionseröffnende bzw. -begrenzende Faktoren darstellen hinsichtlich der je konkreten Lösung sowohl der ontogenetisch unvermeidlichen, aber fallspezifisch je unterschiedlichen traumatischen Entwicklungskrisen der Kindheit als auch der Entscheidungskrisen ab der Adoleszenz – und in Konsequenz daraus hinsichtlich der Entwicklung einer Selbst- und Welthaltung bzw. eines spezifischen Habitus der Krisenbewältigung.

Verbunden ist mit der Frage nach der Entwicklung eines Krisenbewältigungshabitus zum Beispiel auch die Frage, welche Selbst- und Elternbilder im Sinne einer doppelten biographischen Konstruktions- und Strukturierungsleistung vor dem Hintergrund der Emigration (und damit auch dem Verlust des bisherigen sozio-kulturellen Umfeldes) entworfen und für die Entwicklung ›genutzt‹ werden (können).

Es muss schließlich differenziert werden zwischen älteren und jüngeren Kindern (und Jugendlichen), da das bewusste Erleben von Verfolgung und Emigration sowie entsprechende Erinnerungen daran selbstverständlich je nach Altersstufe unterschiedlich stark ausgeprägt sein können (s. dazu Kap. II, S. 28 f.).

Zu berücksichtigen sind weiterhin die jeweiligen Umstände, die bei den Eltern zur ›Entscheidung‹ für die Emigration führten, ebenso wie der Zeitpunkt des Weggangs aus Deutschland. Hier bestehen erhebliche Differenzen zwischen einzelnen Personen oder ganzen Familien, die massiver Verfolgung ausgesetzt, z. T. auch bereits inhaftiert worden waren, und solchen, die entweder emigrierten, bevor der nationalsozialistische Terror das Ausmaß leiblicher Bedrohung annahm oder aber aus anderen Gründen weggingen, z. B. aus der persönlichen Überzeugung heraus, in diesem Land nicht länger leben zu können.

II. Theoretische Bezüge

Emigration als Herausforderung für Prozesse der Einbindung und Ablösung

1. Das Erleben von Emigration in Kindheit und Jugend als Gegenstand der Forschung – eine Literatur- und Perspektivenskizze

Etwa eine halbe Million Menschen emigrierten nach 1933 aus Deutschland sowie aus von nationalsozialistischer Herrschaft betroffenen Gebieten ins europäische und außereuropäische Ausland. Die Mehrheit, etwa 278 500 Menschen, war jüdischer Herkunft oder wurde als jüdisch verfolgt (vgl. Krohn et al. 1998, 1), während die Zahl der aus politischen Gründen Emigrierten auf 30 000 geschätzt wird (vgl. Röder 1998, 23). Rund 10 000 Wissenschaftler, Künstler und Intellektuelle verließen Deutschland aus unterschiedlichen Gründen (vgl. Stephan 1998, 31).

Die Zahl der zwischen 1933 und 1939 aus Deutschland geflüchteten Kinder (unter 16 Jahren) wird etwa auf 30 000 geschätzt. Ihre Erfahrungen und Entwicklungswege sind, wie oben bereits erwähnt, schon seit den 1940er Jahren aus unterschiedlichen Blickwinkeln immer wieder Thema der Forschung gewesen. Dabei lassen sich sehr grob die folgenden, disziplinär je unterschiedlich ausgerichteten Interessen am Thema unterscheiden:

1. soziologische Untersuchungen,
2. historische Studien,
3. psychoanalytische und klinisch-psychiatrische Erforschung,
4. literaturwissenschaftliche Arbeiten[1].

Die Mehrheit der Arbeiten hat sich dennoch vor allem mit der Bedeutung von Verfolgung und Emigration, genauer: Flucht, für die Erwachsenen befasst. Erst seit den 1990er Jahren entwickelt sich ein zunehmendes Interesse an der Bedeutung solcher Erfahrungen für diejenigen, die als Kinder oder Jugendliche der Verfolgung ausgesetzt waren.

1 Im Folgenden werde ich exemplarisch auf Untersuchungen eingehen, die in den ersten drei Feldern zu verorten sind. Die Entscheidung, auf literaturwissenschaftliche Arbeiten nicht einzugehen, liegt darin begründet, dass sie mir, als Literatur im Sinne von Fiktion, nicht genügend methodische und theoretische Anknüpfungspunkte zu bieten scheinen, auch wenn Literatur als eine kreative Deutungs- und Ausdrucksform von Realitätsverarbeitung betrachtet werden kann.

Schreiber (2005) interpretiert die mehrheitlich späte, in entsprechenden Forschungsarbeiten sich niederschlagende Hinwendung zum Thema als Zögern aufgrund mangelnder Möglichkeiten der Abwehr von Fremdzuschreibung: Während bei der Beschäftigung mit der Verfolgung Erwachsener noch die der eigenen Abwehr dienliche Frage gestellt werden konnte, ob die Betreffenden nicht doch Möglichkeiten gehabt hätten, sich zur Wehr zu setzen, sei dies im Falle von Kindern nicht möglich. Eine potentiell größere Empathie mit Kindern als den »verletzlichsten aller Opfer« (Schreiber 2005, 27) und die Imagination des von ihnen erfahrenen »Grauen[s]« (a.a.O., 28) könne dann allerdings, wie die Autorin unter Rekurs auf Benz u. Benz (1992) formuliert, dazu geführt haben, dass es einer späteren Generation von Wissenschaftlern bedurfte, um das genannte Forschungsdesiderat als ein solches zu erkennen und ihm nachzugehen. Der Interpretation Schreibers kann ich nur teilweise zustimmen, da sie meines Erachtens mit dem durchaus berechtigten Vorwurf der Abwehrhaltung (meist in Form eines Vorwurfes an Juden, sich gegen die Verfolgung nicht zur Wehr gesetzt zu haben), unglücklicherweise genau diese Argumentation insofern reproduziert, als sie Abwehr pauschal als Grund für die mangelnde Beschäftigung mit Kindern und Jugendlichen im Nationalsozialismus annimmt. Die Überlegung mag weitgehend zutreffen; hinzuzukommen scheint mir jenseits der darin implizierten Schuldthematik, dass jede Generation ihre eigene Zeit zum Befragtwerden und Berichten bzw. Erzählen und Reflektieren benötigt und dass sich vielleicht erst so überhaupt auch Fragen an und für die nächste Generation ergeben.

Auf eine Reihe ungeklärter Fragen verweist jedenfalls die bis heute anhaltende Forschung, zu der zuletzt Sonnert und Holton (2006) einen bemerkenswerten Beitrag geleistet haben. Auf diese und einige weitere zentrale Forschungsarbeiten möchte ich im Folgenden eingehen, um die jeweiligen Ansätze und Kernaussagen zu diskutieren und sodann Anknüpfungspunkte sowie Abgrenzungslinien zu meinem eigenen Zugang zum Thema zu verdeutlichen.

Bereits vergleichsweise früh, nämlich 1941, beschäftigte sich der (ebenfalls aus Europa in die USA immigrierte) Sozialwissenschaftler Gerhart Saenger unter dem Titel »Today's Refugees, Tomorrow's Citizens« mit der Frage nach der »psychischen, sozialen und ökonomischen Anpassung« der Flüchtlinge in den USA (Saenger 1941, XII, Übers. S.K.). Vor dem Hintergrund der Tatsache, dass die USA sich dem Problem der Asylsuchenden aus Deutschland und anderen europäischen Staaten nur ungenügend gestellt hatten bzw. eine rigide Einwanderungspolitik betrieben[2], gewinnt vor allem der Aspekt der Konfrontation

2 Die Gründe werden von Krohn (1998) zusammengefasst: Eine wichtige Rolle spielte zunächst die traditionell isolationistische Politik der USA, wei-

von US-Bürgern und Einwanderern und die Überwindung beidseitiger Fremdheitsgefühle an Bedeutung für die Darstellung Saengers. So erscheint seine Arbeit, die sich auf die Untersuchung der Flüchtlingsprobleme konzentriert, zugleich aber dem »amerikanischen Volk« gewidmet ist, das »Freundlichkeit und Verständnis gezeigt hat gegenüber den Flüchtlingen« (a.a.O., V, Übers. S.K.), in erster Linie als eine mit Vermittlungsanspruch. Saengers Perspektive ist die eines ehemaligen Emigranten, der aus Dankbarkeit gegenüber dem Aufnahmeland selbst einen gesellschaftlich ›verwendbaren‹ Beitrag leisten möchte, und insofern ist seine sozialwissenschaftliche Studie vor allem an Integration, von ihm verstanden als Anpassung der Flüchtlinge an das Aufnahmeland, orientiert. Genauer: Saenger fordert Amerikanisierung:

> »The refugee of today is the American of tomorrow. But before he can become one of us he must learn American manners, customs and ideals. The more he becomes assimilated, the more he will feel at home and be able to take his place in the social and economic life of the nation« (a.a.O., 103).

Saenger bemüht sich durchaus um ein differenziertes Bild, wenn er mahnt: »The ›typical‹ refugee is as fictitious as the typical American« (a.a.O., 82). Seine Studie basiert – entsprechend diesen Bemühungen – auf nicht-standardisierten Interviews mit Emigrantenfamilien[3] und Beobachtungen in Arbeits- und Freizeitsituationen, durchgeführt im Jahre 1940, sowie auf der Analyse von Sozialarbeitsakten, Veröffentlichungen und Statistiken dieser mit Flüchtlingsarbeit befassten Einrichtungen. Kontrastiert wurden diese Protokolle mit Befragungen von US-Bürgern und Dokumenten, in denen ›Flüchtlingsprobleme‹ thematisiert wurden, wie zum Beispiel Zeitungsartikel (vgl. a.a.O., XII f.).

tere Gründe sind in Fremdenfeindlichkeit, Antisemitismus, der Angst vor einer ›Kommunistenschwemme‹ und vor einer Verschärfung der Arbeitsmarktkrise zu sehen (vgl. Krohn 1998, 448 ff.). Zu diesem letzten Aspekt weist Krohn dann auch darauf hin, dass die Vereinigten Staaten, die keine Arbeitsverbote erteilten, (auch) in ökonomischer Hinsicht im Gegenteil geradezu von den Flüchtlingen profitierten, von denen »nur eine Minderheit [...] eine abhängige Beschäftigung suchte und damit als Konkurrenz auf dem Arbeitsmarkt erschien« (a.a.O., 459). Sehr viele hingegen bereicherten das Wirtschaftsleben mit Firmengründungen und der Einführung sowohl neuer Produkte als auch Techniken, so dass insgesamt zahlreiche neue Beschäftigungsmöglichkeiten entstanden, »die die Zahl der eingewanderten Flüchtlinge erheblich überstiegen« (a.a.O., 460).

3 Saenger bezeichnet sein Sample als repräsentativ, gibt aber keine genaue Auskunft über die Anzahl der Interviewpartner. Bei der Auswahl sei auf Vergleichbarkeit in Hinsicht auf Beruf und Beschäftigung, Alter und Dauer des Aufenthalts in den USA geachtet worden (vgl. a.a.O., xii).

Wie mit dieser breit angelegten Datenbasis methodisch verfahren wurde, stellt Saenger allerdings nicht dar, und dies ist ein (zeitspezifisches) Manko seiner Studie, die sich unter der gelegentlichen, illustrativen Verwendung von Interviewauszügen dann doch auf die Darstellung ›typischer‹ Emigrantenschwierigkeiten, insbesondere der Erwachsenen, konzentriert. Dabei werden die Probleme der Kinder und Jugendlichen vor dem Hintergrund ihrer Erfahrungen im nationalsozialistischen Deutschland lediglich als Faktoren der Erschwernis von Anpassung thematisiert, die aber von der Mehrheit vollständig und zügig vollzogen worden sei: »Experience, however, shows that practically all refugee children are completely Americanized within a year or two after their arrival« (a.a.O., 128). Betont wird insgesamt die Leistungsbereitschaft der jungen wie der erwachsenen Flüchtlinge, und die Geschichte dieser Menschen wird vor allem als Geschichte der (erwünschten) Amerikanisierung präsentiert.

Dass sowohl Flüchtlingen der ersten wie auch insbesondere der zweiten Generation zumindest in sozioökonomischer Hinsicht eine ›erfolgreiche Assimilation‹ gelang, zeigt zum Beispiel auch die Arbeit des Historikers Walter Laqueur, der ein Portrait seiner eigenen Generation emigrierter (jüdischer) Deutscher vorlegte[4]. Für die zwischen 1914 und 1928 Geborenen stellt er fest:

> »Im großen und ganzen [sic] waren sie [...] erfolgreich, vielleicht weil sie bei Null anfangen mussten, weil ihnen niemand half, weil es kein Geld, keine Beziehungen, keine reichen Onkel gab. Sie mußten entweder schwimmen oder untergehen. Für manche Angehörige dieser Generation läßt sich zweifellos sagen, daß sie es ohne Hitler und die Nazis im Leben nie so weit gebracht hätten« (Laqueur 2000, 10).

Anhand der Wortwahl Laqueurs wird deutlich, dass er keine Pauschalisierung anstrebt; er bezeichnet sein Ziel der Portraitierung dieser (seiner eigenen) Generation als eine »Sammelbiographie« (a.a.O., 8) und verhehlt nicht die Schwierigkeiten, die mit dieser Zielsetzung einhergehen, nämlich die notgedrungene Vernachlässigung mannigfaltiger lebensgeschichtlicher Besonderheiten zugunsten der Erstellung eines »allgemeinen Bildes« (ebd.). Ein solches ›Bild‹ stellt sich durchaus ein, auch versucht Laqueur immer wieder der Verschiedenheit der Lebenswege in seiner Darstellung gerecht zu werden, für die er als Quellen sowohl die zahlreichen, zu diesem Zeitpunkt bereits erschienenen (Auto-)Biographien und Zeitzeugendokumente als auch persönliche Gespräche mit

4 Zu diesem Ergebnis kommen auch Sonnert und Holton in ihrer oben bereits erwähnten, breit angelegten Studie, auf die ich im Folgenden noch eingehen werde.

Freunden, Bekannten und Fremden benutzt (leider unter Verzicht auf genaue Quellenangaben im Text).

Recht ausführlich und unter Darstellung unterschiedlichster Lebenssituationen geht Laqueur sowohl auf die Zeit der Kindheit und Jugend in Deutschland ein als auch auf die unterschiedlichen Reaktionen (z.B. Formen der Beteiligung im Widerstand) und Stationen der Jugendlichen nach 1933. Die Arbeit kann durchaus für sich in Anspruch nehmen, »die erste ihrer Art« (ebd.) zu sein, indem sie eine Vielzahl von Lebenswegen aufzeigt. Sie erschöpft sich allerdings weitestgehend in verallgemeinernden Beschreibungen, was eben aus Laqueurs Bestreben resultiert, die Gemeinsamkeiten jüdischer Flüchtlinge seiner Generation zu benennen. Dabei rekurriert er zum einen auf die bekannten sozialstatistischen Merkmale, wie den mehrheitlich bürgerlich-mittelständischen Herkunftshintergrund (mit entsprechend ähnlichen Sozialisationserfahrungen, ähnlichem Bildungsniveau und kultureller Orientierung[5]) und den – für die USA geltenden – sozioökonomischen Erfolgschancen: »nachdem sie einmal da waren, hatten sie die gleichen Rechte, und es gab kaum eine berufliche Karriere, die ihnen nicht offenstand« (ebd., 390). Zum anderen differenziert er nach den jeweiligen Emigrationsländern und versucht dann, Gemeinsamkeiten in Haltungen und Einstellungen herauszustellen: So sieht er zum Beispiel bei vielen Angehörigen seiner Generation eine Abenteuerlust, die schon in der Jugendbewegung geweckt worden sei und manchem das Beschreiten ungewöhnlicher Wege erleichtert habe, vielfach aber auch durch die Konfrontation mit der harten Realität ihren Reiz verlor (vgl. a.a.O., 417). Vor dem Hintergrund ihrer mehrheitlich bürgerlichen, bildungsorientierten Sozialisation hätten viele der Emigranten sich im Einwanderungsland als ›kulturell überlegen‹, aber ›gesellschaftlich unterlegen‹ gefühlt; solche Dünkel, auch gegenüber osteuropäischen Juden, dürften das soziale Leben und die Entwicklung von Solidarität verschiedener Gruppen miteinander sehr erschwert haben (vgl. a.a.O., 420ff.). Hinsichtlich der Frage nach dem politischen Engagement von Flüchtlingen sieht Laqueur in den Verfolgungserfahrungen einen Grund für ihre oftmals in entsprechendem Engagement sich niederschlagenden Sensibilisierung für soziale und politische Fragen (vgl. a.a.O., 422ff.). Schließlich bemüht sich Laqueur um die Beantwortung der Frage, ob die deutsch-jüdischen Traditionen seiner Generation auch ein der Kindergeneration gemeinsames Erbe zeitigten, wobei er sich jedoch auf das Benennen einiger Tendenzen (wie eine in den USA z.T. ›main-

5 »Die meisten entstammten der Mittelklasse, sie hatten eine gemeinsame Sprache und ein ähnliches Bildungsniveau, hatten die gleichen Filme und Fußballspiele gesehen, waren mit den gleichen Gassenhauern aufgewachsen und verstanden die gleichen Anspielungen« (a.a.O., 389).

streamfeindliche Erziehung‹, relativ erfolgreiche berufliche Karrieren und Zugehörigkeit zur bürgerlichen Mittelschicht, eine Absetzung von der Elterngeneration bei gleichzeitigem neuem Interesse an jüdischen Traditionen) beschränkt und abschließend resümiert: »Es gibt eine Straße zum Judentum hin und eine von ihm weg, und es lässt sich noch nicht sagen, in welcher Richtung der Verkehr letztlich stärker sein wird« (vgl. a.a.O., 430). Entsprechende Feststellungen für eine ganze Generation treffen zu wollen, ist in der Tat schwierig, zumal dann, wenn scheinbar ohne Rückgriff auf Methoden vorgegangen wird. Der Autor beschreibt, teils sehr detailliert, teils sehr grob, unterschiedliche Lebenswege und Perspektiven zwischen 1914 und 1928 geborener, deutscher Juden, aber in der Beschränkung auf Deskriptivität liegt meines Erachtens auch die zentrale Schwäche der Arbeit. Dies wird zum Beispiel dort deutlich, wo im Anschluss an die Darstellung verschiedener Biographien von Rückkehrern in die ehemalige DDR und deren Perspektiven auf die damalige Situation ganz offenkundig ein Schritt hinter die auf der Hand liegenden Deutungsmöglichkeiten zurückgegangen wird: »In letzter Konsequenz lässt sich die Frage, warum der eine die DDR-Erfahrung nur negativ sah und sie als vollendete Katastrophe betrachtete, während der andere sie bis zum Ende verteidigte, nicht beantworten, wie es auch keine Erklärung dafür gibt, warum sich der eine für die Linke, der andere für die Rechte entschied und ein Dritter sich überhaupt nicht für Politik interessierte« (a.a.O., 270). Möglich, dass Laqueur sich damit einerseits von kausalen Erklärungsansätzen distanzieren möchte, sich andererseits aber auch nicht in der Lage sieht, solchen, meines Erachtens durchaus beantwortbaren Fragen nachzugehen, weil ihm als Historiker sowohl die biographietheoretische als auch methodische Perspektive fehlt. Wäre aber die Genese von Haltungen und Entscheidungen unter Berücksichtigung ihres jeweiligen biographischen Entstehungskontextes nicht nachvollziehbar und benennbar, müsste die Konsequenz für Laqueur eigentlich lauten, dass aus Geschichte nichts zu lernen sei und damit sein eigenes, die Erfahrungen seiner Generation dokumentierendes Buch im Grunde überflüssig wäre. Eine entwicklungs- oder biographietheoretische Arbeit vorzulegen, dies muss eingeräumt werden, war aber letztlich nicht Laqueurs Anliegen.

Über Beschreibungen hinaus gehen dagegen die Arbeiten von Sonnert und Holton, die sich in einer groß angelegten Längsschnittstudie zunächst mit den Lebenswegen von österreichischen Kindern (Holton/Sonnert 2003), später (Sonnert/Holton 2006) von 28 000 Kindern aus ganz Mitteleuropa, die in die USA geflüchtet waren, beschäftigt haben. Ihr Interesse ist sozialwissenschaftlich begründet und konzentriert sich vor allem auf die Frage nach dem sozioökonomischen Erfolg von Emigranten der ›zweiten Generation‹ (von ihnen als ›Second Wavers‹ bezeichnet) und dessen möglichen Gründen. So kommen sie in Bezug auf die ehemaligen Emigrantenkinder und -jugendlichen in ihrer ersten Studie zu dem Ergebnis: »In view of their inauspicious early circumstances, one could plausibly have expected that this group of young refugees on the whole might spiral into anomie and despair. But [...] that was not at all the case«. (Holton/Sonnert 2003, 3)

Im Gegenteil bestätigen sie anhand ihrer Untersuchungsergebnisse Vermutungen, die bereits bei Walter Laqueur zumindest bezüglich seiner eigenen Generation formuliert worden waren. So kommen Sonnert und Holton beispielsweise zu dem Ergebnis, die jungen Emigranten seien in ihren späteren Jahren im Vergleich mit der US-amerikanischen Bevölkerung insbesondere auf dem Gebiet von Forschung und Technik insgesamt erfolgreicher[6] gewesen (vgl. Sonnert/Holton 2006, 64 ff.). Die Deutung, es sei gerade die Erfahrung des existentiellen Bedrohtseins, des Verlustes aller materiellen Ressourcen bei gleichzeitigem Vorhandensein überdurchschnittlich hohen sozialen und kulturellen Kapitals[7], gepaart mit dem Gefühl, dem Aufnahmeland für die ›Rettung‹ etwas zu schulden, die für das häufige Erreichen sozial und ökonomisch hoher Positionen in Anschlag gebracht werden könne, findet sich in dieser Arbeit wie auch bei Laqueur. Sie liefe, naiv gelesen, auf die Annahme hinaus, die jungen Emigranten könnten ihr ›erfolgreiches Leben‹ auf die Umsetzung eines besonders starken Assimilationsbestrebens zurückführen. Sonnert und Holton aber zeichnen (auch im Vergleich zu Saenger) ein differenzierteres Bild, indem sie einerseits die mehrheitlich erfolgreiche sozioökonomische Positionierung der ›Second Wavers‹ hervorheben, dabei andererseits aber auch auf Traumatisierungen hinweisen und die für die Entwicklungswege der Flüchtlinge maßgeblichen Faktoren zu berücksichtigen suchen[8]. Die anhand ihrer Analysen gewonnene zentrale These lautet, dass der sozioökonomische Status der Flüchtlinge in den USA beeinflusst wurde vom Zusammenspiel der erfahrenen frühkindlichen Sozialisation und dem Umgang mit der in den USA erfahrenen ›Möglichkeitsstruktur‹[9].

6 Dabei sind sie hinsichtlich des Begriffs ›Erfolg‹ allerdings vorsichtiger als Laqueur, indem sie ihre diesbezüglichen Definitionskriterien, so zum Beispiel eine Zitation im ›Who's Who in America‹, offen legen (vgl. a.a.O., 66).

7 Die Kapitalsorten sensu Bourdieu (1983) sind Kategorien, die Holton und Sonnert als für ihre Analyse der Daten maßgebliche benennen (vgl. a.a.O., 144 ff.)

8 Das mögliche Auseinanderklaffen von emotionaler Befindlichkeit und sozioökonomischem Erfolg wird im diesbezüglichen Kapitel dann auch treffend mit »Privatized Costs – Socialized Benefits« (a.a.O., 181) überschrieben.

9 »We should emphasize again that, at the most basic level we conceptualize the young refugees' outcomes as the interplay of their early socialization and experiences with the opportunity structure encountered in the United States« (a.a.O., 141).

> »Looking back on our analyses of what influenced the socioeconomic outcomes of the young refugees from Central Europe, a major theme that emerged, was the great power of family socialization of values and behaviors (e.g., of *Bildung* and ›class roles‹) early in development« (a.a.O., 174, H.i.O.).

Damit beziehen sie die Gegenposition zu Saengers Hypothese von ›Erfolg‹ als Folge gelungener Assimilation, verstanden als Amerikanisierung. Ihre Argumentation verweist vielmehr darauf, dass der Erfolg der Emigranten gerade auch in ihrer ›Andersartigkeit‹ begründet lag – was Laqueur in diesem Zusammenhang als (bei einigen Emigranten vorhandenes) Gefühl kultureller Überlegenheit bezeichnete, konnte vermutlich nur deshalb entstehen, weil die kulturellen Güter des alten Europa in den USA noch immer wertgeschätzt wurden, und somit auch Emigranten, die über einen entsprechenden kulturellen Hintergrund und Bildung verfügten, dieses kulturelle Kapital ›gewinnbringend‹ einsetzen konnten:

> »Apparently, full cultural assimilation was not a necessary precondition of our group's socioeconomic success. Yet, there is a stronger case now to be made – that the refugees, on average, benefited [sic] from their distinctiveness, that they garnered, what we call a ›distinctiveness advantage‹« (a.a.O., 144).

Auch der soziokulturelle Status der Eltern war also – dies mag schon trivial erscheinen – von Bedeutung für die Möglichkeiten des Fußfassens der jungen Emigranten. Sonnert und Holton formulieren aber umgekehrt: »professionals among the Second Wavers were particularly likely to have had a father who had also been a professional in Europe« (a.a.O., 138). Das Herkunftsmilieu, damals maßgeblich repräsentiert über den Beruf und die soziale Position des Vaters, erweist sich dann wiederum als bedeutsam für die Selbsteinschätzung der Befragten hinsichtlich ihrer kulturellen Orientierung, denn diejenigen, deren Väter qua Profession dem Bildungsbürgertum zuzurechnen waren, nahmen für sich eine stärkere Orientierung an tradierten kulturellen Gehalten in Anspruch als solche, für deren Väter das nicht galt (vgl. ebd.)

Mit dieser sehr punktuellen Wiedergabe von Ergebnissen ist aber nur die ›eine Seite‹ des Ankommens der jungen Emigranten beleuchtet. Für die andere Seite, nämlich ihre Verarbeitung der Erfahrungen betreffend, beziehen Sonnert und Holton ihre Ergebnisse aus Interviews, mehrheitlich aber wiederum aus den Antworten auf standardisierte Fragen. Somit werden Ergebnisse hinsichtlich der Selbsteinschätzung von Erfahrungsverarbeitungen vor allem über statistische Werte erfasst: Was beispielsweise die Präsenz der Erlebnisse im Kindes- oder Jugendalter in Europa im gegenwärtigen Alltag betrifft, so gaben 80 Prozent der Frauen und 71 Prozent der Männer an, hin und wieder oder öfter über ihr Leben in Europa nachzudenken. 53 Prozent derer, die Kinder haben, gaben an, mit diesen über ihre Herkunft und frühe Lebensereignisse von Zeit zu Zeit gesprochen zu haben (vgl. a.a.O., 99). Als Grundlage für die These, dass das Zusammenspiel von Erfahrungen der frühen Sozialisation und den späteren Lebensentwurfsmöglichkeiten in den USA maßgeblich für den untersuchten sozioökonomischen Erfolg der einstmaligen Emigranten war, dienen somit die zahlenmäßig erfassbaren Beurteilungen der Befragten, von denen 69 Prozent angaben, sie betrachteten ihre frühen Kindheitserfahrungen in Europa als beträchtliche, starke oder entscheidende Einflüsse auf das spätere Leben. Fast die Hälfte (43 Prozent) der Befragten hielt ein besonderes Interesse am Herkunftsland aufrecht (vgl. ebd.). Interessant erscheint hier, dass Männer alle Fragen dieses Themenkomplexes betreffend entweder ein stärkeres Interesse oder aber mehr Bezüge und Kontakte zum Heimatland zeigten (vgl. ebd.).

Hinsichtlich der Frage nach einbindungs- und ablösungserleichternden Krisenverarbeitungsformen würde dies bedeuten, dass ein erfolgreicher Umgang in der Bewahrung von, der Öffnung gegenüber und schließlich der Amalgamierung dieser unterschiedlichen einbindenden Kulturen läge. Wie aber genau dies sich ausgestalten ließ, bleibt in der Untersuchung von Sonnert und Holton weitgehend ungeklärt. Die Stärke ihrer Studie liegt darin, dass sie die ihnen zur Verfügung stehende große Datenbasis mit der Fragestellung des sozioökonomischen Erfolgs der ehemaligen Flüchtlinge sehr differenziert mit so genannten quantitativen Methoden untersuchen und erst in einem zweiten Schritt theoretische Konzepte, wie zum Beispiel Bourdieus Habitus- und Kapitalbegriff, hinzuziehen. Wenn Sonnert und Holton jedoch, ausgehend vom Ergebnis einer eher partiellen Assimilation »komplexe« und »kollektive Identitäten« (a.a.O., 93) zu bestimmen versuchen, wird die Schwäche des Ansatzes deutlich. Sie besteht darin, dass anhand von Fragebögen zur Selbsteinschätzung der eigenen Persönlichkeit sicherlich zwar Hinweise auf Gewohnheiten, Vorlieben, auch auf Persönlichkeitszüge und Befindlichkeiten zu gewinnen sind, aber ein so komplexes Konzept wie ›Identität‹ nicht allein über quantitative Messungen untersucht werden kann, zumal eine direkte Abfrage von Eigenschaften immer auch zur an sozialen Erwünschtheiten orientierten Beantwortung verleiten mag.

Die Problematik der Verwischung von Unterschieden beim Versuch der Herausarbeitung charakteristischer Gemeinsamkeiten benennt die Literaturwissenschaftlerin und Holocaustforscherin Susan Suleiman, die vor allem die Schwierigkeiten der theoretischen Konzeptualisierung von sogenannten ›child survivors‹, also Personen, die dem Holocaust im Kindes- oder Jugendalter entkommen konnten, aufgrund ihrer Zugehörigkeit zu dieser Altersgruppe und aufgrund möglicher gemeinsamer Erfahrungen als Generation aufzeigt:

> »Whatever generational consciousness one may want to attribute to child survivors (or to Holocaust survivors in general), if one takes a close look at their life narratives, one is struck as much by the diversity of attitudes, behaviors, and life choices as by similarities« (Suleiman 2002, 287).

Während sie einerseits für diese Kinder und Jugendlichen in bewusster Provokation den Terminus «1.5 generation« einführt und als gemeinsame Erfahrung die der vorzeitigen Verwirrung und Hilflosigkeit benennt (vgl. a.a.O., 277), diskutiert Suleiman andererseits anschließend die Möglichkeiten, Schwierigkeiten und Grenzen der Anwendung des Generationsbegriffs (im Anschluss an Dilthey und Mannheim) auf Holocaust-Überlebende (und damit der Verallgemeinerung von für sie konstitutiven Erfahrungen) hinsichtlich der Setzung von Altersgrenzen bzw. erfahrungsrelevanter Zeiträume sowie unterschiedlicher geographischer und nationaler Bezüge. Dabei konstatiert sie:

> »as the relatively recent widespread use of the term ›child survivor‹ indicates, their generational consciousness was a fairly late development. Precisely because they were children at the time [...], it appears that they did not grow up identifying themselves as part of a specific generation-unit relating to the Holocaust« (a.a.O., 285 f.).

Wenn der Generationenbegriff hier also überhaupt als analytische Kategorie sinnvoll angewendet werden könnte, so eher im Sinne eines »verzögerten generationellen Bewusstseins« (a.a.O., 286, Übers. S.K.), weil viele der damaligen Kinder und Jugendlichen die einstmals für singulär gehaltenen Erfahrungen erst später als »Teil einer kollektiven Erfahrung« (ebd., Übers. S.K.) begriffen.

Wichtig erscheint mir an Suleimans Überlegungen vor allem der Versuch der Herausarbeitung von Faktoren und Umständen, die bei vergleichenden Analysen berücksichtigt werden sollten:

1. Alter, Geschlecht und Entwicklungsstand zu Beginn und Ende der Zeit der Verfolgung,
2. geographische Herkunft (Ost- oder Westeuropa),
3. soziale Herkunft und Grad des familiären Zusammenhalts,
4. Form und Ausmaß religiöser Überzeugungen bzw. kultureller Identifikationen in jüdischen Familien,
5. ob das Kind allein/von seiner Familie getrennt oder mit ihr während der Zeit der Verfolgung zusammen war,
6. Besonderheiten der (Verfolgungs-)Geschichte (vgl. a.a.O., 289 f.).

Hinsichtlich des ersten Punktes lautet dann Suleimans entwicklungspsychologisch orientierter Vorschlag, innerhalb der Gruppe der Kinder und Jugendlichen zu unterscheiden zwischen Kindern, die zur Zeit der Verfolgung:

a. zu jung waren, um sich später daran erinnern zu können (ein bis drei Jahre)
b. alt genug waren, um sich zu erinnern, aber zu jung, um zu verstehen (vier bis zehn Jahre)
c. alt genug waren, um zu verstehen, aber zu jung waren für eigenverantwortliches Handeln (11-14 Jahre; vgl. a.a.O., 283).

Alters- und entwicklungsstufenspezifisch unterschiedliche Formen der Traumatisierung durch Verfolgung sowie ihrer Verarbeitung arbeitete vor allem der Psychoanalytiker und Psychiater Hans Keilson in seinen Langzeitstudien über jüdische Kriegswaisen im niederländischen Untergrund heraus.

Keilson entwickelte den Terminus der »traumatischen Sequenz« (1992, 44), um zwischen von unterschiedlichen Erfahrungen geprägten Phasen der Traumatisierung differenzieren zu können, nämlich zwischen der ersten Zeit der nationalsozialistischen Herrschaft und der antisemitischen Politik, der Zeit der persönlich erfahrenen Verfolgung, der Trennung von den Eltern sowie den Erfahrungen als versteckt Lebende oder im KZ Inhaftierte und schließlich der Zeit nach der Befreiung Er geht also von Prozessen sequentieller Traumatisierung aus (vgl. ebd.).

Abgesehen davon, dass Belastungen in unterschiedlichen Altersphasen verschieden erlebt und verarbeitet werden, sind die Traumatisierungsintensität und ihre Folgen für die Persönlichkeitsentwicklung Keilson zufolge von weiteren Faktoren abhängig:

1. davon, ob Verletzungen darin bestanden, dass entwicklungsstufenspezifische Bedürfnisse (sogenannte basic needs) nicht erfüllt werden konnten (vgl. a.a.O., 45),
2. von der Möglichkeit, während der dritten Sequenz (also der Nachkriegsperiode) vorherige Traumatisierungen durch ein entsprechend empathisches und helfendes Umfeld abzumildern und die positiven Entwicklungsmöglichkeiten der Kinder zu unterstützen.

Die erfahrenen Traumatisierungen führten also, wie oben bereits angedeutet, altersspezifische Ausprägungen mit sich: Je früher und je stärker ein Kind aufgrund der Trennung von den Eltern und massiver Verfolgungs- und Verletzungserfahrungen in der Erfüllung entwicklungsmäßig notwendiger Bedürfnisse eingeschränkt worden war, desto höher war die Gefahr der Entwicklung einer Charakterneurose. Bei Kindern ab vier Jahren und Jugendlichen (14 bis 18 Jahre) ergibt sich ein anderes Bild: Es findet »eine deutliche Verschiebung statt: von den charakterneurotischen über die angstneurotischen Entwicklungen zu den chronisch-reaktiven Depressionen« (a.a.O., 55). Mögliche traumatisierende Auswirkungen nationalsozialistischer Verfolgung auf die Persönlichkeitsentwicklung sind seither ebenso Thema der Forschung gewesen wie auch der Zusammenhang zwischen nationalsozialistischer »Sozialisation und Traumatisierung« (Benz/Benz 1992). Wie eingangs bereits herausgestellt, erscheint mir jedoch aus erziehungswissenschaftlicher Perspektive gegenüber klinisch-diagnostischen Konzepten ein sozialisations- und entwicklungstheoretischer Zugang zur Beantwortung der formulierten Fragestellung insgesamt angemessener. Die für diese Arbeit gewählten theoretischen Bezüge werden im Folgenden behandelt.

2. Sozialisationstheoretische und entwicklungspsychologische Zugänge – Zur Begründung einer struktur- und subjektorientierten Forschungsperspektive in der Sozialisationsforschung sowie der Notwendigkeit ihrer Interdisziplinarität

Im Zentrum dieser Untersuchung steht die Rekonstruktion von Identitätskonstruktionen, ihren Bedingungen und Möglichkeiten vor dem Hintergrund einstmaliger Emigrationserfahrungen. Es geht damit einerseits um die Rekonstruktion subjektiver Selbstkonstruktionsleistungen, andererseits aber auch um deren jeweilige Verwobenheit mit spezifischen historischen, sozialen und kulturellen Bedingtheiten, und insofern scheint mir ein Rückgriff auf sozialisationstheoretische Ansätze als heuristische Rahmenkonzepte unabdingbar.

Die Erforschung von Sozialisations- und damit zugleich von Entwicklungsprozessen hat sich im Laufe der letzten Jahrzehnte immer mehr als notwendigerweise interdisziplinär konzipierte Aufgabe erwiesen: Wenn Sozialisation als »Epigenese menschlicher Subjekte in ihrer komplexen Interaktion mit den materiellen, sozialen und kulturellen Bedingungen der jeweiligen gesellschaftlichen Umwelt« (Geulen/Veith 2004, VII) zu betrachten ist, so sind bei der Erforschung von Sozialisationsprozessen aufgrund der Vielschichtigkeit dieser Prozesse ganz unterschiedliche theoretische Dimensionen zu berücksichtigen. Traditionell steht der Aspekt der Persönlichkeitsentwicklung in – nicht genuin sozialisationstheoretischen – psychologischen und psychoanalytischen Ansätzen im Zentrum, während soziologische Konzepte stärker darauf abzielen, die Entwicklung des Menschen zum gesellschaftlichen Wesen zu verstehen bzw. vielmehr: zu erklären. Nun sind – dies ist das Spezifikum des sozialisationstheoretischen Paradigmas – zum einen beide Betrachtungsweisen notwendig aufeinander angewiesen, wenn angemessen erfasst werden soll, wie der Mensch in die Gesellschaft hineinwächst und sich dabei zugleich zum (der Möglichkeit nach) autonomen Individuum entwickelt. Denn »erst wenn es ein Selbst gibt, auf das die Erlebnisse, Beobachtungen, Gedanken bezogen werden können, kann die heranwachsende Person mehr und mehr mit den Personen ihrer

Umwelt synchronisiert werden. Individualisierung und Sozialisierung sind also keineswegs Gegensätze, sondern fallen zusammen« (Welzer 2005, 116).[10]

Zum anderen kommen in Verschränkung mit diesen beiden Analyseeinheiten, die Hurrelmann als äußere (soziale und materiale Umwelt) und innere Realität (Psyche und Organismus) bezeichnete (vgl. Hurrelmann 2002, 16) noch weitere Aspekte hinzu, die zu berücksichtigen sind: Analyse gesellschaftlicher Bedingungen des Aufwachsens heißt konkret Analyse der gesellschaftlichen Strukturbedingungen (Ökonomie/Produktion/Ökologie/soziale Versorgung und Kontrolle, Kultur) und ihrer Geschichte. Auf der Subjektseite kommt vor allem die Berücksichtigung wissenschaftlicher Erkenntnisse über physiologische bzw. genetische Bedingungen und neuronale Prozesse hinzu. In der Betrachtung evolutionsgeschichtlicher Faktoren schließlich werden Phylogenese und Ontogenese zusammengeführt. Unter diesen Voraussetzungen erst können dann unterschiedliche, spezifische Aspekte der Sozialisation, wie zum Beispiel geschlechtsspezifische, moralische und politische Entwicklungsprozesse, hinreichend aufschlussreich erschlossen und beschrieben werden.

Geulen und Veith betonen, dass aufgrund der Komplexität des Sozialisationsbegriffes und der damit einhergehenden Vielfalt an Perspektiven und methodischen Zugängen trotz weitgehender Übereinstimmung darüber, was unter Sozialisation zu verstehen sei, ein verbindender theoretischer Ansatz fehle und dass in der – auch methodologisch je unterschiedlich begründeten – gegenwärtigen Forschung des Weiteren viel eher eine »disziplinäre Segregation« betrieben als dass eine integrative Theoriebildung angestrebt werde (a. a. O., VIII). Somit sei auch das spezifische Zusammenwirken von Subjekt und Umwelt noch immer nicht hinreichend erforscht. Entsprechend kommt es mir auch mit diesem kurzen, deskriptiven Umriss des Gebietes der Sozialisationsforschung als äußerst vielfältiger Forschungslandschaft nicht auf eine Zusammenfassung der von Hurrelmann formulierten sozialisationstheoretischen Maximen an (vgl. Hurrelmann 2002, 23 ff.), sondern auf eine Betonung des notwendig interdisziplinären Zuschnitts von Sozialisationsforschung zugunsten der Erschließung von über Sozialisation sich vollziehende Individuierungs- und Vergesellschaftungsprozesse sowie auf eine Begründung der von mir als heuristische Rahmenkonzepte gewählten

10 Welzer, der den Motor dieser Synchronisation in der »Autobiographisierung des Gedächtnisses« (ebd.) sieht, ist allerdings erstens ungenau, wenn er den Vorgang der Selbstwerdung als Individualisierung statt als Individuierung bezeichnet, zweitens bleibt unklar, weshalb er Synchronisation hier als einen Vorgang konzipiert, in dem das Subjekt scheinbar passiv bleibt (s. o. »synchronisiert werden«).

Ansätze, die Möglichkeiten für einen solchen interdisziplinären Zugang zu bieten scheinen.

Was den Subjektbegriff betrifft, so wird dieser in unterschiedlichen Ansätzen auch mit ganz unterschiedlichen Annahmen verbunden. Mit dem Ziel, über »Einsicht in die bewussten und unbewussten normativen Vorannahmen einer Wissenschaft [...] ihre Erkenntnismöglichkeiten und vor allem ihre Erkenntnisgrenzen aufzuzeigen«, zeichnet Bauer (2004, 61) die Entwicklungsgeschichte des Subjektbegriffs in der Sozialisationsforschung der letzten Jahrzehnte und ihre Folgen für Sozialisationstheorien nach: Mit der Kritik an der Handlungs- und Rollentheorie Parsonsscher Prägung und der Vorstellung von Sozialisation als Prozess der Integration und Anpassung des Subjekts wird in den 1970er und 80er Jahren ein Paradigmenwechsel eingeleitet, der weg von der Konzeption des passiv vergesellschafteten Subjekts hin zum autonom handlungsfähigen Subjekt als Zielvorstellung gelungener Sozialisationsprozesse führt. Insbesondere über die thematisch dominante Konzeption von Theorien zur Moralentwicklung (im deutschsprachigen Raum vorangetrieben von Habermas, Döbert, Nunner-Winkler, Edelstein u.a.) wird die »emanzipative Perspektive moralischer Autonomie [...] Vorbote für die Überwindung objektivistisch deterministischer Annahmen« (a.a.O., 62). Damit vollzieht sich zugleich eine Wendung hin zu einem epistemischen Subjektbegriff, was Bauer zu der Forderung veranlasst, die Sozialisationsforschung und den ihr immanenten Subjektbegriff »auf ein empirisches Fundament« (ebd.) zu stellen. In der polarisierenden Diskussion um Strukturfunktionalismus und Determinismus vs. Individualisierungstheorem und Subjektivismus und der einseitigen Konzentration auf das (epistemische) Subjekt sowie der Konzeptualisierung von Entwicklungsprozessen als wenig determiniert und vorhersagbar sei die Autonomie des Subjekts zur leeren Formel geworden (vgl. ebd.). Die Folge dieses Subjektivismus sei dann auch, dass die Bedeutung gesellschaftlicher Strukturen und ihrer potentiellen Reproduktion nicht mehr beachtet werde (vgl. a.a.O., 83). Demgegenüber plädiert Bauer für eine strukturorientierte empirische Sozialisationsforschung und entsprechende Fundierung des Subjektbegriffs. Er sieht insbesondere in der Oevermannschen Soziologie und im Habituskonzept Bourdieus eine »anschlussfähige [...] Heuristik für die Konzeption des empirischen Subjektbegriffs« (a.a.O., 63).

Seine Kritik am epistemischen Subjektbegriff zielt insbesondere auf das verschenkte Potential der Aufschließung sozialer Wirklichkeit, die erst über einen empirischen Subjektbegriff möglich wird:

> »Der epistemische Subjektbegriff [...] ist einseitig normativ und visiert lediglich einen statistischen Sonderfall, die Eventualität und Potenzialität der individuellen Entwicklung an. Eine emanzipative

> Perspektive verkehrt sich damit in das genaue Gegenteil. Sie kann keine strukturellen Einschränkungen mehr benennen, die die Entwicklung individueller Handlungsautonomie der Wahrscheinlichkeit nach hemmen. Das interaktive Person-Umwelt-Verhältnis – eine in der Sozialisationsforschung zu Recht unhintergehbare Prämisse – verliert seine wichtige erkenntnisleitende Aufgabe« (a.a.O., 71).

Den daraus resultierenden Vorschlag der Zusammenführung von Struktur- und Subjektorientierung sehe ich stärker noch als im Habituskonzept Bourdieus durch die sozialisationstheoretischen Überlegungen und das methodische Instrumentarium Oevermanns ermöglicht. Zu Recht schränkt Bauer unter Verweis auf Liebau (1987) ein, dass Bourdieu sich niemals mit Prozessen der Sozialisation, sondern nur mit ihren Ergebnissen in Form von entwickeltem Habitus befasst und im Grunde auch nie eine Sozialisationstheorie konzipiert hat (vgl. a.a.O., 77). Wenn auch der Vorwurf an Bourdieu, bei seinem Habituskonzept handele es sich um ein im Kern deterministisches Verständnis von Sozialisation, der Dialektik von strukturierter und strukturierender Struktur meines Erachtens nicht ganz gerecht wird, ließen sich weitere Kritikpunkte anführen, zum Beispiel vor allem hinsichtlich seiner Forschungsmethoden und auch einer methodologisch zu geringen Differenzierung zwischen grundlegend verschiedenen Ebenen: Das, was Bourdieu in den ›Feinen Unterschieden‹ (1984) als Ausdruck eines ›Habitus‹ darstellt, scheint in vielen Fällen doch vielmehr Ausdruck eines bestimmten Geschmacks oder Lebensstils als eine Habitusformation im eigentlichen Sinne zu sein (vgl. Oevermann 2001e, 45).

Das Subjektkonzept Oevermanns hat zudem den Vorteil, dass sehr deutlich zwischen drei Subjektebenen differenziert wird: zwischen der Ebene des epistemischen, des autonom handlungsfähigen, mit sich selbst identischen Subjekts sowie der Ebene des empirischen Subjekts (vgl. Oevermann 1976).

Zusätzlich zu dieser Unterscheidung schlägt Wagner (2004b) in enger Anknüpfung an Oevermann vor, noch eine vierte, genau genommen aber vorgeordnete Ebene einzuziehen, nämlich die Ebene der *Sozialität sui generis* als »zweckfrei sich reproduzierende rekursiv algorithmisch operierende Reziprozität« (a.a.O., 86), die dem Menschen mit der Entwicklung der Sprache als Übergang von Natur zu Kultur Handlungsgmöglichkeiten erst eröffnet und ihn ›zwingt‹ regelgeleitet zu handeln, um unter den erzeugten Möglichkeiten auswählen zu können. Die zweckfreie Reziprozität unterscheidet den Menschen vom Tier, dessen Sozialität auf »biogrammatischer Programmierung« (a.a.O., 85) beruht. Sie ist die konstitutionslogische Voraussetzung für die drei anderen Strukturebenen des Subjekts.

1. Das epistemische Subjekt

Dies ist die Ebene des abstrakten Gattungssubjekts Mensch, auf der universelle Strukturen und Kompetenzen (kognitive bzw. formal-logische Kompetenzen, Kompetenzen der moralischen und sprachlichen Ausdrucks- und Urteilskraft) angesiedelt sind; diese sind als Kompetenzen universell angelegt, müssen aber gleichwohl – und hier liegt der Unterschied zu subhumanen Gattungen – vom jeweiligen Subjekt erst über Aneignungsprozesse entwickelt werden (vgl. a.a.O., 87).

2. Das autonom handlungsfähige, mit sich selbst identische Subjekt

Auf dieser Ebene »wird gleichsam das formallogische ausgerüstete Subjekt ins Verhältnis zu Somatischem, zu innerer Natur, zu Motiven, Antrieben und zur Praxis gesetzt« (ebd.). Wenn hier nun konkrete Praxis als Zielebene angesprochen ist, stellt sich die Frage, inwiefern diese Ebene zu unterscheiden ist von der des empirischen Subjekts. Angesprochen ist hier einerseits eine noch immer konstitutionstheoretische und normative Ebene insofern, als die Konstituierung des autonom handlungsfähigen Subjekts als Ideal gelungener Individuierung thematisch ist. Es ist dies die Ebene des Erzeugungsparameters (Parameter I), auf der zwar konkrete historisch-gesellschaftliche Bedingungen, Geschlecht und Position im sozialen Raum eine Möglichkeitsfolie und einen Rahmen des Gelingens und der Normalität abgeben, auf der aber ein ideales, aufgeklärtes Subjekt formuliert wird, dessen Handlungsfähigkeit und Mit-Sich-Selbst-Identischsein sich aus der realiter nie vollständig gegebenen Erkenntnis und Übersetzung eigener Antriebe ergibt. »Man kann sagen, das epistemische Subjekt muß zur empirischen autonom handlungsfähigen, mit sich selbst identischen Person transformiert werden« (Oevermann 1976, 39).

3. Das empirische Subjekt

Auf dieser Ebene wird die empirisch in der sozialen Wirklichkeit vorfindbare Person fokussiert; es »sind die abweichende[n] Sozialisationsprozesse zu analysieren« (a.a.O., 40). Die konkrete Individuiertheit manifestiert sich in den jeweils unter verschiedenen Handlungsoptionen und unter der Bedingung gegebener Kompetenzen getroffenen Wahlen (Ebene der Performanz). Das empirische Subjekt handelt – den Parameter I als Erzeugungsparameter betreffend – jeweils auf der Basis der qua Sozialisation angeeigneten spezifischen Normen und verfügt hinsichtlich dieser auf der Ebene des Auswahlparameters II getroffenen Wahlen und ihrer Begründungen über subjektive Repräsentanzen, die sich in der Regel nicht, schon gar nicht vollständig, mit den ihnen zugrunde liegenden latenten Sinnstrukturen decken:

> »Die innere Füllung und Bestimmtheit nimmt diese je besonderte Autonomie in der Fallstrukturgesetzlichkeit an, die eine objektive Struktur ist und scharf von dem bewußtseinsfähigen Selbstbild einer Handlungsinstanz unterschieden werden muß, mit dem sie faktisch niemals, auch nicht im Idealfalle, zur Deckung gelangt. Die Fallstrukturgesetzlichkeit operiert jenseits des bewußtseinsfähigen Selbstbildes und ist umfassender als dieses« (Oevermann 2002, 11).

2.1 *Sozialisation als Prozess der Krisenbewältigung und der Entstehung des Neuen (Ulrich Oevermann)*

Als heuristische Rahmentheorien für die Fallrekonstruktionen dienen nun Oevermanns Krisentheorie, seine religionssoziologischen Überlegungen zum Verhältnis von Lebenspraxis und sozialer Zeit (1995) sowie schließlich die Konzeptualisierung von Sozialisation als Prozess der Krisenbewältigung und der Erzeugung des Neuen, insbesondere der Bewältigung der Adoleszenzkrise als ontogenetischer Entwicklungskrise über die Ausbildung von Bewährungsmythen (Oevermann 2004). Sinnvoll erscheint mir der Rückgriff auf die Oevermannsche Sozialisationstheorie nicht nur aufgrund ihrer interdisziplinären Bezüge (z.B. auf Freud, Mead, Peirce, Searle, Chomsky, Piaget), sondern vor allem aufgrund des ihr zugrunde gelegten Krisenbegriffs[11]. Dieser fasst erstens die Krise als geradezu anthropologisches Konstitutivum von Lebenspraxis und unterscheidet zweitens drei Arten der Krisenerfahrung (traumatische Krise, Entscheidungskrise und Krise im Modus ästhetischer Erfahrung).

Zunächst stellt die Krise in methodologischer Hinsicht den Normalfall im Gegensatz zur Routine dar. Wenngleich Krisen im Alltagsverständnis als Ausnahmesituationen gelten, wird diese Auffassung Oevermann zufolge der strukturellen Verfasstheit menschlicher Lebenspraxen insofern nicht gerecht, als jegliche Routine die praktikabel erscheinende Lösung einer ursprünglichen Krise darstellt. Die – wie auch immer gestaltete – Bewältigung von Entscheidungskrisen ist dann sozialisationstheoretisch konstitutiv für den Prozess der Individuierung des aufgrund seiner Weltoffenheit strukturell autonomen Subjekts. Dieser strukturalistische Krisenbegriff Oevermanns liefert ein heuristisches Fundament

11 In noch eher formaler Hinsicht wird zudem eine meines Erachtens in dieser Stringenz besonders fruchtbare Kombination von Methodologie, Theorie und Methode erreicht.

für die »Konstitution von Erfahrung« (Wagner 2004) und somit für die Rekonstruktion von Identitätsbildungsprozessen.

2.1.1 Krise und Erfahrungskonstitution

Konzeptionen von Krisen als ›Motor für Entwicklung‹ über Erfahrungen finden sich sowohl in den strukturgenetischen Entwicklungsmodellen Piagets und Kohlbergs als auch ansatzweise in der Freudschen psychoanalytischen Theorie und besonders explizit in Eriksons Modell der Identitätsentwicklung (Erikson 1959/1973) sowie in integrativen Weiterentwicklungen kognitiver und selbsttheoretischer Modelle wie zum Beispiel jener von Gil Noam (1993, 1999) oder Robert Kegan zu ›Entwicklungsstufen des Selbst‹ (1994^3).

Hinsichtlich der oben genannten drei theoretischen Stränge Oevermanns ist der Begriff der Krise das zentrale und verbindende Element, zu dessen Formulierung und Ausdifferenzierung er sich vor allem auf die pragmatizistische Peircesche Philosophie der Krise bezieht. Peirce fasst den Moment, in dem die Wahrnehmung sich durch Auftreten von etwas Unbekanntem, nicht Benennbarem irritieren lässt, als Krise, da dieses gegenwärtig Unbekannte (›X‹), das Präsente, nach der Bestimmung seiner Qualität, also der Prädizierung in Form einer Proposition und damit letztlich einer Repräsentation verlangt (vgl. Oevermann 2001a).

Prinzipiell an jeder neuen Sequenzstelle menschlichen – und damit sozialen – Handelns ist ein solches X denkbar, das der Aufmerksamkeit und der Prädizierung bedarf, das Entscheidungen verlangt, das aber eigentlich auf der Basis der Prädizierung Entscheidungen erst ermöglicht: »Sie [die ›X‹e, S. K.] sind einfach da, und wir holen uns an ihnen bzw. an ihrer Widerständigkeit eine ›blutige Nase‹, wenn wir sie nicht beachten, was wir erst wirklich können, wenn wir sie bestimmt haben. Wir entledigen uns ihrer erst durch Prädikation, die die Basis eines rationalen Umgangs mit ihnen abgibt« (Oevermann 2001a, 221).

Die Krise angesichts einer noch zu prädizierenden Substanz stellt somit die Untergrenze, man könnte auch sagen, die Schwelle zu möglicher Erfahrung dar, ihre Obergrenze findet sich im Sein. Denn die Substanz evoziert eine Krise, sobald aber diese Substanz prädiziert ist, ihr Sein also bestimmt ist, stellt sich Routine ein, und das Sein wird zur inhaltsleeren Form (vgl. Wagner 2004b, 197). Daran, dass Krisen die Praktikabilität etablierter Handlungsmuster in Frage stellen und zu einer neuen, zu routinisierenden Lösung herausfordern[12], lässt sich das

12 Hier kann eine Parallele zur sozialkonstruktivistischen Perspektive Bergers/Luckmanns (1969/2000) gezogen werden, in der neuartige soziale Situationen die Ausgangsbasis sind für Prozesse (reziproker) Typisierung

spannungsreiche, polare, aber unidirektionale Verhältnis von Krise und Routine ablesen (vgl. Oevermann 2001a, 209).

Zu unterscheiden sind nach Oevermann nun drei Krisentypen, die hinsichtlich ihrer gattungsgeschichtlichen Reichweite und Bedeutsamkeit hierarchisch (hier: aufsteigend[13]) geordnet werden und denen zudem vier Modi der Erfahrungskonstitution zugeordnet werden können.

Traumatische Krisen

Traumatische Krisen stellen schockartige, die Leiblichkeit unmittelbar betreffende Ereignisse dar, die – sofern man das traumatisch Krisenhafte mit ›Stress‹ gleichsetzt –, auch von höheren Tiergattungen erlebt werden. Der Mensch ist in diesem Falle überraschend eintretenden Ereignisvorgängen der äußeren physischen oder sozialen Umwelt ausgesetzt (z. B. in Form von Verletzung nach sich ziehenden ›Naturkatastrophen‹ und Unfällen, aber auch sozialen Handlungen). Diesen ›brute facts‹ kann man sich nicht entziehen und kann folglich auch nicht ›nicht‹ darauf reagieren. Von ebenso traumatischer Qualität sind Ereignisse auf der Ebene der innerpsychischen Realität (zum Beispiel auch die positiven Empfindungen im Zustand akuter Verliebtheit). Für die Ereignisse auf beiden Ebenen gilt also, dass sie »schmerzhaft im Sinne der Negativität der Verletzung oder der Positivität der glückhaft-ekstatischen Erfüllung« sein können (Oevermann 2004, 165). Erfahrungen, die in Verbindung mit traumatischen Krisenereignissen gemacht werden, sind auf der Ebene der Naturerfahrung bzw. der leiblichen Erfahrung angesiedelt. Sie betreffen den Menschen in seiner Gegenwärtigkeit und Leiblichkeit.

Entscheidungskrisen

Entscheidungskrisen stellen spezifisch menschliche Krisen dar, da sie die Möglichkeit der Konstruktion hypothetischer Handlungsoptionen (sowie das Bewusstsein von der Endlichkeit des Lebens) voraussetzen, die Tieren nicht zur Verfügung steht. Im Unterschied zur traumatischen Krise ist die Entscheidungskrise insofern eine selbst herbeigeführte (und zu bewältigende), als sie überhaupt erst dadurch entsteht, dass mit jedem sozialem Akt regelgeleitet Handlungsoptionen erzeugt werden,

und in der Folge für die Routinisierung und Institutionalisierung von Handlungsabläufen (vgl. a. a. O., 56 ff.) und damit auch von sozialen Regeln.

13 Das Kriterium der ansteigenden Ordnung verweist zugleich auf den jeweils möglichen Grad der Bewusstseinsfähigkeit oder der ›willentlichen Herbeiführung‹ von Krisen.

unter denen ausgewählt werden muss. Da man sich nicht ›nicht‹ entscheiden kann, verhält sich das Subjekt zur Krise, gleichgültig, wie es das tut, in jedem Fall – auch in vermeintlicher Entscheidungslosigkeit (menschliche Lebenspraxis als widersprüchliche Einheit von Entscheidungszwang und Begründungsverpflichtung). Die Wahl, die das Subjekt trifft, muss nicht nur den Anspruch auf Begründbarkeit erfüllen, also zwar nicht bereits im Augenblick der Entscheidung selbst, aber prinzipiell im Nachhinein begründbar sein, sondern auch eine Bewährung verheißende Lösung der Krise darstellen. Für diesen Krisentyp ist die Erfahrung des Bewährungsproblems im Angesicht der Endlichkeit menschlichen Lebens bei gleichzeitiger Zukunftsoffenheit thematisch; daher ist ihm die Konstitution religiöser Erfahrung zuzuordnen, auf dessen religionssoziologische Begründung unten noch genauer eingegangen werden soll.

Krise durch Muße – ästhetische Erfahrung

Im Gegensatz zu gleichermaßen unvermeidlichen traumatischen Krisen und Entscheidungskrisen ist die Krise durch Muße eine mehr oder minder willentlich hergestellte bzw. zugelassene Krise, die schon aufgrund dieses Charakteristikums der menschlichen Spezies allein vorbehalten ist und des Weiteren, weil der Herbeiführungsmodus, die Muße, in klarer Opposition zu dem steht, was Tiere als ›Stress‹ erleben (vgl. Oevermann 2004, 167).

Die Krise entsteht in müßiger Betrachtung bzw. in der Ausführung von Handlungen jenseits von Zweckgerichtetheits- und Nützlichkeitsvorstellungen. Dieser Modus müßiger, selbstgenügsamer Wahrnehmung ist zum einen Merkmal künstlerischer Schaffensprozesse (vgl. dazu Oevermann 2001f), zum anderen der neugierigen Wendung der Aufmerksamkeit auf Objekte (nicht nur Kunstwerke) um ihrer selbst willen. Die Krise entsteht, weil in der zweckfreien und zeitlich unbegrenzten Hinwendung zum Gegenstand die Entdeckung bislang nie wahrgenommener und somit unbekannter Eigenschaften möglich wird und zu neuen Erfahrungen und Erkenntnissen führt. Dieser Modus der Verfremdung bzw. der künstlichen Naivität in der handlungsentlasteten, müßigen Wahrnehmung entspricht damit der Konstitution ästhetischer Erfahrung und einem Wahrnehmungsmodus, der auch für die Art und Weise, wie Kinder sich ihre Umwelt erschließen und aneignen, charakteristisch ist, weshalb Oevermann das Kind auch als Protagonisten ästhetischer Erfahrung bezeichnet (vgl. dazu ausführlich 2.1.4).

Darüber hinaus ist diese mußevolle Krisenerzeugung, in deren Folge man ebenfalls nicht ›nicht‹ reagieren kann, weil das überraschend und erstmalig Wahrgenommene nach begrifflicher Bestimmung verlangt, der Weg wissenschaftlicher Erkenntnisgewinnung: Die dem Handlungszwang der Praxis enthobene müßige Betrachtung und die Simulation von (Wissens-)Krisen erst ermöglicht Erkenntnis einerseits und stellvertretende Krisenbewältigung durch Expertise andererseits. »In der Sphäre der naturwüchsigen ästhetischen Erfahrung konstituiert sich die Schleuse des Übergangs von der Praxis zur methodisierten Erkenntnis« (Oevermann 2004, 168).

2.1.2 Lebenspraxis und Bewährung

Der Begriff der Lebenspraxis ist eher beiläufig bereits eingeführt worden als widersprüchliche Einheit von Entscheidungszwang und Begründungsverpflichtung. ›Lebenspraxis‹ bezeichnet aber nicht nur die leibbasierte ›Praxis‹ einzelner Subjekte, sondern ebenso die vergemeinschafteter Individuen, die (mehr oder minder) gemeinschaftlich und verbindlich handeln aufgrund einer gemeinsamen, historisch sich herausgebildeten Identität (vgl. Oevermann 2002, 10), das heißt, bezeichnet sind damit auf noch relativ niedrigem Aggregierungsniveau soziale Gruppen wie Partnerschaften oder Familien und auf weitaus höherem Niveau Vergemeinschaftungen wie z.B. der Nationalstaat. Der Begriff der Lebenspraxis hat somit den Vorteil, eben nicht nur einzelne Individuen zu bezeichnen, zugleich sieht Oevermann ihn anderen Begriffen, wie Person, Subjekt usw. überlegen, da in ihm »sich Somatisches, Psychisches, Soziales und Kulturelles synthetisiert« (Oevermann 2004, 158).

Die Konzeptualisierung jeglicher Lebenspraxis als widersprüchliche Einheit von Entscheidungszwang und Begründungsverpflichtung ist nun ganz wesentlich gebunden an die religionssoziologisch fundierten Überlegungen Oevermanns zum Verhältnis humaner Praxis und sozialer Zeit (vgl. dazu ausführlich Oevermann 1995). Mit der Durchsetzung des Inzesttabus[14] sowie der Entwicklung der Sprache vollzieht sich der Übergang von Natur zu Kultur. Im Sprechakt wird, wie schon bei Mead, die

14 Aus der Sicht von Lévi-Strauss ermöglicht erst das Inzesttabu zweckfreie Reziprozität, weil dadurch die Interaktion mit anderen sozialen Gruppen als der eigenen Verwandtschaft notwendig wird. Am Beispiel der Heiratsregeln archaischer Gesellschaften, in denen die Kreuzcousinenheirat erlaubt, die Parallelcousinenheirat jedoch als inzestuös tabuisiert wird, wird deutlich, dass diese Regelung, die aufgrund ihrer kulturübergreifenden Verbreitung universalen Charakter hat, die Voraussetzung für sozial gerechte Austauschbeziehungen darstellt (vgl. Wagner 2004b, 320f.). Auch Freud sieht im Inzesttabu die Voraussetzung für den Übergang von Natur zu Kultur, und zwar insofern, als er Sozialität als Voraussetzung für Kultur begreift, der Inzest aber als antisoziales Verhalten sozialen Zusammenhalt verhindert und deshalb dauerhaft vermieden werden muss (vgl. a.a.O., 220; Freud 1913/1978, 284f.).

Erzeugung von Lebenspraxis gesehen, denn mit Sprache und der Möglichkeit einerseits der Prädizierung des Gegenwärtigen und andererseits seiner Transzendierung sowie der Konstruktion hypothetischer Welten entsteht soziale Zeit. Damit erst, also mit der Differenzierung zwischen dem faktisch Präsenten, der Wirklichkeit und der Möglichkeit als hypothetischer Konstruktion, ist auch die Möglichkeit gegeben, Bewusstsein über die Endlichkeit menschlichen Lebens zu erlangen. Dieses Bewusstsein aber führt dazu, dass der Mensch bis zu seinem Tod drei für die Bestimmung seiner Existenz grundlegende Fragen zu beantworten sucht: Es ist dies erstens die Frage nach einem auf die vergangene Geschichte bezogenen Herkunftsmythos (›Woher komme ich?‹), zweitens die Frage nach einem zukünftigen Bewährungsmythos (›Wohin gehe ich?‹), womit drittens die Vergangenheit und Zukunft verbindende Kernfrage der Identität (›Wer bin ich?‹) aufgeworfen und eine bis zum Tod nicht stillstellbare Bewährungsdynamik in Gang gesetzt wird.

Der im Sinne eines Lebensentwurfes jeweils entwickelte Bewährungsmythos verheißt – eben als Mythos – zwar Bewährung hinsichtlich dieser drei Fragen, kann sie aber aufgrund der Tatsache, dass hinsichtlich der Frage der *Bewährtheit* des eigenen Lebensentwurfs im Diesseits keine letztgültige Gewissheit zu erlangen ist, nicht garantieren. Bewährungsmythen müssen nun einerseits Individuierung ermöglichen, aber andererseits zugleich kollektiv verbürgt sein, denn anderenfalls könnten sie keine verheißende Funktion erfüllen. Sie sind des Weiteren als kulturelle Universalien anzusehen, die aber jeweils kulturspezifisch bzw. geschichtlich ausgeformt sind: Wie mit dem Thema der Lebensbewährung umgegangen wird bzw. werden kann, ist eine Frage, die von Generation zu Generation vor dem Hintergrund zeitgeschichtlich und gesellschaftlich relevanter Themen und Krisen neu beantwortet wird.

Kritisch hat sich mit diesem Modell zum Beispiel Monika Wohlrab-Sahr (2003) auseinandergesetzt und dabei vor allem die folgenden drei Aspekte problematisiert:

1. die Fundierung des Strukturmodells von Religiosität in Bewährung als Axiom;
2. die normative Grundlegung des Modells;
3. religions- und identitätstheoretische Annahmen.

Da es mir hier nicht um eine religionssoziologische Reflexion des Modells geht, möchte ich lediglich auf den dritten, identitätstheoretisch relevanten Kritikpunkt eingehen.

Aus Wohlrab-Sahrs Perspektive handele es sich beim Modell Oevermanns von Identität als Bewährung um ein normatives, verkürztes Modell in der Konzentration auf die Adoleszenzkrise als spezifischer Bewährungskontext mit dem Ziel der Erlangung von Autonomie. Demgegenüber wäre Autonomie im Falle einer »breiteren Palette von Identitätsmodellen« (a.a.O., 392) nicht Bedingung für Identität, sondern letztere wäre strukturalistischer »als biographischer Aufbau einer Struktur im Sinne einer auf kommunikativen und selbstreflexiven Prozessen aufbauenden Organisationsleistung zu begreifen« (ebd.), an deren Aufbau Religiosität, religiöse Indifferenz oder aber Atheismus als Elemente beteiligt wären.

Daraus würde, so Wohlrab-Sahr, auch eine größere Vielfalt hinsichtlich der Verknüpfung von Identitätskonstruktion und Religiosität resultieren: »es gäbe dann noch andere (legitime) Varianten [...] als das heroische Sich-Bewähren des aufgeklärten, religiös indifferenten, autonomen Menschen angesichts eines ›leeren Himmels‹« (ebd.)

Die Kritik Wohlrab-Sahrs und der darin enthaltene Hinweis auf die Möglichkeit anderer theoretischer Modelle liefert Anregungen für einen reflexiven Umgang mit der Annahme einer Bewährungsproblematik, allerdings ist das skizzierte religionssoziologische Modell des Bewährungsmythos im Rahmen dieser Arbeit eher indirekt, nämlich nur insofern relevant, als es erstens die Basis darstellt für die weiteren theoretischen Annahmen Oevermanns zur Adoleszenzkrisenbewältigung über die Ausbildung von Bewährungsmythen. Diese stellen zweitens den heuristischen Rahmen bereit für die Untersuchung der jeweiligen Adoleszenzkrisenproblematik der ausgewählten Fälle.

2.1.3 Sozialisation als Prozess der Krisenbewältigung

Im Sozialisationsprozess sind alle der drei oben beschriebenen Krisentypen zu unterschiedlichen Zeiten und in unterschiedlicher Ausprägung relevant für die Entwicklung des Subjekts. Davon wird an gegebener Stelle jeweils ausführlich die Rede sein. Von Bedeutung ist hier zunächst ganz allgemein, dass die Krise, gleich welcher Art, als die initiative Ausgangsbasis für den Modus der Hervorbringung, mithin für Entwicklungsprozesse, betrachtet wird.

Sozialisation als Erzeugungsprozess des Neuen über sexuelle Reproduktion

Sozialisation ist Oevermann zufolge grundsätzlich als Prozess der Erzeugung des Neuen zu betrachten. Schon auf der Ebene der Evolution findet eine Verdrängung durch Erneuerung im Sinne der Hegelschen dreifachen Aufhebung statt. Die humangattungsspezifische Fortpflanzung über sexuelle Reproduktion impliziert im Gegensatz zur klonalen Reproduktion:

- Aufhebung des Alten durch Neues (Gültigkeitsverlust)
- Aufhebung als Aufbewahrung des Alten im Neuen
- die Aufhebung (im Sinne der Heraufhebung) des Alten in Synthese mit dem Neuen auf eine höhere Stufe (vgl. Oevermann 2001d, 82).

Diese Aufhebung zugunsten der Entstehung des Neuen vollzieht sich im Gegensatz zur asexuellen oder klonalen Reproduktion, die auf Bewahrung zielt, über die Kombination der haploiden Chromosomensätze zu einer aufgrund dieser Kombination jeweils einzigartigen diploiden Zelle, der Zygote.

Dies bedeutet, dass in der Paarbildung und Elternschaft sich eine jeweils unvorhersagbare genetische Merkmalskombination vollzieht. Sozialisationstheoretisch führt dann das Aufeinandertreffen je individueller Bildungsgeschichten und Lebenswelten zur Bildung eines jeweils neuen sozialisatorischen Milieus – womit die Potenzierung der Individuierung als Erneuerung gegeben ist. Selbst in dem Fall, dass beide Partner aus einem ähnlichen Milieu stammen, was Bourdieus Habituskonzept zufolge von höherer Wahrscheinlichkeit ist, bringen die jeweils einzigartige Lebensgeschichte und ihre Deutung doch ›Merkmalsdispositionen‹ mit sich, die nicht zu schlichter Reproduktion führen können, sondern zur Verbindung dieser Einzigartigkeiten zu einer wiederum neuen Einzigartigkeit, die über den Prozess der Individuierung in und nach der Adoleszenz ihre Ausprägung erfährt (vgl. Oevermann 2004).

Struktureigenschaften sozialisatorischer Interaktion

Basis für kindliche Entwicklungs- und Bildungsprozesse sind Interaktionen mit signifikanten, später generalisierten anderen. Die Interaktion mit den Eltern oder anderen primären Bezugspersonen, zu denen das Kind diffuse Sozialbeziehungen unterhält, ermöglicht die Sprachentwicklung und die (Weiter-)Entwicklung sowohl emotionaler und sozialer wie auch kognitiver Kompetenzen. Spezifische, rollenförmige Beziehungen stellen aufgrund der mit ihnen verbundenen spezifischen Verhaltenserwartungsmuster, die intentionales Handeln erfordern, keine Möglichkeit dafür dar, sondern würden durch das ›Überspringen‹ der Erfahrung basaler Anerkennung (über affektive Zuwendung) als ganze Person geradezu in pathologische Entwicklungen münden.

Die wichtigste Struktureigenschaft sozialisatorischer Interaktion besteht darin, dass Kinder insbesondere in ihren sprachlichen Handlungen einen Sinnüberschuss produzieren, den zu verstehen sie aber noch nicht in der Lage sind. Genauer: Sie können noch nicht differenzieren zwischen Objekt- und Metasprache, also zwischen dem Sprechen über Objekte und jenem über Sprache selbst, verwenden Sprache aber (gewissermaßen durch Lernen am Modell der Eltern) schon bald so, dass eine Differenz zwischen diesen Ebenen in ihren Äußerungen objektiv aufscheint (vgl. Wagner 2004b, 46f.).

Die ›Aufgabe‹ der Eltern in den Interaktionen liegt erstens darin, solche, die Intentionalität der Kinder übersteigenden Sinnkonstruktionen über stellvertretende Deutung zu ermöglichen, zweitens darin, den Kindern mehr Intentionalität und Sinndeutungskompetenzen zu unterstellen, als sie zum jeweiligen Zeitpunkt eigentlich entwickelt haben. Diese Unterstellung intentionalen Sinns auf Seiten des Kindes einerseits wie auch die in den Handlungen der Eltern andererseits sich niederschlagenden Intentionen ermöglichen, »daß in der Struktur der sozialisatorischen Interaktion sich objektiv jene latenten Sinnstrukturen konstituieren, auf deren Folie das Kind sich als intentional handelndes Subjekt erst zu begreifen lernt« (Oevermann 1979, 384).

Dies zeigt sich schon von Beginn an in der Interaktion zwischen Erwachsenem und Säugling, in der der Erwachsene zwar häufig eine Form von spezifisch intoniertem und lautmalerischem ›Babytalk‹ entwickelt, aber doch mit dem Kind auch so spricht, als ob es den Sinn der Wörter bereits verstünde. Auch später wird dem Kind mehr Sinnkapazität und Intentionalität unterstellt, bisweilen auch zugemutet, als es faktisch entwickelt hat[15]. Diese Differenz also zwischen objektiven Sinnstrukturen und subjektiver Deutungskapazität treibt die Entwicklung voran, indem das Kind schrittweise mehr Kompetenzen entwickelt, die ›Sinnlücken‹ aufzufüllen bzw. selbst zu deuten, wobei eine vollständige Deckung zwischen subjektiven Repräsentanzen und latenten Sinnstrukturen nie erreicht werden kann. Die Konzeptualisierung des Sozialisationsprozesses als Prozess der Krisenerfahrung, -bewältigung und Erzeugung des Neuen lässt sich nach Wagner nun wie folgt begründen: Die in der sozialisatorischen Interaktion erzeugten latenten Sinnstrukturen stellen die Basis der Konstitution neuer Erfahrung dar, denn in ihnen »wird Unbekanntes abgespeichert, archiviert und sukzessive mit Hilfe der stellvertretenden Deutung des Erziehungspersonals und durch die eigenen Rekonstruktionstätigkeiten des Heranwachsenden in Bekanntes überführt« (Wagner 2004b, 49f.). Zugleich aber stellen die objektiven latenten Sinnstrukturen der sozialisatorischen Interaktion die »Erklärungsfolie für die Herstellung der Kontinuität biographischer Erfahrung in der Lebensgeschichte eines je konkreten Subjektes« (Wagner 2004b, 50) dar: Vollkommen Neues gibt es in diesem Zusammenhang nicht, weil das Neue immer an das Erfahrene, Alte, anknüpft und vor diesem Hintergrund dann auch gedeutet wird.

Die Differenz zwischen latenten Sinnstrukturen und ihren vom Subjekt realisierten Gehalten lässt sich, wie bereits ausgeführt, nie vollständig auflösen. Sie ist an verschiedene Faktoren geknüpft:

15 Oevermann zufolge bedingt der affektive Charakter der Eltern-Kind-Beziehung, dass solche Intentionsunterstellungen nicht vollkommen fehlgehen, er knüpft also die Angemessenheit der elterlichen Interpretation an eine aufgrund der emotionalen Bindung vorhandene ›richtige‹ Intuition der Eltern (vgl. Oevermann et al. 1979, 384). Das mag tendenziell stimmen, ist m.E. aber wiederum geknüpft an die Bedingung, dass die Eltern selbst über eine relativ neurosefreie und reflektierte Emotionalität verfügen, die Kinder also nicht in die Verarbeitung eigener Konflikte verstricken.

Entwicklungsstand
Je niedriger der Entwicklungsstand des Subjekts ist, desto geringer ist die Kompetenz zur Rekonstruktion latenter bzw. objektiver Sinnstrukturen und zur Realisierung ihrer Differenz zu subjektiven Intentionen.

Pathologien
Neurotische oder psychotische Strukturen entwickeln sich, wenn mit den Bezugspersonen keine Interaktion möglich ist, die eine adäquate Objektivierung von Sinnstrukturen erlaubt, weil z. B. auch die Eltern in ihren Kompetenzen der Sinndeutung eingeschränkt sind, Beziehungskonflikte vorliegen, u. a.m.

Handlungslogiken
Die Verhinderung der vollständigen Rekonstruktion latenter Sinnstrukturen liegt begründet in der zugunsten der Aufrechterhaltung des Alltagshandelns notwendigen abkürzenden Sinnrekonstruktion (vgl. Wagner 2004b, 51f).

Abschließend ist festzuhalten, dass sozialisatorische Interaktionen bzw. allgemeine soziale, ›objektive‹ Strukturen und subjektgebundene psychische Strukturen wechselseitig den Bildungsprozess des Subjekts bedingen und vorantreiben (vgl. a. a. O., 54).

2.1.4 Die vier Ablösungskrisen im Sozialisationsprozess

1. Die Krise der Geburt (Habitusprägung: ›Im Zweifel wird es gut/ schief gehen‹)
Oevermanns Modell der Sozialisation über Krisenbewältigung erstreckt sich in unterschiedlicher Form über alle drei von ihm formulierten ›Subjektebenen‹ (vgl. Kap. II. 2.1). Sein Modell ist auf der Ebene des epistemischen Subjekts eng verknüpfbar mit Eriksons Theorie der Entwicklung über die Bewältigung psychosozialer Krisen im Lebenslauf (1959/1973). So ist die erste Krise, die Oevermann definiert, jene der Geburt, mit deren mehr oder minder gelungener Bewältigung die Möglichkeit der Ausbildung einer als ›struktureller Optimismus‹ bezeichenbaren Grundhaltung zum Leben (Urvertrauen im Eriksonschen Sinne) verbunden ist. Diese Krise ist als unmittelbar leiblich erfahrene von traumatischer Qualität. Das Kind ist nicht länger ein Teil des ihn selbstverständlich versorgenden mütterlichen Körpers. Im Normalfall kann und muss das Kind auf die organisch-umhüllende Versorgung der Mutter verzichten, wenn es weit genug entwickelt ist, dann drängt es aus diesem heraus und muss die Passage durch den Geburtskanal ›überstehen‹. Dabei ergibt sich ein Zusammenspiel zwischen den Bewegungen des Kindes und jenen der Mutter. Das Kind erwirbt hier

bereits die allererste Erfahrung von erfolgreicher Krisenbewältigung, die die Entwicklung eines Habitus ermöglicht, der von Oevermann mit dem Motto ›Im Zweifel wird es gutgehen‹ überschrieben wird. Wenn allerdings keine normale Geburt erfolgt oder erfolgen kann, vor allem im Falle einer Frühgeburt, so mag die tief ins Körperbewusstsein eingeschriebene Erfahrung die sein, »dass der mütterliche Organismus sein Versprechen, im Krisenfalle schon dafür zu sorgen, dass es gut gehen wird, nicht eingehalten hat« (Oevermann 2004, 164). Das Kind ist durch die vorzeitige Beendigung des notwendigen Wachstumsprozesses im schützenden Körper der Mutter schockartig mit dem Tod konfrontiert und ist zunächst noch weniger als das neunmonatige Neugeborene allein lebensfähig[16]. Auch im Falle eines Kaiserschnittes wird das negativ-traumatische Potential erhöht, da dem Kind die eigentätige Bewältigung des Weges durch den Geburtskanal vorenthalten wird.

Daher entspricht ein in diesen Fällen eher entwickelter Habitus unter dem Motto ›Im Zweifel wird es schiefgehen‹ (vgl. ebd.) dem von Erikson formulierten Urmisstrauen (bei letzterem als Folge unzulänglicher Bewältigung der ersten nachgeburtlichen Erfahrungen des Kindes mit seiner Umwelt, vgl. Erikson, 1959/1973, 62ff.).

2. Die Krise der Ablösung aus der symbiotischen Mutter-Kind-Beziehung

Besonders im frühen Kleinkindalter ist das Kind angewiesen auf die oben bereits als zentrale sozialisatorische ›Funktion‹ der Eltern dargestellte stellvertretende Krisenbewältigung. Da Kinder sich permanent mit Krisen vom Typus traumatisch erlebter ›brute facts‹ konfrontiert sehen, aber noch nicht in der Lage sind, sich aus diesen Krisen jeweils allein herauszuhelfen, ist es die Aufgabe der Eltern, ihnen einerseits Unterstützung zugunsten einer zunehmend selbständigeren Lösung von Krisen zukommen zu lassen, sie andererseits aber auch vor Überforderung zu schützen, indem sie in Krisen für ihre Kinder da sind und auch dafür zu sorgen, dass bestimmte, Kinder entwicklungsmäßig noch überfordernde Probleme des Alltags stellvertretend gelöst oder von ihnen ferngehalten werden (vgl. Oevermann 2004, 169).

Im Zuge des Zugewinns an Möglichkeiten sprachlichen Ausdrucks einerseits und motorischer Mobilität und Steuerung von Körperfunktionen andererseits erweitert sich der Aktionsradius des Kindes erheblich, und daher ist diese Zeit als zweite zu bewältigende Krisenphase von fundamentaler Bedeutung für die weitere Selbstwerdung des Kindes im Sinne eines Autonomiezugewinns und seine auf dieser Basis erfolgende Öffnung für die Interaktion mit der sozialen Umwelt über die Person

16 Oevermann sieht seine Folgerungen unterstützt durch die Ergebnisse einer Studie zu extremen Frühchen (vgl. Schlick 2006)

der Mutter hinaus. Während Erikson diese Phase mit all ihren möglichen Potentialen und Risiken (insbesondere Scham und Zweifel als Ergebnis übermäßiger Autonomieverhinderung und Beschämung) für die weitere Entwicklung sehr detailliert beschreibt, bezeichnet Oevermann diese relativ unexpliziert als weitere Station der Ablösung und der Öffnung für die Konstellation der ödipalen Triade, mit der die Bewältigung von Entscheidungskrisen schon angebahnt wird, aber erst in der ödipalen Phase und auf weitaus reflexiverem Niveau dann wiederum in der Adoleszenzkrise zum zentralen Thema wird (vgl. a. a. O., 172).

3. Die Krise der Ablösung aus der ödipalen Triade
In dieser Zeit, die in Freudscher und etwas modifizierter Eriksonschen Auffassung ganz besonders psychosexuell motiviert ist, findet die zweite, soziale Geburt statt: sie ermöglicht den Übergang in die Latenzzeit und die Hinwendung zur peer-group.

Das Oevermannsche Verständnis dieses Konfliktes unterscheidet sich trotz der Übernahme des Freudschen Terminus ›ödipal‹ nun aber deutlich von dessen psychoanalytischer Interpretation, weil es sich auf die Rekonstruktion struktureller Merkmale, ja Gesetzmäßigkeiten, der triadischen ödipalen Konstellation und ihre Interpretation beschränkt, darin aber über die Freudsche Interpretation hinaus geht. Oevermann geht soweit zu behaupten, dass, wenn Freud nicht bereits den Ödipus-Konflikt und -komplex ›entdeckt‹ gehabt hätte, diese Strukturlogik nun allein aufgrund einer strukturanalytischen Rekonstruktion bestimmbar wäre (vgl. 2001d, 84).

Grundlage für die Rekonstruktion der Strukturlogik und -dynamik der ödipalen Triade ist erstens die Annahme der diffusen Beschaffenheit familialer Beziehungen im Unterschied zu spezifischen, rollenförmigen Sozialbeziehungen und zweitens die Annahme von vier für diese diffusen Sozialbeziehungen konstitutiven Merkmalen.

Die Strukturgesetzlichkeit der ödipalen Triade

Die ödipale Triade setzt sich aus drei Dyaden zusammen, die durch zwei prototypische Beziehungsformen[17] bestimmt werden, nämlich einerseits die der Gattenbeziehung, für die eine sexualisierte Körperbasis zentral ist, und andererseits die der Eltern-Kind-Beziehung, für die das Inzesttabu gilt. Eltern-Kind-Beziehungen sind ebenso wie Gattenbeziehungen Beziehungen zwischen ganzen Menschen, in denen im Gegensatz zu rollenförmigen, also über bestimmte Zuständigkeiten definierte Bezie-

17 Alle anderen Formen diffuser Sozialbeziehungen wie zum Beispiel Freundschaften, aber auch religiös transzendierende Verbindungen sind daraus abgeleitet (vgl. Oevermann 2004, 173).

hungen aufgrund der diffusen Ganzheit prinzipiell alles thematisierbar sein muss, bzw. dann, wenn ein Thema abgewiesen werden soll, dieser Ausschluss zu begründen ist. Entsprechend »gilt [...], dass ihr konkretes Personal nicht wie in Rollenbeziehungen substituierbar ist, ohne dass sich die Beziehungen als solche auflösen oder grundlegend verändern« (Oevermann 2004, 172 f.). Denn die Struktur diffuser Sozialbeziehungen ist an vier Bedingungen bzw. Merkmale geknüpft, die dann selbstverständlich zugleich die Beschaffenheit der ödipalen Situation des Kindes bedingen:

Für Gattenbeziehungen sowie für Eltern-Kind-Beziehungen ist die *Körperbasiertheit* konstitutiv. Daraus ergeben sich die weiteren drei Merkmale dieser diffusen Sozialbeziehungen. Die Körperbasis ist eng verknüpft mit der Möglichkeit *bedingungslos zugesicherten Vertrauens* und dieses wiederum stellt seinerseits die einzige Möglichkeit der Tilgung von Scham dar (vgl. Oevermann 2001d, 88). Wie wir bereits von Erikson wissen, ist das gerade in der ›analen Phase‹ zentrale Thema der Scham (im Gegensatz zum Gefühl der Schuld) leibbasiert: Die (noch) nicht gelingende oder versagende Kontrolle über die ausscheidenden Körperfunktionen erzeugt angesichts extern diesbezüglich formulierter Erwartungen Scham und bedeutet »eine Ausgrenzung aus der Kultur« (ebd.). Anfällig für Schamempfindungen wie auch für Zweifel sind wir unser Leben lang, und zwar schon deshalb, weil wir über das, was hinter uns vorgeht, niemals unmittelbare Kontrolle besitzen (vgl. Erikson 1950/1971, 248). Nur in diffusen Sozialbeziehungen, in denen wir bedingungsloses Vertrauen erfahren können, können wir Gefühle der Scham überwinden, und umgekehrt hilft uns darin die Möglichkeit der Schamüberwindung bei der Entwicklung dieses Vertrauens (vgl. dazu auch Brumlik 2002, 65 ff.). Solche Beziehungen sind weiterhin durch *Affektivität* gekennzeichnet. Der Begriff der Affektivität oder der »generalisierten Affektbindung« wird von Oevermann (2004, 173) vor allem deshalb verwendet, weil er den Begriff der ›Liebe‹ für soziologisch untauglich hält; dieser unterscheide nämlich nicht zwischen den je nach Paar- oder Eltern-Kind-Beziehung unterschiedlichen Formen der Zuneigung (vgl. ebd.).

Schließlich beanspruchen diffuse Sozialbeziehungen insofern prinzipiell das Merkmal der *Unkündbarkeit*, als wir zwar diese Beziehungen abbrechen können, wir aber trotzdem, so lange wir leben, Kinder unserer Eltern bleiben und wir auf der Ebene der Paarbeziehung auch nicht das Faktum der Beziehungsaufnahme in der Annahme, sie werde nicht vertragsartig zu einem vorab terminierten Zeitpunkt enden, nachträglich leugnen können.

Diese beiden Typen diffuser Sozialbeziehungen sind nun in der ödipalen Triadenkonstellation präsent, die sich, wie bereits erwähnt, aus drei Dyaden zusammensetzt, die jeweils mit Ausschließlichkeitsansprüchen besetzt sind. Augenscheinlich geht Oevermann hier von dem klassischen Modell der Kernfamilie, bestehend aus Mutter, Vater, Kind, aus und begründet diese Ausgangsposition damit, dass es sich dabei um eine strukturelle Universalie handele, dass mithin, trotz aller anderen denkbaren Varianten, die Logik und Dynamik der ödipalen Triade als Strukturgesetzlichkeit in familialen Gemeinschaften operiere (vgl. 2001d, 86). Es gibt meines Wissens bislang keine Studien, die sich in Kenntnis dieses Modells einer Rekonstruktion der Strukturlogik in sogenannten Ein-Elternfamilien oder in gleichgeschlechtlichen Partnerschaften angenommen hätten[18]. Vermutlich wird aber auch zukünftig das Modell der mit einer (heterosexuellen) Partnerschaft begründeten Familie das gesellschaftlich zentrale bleiben und damit weiterhin die grundlegende sozialisatorische Orientierungsfolie darstellen[19]. Insofern werden alternative Familienformen vermutlich sogar unter der Prämisse ihrer Akzeptanz als vollgültige alternative Modelle von der sozialen Umwelt als ›abgeleitete Modelle‹ wahrgenommen werden. Hinzu kommt, dass sich bei den Eltern trotz ihrer Absichten der positiven Besetzung des eigenen Modells oder der Lösung vom traditionellen Modell nicht nur aufgrund ihrer eigenen triadischen Erfahrungen, sondern vielmehr noch aufgrund der langen normativen Tradierung des Kernfamilienmodells und seiner soziokulturellen Einschreibung in einen sozialisatorische Praxen fundierenden Deutungsmustervorrat eine entsprechende Orientierung – in welcher konkreten Art und Weise auch immer – in der familialen Interaktion niederschlagen wird. Unabhängig davon kann angenommen werden, dass Kinder sich den fehlenden Dritten und/oder das fehlende gegengeschlechtliche Identifikationsobjekt im weiteren Familienkreis bzw. außerhalb der Familie suchen werden – und dass sie einer Auseinandersetzung mit unterschiedlichen Geschlechterdefinitionen bedürfen, ist ja inzwischen beinahe eine Trivialität.

In der triadischen Konstellation jedenfalls sind dann – ganz unabhängig von Geschlechtszugehörigkeiten – unterschiedliche strukturelle Positionsmerkmale relevant:

18 Eine Ausnahme stellt die Dissertation Dorett Funckes dar, die anhand der Biographie Thomas Bernhards die sozialisatorische Bedeutung unvollständiger ödipaler Triaden untersucht hat und aufzeigen konnte, dass es bei ›unbesetzten‹ Positionen des Ausgleichs durch andere Bezugspersonen (im Falle Bernhards in Person des Großvaters) bedarf (vgl. Funcke 2005).

19 Im Falle gleichgeschlechtlicher Paar- und dann Familienbildungen muss es sich insofern immer um Ableitungen handeln, als sie das heterosexuelle Modell der Paarbildung zugunsten sexueller Reproduktion, sei es auch nur auf den Moment des wie auch immer gestalteten Zeugungs- bzw. Befruchtungsaktes beschränkt, nicht überspringen können, um eine Familie gründen zu können. Dies gilt umso deutlicher für den Fall der Adoption eines Kindes.

- Jeder Positionsinhaber muss den Ausschließlichkeitsanspruch auf eine Dyade mit einem anderen Positionsinhaber mit einer dritten Person teilen bzw. gegen diese durchzusetzen versuchen.
- Jeder Positionsinhaber kann Objekt gleichzeitiger Ausschließlichkeitsansprüche der anderen beiden Positionsinhaber sein, ohne diese abweisen zu können.
- Jede Position ist aus einer aktuellen Dyade der anderen beiden Positionsinhaber ausgeschlossen (vgl. Oevermann 2001d, 89).

Dabei gilt, dass die Eltern grundsätzlich beide Dyadentypen eingehen können und müssen. Eine Konzentration auf die Dyade der Paarbeziehung schließt zwar eine zeitgleiche Aktualisierung der Eltern-Kind-Dyade aus, diese wird dann aber zu späterer Zeit wieder aufgenommen. Nur das Kind also bleibt aufgrund des Inzeststabus auf die Eltern-Kind-Beziehung als einzigen Dyadentyp verwiesen. Daraus, aus diesem Ausschluss aus der Dyade (auch) sexueller Liebe, ergibt sich strukturell die ›Einsamkeit‹ des Kindes und seine ödipale Rivalität mit dem gegengeschlechtlichen Elternteil. Eifersucht ist somit ein für diese Phase konstitutives Gefühl[20] und wirkt geradezu als Motor, denn das Kind wird danach streben, das, was die Eltern miteinander teilen und ihm vorenthalten, nämlich die spezifisch ›erwachsene‹ Form der sexuellen Bindungsaktualisierung in der Gattenbeziehung, später selbst auch realisieren zu können.

Sofern die Beziehung der Eltern für das Kind eine lebendige Paarbeziehung repräsentiert, wird es zwar danach streben, selbst erwachsen zu werden, es ist aber innerhalb der ödipalen Triade vor die Situation gestellt, sich immer wieder zwischen Mutter und Vater und damit zwischen zwei »grundlegenden, gleichermaßen gültigen Alternanten« (a.a.O., 98), nämlich den Praxismodellen ›Weiblichkeit‹ und ›Männlichkeit‹, entscheiden zu müssen, wobei diese Entscheidung nicht nach einer Seite hin definitiv getroffen werden kann, ohne das Gefühl, den gleichermaßen geliebten anderen Elterteil mit dieser Entscheidung zurückgesetzt zu haben. Das Kind »muss schmerzhaft erfahren, dass man sich nicht nicht entscheiden kann« (ebd.). Dass dieser Konflikt, sofern er nicht vermieden wird, dennoch über entwicklungsfördernde Kraft verfügt, liegt darin begründet, dass das Kind im günstigen Falle mit seinem Bild der elterlichen Beziehung »über die Erfahrung einer die widersprüchliche Spannung zugleich erzeugenden und schlichtenden erstrebenswerten affektiven Einheit [verfügt], die den Konflikt nicht als Sackgasse und Dilemma zeigt, sondern auch als Verkörperung dieser

20 Dabei spielt die Eifersucht auf Geschwister zunächst eine nachgeordnete Rolle, denn jedes Kind hat seine ›eigene‹ ödipale Triade mit den Eltern, die es primär zu bewältigen gilt (vgl. Oevermann 2001a, 102).

Einheit und damit als Basis einer optimistischen Entscheidung verfügt« (ebd.)[21].

Aus dieser Situation ergeben sich dennoch Schuldgefühle für das Kind, die aber erst vollumfänglich realisiert werden, sobald das Erkennen einsetzt, nicht zwischen der sexuell reproduktiven Gattenbeziehung und der mit Inzesttabu belegten Eltern-Kind-Beziehung unterschieden zu haben, sondern die Liebe der Eltern untereinander gleichgesetzt zu haben mit der eigenen kindlichen Liebe zu diesen.

Um die Entwicklungsanforderungen, die aus dieser Strukturkonstellation für das Kind erwachsen, noch deutlicher zu machen, seien hier auch Konstellationen skizziert, die keine gelingende Bewältigung der triadischen ödipalen Krisensituation erwarten lassen. Diese lassen sich grafisch wie folgt darstellen:

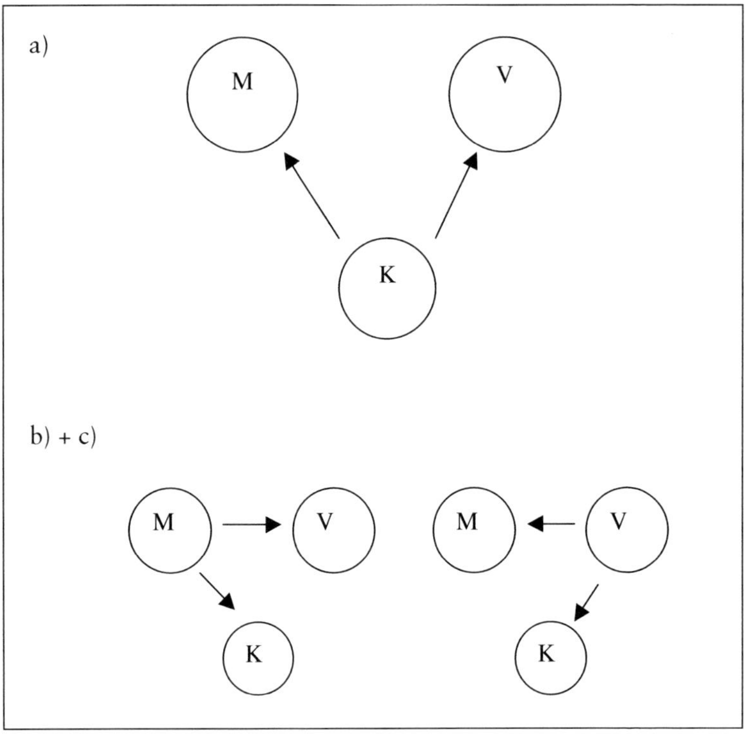

Abbildung 1: Spannungslose Triadenkonstellationen (Quelle: Abbildungen aus Oevermann 2001d, 90 u. 93)

21 Diese Annahmen setzen im Prinzip eine weitere voraus, nämlich die, dass beide Eltern ihrerseits die Krisensituation der ödipalen Triade wie auch die der Adoleszenz erfolgreich bewältigt haben.

Diese drei Konstellationen sind nur Variationen ein und derselben Struktur insofern, als ein Positionsinhaber jeweils Dyadengesuche an zwei Personen gleichzeitig aussendet. Damit aber ergibt sich eine spannungslose Konstellation, die von Oevermann insofern als ›pathologisch‹ bezeichnet wird, als sie impliziert, dass kein Ausschließlichkeitsanspruch erhoben wird. In dem Fall, in dem das Kind sich an beide Eltern gleichzeitig richtet, entspringt diese Adressierung zwar seiner Wahrnehmung von den Eltern als Paar und zielt auf jeweils den gleichen Dyadentyp. Umgekehrt wenden sich natürlich auch die Eltern als Paar in erzieherischer Absicht dem Kind zu. Dabei aber wird dann gerade keine Aktualisierung des anderen Dyadentyps, also der Gattenbeziehung vollzogen. Das heißt, in diesem Falle ist der Ausschließlichkeitsanspruch durchaus gewahrt. Nun ist zwar »die ›pathologische‹, weil den Ausschließlichkeitsanspruch [...] unterlaufende und durchbrechende Gleichzeitigkeit des Aktualisierens von zwei verschiedenen Dyaden im Falle der kindliche Positionsperspektive viel weniger folgenreich und auch viel eher nahegelegt. Aber diese Minderung der Pathologie erfolgt um den Preis der sexuellen Entdifferenzierung bzw. Neutralisierung der Eltern und damit der Ausblendung ihrer Gattenbeziehung« (a.a.O., 97). Das bedeutet weiterhin, dass das Kind die Eltern nur noch als Einheit, nicht aber mehr als individuelle Personen wahrnimmt, womit das Strukturmuster symbiotischer Verschmelzung aufrechterhalten wird. Zwar mag sich darin durchaus eine Anerkennung der Generationenschranke vollziehen, dennoch erschwert dies die Individuierung des Kindes (vgl. ebd.).

Denn die anthropologisch zentrale Bedeutung der ödipalen Ablösungskrise liegt erstens im Gewahrwerden des Kindes über nicht hintergehbare Differenzen zwischen ›Klein‹ und ›Groß‹ – also in der Anerkennung und Internalisierung der Generationendifferenz als eine die weitere Entwicklung vorantreibende Kraft (vgl. dazu z.B. auch Winterhager-Schmid 2000), zweitens in der damit verbundenen Auseinandersetzung mit geschlechtsspezifischen Praxismodellen und drittens (und dies wäre zugleich der Schritt erfolgreicher Bewältigung) im Aufgeben des Versuchs einer symbiotischen Beziehungsgestaltung mit den Eltern. Dieser Schritt ermöglicht dann in der Latenzzeit die Hinwendung zu den durch die Institution Schule gestifteten peer groups, wobei das von Freud beschriebene Ruhen der Triebdynamik (vgl. Freud 1905/1999, 79 ff.) sich maßgeblich in der Präferenz gleichgeschlechtlicher Freundschaften zeigt, die gerade durch die Möglichkeit des aus dem familiären Kontext ausgelagerten Experimentierens mit Geschlechtsrollenentwürfen auch eine allmähliche Stabilisierung der zuvor bereits begonnenen Geschlechtsrollenidentifikation ermöglicht.

Geht man mit Kegan davon aus, dass das Kernthema der ödipalen Krisensituation »die grundlegende Form der Beziehung [ist], die man zur Welt unterhält« (Kegan 1994[3], 186), dann wird der skizzierte theoretische Bezugsrahmen bei der Analyse der Fälle vor allem für die Frage bedeutsam, wie erstens die dyadischen und triadischen Beziehungskonstellationen in den Familien jeweils konkret gestaltet wurden und zweitens, in welcher Form und unter welchen Bedingungen die Ablösungskrisen jeweils bewältigt wurden, welche Schwierigkeiten und welche positiven Potentiale für die Entwicklung einer solchen Beziehung zur Welt herausgearbeitet werden können.

Wie werden dann, wenn aufgrund emigrationsbedingter Trennungen eine Triade auseinanderbricht bzw. eine triadische Beziehung gar nicht mehr zustande kommen kann, Dyaden gestaltet? Welche Möglichkeiten bieten sich, eine ›unbesetzte Position‹ der Triade auszugleichen und in welcher Form?

4. *Die Adoleszenzkrise – der bewährungsmythologische Entwurf von Identität*

Die Phase der Adoleszenz ist bereits von Erikson (1959/1973) als Moratorium beschrieben worden, also als Phase eines Entwicklungsfreiraums durch Verantwortungsentlastung bzw. -aufschub. Im Zuge der psychosexuellen ›Veränderungsschübe‹ stellt sich dem Adoleszenten nicht erstmals, aber auf neue und drängendere Art und Weise die Frage ›Wer bin ich?‹. Die explorative Auseinandersetzung mit dieser Frage, die Neuorganisation und Integration von Identitätsentwürfen ist geradezu die Kernaufgabe der Adoleszenz. In diesem Zusammenhang ermöglichen die bereits in der Latenzphase gesammelten Erfahrungen mit signifikanten anderen, z.B. mit der peer group, aber auch mit Erwachsenen außerhalb der Familie, die Adoleszenz zu einer Phase der »zweiten Chance« (Eißler zit. n. Erdheim 1988[2], 300) im Sinne einer Chance zur Neubearbeitung von Konflikten und ›Fehlentwicklungen‹ der Kindheit werden zu lassen. Die Ablösung von der Herkunftsfamilie zugunsten der Entwicklung von Autonomie stellt in den Worten Eriksons eine »normative Krise« (1959/1973, 144) dar, weil alles, was zu anderen Zeiten als pathologisch gelten müsste, in dieser Zeit nicht nur sein darf, sondern geradezu sein muss. Dazu gehört also eine gewisse Radikalität in der Abgrenzung von den Eltern und den von ihnen vertretenen Werten und Normen, eine Hinwendung zu den peers und damit verbunden eine neue Form der Innen- und Außenabgrenzung, des Experimentierens mit Exklusion und Inklusion sowie der Etablierung intimer Freundschaftsbeziehungen. Inhaltlich ist diese Phase geprägt von der soziohistorisch und kulturell und damit zugleich generationsspezifisch je unterschiedlich geführten experimentellen Auseinandersetzung mit religiösen, moralischen und politischen Überzeugungen zugunsten der Findung einer eigenen Position. Indem aber die Adoleszenten zugunsten der Erlangung von Autonomie ihre Ablösung von den Eltern vorantreiben, erweisen sie sich notwendig als strukturell undankbar – Rebellion ist, sofern sie nicht einer Feststellung von Adoleszenz auf Dauer versandet, eine Voraussetzung für Innovation sowohl im Sinne der Hervorbringung eines als genuin eigen empfundenen Lebensentwurfes als auch im Sinne sozialen Wandels (vgl. Oevermann 2001d, 109). Dies bedeutet des Weiteren, dass die oder der Heranwachsende erstmals in seinem Leben folgenschwere Entscheidungen zu treffen hat.

Ähnlich wie schon Erikson formuliert Oevermann, allerdings begründet über das oben ausgeführte religionssoziologische Modell des Bewährungsmythos, drei basale Lebensdimensionen, in denen jeweils der ›ganze Mensch‹ angesprochen ist und die »zugleich auch jene gesellschaftlichen Bereiche [bezeichnen], in denen nicht weiter reduzierbare eigene soziale Positionen von jedem erwachsenen Individuum einzunehmen sind, ob es will oder nicht« (a.a.O., 110). Dies sind die Dimensionen

- Paarbeziehung und Elternschaft bzw. Generativität,
- individuelle Leistung (Beruf) und
- Gemeinwohlverpflichtung bzw. Staatsbürgerschaft (vgl. Oevermann 2001d, 112).

Gegen Ende der Adoleszenz muss sich der Heranwachsende also der Tatsache bewusst sein, dass er als Erwachsener auf diesen Feldern Stellung zu beziehen haben wird und ist somit aufgefordert, bezüglich der Bewährung des eigenen Lebens in Orientierung an gemeinschaftlich verbürgten Bewährungsmythen einen tragfähig erscheinenden eigenen Zukunftsentwurf zu entwickeln[22].

In seiner jeweiligen Stellungnahme, die auch in der Form der ›Verweigerung‹ begründungspflichtig ist, positioniert sich das Subjekt sowohl sich selbst als auch der Welt gegenüber. Es bildet einen Entwurf von Einzigartigkeit aus und vollzieht mit dieser Habitusformation – hier nach Oevermann verstanden als spezifische Formation der Krisenbewältigung – einen Schritt der Entwicklung in Richtung (stets strukturell verstandener) Autonomie. Allerdings: Dieser Prozess der Ablösung und Individuierung besteht nicht nur aus der (kognitiven) Skizzierung

22 Bewährungsmythen müssen einerseits über eine universalistische, andererseits über eine partikularistische Komponente verfügen: Um die nicht-stillstellbare Bewährungsdynamik aushalten zu können, muss sich der Mensch auf eine »Agenda von Bewährungen verbindlich berufen« können (Oevermann 1995, 64). In deren Verheißungen, die drei identitätsrelevanten Fragen beantworten zu können, liegt ihre universelle Funktion. Seien dies nun magische, religiöse oder säkularisierte Mythen im Sinne von Lebensführungsethiken, sie müssen zugleich eine für das jeweils konkrete Leben unverwechselbare Antwort bieten (dies ist der Aspekt des Partikularismus oder der Historizität; vgl. ebd.).

möglicher Zukunftsentwürfe und aus experimentellen ersten Entscheidungen, sondern er vollzieht sich auch über die psychischen Prozesse der Auseinandersetzung sowohl mit der eigenen Lebensgeschichte, der inneren Realität als auch jener der aktuell umgebenden Umwelt. Von Bedeutung in diesem Prozess ist »die Vermittlung der Konfliktpotentiale mit schöpferischen Lösungsmöglichkeiten und die partielle Korrektur kindlicher Konstruktionen bei der Umgestaltung innerer und äußerer Realität. Sie impliziert insofern ein Moment von Dezentrierung und Distanzierungsfähigkeit in Hinblick auf die eigene Geschichte« (King 2002, 88).

Dezentrierung aber ist mit Verlusten verbunden – es ergibt sich in diesem Falle die Anforderung, Konventionen hinter sich zu lassen oder zu modifizieren, um den Entwurf des Neuen wagen zu können, ohne dabei der ebenso notwendigen Anerkennung anderer gewiss sein zu können. »*Individuierung vollzieht in diesem Sinne gerade den als riskant erlebten und objektiv ergebnisoffenen Schritt in ein Anerkennungsvakuum*« (a.a.O., 88 f., H.i.O.).

Die Familienbeziehungen sind in dieser Phase in mehrfacher Hinsicht von Bedeutung: Die Adoleszenten beginnen, sich auf neue Art und Weise mit den Lebensentwürfen der Eltern auseinanderzusetzen, um zu einem eigenen Lebensentwurf gelangen zu können. Dabei müssen die Eltern in der Lage sein, den Kindern ihr Moratorium zu ermöglichen, ihnen also sowohl Ablösung ermöglichen als auch einen Ort geben, an den sie zurückkommen können. Dies bedeutet zugleich, dass die Beziehungen innerhalb der Familie neu strukturiert werden – nicht nur stellt die kritische Haltung des bzw. der Adoleszenten die bisherigen Selbst- und Lebensentwürfe der Eltern in Frage, sondern die Entwicklung der Kinder und die ihnen sich eröffnenden Lebensmöglichkeiten konfrontieren die Eltern auch mit dem Gefühl des Verlassenwerdens, der ›Undankbarkeit‹ der Kinder, der Frage, wie das Leben nach der ›Verselbständigung‹ der Kinder gestaltet werden könnte, wie auch mit der Frage nach der verbliebenen Lebenszeit – kurz: die Nicht-Stillstellbarkeit der Bewährungsdynamik für beide Generationen bringt die bisherigen Familienbeziehungen ins Ungleichgewicht. Das Gelingen der Adoleszenzkrisenbewältigung hängt dann auch davon ab, wie und ob die Eltern ihre eigenen Adoleszenzkrise bewältigen konnten (s.o.). War dies eher nicht der Fall, kann sich die Ablösung der Kinder schwierig gestalten, weil zum Beispiel die Eltern das eigentlich den Kindern zugedachte Moratorium mit eigenen Konflikten besetzen oder aber die Ablösung durch generationsschranken-negierende Koalitionen mit dem Kind systematisch verhindern (vgl. a.a.O., 118 ff.). Dann nämlich wird dem Heranwachsenden das Potential der Krise als genuine, zu lösende Entscheidungskrise vorenthalten, nicht etwa, weil sie stellvertretend gedeutet und gelöst wird, sondern weil das Kind an dieser Stelle für die eigene Krisenbewältigung benutzt, um nicht zu sagen missbraucht wird. Die Adoleszenzkrise ist aber ihrem Wesen nach ganz deutlich eine Entscheidungskrise[23], deren Lösung eine Voraussetzung für eine möglichst autonome Lebensführung in der Zukunft ist und die Basis für das Vertrauen auf sich selbst und die Tragfähigkeit der eigenen Entscheidungen darstellt.

Die Bewältigung der Adoleszenzkrise ist schließlich im Vergleich mit den vorhergehenden Ablösungskrisen am offensichtlichsten und direktesten auch von gesellschaftlich-historischen Lagen und ihren jeweils prominenten Deutungen geprägt. Wie schon Dilthey (1957, 36ff.) und Mannheim (1970[2]) geht Oevermann davon aus, dass über die Verortung des Adoleszenten in peer groups und eine verstärkte Auseinandersetzung mit der sozialen Umwelt außerhalb der Familie sowie mit jeweils aktuellen gesellschaftspolitischen Themen und Diskursen ein Identifikations- und Formationsprozess stattfindet, der in eine jeweils generationsspezifische Habitusbildung mündet (vgl. Oevermann 2001d).

Hier stellt sich mit Blick auf die zu untersuchenden Fälle die Frage, inwiefern eine ›gelungene Integration‹ in die Gesellschaft und Kultur des Emigrationslandes Voraussetzung ist für die mehr oder minder erfolgreiche Krisenbewältigung und die Ausbildung eines Bewährung verheißenden Lebensentwurfes. Denn wenn Bewährungsmythen nur unter der Bedingung ihrer kollektiven Evidenz und Verbürgtheit eine die Nicht-Stillstellbarkeit des Bewährungsproblems temporär beruhigende Kraft entfalten können (vgl. Oevermann 1995, 64ff.), ist die Verortung in einem Kollektiv auch Bedingung für die Ausbildung eines solchen Bewährungsmythos. Im Falle von Migration ist dann die Frage, wo die jeweilige Lebenspraxis sich identifikatorisch verorten kann und welche Bewährungsmythen Verheißungscharakter für sie erlangen.

Wie bisherige Forschungen sowohl zu historischen als auch aktuellen Migrationsprozessen nahe legen (vgl. z.B. Apitzsch 1999; Badawia 2003; Diner 1998; Treibel 1999), *kann* ein Problem jugendlicher Migranten darin bestehen, dass – unter der Voraussetzung auch kultureller

23 Sie unterscheidet sich damit, um abschließend noch einmal eine Verbindung zu den eingangs dargestellten drei Krisenmodi herzustellen, von den vorangehenden Ablösungskrisen. Denn das kleinere Kind erlebt einerseits die meisten, von außen krisenhaft an es herantretenden Ereignisse als ›brute facts‹ und damit als potentiell traumatisch, stellt aber andererseits entlastet von Entscheidungskrisen Krisen durch Muße selbsttätig her, um über den Modus ästhetischer Erfahrung sich die Welt anzueignen. Wie bereits Piaget gezeigt hat, werden Objekte der materiellen Umwelt schon und gerade im prä-operationalen Stadium um ihrer selbst willen erforscht; über Assimilations- und Akkommodationsprozesse werden so kognitive Schemata aufgebaut und umstrukturiert.

signifikanter Differenzen – die Spannung zwischen der Gesellschaft und Kultur der Herkunftsfamilie und jener des Emigrationslandes als so groß erlebt wird, dass sie nicht als produktiv und die Entwicklung in Richtung Individuierung vorantreibend, sondern als hemmend hinsichtlich der Möglichkeit neuer Einbindungen oder als gar zerstörend hinsichtlich des Bewahrens bisheriger Bindungen wirkt. Zugleich aber macht zum Beispiel Rosenthal darauf aufmerksam, dass die These, das Aufwachsen mit bzw. ›zwischen‹ zwei Kulturen führe zu destruktiven familiären Konflikten, nicht pauschal haltbar sei, sondern das Potential familiärer Bindungen ignoriere (Rosenthal 1989, 309). Beide Positionen formulieren plausible Möglichkeiten. Da aber Rosenthal ihre Schlussfolgerung aus mehreren, eher messtheoretisch angelegten Untersuchungen adoleszenter Immigranten und ihrer Familien in Australien zieht, in denen zum Beispiel nach Übereinstimmungen und Divergenzen von Jugendlichen und ihren Eltern bezüglich potentieller Konfliktthemen gefragt wurde und diese Untersuchungen somit eher auf abgefragten Einschätzungen denn auf Rekonstruktionen zu beruhen scheinen, halte ich die oben genannten Fragen für noch keineswegs hinreichend beantwortet.

Es stellt sich also die Frage, welche Formen der Beziehungsgestaltung, der Vermittlung kultureller Bezüge und Praxen erstens innerhalb der Familie und zweitens zwischen Familie und sozialer Umwelt auf welche Art und Weise für Bindungs- und Lösungsprozesse und damit letztlich für Individuation bedeutsam werden. Und: Wie kann insbesondere die Adoleszenzkrise bewältigt werden, wenn die Voraussetzung einer generationsspezifischen Verortung nicht gegeben ist?

3. Robert Kegan: Die Entwicklung des Selbst in ›einbindenden Kulturen‹

»Ein Selbst ist man immer nur unter anderen Selbsten.«
(Taylor 1994, 69)

Gerade hinsichtlich der zuletzt formulierten Fragen erscheint mir ein zweites, bei der Rekonstruktion der Fälle heuristisch heranzuziehendes Modell hilfreich, um die Interpretationen im abschließenden Schritt der Strukturgeneralisierung schärfer theoretisch zu fokussieren und zu formulieren. Es handelt sich um das Modell Robert Kegans, der, um zunächst einige Gemeinsamkeiten mit dem sozialisationstheoretischen Entwurf Oevermanns zu benennen, ebenfalls an Mead und vor allem an Piaget, aber außerdem an Baldwin und Dewey anknüpft. Die Frage, wie der Mensch eine Identität[24] ausbildet und sich zur Welt in Beziehung

24 Kegan spricht allerdings nicht vom ›Ich‹ oder von ›(Ich-)Identität‹, son-

setzt, sucht er zu beantworten, indem er »die Entwicklung der Aktivität der Bedeutungsbildung« als »Grundprozeß der Persönlichkeit« entwirft (Kegan 1994[3], 37). Wie für Oevermann gilt für ihn die Krise als Motor für Entwicklung. Kegans Krisenbegriff ist aber weniger anthropologisch und philosophisch fundiert, sondern basiert auf seinem reformulierenden Anschluss an die strukturgenetische Theorie Piagets, in der das Streben nach Ausgleich eines Ungleichgewichts aufgrund nicht mehr ausreichender Problemlösungskapazitäten die Bewegung auf die nächst höhere Stufe bedingt[25]. Kegans Perspektive ist somit viel deutlicher eine entwicklungspsychologische, die zum einen von der konstruktivistischen Annahme der Realität als jeweils konstruiert und gedeutet und zum anderen von jener einer stufenförmig sich vollziehenden Entwicklung (vgl. a.a.O., 28) ausgeht und dabei in Anknüpfung an sowohl kognitionspsychologische (Piaget und Kohlberg) als auch ich-psychologische (Erikson, Loevinger) und objekttheoretische Modelle (Klein, Winnicott, Fairbairn u.a.) viel stärker die Psychogenese des Subjekts fokussiert. Sein Entwurf einer stufenförmigen Entwicklung des Selbst über Prozesse der Auseinandersetzung mit sogenannten ›einbindenden Kulturen‹ ist zugleich in überraschendem Maße anschlussfähig an die Prämissen erziehungswissenschaftlicher Biographieforschung, weil »Menschsein« für ihn heißt: »Bedeutung schaffen« (a.a.O., 31).

In Kegans kreativer Integration und der damit einhergehenden partiellen Neuinterpretation der verschiedenen Ansätze liegt somit meines Erachtens das Potential eines umfassenden heuristischen Rahmens zur Rekonstruktion von Identitätsbildungsprozessen, weil sie nicht nur, wie im Falle Piagets und Kohlbergs, die Entwicklung kognitiver und moralischer Strukturen berücksichtigt, sondern auch, »wie ein dynamisch sich aufrecht erhaltendes Selbst diese Aktivität erfährt« (a.a.O., 32), also affektiv besetzt und deutet. Nicht zuletzt wird in einem zweiten Schritt die Bedeutung der sozialen Umwelt, also das, was von Kegan als ›einbindende Kulturen‹ bezeichnet wird (vgl. dazu unten), äußerst differenziert entfaltet.

dern durchgängig vom ›Selbst‹. Dies liegt in seiner unterschiedliche Ansätze synthetisierenden Theorie begründet – er versteht sich weder als Ich-Psychologe noch als Objekttheoretiker, sondern interessiert sich für einen umfassenderen Entwicklungsansatz, der kognitive und moralische Aspekte mit einschließt und insofern die Entwicklung des Selbst in seinem Verhältnis zur Welt in ganz unterschiedlichen Dimensionen erfassen soll.

25 Wie oben bereits dargestellt, ist der Begriff der Bewegung, nicht im Sinne von bloßer motorischer Aktivität, sondern als psychische Bewegung der Bedeutungskonstruktion für Kegans Modell zentral (vgl. a.a.O., 31). Auch bei Piaget kommt der Bewegung als Ermöglichung von Bedeutungsbildung von Beginn an, nämlich bereits im senso*motorischen* Stadium, ein zentraler Stellenwert zu.

Der menschliche Entwicklungsprozess wird, insofern folgt Kegan der stufenförmigen, strukturgenetischen Logik Piagets und Kohlbergs, die gesamte Lebensspanne betreffend in Stufen eingeteilt, auf deren ersten dreien es vor allem um die Etablierung eines Subjekt-Objekt-Verhältnisses und eines diesbezüglichen relativen Gleichgewichtes geht. Die Zusammenführung der Modelle Piagets, Kohlbergs, Eriksons, Loevingers und Maslows mit seinem eigenen betont als gemeinsamen theoretischen Kern genau das oben genannte Prinzip, nämlich das der Selbst-Objekt-Relationierung als Grundlage für Bedeutungsentwicklung. Dieser Prozess der Relationierung und der Organisation des Selbst hält ein Leben lang an, und insofern ist Kegans Ziel eine »Theorie der Entwicklung von Objektbeziehungen [...], die für den gesamten Lebenszyklus gilt und neben den inzwischen bekannten kognitiven und soziomoralischen Entwicklungsformen den Entwicklungsverlauf auf emotionalem, motivationalem und psychodynamischem Gebiet beschreibt« (a.a.O., 108 f.). Mit Kegans etymologisch aufgeklärter Verwendung des Begriffs der Objektbeziehungen steht dann genau das im Mittelpunkt, was im bereits dargestellten Modell Oevermanns zentral thematisch ist, nämlich Auseinandersetzung und Ablösung:

> »Der Wortstamm (*jekt*; lat.: jacere = werfen) bezieht sich im Grunde auf einen Bewegungsvorgang, auf eine Aktivität eher als auf ein Ding – genau genommen auf Werfen. Mit der Vorsilbe (ob) deutet das Wort auf den Vorgang oder die Folgen von ›wegwerfen‹ oder ›wegwerfen von‹. ›Objekt‹ verweist auf etwas, das durch einen Prozeß von etwas anderem abgelöst oder verschieden von ihm geworden ist, oder es verweist auf diesen Prozeß selbst. So verstanden sind mit dem Begriff ›Objektbeziehungen‹ Beziehungen gemeint, die wir zu etwas aufbauen, das, durch einen bestimmten Prozeß von uns abgelöst oder verschieden geworden ist« (a.a.O., 111, H.i.O.).

Dabei aber versteht Kegan diesen Prozess viel stärker psychologisch als Prozess der psychischen Aktivität von »Differenzierung« und »Integration« (a.a.O., 112). Auf dem Weg von der Stufe des ›einverleibenden Selbst‹ bis hin zum ›überindividuellen Selbst‹[26] erfolgt über die

26 Es handelt sich um insgesamt sechs Stufen:
Stufe 0: das einverleibende Selbst, Stufe 1: das impulsive Selbst, Stufe 2: das souveräne Selbst, Stufe 3: das zwischenmenschliche Selbst, Stufe 4: das institutionelle Selbst, Stufe 5: das überindividuelle Selbst. – Ich verzichte hier auf eine ausführliche Beschreibung der einzelnen Entwicklungsstufen (und verweise diesbezüglich auf ihre Darstellung in Kegan 1994[3]), weil es mir erstens auf die Herausarbeitung des ›Grundzuschnitts‹ des Keganschen Modells ankommt und dabei zweitens insbesondere auf die Funktion der einbindenden Kulturen. Zudem teile ich den von Noam vorgebrachten Einwand, dass jedes der von Kegan für seine Entwicklungsstufen formu-

(dezentrierende) Aktivität der Objektbildung nicht nur eine Ablösung von signifikanten anderen als den im konventionell objekttheoretischen Sinne einverleibten ›Objekten‹, sondern auch von dem Selbst, das man auf der jeweils früheren Stufe gewesen ist. Nochmals anders formuliert erfolgt mit der Subjekt-Objekt-Differenzierung, also der Ausdifferenzierung eines symbiotischen Ganzen in Selbst und Um-Welt erstens eine Objektivierung dessen, was man zuvor gewesen ist, und damit auf der Stufe des einverleibenden Selbst eine allererste Dezentrierung. Dies impliziert dann aber im Weiteren eine Differenzierung des Selbst, indem die früheren Anteile des Selbst in das aktuelle Selbst integriert werden. Die Entwicklung erfolgt stets in dieser Logik: vom Sein zum Haben und damit zu einem neuen Sein. Die Entwicklungskrisen des Selbst implizieren zugleich eine auf jeder neuen Stufe spezifische Form von Wachstum und Verlust (vgl. a.a.O., 153 ff.).

Besonders bestimmend wird der Schritt vom Sein zum Haben auf der Ich-Stufe 4 bzw. der Stufe des institutionellen Gleichgewichts, wenn die Ablösung aus einer konventionellen zwischenmenschlichen Beziehungsorientierung erfolgt[27]. »Für diese Stufe gilt nicht mehr der Satz ›Ich bin meine Beziehungen‹, jetzt muß es heißen: ›Ich habe Beziehungen‹. Es gibt nun eine Instanz, die dieses Haben verursacht, das neue Ich« (a.a.O., 141).

Die Tatsache, dass Kegan das Selbst stets als in stufenspezifischer Weise mit Fragen der Einbindung und Ablösung konfrontiert sieht, und dass dabei der sozialen Lebensumwelt jeweils spezifische Funktionen zukommen, führt dazu, dass er nicht einfach von der sozialen Umwelt spricht, sondern von ›Kulturen‹, um, dem lateinischen Wortsinne entsprechend (lat. colere = pflegen, anbauen) sowohl die übergreifende Aufgabe der ›Pflege‹ und Nährung/Versorgung als auch den Aspekt der sich ausdifferenzierenden Entwicklung und der »Kultur als anwachsende Geschichte und Mythologie« (a.a.O., 159) zu betonen.

Von Bedeutung ist dann auf den verschiedenen Stufen jeweils, ob und wie diese Kulturen drei verschiedene Funktionen auszufüllen vermögen, nämlich erstens das im frühesten Stadium der Entwicklung auch ganz konkret physisch zu verstehende ›Halten‹ (vgl. a.a.O., 165 ff.), zweitens die Funktion des Freigebens und auch des Widerspruchs (vgl. a.a.O.,

lierten Themen als eine eigenständige, der lebenslangen Weiterentwicklung unterliegende, »psychische Funktion [...] (z.B. Impulskontrolle, Befolgen und Aushandeln von Bedürfnissen, Entwicklung der Intimität, der Autonomie usw.)« betrachtet werden könnte (vgl. Noam 1993, 179).

27 Kegans Bezeichnung »das ›Selbst-als-Selbst« (a.a.O., 148) auf dieser Stufe verdeutlicht meines Erachtens gut, was mit dem Begriff des Institutionellen von ihm gemeint ist, nämlich der Anspruch auf ein Selbst im Sinne einer psychischen Institution, die nun nicht die Beziehungen zu anderen ›ersetzt‹, aber auf eine neue Art und Weise verwaltet.

171 ff.) und drittens die Funktion des ›In-der-Nähe-Bleibens‹, um Sicherheit bei der Integration des »Ich-das-ich-gewesen-bin« (a. a. O., 170) in das ›neue‹ Ich zu geben (vgl. a. a. O., 174 ff.)[28]

Als einbindende Kultur(en) fungieren in der ersten Phase (bzw. auf Stufe 0) des einverleibenden Selbst die nächsten Bezugspersonen, meistens also zunächst vor allem die Mutter (»mütterliche Kultur), später dann in der ›impulsiven Phase‹ Familie bzw. beide Eltern als »elterliche Kultur«. Auf der Stufe 2 des souveränen Selbst ist dies »die Kultur, die Rollen anerkennt«, vertreten durch Eltern, Schule und peers. Auf der Stufe 3 des zwischenmenschlichen Selbst geht es entsprechend um eine »Kultur der Wechselseitigkeit« in diesen Beziehungen. Für die Stufe 4 des institutionellen Selbst, das in Analogie zur Kohlbergschen Stufe 4 im späten Jugend- und frühen Erwachsenenalter anzusiedeln ist (vgl. a. a. O., 122), ist eine »Kultur der Identität oder Selbstgestaltung« relevant und schließlich, auf der Stufe 5 des überindividuellen Selbst, hier wiederum in stärkerer Anbindung an Erikson, eine »Kultur der Intimität« (vgl. dazu a. a. O., 162 f.)

Konkret auf die hier gegebene Situation der Emigration bezogen, wäre also bei der Analyse und Interpretation sowohl der objektiven Daten wie auch der jeweiligen Selbstpräsentationen darauf zu achten, welche einbindenden Kulturen vorhanden waren und wie sie Halt, Freiraum und Möglichkeit zur Wiedereinbindung geben konnten. Zunächst betrifft dies, wie oben dargestellt, immer die Eltern bzw. andere frühe enge Bezugspersonen: Auf welche Art und Weise vermochten sie den Kindern Halt zu geben vor dem Hintergrund eigenen Haltverlusts in Deutschland? Auf welche Art und Weise vermochten sie es dann sowohl vor dem Hintergrund akuter Bedrohung in Deutschland als auch später im Emigrationsland vor dem Hintergrund der Fremdheit und potentiellen Ungeborgenheit den Kindern auch den Freiraum zu geben, diese Umwelt zu der ihren werden zu lassen? Welche anderen einbindenden Kulturen standen dann zur Verfügung? Und inwiefern bzw. auf welche Art und Weise standen die Eltern später den Kindern dennoch als die Eltern, zu denen sie zumindest symbolisch im Sinne der Möglichkeit der Bezugnahme auf eine gemeinsame familiäre Praxis zurückkehren konnten, zur Verfügung?

28 Aus allgemein erziehungswissenschaftlicher Perspektive lässt sich hier eine Verbindung herstellen zu den im Anschluss an Schleiermacher von Andreas Flitner formulierten Grundformen der (Familien-)Erziehung: Behüten, Unterstützen und Gegenwirken (vgl. Flitner 1982).

Ablösungskrise und Kulturform	**Einbindungsmodus der umgebenden Kultur**	**Modus des Freigebens**	**Modus des In-der-Nähe-Bleibens**
Krise der Geburt (mütterliche Kultur)	–	Losgelassen-werden aus der ersten einbettenden Kultur (in Form des umhüllenden und versorgenden mütterlichen Leibes)	Nährung, Pflege, leibliche Nähe
Ablösung aus der Mutter-Kind-Symbiose (elterliche Kultur)	Akzeptanz und Förderung von Phantasien und konkurrierenden Dyaden (ödipale Triade)	anerkennendes Freigeben zugunsten erster Erprobung von Autonomie	stellvertretende Krisenbewältigung, Auffangen bei scheiternden Autonomiebestrebungen, Gegenwirken gegen Einsamkeit im Zweifeln
Ablösung aus der ödipalen Triade (Kultur, die Rollen anerkennt)	›Vermittlung‹ von Sozialität; Unterstützung des ›Großwerden-Wollens‹	Anerkennung von Generationsschranken über Ausschluss aus der Paarbeziehung	Haltgeben, Erlauben des ›Kleinseins‹
Adoleszenzkrise (Kultur der Wechselseitigkeit)	Stützung von Gefühlen der Zugehörigkeit und Verantwortung	Förderung in der Entwicklung eines eigenen Lebensentwurfes	Sicherung von emotionaler Bindung trotz Entfremdungsgefühlen der Adoleszenten

Abbildung 2: Zusammenführung der Ablösungskrisen nach Oevermann und der jeweiligen Funktionen bzw. Modi der ›einbindenden Kulturen‹ nach Kegan (vgl. Kegan 1994, 160ff.)

III. Der Forschungsansatz

Zugang zu Biographien und Bildungsprozessen über rekonstruktive Sozialforschung

1. Zur Begründung des gewählten Forschungsansatzes

Ziel der vorliegenden Arbeit ist es erstens, die Bedeutung von Emigrationserfahrungen für Identitätskonstruktionen, die sich in autobiographischen Erzählungen und Darstellungen manifestieren, sowie zweitens, unterschiedliche Typen der Krisenverarbeitung herauszuarbeiten. Zur Bearbeitung dieser Fragestellung bedarf es meines Erachtens eines rekonstruktiv verfahrenden Ansatzes, denn Identität ist einerseits ›Ergebnis‹ eines über die Bewältigung ontogenetischer Krisen sich vollziehenden Individuierungsprozesses. Die Bewältigung der Adoleszenzkrise mündet jedoch nicht in eine ab diesem Zeitpunkt fest gefügte Identität, sondern vielmehr in einen Bewährung verheißenden Entwurf hinsichtlich der zukünftigen Lebensführung. Somit ist andererseits die (Ich-)Identität, in deren Definition stets die Verarbeitung der Perspektive (signifikanter) anderer auf die eigene Person, das ›Mich‹, eingelassen ist, über die Lebensspanne hinweg immer wieder Aktualisierungen, Um- und Neudefinitionen unterworfen. Diese sind sowohl von den sozialen Kontexten und Situationen, in denen sich das Subjekt bewegt, abhängig als auch von dessen Rückblick auf vergangene Lebensphasen und dem Bestreben, diese in einen sinnvollen Zusammenhang mit der Gegenwart zu stellen (vgl. zum Biographisierungskonzept auch S. 67 ff.). Identität, dies ist die in der Sozialisationsforschung interaktionistische und konstruktivistische Ansätze verbindende Annahme, beruht auf in interaktiven Prozessen sich vollziehenden Konstruktionsleistungen des Subjekts (vgl. Sutter 2004, 95).

Die Art und Weise, wie eine Person eine je eigene Selbst- und Weltsicht entwickelt, sich selbst als – mehr oder minder – einzigartige Person begreift und darstellt, kann also nur dann angemessen erfasst werden, wenn diesem Forschungsgegenstand entsprechend eine geneseorientierte Perspektive eingenommen wird, die nicht nur darauf abzielt, solche subjektiven Sinnkonstruktionen zu erschließen, sondern darüber hinaus in der Lage ist, typenkonstituierende Strukturen herauszuarbeiten. Dies leisten zu können, haben verschiedene Verfahren der rekonstruktiven Sozialforschung in den letzten Jahren hinreichend unter Beweis gestellt. – Auf eine Verwendung des Begriffs ›qualitative Sozialforschung‹ wird hier aus folgenden Gründen bewusst verzichtet:

Der Begriff ›qualitative‹ Forschung ist insofern problematisch, da eine Gegenüberstellung von sogenannter qualitativer als interpretativ und theoriegenerierend vorgehender und sogenannter quantitativer als messend und hypothesenprüfend vorgehender Forschung die wesentlichen methodologischen und methodischen Differenzen beider Forschungsprogrammatiken nicht erfasst. Denn:

1. ist quantitative Forschung spätestens dann auf Interpretationsoperationen angewiesen, wenn die Untersuchungsergebnisse ausgewertet werden müssen (im Grunde aber auch bereits bei der Hypothesenerstellung),
2. bedient sich auch qualitative Forschung bisweilen quantitativer Elemente bzw. kann in einer späteren Phase der Auswertung quantifizierend mit den Ergebnissen umgehen (vgl. Oevermann 2002, 17; Steinke 1999, 17).
3. Unterschieden werden sollten zudem innerhalb der qualitativen Forschung Ansätze, die sowohl hinsichtlich ihrer jeweiligen Verortung in Theorietraditionen und methodologischen Positionen als auch ihrer Forschungsinteressen differieren. So ist das hier angewendete Forschungsprogramm der objektiven Hermeneutik als rekonstruktives Verfahren abzugrenzen von Methoden, die auf den Nachvollzug subjektiv gemeinten Sinns, subjektiver Theorien und Wissensbestände abzielen, sowie von Ansätzen, in deren Zentrum die Beschreibung und Analyse nicht einzelner Subjekte, ihrer Handlungen und Deutungen, sondern sozialer Strukturen und Milieus stehen, wie z. B. in der Ethnomethodologie oder Konversationsanalyse (vgl. Steinke 1999, 17f.). Rekonstruktive Ansätze hingegen, zu denen neben der objektiven Hermeneutik auch das narrationsanalytische Verfahren nach Schütze oder die dokumentarische Methode Bohnsacks zählen, interessieren sich vor allem für die unterhalb der unmittelbar erfassbaren Ebene des Gesagten und subjektiv Gemeinten liegende Sinnebene, also für die ›hinter dem Rücken der Subjekte‹ wirksamen Tiefenstrukturen und Regeln, die soziale Handlungen generieren. Generell suchen rekonstruktive Ansätze die Entstehungsprozesse und Strukturen verschiedenster Ausdrucksformen sozialer Wirklichkeit zu verstehen und sehen den Zugang dazu in deren präziser Rekonstruktion. Verbindend ist weiterhin die – wenngleich jeweils unterschiedlich begründete und gewichtete – Annahme, dass historisch und kulturell je verschiedene soziale Regeln und Wissensbestände den Rahmen für den Sinn menschlichen Handelns aufspannen und damit auch dessen Rekonstruktion ermöglichen. So wird der jeweilige Forschungsgegenstand regel(ge)recht erschlossen, indem das Fallmaterial auf der Folie dieser Erzeugungsparameter einer ausführlichen sequentiellen Analyse und Interpretation unterzogen wird. Während aber die objektive Hermeneutik sich methodologisch vor allem in der Tradition der geisteswissenschaftlichen Hermeneutik, der Abduktionslogik von Peirce, der Freudschen Psychoanalyse

und des Strukturalismus Claude Levy-Strauss' sieht, sind Narrationsanalyse und Grounded Theory stärker vom Symbolischen Interaktionismus, der Husserlschen und Schützschen Phänomenologie, dem amerikanischen Pragmatismus und der Chicagoer Schule sowie vom Sozialkonstruktivismus geprägt.

Auf eine ausführliche Darstellung von Kriterien und Prinzipien qualitativer bzw. rekonstruktiver Sozialforschung, ihrer Entwicklungsgeschichte und Theorietraditionen wird hier allerdings ebenso verzichtet wie auf einen Überblick über unterschiedliche Methoden, da beides bereits Gegenstand einer Vielzahl von breit rezipierten Veröffentlichungen ist, auf die ich daher verweisen[1] möchte.

Gegenstand dieses Kapitels soll vielmehr eine theoretische Begründung des gewählten Forschungsansatzes und des konkreten Auswertungsverfahrens, der objektiven Hermeneutik[2], sein. Da diese für sich in Anspruch nimmt, mittels methodisch kontrollierter sequentieller Analysen von Daten Bildungsprozesse rekonstruieren zu können (vgl. Oevermann 2002, 11), erscheint es mir zunächst notwendig, auf den Zusammenhang von ›Biographie‹ und ›Bildung‹ im Kontext erziehungswissenschaftlicher Forschung sowie auf den Bildungsbegriff aus strukturalistischer Sicht einzugehen. Den Abschluss des Kapitels bilden Überlegungen zu der Frage, ob und inwiefern nicht die – bislang nicht explizit als ›Instrument‹ biographischer Forschung geltende – Methode der objektiven Hermeneutik in Anbetracht ihres sinnaufschließenden Vorgehens einen festen Platz im Methodenkanon der Biographieforschung einnehmen sollte.

1 Vgl. z.B. Lamnek 1988; Krüger/Marotzki 1996; Flick et al. 2000; Fuchs-Heinritz 2000; König/Zedler 2002; Bohnsack/Marotzki/Meuser 2003; Friebertshäuser/Prengel 2003; Brüsemeister 2008; Przyborski/Wohlrab-Sahr 2009; Friebertshäuser/Prengel/Langer 2009. Ein Überblick über Prinzipien und Kriterien qualitativer Sozialforschung, über deren Entwicklung im allgemeinen sowie über die Geschichte biographischer Forschung im Besonderen und schließlich über die Methodologie rekonstruktiver Sozialforschung findet sich in der ursprünglichen, als Dissertation angenommenen Fassung dieser Arbeit (Kirsch 2010).

2 Auch diesbezüglich wird auf eine ausführliche Darstellung der methodologischen Grundlagen und der methodischen Konzeption verzichtet, da beides auf eine unnötige Reproduktion bereits vielfach und hinreichend dargelegter Argumente hinausliefe; zu verweisen ist diesbezüglich auf die ›einschlägigen‹ Texte Oevermanns (Oevermann et al. 1979; Oevermann 2000, 2001b, 2002), Wagners (1999, 2001, 2004a+b), Wernets (2000) und Garz‹ (Garz/Kraimer 1994; Garz 2001, 2003, 2006).

1.1 Biographieforschung als Weg erziehungswissenschaftlicher Erkenntnisgewinnung

»Ohne eine Vorstellung vom glückenden bzw. missglückenden Leben, also dem Horizont eines gesellschaftlichen Gerechtigkeits- und Glücksverständnisses, sind kurative Professionen – seien sie nun eher pädagogischer oder eher therapeutischer Art – nicht angemessen und sachhaltig rekonstruierbar« (Brumlik 2002, 140). Damit argumentiert Brumlik für eine lebenslauforientierte und jenseits systemtheoretischer teleologischer Verzichtserklärungen[3] sich positionierende Erziehungswissenschaft, für die »evaluative Maßstäbe normativer oder auch ästhetischer Art offenbar unverzichtbar sind« (a.a.O., 141). Lebensgeschichte und ihr relatives Geglücktsein als anzustrebendes Ziel ist Kern und Reflexionskategorie aller erziehungswissenschaftlicher Theoriebildung, womit der Bezug auf Biographien zentral wird. Der Begriff der Biographie aber ist so vielschichtig, dass zunächst eine Systematisierung notwendig erscheint. Eine solche hat Schulze vorgenommen, indem er differenziert zwischen »Biographie als Text«, »Biographie als Leben«, »Biographie als Bildungsprozeß«, Biographie als gesellschaftliche[r] Konstruktion« sowie »Biographie als Kommunikationsform« (Schulze 1999, 40).

Das Konzept der Biographie im Sinne einer gesellschaftlichen Konstruktion, die textförmig kommuniziert wird und das einzige darstellt, worüber wir überhaupt Rückschlüsse auf die »Biographie als Leben« ziehen können, beinhaltet somit, dass objektive Ereignisse, gegebene Fakten und Stationen eines Lebenslaufes mit je subjektiver Bedeutung versehen werden. Diese Bedeutungs- und Zusammenhangsbildung ist die zentrale, das Menschsein bestimmende Aktivität.

> »Bedeutung ist in ihrem Wesen körperliche Aktivität (greifen, sehen), soziale Aktivität (es bedarf einer anderen Person) und lebenserhaltende Aktivität (indem wir Bedeutung bilden, leben wir). So verstanden, ist Bedeutung der grundlegendste Vorgang im Menschen, ein Vorgang, der auf nichts weiter zurückführbar ist. Er kann weder vom Körper noch von sozialer Erfahrung, ja nicht einmal vom Überleben eines Organismus getrennt werden. Bedeutung haben wir nur dann, wenn wir von anderen anerkannt werden« (Kegan 1994, 41).

3 Gemeint ist damit bei Brumlik die systemtheoretisch favorisierte Auffassung von Sozialisation als Autopoiesis, also als Selbsterschaffung bzw. als Selbstsozialisation, unabhängig von gesellschaftlichen normativen Zielbestimmungen (vgl. ebd.).

In der Perspektive des hier zitierten Entwicklungspsychologen Robert Kegan werden interaktionistische, objektbeziehungstheoretische und konstruktivistische Ansätze der (Entwicklungs-)Psychologie und Psychoanalyse kreativ miteinander zugunsten einer Theorie des Selbst verbunden. Dass Bedeutungsbildung nicht nur als (kognitive) Fähigkeit, sondern auch als Anforderung an den Menschen zu verstehen ist, kommt im Konzept der ›Biographie‹ zum Ausdruck. Marotzki hat mit seinem Begriff der Biographisierung die Sinnherstellung und Bedeutungsordnung als Zusammenhangsbildung im Sinne Diltheys und damit als »Hauptarbeit des Lebens« bezeichnet (Marotzki 1999, 60f.). »Biographisierung ist dann jener Prozeß der Bedeutungszuweisung und Sinnverleihung von Ereignissen im einzelnen Lebenslauf« (Marotzki 1991, 127). Biographien als ›Produkte‹ der Moderne wiederum setzen einen Subjekt- und Identitätsbegriff voraus, der nicht nur die Verschiedenheit des Einzelnen von der ihn umgebenden sozialen Gruppe und gleichzeitig das Aufeinander-Verwiesensein impliziert (zur Geschichte des neuzeitlichen Identitätsbegriffs vgl. Taylor 1994). Sondern im Zeitalter der Moderne wird das Konzept der Biographie überhaupt erst in umfassenderem Sinne relevant, weil der Lauf eines Lebens erst dann reflexions- und bearbeitungsbedürftig ist, wenn dieses nicht unterschiedslos und selbstverständlich in gemeinschaftlich vorgeprägten Mustern aufgeht, sondern als einzigartiges sich von jenen der Gemeinschaft abhebt und darüber hinaus die »Einzelsubjekte sich nicht mehr in einem Einheitssubjekt (Gott, Weltgeist) aufgehoben fühlen können« (Marotzki 1999, 64). In diesem Sinne – nämlich im Unterschied zu Marotzki nicht auf individualgeschichtliche Prozesse sich beschränkend – verstehen Alheit und Dausien unter dem Begriff der Biographisierung eben jene kultur- und gesellschaftshistorischen Prozesse der Moderne, die zur Verankerung des Biographiekonzepts als sozial vermittelte Wissensform in den einzelnen Lebensläufen überhaupt erst führte (vgl. Alheit/Dausien 1992, 166).

1.2 Zum Zusammenhang von Biographie, Bildung, Gesundheit – der strukturalistische Bildungsbegriff als Konzept ganzheitlicher/umfassender Bildung

1.2.1 Der Bildungsbegriff in der strukturalen Bildungstheorie Marotzkis

Wenn das Konzept ›Biographie‹ den modernen Bezugsrahmen menschlichen Handelns und Reflektierens darstellt und somit als gesellschaftlich hergestellte ›Form‹ eine individuelle Ausgestaltung erfordert, so ist das Subjekt aufgefordert, sowohl der sozialen Umwelt als auch sich selbst gegenüber Position zu beziehen. Marotzki bezeichnet dies als Herstellung eines »elementaren Weltbezug[s]« oder von »Weltreferenz« einerseits und von »Selbstreferenz« andererseits (Marotzki 1999, 59). Letztere ist nicht ohne den Weltbezug des Subjekts zu denken, mit anderen Worten: die Entwicklung eines Selbstbildes ist – im Sinne des Meadschen ›Me‹ – immer mit einem wechselseitigen Aufeinander-Beziehen von eigener Weltsicht und der Perspektive anderer auf die eigene Person verbunden. Im Laufe des Lebens werden diese Bezüge immer wieder aktualisiert und müssen auch immer wieder neu aufeinander abgestimmt und somit in einen Zusammenhang gebracht werden. Diesen »reflexive[n] Modus des menschlichen In-der-Welt-Seins« bezeichnet Marotzki als »Bildung« (ebd.) bzw. umgekehrt Bildung als »existentiellen Reflexionsmodus« (a.a.O., 63). Er versteht darunter, die – je unterschiedlich ausfallenden – Möglichkeiten des Menschen, auf die Kantschen Fragen ›Was kann ich wissen?‹ ›Was soll ich tun?‹ ›Was darf ich hoffen?‹ ›Was ist der Mensch?‹ je subjektiv ›stimmige‹ Antworten zu finden. Menschen sind im Laufe ihres Lebens aufgefordert, Ordnungs- und Relevanzzuweisungen vorzunehmen, Bindungen zu anderen einzugehen und zu gestalten sowie eine Position zur Endlichkeit des Lebens und zu den damit herausgeforderten Grenzen der Rationalität zu entwickeln. Diese den Biographisierungsprozess des Menschen leitenden Grundfragen werden in unterschiedlichen Reflexionsformaten bearbeitet.

1. Das *diachrone Reflexionsformat* bezeichnet im Kern den historischen Modus der Sinnbildungsprozesse des Subjekts. Das bedeutet, dass Identität sich maßgeblich über Geschichte(n) konstituiert, über selbst erlebte, von anderen über die eigene Person erzählte, aber auch solche, in denen nicht nur die eigene Person im Zentrum steht, sondern auch die Geschichte des sozialen und materialen geographischen Umfelds des Subjekts. Entsprechend formuliert Marotzki: »Wenn Menschen im diachronen Reflexionsformat keine erinnernden Zusammenhänge entwerfen können, können sie die entscheidenden Fragen Woher komme ich? Wohin gehe ich? Wer bin ich? nicht für sich beantworten. Sie sind dann existentiell entwurzelt« (a.a.O., 64).

2. Das *synchrone Reflexionsformat* ist grundlegend durch die Beziehungen zu anderen bestimmt, und zwar Marotzki zufolge deshalb, weil Menschen sich in der Moderne zunehmend weniger auf eine fraglos gegebene Existenz Gottes oder einen anderen einheitlichen (und vereinheitlichenden) sinnstiftenden Rahmen stützen konnten und können, somit also eine jeweils neu herzustellende Intersubjektivität mit positiver Resonanz im Hier und Jetzt – und damit die Frage der Selbstwahrnehmung und der Wahrnehmung des Selbst durch den Anderen – maßgeblich ist (vgl. ebd.). Obgleich man ihm in der Schlussfolgerung, dies bedeute die eigentliche und vierte Kränkung des Menschen im Sin-

ne Freuds, widersprechen könnte[4], ist ihm dahingehend zuzustimmen, dass ein Symmetriebruch anzunehmen sei: »Bevor ich dem anderen die Tür öffne, ist er schon als ungeladener Gast eingetreten, so ein schönes Bild von Levinas. Aus dieser Perspektive steht Bildung a priori in Beziehung zum anderen. Bildung, in diesem Sinne verstanden, wäre dann das Antworten auf die Infragestellung meiner selbst durch den Anderen« (ebd.). Damit verweist Marotzki ebenso wie Kegan (s. Kap. II. 3) und Honneth, auf den er sich explizit bezieht, auf die fundamentale Bedeutung von Anerkennung für Identitätsbildungsprozesse und Möglichkeiten der Selbstwahrnehmung.

Beide Reflexionsmodi dienen Marotzki als heuristische Theorieelemente zur Beschreibung – nicht Beurteilung – subjektiver Reflexionsmuster und Bildungsprozesse. Es handelt sich bei dem Bildungsbegriff Marotzkis also insofern um einen strukturalen, als ihm daran gelegen ist, aufzuschließen und zu beschreiben, wie Menschen zu den anthropologisch das Leben des modernen Subjekts rahmenden Fragen ›Woher komme ich?‹, ›Wohin gehe ich?‹, ›Wer bin ich?‹ Stellung beziehen. Die Inhalte dieser jeweiligen Stellungnahmen werden dabei ihm zufolge nicht wertend betrachtet. Bildungsprozesse sind für ihn »solche Lern-

4 Die drei Kränkungen, auf die Marotzki anspricht, sind: 1. die von Freud angenommene aufgrund der kopernikanischen Entdeckung, dass die Erde nicht den Mittelpunkt des Sonnensystems darstellt, 2. die Kränkung aufgrund der Darwinschen Darlegung, dass der Mensch seine Existenz keinem göttlichen Schöpfungsakt verdankt und 3. die Freud selbst zu ›verdankende‹ Kränkung, dass das Ich nicht Herr im eigenen Hause sei. Widersprechen kann man diesen Schlüssen Freuds, denen Marotzki folgt, hinsichtlich aller drei Punkte insofern, als hier ein naturalistisches Missverständnis vorzuliegen scheint, in dem geistige Prozesse als ›in Wirklichkeit‹ physische Prozesse angesehen werden. Ich möchte mich unter Verweis auf ausführliche Darlegungen des Neurowissenschaftlers Michael Pauen (2004) dazu nur exemplarisch auf den zweiten Punkt beziehen: Die Annahme, dass Darwins Zurückweisung eines separaten menschlichen Schöpfungsaktes mit einer Nivellierung des Mensch-Tier-Unterschiedes einhergehe und damit eine Kränkung für den Menschen darstelle, kann nicht aufrecht erhalten werden, da Darwin lediglich den Unterschied zwischen tierischer und menschlicher Entwicklung dargestellt, daraus aber keine Infragestellung des menschlichen Geistes abgeleitet hat. Determiniertheit schließt Pauen zufolge Willensfreiheit nicht aus, da von Freiheit, verstanden als Selbstbestimmung, erst dann gesprochen werden könne, wenn Bedingungen und Voraussetzungen vorliegen, vor deren Hintergrund sich eine Person für eine bestimmte Handlung entscheidet. Daher »kommt es nicht darauf an, *ob* eine Handlung determiniert ist, entscheidend ist vielmehr, *wodurch* sie bestimmt ist« (Pauen 2004, 17, H. i. O.). Ähnlich argumentiert auch Oevermann, der die Diskussion um Selbstbewusstsein und Willensfreiheit des Menschen als »Schein-Debatte« bezeichnet (Oevermann 2001c, 2).

prozesse [...], in denen es um die Veränderung der ›Interpunktionsprinzipien von Erfahrung‹ geht – wie Bateson es nennt –, in denen es m.a.W. um die Änderung des elementaren Selbst- und Weltverhältnisses geht« (Marotzki 1991, 123).

1.2.2 Der strukturalistische Bildungsbegriff bei Oevermann

In ganz ähnlicher Weise betrachtet Oevermann den Bildungsbegriff als einen die Subjektwerdung beschreibenden, der aber deutlicher als bei Marotzki durchaus normativ gefasst ist. Individuierung, Autonomisierung, Bewährung und Bildung »bezeichnen [...] gleichermaßen ein universales Strukturproblem, dessen Lösung allen Subjekten in ihrem Entwicklungsprozeß als je konkrete Lebenspraxis unhintergehbar aufgegeben ist, ob sie wollen oder nicht« (Oevermann 2004b, 2). Die Beurteilung des Gelingens dieser Entwicklungsaufgabe anhand der genannten Begriffe verleiht diesen Oevermann zufolge »einen normativen Verwendungssinn, weil sie den empirisch vorfindbaren Zustand am utopischen Ideal des vollständigen Gelingens der Lösung eines Strukturproblems abgreifen« (a.a.O., 3). Dennoch sei die Analyse anhand solcher Begriffe nicht zu verwechseln mit einem Werturteil, und zwar deshalb, weil die sinnstrukturierte Wirklichkeit eine »notwendig normativ konstituierte« sei (ebd.). Der Prozess der Subjektwerdung sei immer an einem Ideal ausgerichtet, ebenso könne die Beurteilung des Gelingens dieses Prozesses »nicht mit dem negativen Pol des Misslingens« bezeichnet werden (ebd.).

Dabei ist ›Bildung‹ deutlich vom Begriff des ›Lernens‹ zu unterscheiden, zum einen weil, so Oevermann, zum Beispiel hinsichtlich mit künstlicher Intelligenz ausgestatteter Maschinen auch von Lernen, nicht aber von »Bildungsprozesse[n] im Sinne der Aneignung von Subjektivität (a.a.O., 26) gesprochen werden könne. Zum anderen handelt es sich bei Lernprozessen um routinehaft verlaufende; Bildungsprozesse jedoch, die selbstverständlich Lernprozesse implizieren, verlaufen dahingehend, dass das Subjekt über die Bewältigung von Krisenprozessen »neue Stufen der Strukturtransformation« (ebd.) erreichen kann. »Vor Krisen gestellt zu sein, bedeutet immer, die Chance zum Aufschwung auf eine neue Bildungsstufe zu erhalten, aber auch mit dem Risiko des folgenreichen, bis zur Pathologie gehenden Scheiterns konfrontiert zu sein« (ebd.). Dieser Bildungsprozess beginnt, wie auch an Oevermanns Konzept von Sozialisation als Prozess der Krisenbewältigung deutlich wird (vgl. Kap. II. 2.1.3), unmittelbar mit Beginn des Lebens[5] und hat

5 »[S]obald ein konkretes Leben geboren worden ist, hat es schon einen sehr komplexen Bildungsprozeß hinter sich, ist also nicht mehr ungebildet, sondern schon im höchsten Maße gebildet; – ist das Ergebnis eines konkreten

mit der Bewältigung der Adoleszenzkrise insofern ein vorläufiges Ende zu finden, als dann ein Habitus entwickelt worden sein sollte, der die (strukturell) autonome Lösung späterer Krisen ermöglicht (vgl. Oevermann 2004b, 27 ff.). Angesichts der gesellschaftlichen Veränderungsprozesse der letzten Jahrzehnte, als deren Folge eine Entstrukturierung der Jugendphase bzw. des gesamten Lebenslaufs diagnostiziert worden ist (vgl. z. B. Hurrelmann 2003) mag bezweifelt werden, ob die normative Erwartung an den Abschluss des Bildungsprozesses mit Ende der Adoleszenz weiterhin begründet aufrechterhalten werden kann. Entwicklungspsychologisch ist der zeitlichen Ausdehnung der Jugendphase Rechnung getragen worden mit den Konzepten ›Postadoleszenz‹ und ›emerging adulthood‹ (vgl. z. B. Arnett 2007; Seiffge-Krenke/Gelhaar 2006). Dies bedeutet meines Erachtens allerdings, dass grundsätzlich am Konzept der Adoleszenz weiterhin festgehalten wird, also von einer zeitlichen Verschiebung der Lösung von Entwicklungsaufgaben bzw. einer veränderten Ausgestaltung ausgegangen wird, was sich empirisch sicherlich insbesondere hinsichtlich der Felder ›Berufsfindung‹, also Bewährung über Entwicklung eines eigenen Leistungsentwurfs, und ›Elternschaft‹ zeigen lässt.

1.2.3 Zusammenhänge zwischen ›seelischer Gesundheit‹ und ›Bildung‹

Eine Analogie zur ›Idealvorstellung‹ faktisch nie zu erreichender, sondern immer nur als Prozess relativen Gelingens zu bezeichnenden Bildung sieht Oevermann im Verhältnis von Krankheit und Gesundheit. Ohne sich explizit auf das ähnliche Überlegungen beinhaltende Konzept der Salutogenese Antonovskys zu beziehen, begreift er Krankheit als »das Maß an Gesundheit, das eine konkrete Lebenspraxis in ihrer Bildungsgeschichte, die zugleich auch immer eine Geschichte der Traumatisierung ist, maximal erreichen konnte« (Oevermann 2004b, 4).

Göppel unternimmt in seinem Buch ›Ursprünge seelischer Gesundheit‹ (1997) nach einer Gegenüberstellung der Konzepte ›Bildung‹ und ›seelische Gesundheit‹ explizit den Versuch, beide miteinander zu verbinden. Bei aller Unterschiedlichkeit der jeweiligen philosophischen, pädagogischen und psychologischen Theorietraditionen sei doch, wenn es um die Frage ginge, wie wir zu dem werden, was wir sind, in eben dieser Frage ein gemeinsamer Kern von Gesundheitskonzepten und formalen Bildungstheorien zu sehen. Göppel plädiert dafür, den Bildungs-

Bildungs- oder Strukturtransformationsprozesses, der spätestens mit der Einnistung der Zygote bzw. Blastozyte begonnen hat« (Oevermann 2004b, 3).

begriff (trotz der ihm zum Teil angehefteten utopischen Ansprüche) gerade wegen des darin enthaltenen Aspekts von Selbstentfaltung über die aktive Aneignung von Welt nicht aufzugeben (vgl. a.a.O., 350). Gerade unter Berücksichtigung der Prozessperspektive sei dieses Konzept für Entwicklungstheorien und umgekehrt diese für Bildungstheorien[6] relevant (vgl. a.a.O., 351). Darin liegt für mich auch der Grund, überhaupt (wenn auch nur kurz) auf dieses ›Verbindungswerk‹ einzugehen, denn es eröffnet eine Perspektive, die jenseits der eingangs kritisierten, auf eine allzu schlichte Gegenüberstellung von Gesundheit und Pathologie, Gelingen und Misslingen abstellenden Theorien liegt.

Exemplarisch für Theorien, die sowohl das Moment der seelischen Gesundheit wie auch das der Bildung berücksichtigen, nennt Göppel Pestalozzi und Wilhelm Flitner sowie den Psychoanalytiker Mitscherlich, um zu zeigen, »daß im Rahmen von Überlegungen zur ›rechten Bildung‹ des Menschen immer wieder Aspekte auftauchen, die sich jenseits aller anzueignender Bildungsinhalte und Kulturgüter auf das grundlegende Verhältnis des Menschen zu sich selbst, zu seinen Mitmenschen und seiner Mitwelt, auf das ›Leben-, Lieben- und Arbeitenkönnen‹ beziehen« (a.a.O., 356). Da es Göppel um einen Bildungsbegriff jenseits »bildungsidealistische[r] Perfektionslehren mit Ewigkeitspatina« (Ruhloff zit. a.a.O., 349) geht, sieht er in Pestalozzis Konzeption von Bildung einen Entwurf, der unter der Reflexion auch der eigenen Lebensgeschichte dem Elementaren, dem Ziel von »innere[r] Kraft und Ruhe [als] Grundlagen und Hauptmerkmale wahrer Menschenbildung« (a.a.O., 358) verhaftet bleibt: »Allgemeine Emporbildung dieser inneren Kräfte der Menschennatur zu reiner Menschenweisheit ist allgemeiner Zweck der Bildung auch der niedersten Menschen« (Pestalozzi zit. a.a.O., 358f.).

Bei Wilhelm Flitner sieht Göppel ebenfalls »Gelöstheit und innere Gesundheit der Seele« (Flitner zit. a.a.O., 362) als Kriterium wie auch Ziel von Bildung und zitiert als diesbezüglich zentrale Aussage Flitners, dass es das »Ziel ist, daß sich der wachsende Mensch selbst zu helfen wisse, um in seinem Leben das Eigentlich-Menschliche zu verstehen, es sich anzueignen und in der Situation seiner Existenz zu verstehen« (Flitner zit. n. Göppel 1997, 361).

Ergänzend zum klassisch pädagogischen bzw. im Falle Flitners geisteswissenschaftlich-pädagogischen Ansatz bezieht sich Göppel auf die Theorie Alexander Mitscherlichs, der aus psychoanalytischer Sicht Affektbildung, Sozialbildung und Sachbildung als Säulen der Persönlichkeitsentwicklung und damit des menschlichen Bildungsprozesses

6 Obwohl Göppel die Vielfalt psychologischer Entwicklungstheorien und philosophischer wie auch pädagogischer Bildungstheorien aufzeigt, spricht er in diesem Zusammenhang aus eher unklar bleibenden Gründen von *der* Entwicklungs- und *der* Bildungstheorie.

begreift (vgl. ebd., 362). Dieser Bildungsprozess ist nach Mitscherlich von zunehmender Reflexivität gekennzeichnet und lässt sich in zwei Phasen unterteilen: »Man wird eine im Leben des einzelnen frühe, vorkritische, relativ bewußtseinsarme Bildung von einer zunehmend des kritischen Bewusstseins sich bedienenden unterscheiden können« (zit. n. ebd., 363).

In kontemporären bildungstheoretischen und psychoanalytischen Entwürfen wird, ohne dass dies, so Göppel, explizit herausgestellt werde, Bildung zum »Medium zur Förderung von (seelischer Gesundheit) und seelische Gesundheit [zum] Aspekt von Bildung« (a.a.O., 364).

> »Wenn Bildung nicht vorrangig als die ›Erzeugung des Universums in der Individualität der Person‹ (W. von Humboldt), vielmehr auch als ›allgemeine Emporbildung dieser innern Kräfte der Menschennatur zur reinen Menschenweisheit‹ (J.H. Pestalozzi) zu verstehen ist, dann muß sie den Menschen auch dazu freisetzen, so mit sich selber umzugehen, daß er psychisch gesund bleibt. Dies schließt die Kompetenz ein, ein krankmachendes soziales Umfeld als solches beizeiten zu durchschauen und sich ihm beizeiten zu entziehen. Solche Kompetenz kann der Pädagoge jedoch nur vermitteln, sofern er selbst über einen solchen Begriff von seelischer Gesundheit verfügt und diesen Begriff mit dem seine Tätigkeit leitenden Bildungsbegriff in einen fruchtbaren Zusammenhang zu bringen fähig ist« (Kurz zit. a.a.O., 366).

Pädagogisches Handeln, das auf die Entwicklung der Persönlichkeit und die Möglichkeit, ein selbstbestimmtes Leben zu führen, also auf ›Bildung‹ abzielt, ist somit immer biographisch kontextuiert und orientiert: Biographien stellen »den Sinn- und Verweisungszusammenhang pädagogischen Argumentierens und Handelns [dar], sei es in rekonstruktiver Vergewisserung, sei es in prognostisch legitimatorischer Absicht« (Herrmann zit. n. Göppel 1997, 32).

Biographien stellen aber nicht nur den Bezugsrahmen für die retrospektive Beurteilung und die Begründung pädagogischen Handelns in die Zukunft hinein dar, sondern (auto-)biographische Dokumente, in welcher Form sie auch immer material vorliegen mögen[7], können – für

7 Fuchs-Heinritz (2000[2]) nennt unterschiedliche Formtraditionen der Biographie und verweist damit darauf, dass die kulturgeschichtlichen Traditionen lebensgeschichtlicher Darstellungen zurückreichen bis in orale Kulturen. So nennt er als eine der ältesten Formen die Beichte, des Weiteren das ärztliche Anamnesegespräch, die schriftlich fixierten Formen der (Auto-)Biographie, der Memoiren, des Tagebuches, des Briefes, von Lebenslauf, Akte und schließlich der Laudatio, des Nachrufes sowie von Allegorien der Lebensalter (das Leben als Bogen, Weg, Wanderung, Schauspiel usw.; vgl. a.a.O. 25 ff.). Hinzuzufügen wären – mit gewissen Einschränkungen – auch noch

die Humanwissenschaften im Allgemeinen und die erziehungswissenschaftliche Forschung im Besonderen – als wichtige Quellen gelten, indem sie zu einem umfassenderen Verständnis von sozialer Wirklichkeit verhelfen können. Denn »Theorie- und Typenbildung vollzieht sich auf der Grundlage einer *Rekonstruktion der Alltagspraxis* der Erforschten bzw. auf der Grundlage der Rekonstruktion des Erfahrungswissens, welches für diese Alltagspraxis konstitutiv ist« (Bohnsack 1991, 9, H.i.O.).

Erziehungswissenschaftliche Biographieforschung stellt dann mittels der Analyse und Deutung sowohl objektiver, gesellschaftlicher Rahmenbedingungen als auch individueller Lebensumstände und ihrer subjektiven Bedeutungen für Entwicklung und Erziehung die Möglichkeit sowohl eines theoretischen als auch eines methodologischen Gerüsts erziehungswissenschaftlicher Forschung dar (vgl. Krüger/Marotzki 1999, 8).

2. Die objektive Hermeneutik als rekonstruktiv verfahrende Methode der Biographieforschung

> *»Alle Sozialwissenschaften haben eine psychologische Phase. Die Geschichte ist nichts anderes als Biographie, eine ganze Reihe von Biographien. Und doch befassen sich alle diese Sozialwissenschaften mit Individuen in ihren gemeinsamen Merkmalen«.*
>
> (Mead 1934/1973, 75)

Obgleich George H. Mead hier selbstverständlich nicht zum frühen Biographieforscher erklärt werden soll, kommt in diesem Zitat sehr schön das Anliegen wie auch das Potential von Biographieforschung zum Ausdruck: Biographien nämlich als – in den ›Termini‹ der objektiven Hermeneutik – Ausdrucksgestalten zu begreifen, die (unter dem Aspekt ihrer Protokollhaftigkeit) Auskunft geben über den Text[8],

visuell orientierte Dokumente wie Fotografien (Portraits), Gemälde und anderes mehr.

8 Alle menschlichen Hervorbringungen sind aus objektiv hermeneutischer Sicht als Ausdrucksgestalten zu verstehen, die gewissermaßen unter zweierlei Perspektiven betrachtet werden können: Unter dem Aspekt ihrer Sinnstrukturiertheit als ›Text‹, der ›gelesen‹ und verstanden werden kann, und unter dem Aspekt ihrer (sinnlich wahrnehmbaren) »konkretausdrucksmateriale[n]« Gestalt, dem Protokoll (vgl. Oevermann 2000, 85). Die Unterscheidung zwischen Text- und Protokollbegriff lässt sich, ganz vereinfacht, daran klarmachen, dass zum Beispiel Gedanken oder auch Träume aufgrund ihrer Sinnstrukturiertheit zwar als Texte zu begreifen,

über die jeweils spezifischen biographischen Sinnzusammenhänge als Selbst- und Weltbezüge, die ein Individuum über seine Verarbeitung von Erlebnissen und Erfahrungen herstellt, aber auch über das, was dieses Individuum als Gemeinschafts- und Gesellschaftsmitglied ausmacht.

Gefragt wird nach den Strukturen von Sinnbildungsprozessen, in die Objektivität und Subjektivität gleichermaßen eingelassen sind. Dieses Subjektive jedoch ist, wie schon die Alltagsinteraktion zeigt, bei der wir in den Kopf des anderen nicht ›hineinsehen‹, seine Gedanken nicht ›lesen‹ können, nur rekonstruierbar über den wie auch immer gestalteten Ausdruck. Die Unmöglichkeit des unmittelbaren Zugriffs auf Subjektivität mag alltagspraktisch als ärgerliches, weil bisweilen Komplikationen erzeugendes Hindernis betrachtet werden. Sie hat ihre Begründung jedoch in der Natur- und Kulturgeschichte des Menschen[9] und stellt, was viel wichtiger ist, die Bedingung für Subjektivität und individuelle Sinnerzeugung überhaupt erst dar, denn nicht nur ist eine »völlige Identität zwischen dem *objektiven* (d.h. auf der Basis von Typisierungen zugewiesenen) und dem subjektiven Sinn unerreichbar« (Schneider 2004, 18, H.i.O.), eine solche Übereinstimmung würde auch die Möglichkeit der Existenz von Subjektivität de facto auslöschen.

Für die sozialwissenschaftliche Erschließung von Sinnzusammenhängen und -strukturen ist die Analyse und Interpretation von Fällen über Fallrekonstruktionen[10] zentral. Dabei ist es unerheblich, ob eigens Daten erhoben werden oder auf bereits existierendes Material zurückgegriffen wird – die Tatsache, dass Briefe, Tagebuchaufzeichnungen, Lebensdarstellungen einzelner Personen, aber z.B. auch Protokolle von Interaktionen ganzer Gruppen unter einer bestimmten Fragestellung untersucht werden, dass also etwas frag- und befragungswürdig erscheint und als solches auffällt, lässt erst den jeweiligen Forschungsgegenstand, gleich ob Einzelperson oder Gruppe, zum Fall werden. Der Fallbegriff hat in anderen Disziplinen – etwa den Rechtswissenschaften oder der

aber flüchtiger Natur und der sinnlichen Wahrnehmung enthoben sind. Ihre Sinnstrukturen können nur dann entziffert werden, wenn sie geäußert und dauerhaft fixiert worden sind. Ein materiales Protokoll läge dann also zum Beispiel vor in der Form einer schriftlichen Traumaufzeichnung oder in einer mündlichen Erzählung, die durch Audioaufnahme dauerhaft fixiert und zugänglich gemacht wird (vgl. dazu auch Oevermann 2002, 3 ff.).

9 George Herbert Mead hat diese natur- und kulturgeschichtlichen Entwicklungsprozesse menschlicher Interaktions- und Sinnbildungsprozesse ausführlich herausgearbeitet und ist damit für die Grundlegung der rekonstruktiv verfahrenden Sozialforschung von besonderer Bedeutung (vgl. Mead 1969 u. 1975; Wagner 1999 u. 2004a).

10 Zur Unterscheidung zwischen Fallstudie, Fallbeschreibung und Fallrekonstruktion vgl. Oevermann 2000, 61 ff.

Medizin – eine lange Tradition und lässt eingedenk dieser Kontexte deutlich werden, dass dann, wenn von einem ›Fall‹ die Rede ist, etwas vorgefallen und problematisch geworden ist, also eine Krise vorliegt, die der Klärung und Bearbeitung bedarf. Mit dem Fallbegriff ist implizit in besonderem Maße das Verhältnis von Allgemeinem und Besonderem thematisiert. So ist, wiederum in der Rechtsprechung, der einzelne Fall zwar orientiert an den jeweils vorliegenden spezifischen Bedingungen, aber auch an der allgemeingültigen Gesetzeslage zu entscheiden. Die Sachlage ist insofern abgelöst von einzelnen Personen zu betrachten, als das Recht verbindlich für alle gilt und ein ähnlich oder gleich gelagerter Fall genau so entschieden werden müsste. Auch wenn fallweise entschieden wird, weist die Entscheidung doch immer über den Einzelfall hinaus, was besonders deutlich dann wird, wenn in der Rechtsprechung ein Exempel statuiert wird, das dann richtungsweisend für zukünftige Fälle wird. In der Medizin liegt diese Verschränkung von Allgemeinem und Besonderem in ähnlicher Weise vor, denn im Krankheitsfalle ist zwar stets die betroffene Person als Individuum zu behandeln, aber diese Behandlung erfolgt auf der Basis einer allgemeinen Krankheitslehre und der Kenntnisse über Therapieformen, aus denen dann die für den Patienten geeignete gewählt wird. In der interpretativen sozialwissenschaftlichen Arbeit mit Fällen ist es diese dialektische Verschränkung, die interessiert, um nicht nur über das Besondere, sondern immer auch das Allgemeine im Besonderen einen Erkenntniszuwachs zu erlangen bzw. zu erforschen, wie jeweils das Besondere aus dem Allgemeinen hervorgeht. Adorno hat diese Dialektik unter anderem in seinen Vorlesungen »Zur Lehre von der Geschichte und von der Freiheit« (1964/65/2001) ausführlich behandelt und dabei darauf hingewiesen, »daß Individualität eine Reflexionskategorie ist; das heißt, daß wir von Individualität im prägnanten Sinn nur insoweit reden können, wie die je einzelnen Subjekte, indem sie sich ihrer Einzelheit und Einzigkeit bewusst werden, in einen bestimmten Gegensatz zur Gesamtheit treten und erst in dem Bewusstsein dieses Gegensatzes sich als das je Einzelne, als das Besondere überhaupt bestimmen« (a.a.O., 104).

Aus objektiv-hermeneutischer Perspektive gibt es insofern keine ›Einzelfälle‹, als jeder Fall als etwas über sich selbst Hinausweisendes begriffen wird, also im Sinne des obigen Adorno-Zitates in seiner Besonderheit immer auf etwas Allgemeines, von dem es sich durch Unterscheidung erst be-sondert, verweist (vgl. Oevermann 2000, 74). Noch einmal anders akzentuiert: Jede Fallrekonstruktion führt aus objektiv-hermeneutischem Verständnis über die Fallstrukturgeneralisierung zur Rekonstruktion eines allgemeinen Typus, ganz gleich, ob dieser faktisch nur ein einziges Mal sich finden lässt, oder tatsächlich typisch und exemplarisch für weitere Fälle steht. Ein Fall wird immer »zugleich als ›type‹ und als dessen ›token‹ bestimmt« (Oevermann 2002, 14).

Das methodische Kerninstrument der objektiven Hermeneutik, die Sequenzanalyse, soll solche Rekonstruktionen ermöglichen, und zwar, indem durch streng sequentielle, auf Vorwissen über den Fall und den Text verzichtende, zugleich aber sich auf dessen wortwörtliche Analyse verpflichtende Interpretation fallspezifische (Aus-)Wahlen, also Entscheidungen, rekonstruiert werden[11]. Diese weisen hinsichtlich zukünftiger Handlungsmöglichkeiten stets sowohl Eröffnungs- als auch Beschließungscharakter auf. Indem den protokollierten Sequenzen eines Textes ohne Berücksichtigung der ihnen nachfolgenden (bzw. ohne Einbezug des Wissens um den Kontext) Schritt für Schritt gefolgt wird, stellt sich die Interpretationsgemeinschaft insofern gewissermaßen in die ›Schuhe‹ des Falls, als dessen Handeln in eine offene, unbekannte Zukunft hinein von ihr ebenso ›nichtwissend‹ nachvollzogen wird.

Eine derartige Offenheit bringt beim objektiv hermeneutischen Vorgehen zugleich die prinzipiell an jeder Sequenzstelle bestehende Möglichkeit der Falsifikation einer bisherigen Strukturhypothese mit sich, denn diese muss sich am Material bewähren, nicht umgekehrt: »das wissenschaftlich-methodische Falsifikationsverfahren [der Sequenzanalyse ist] dem Zusammenspiel von Krise und Routine in der prinzipiell in eine offene Zukunft hinein handelnden Praxis strukturhomolog nachgebaut« (Oevermann 2002, 9). Dies ist meines Erachtens auch ein guter Grund dafür, die objektive Hermeneutik stärker als bisher in der Biographieforschung anzuwenden, denn sie ermöglicht gerade aufgrund der Orientierung am Sequenzialitätsprinzip menschlichen Handelns[12] die Rekonstruktion sowohl biographischer Prozesse als auch der Prozesse von deren (Re-)Konstruktion. Aus der Zielsetzung der objektiven Hermeneutik, der Rekonstruktion latenter Sinn- bzw. objektiver Bedeutungsstrukturen zu folgern, es sei mit dieser Methode keine Herausarbeitung von Prozessen oder Prozessstrukturen im Sinne Schützes (1981) möglich, würde eine Verkennung ihres Strukturbegriffes bedeuten, denn, eine »Struktur ist nicht statisch vom dynamischen

11 Wie oben bereits erwähnt, verzichte ich hier auf eine detaillierte Darstellung der forschungspraktischen Prinzipien und Schritte im Rahmen einer objektiv-hermeneutischen Sequenzanalyse und verweise auf die Texte von Oevermann (1979, 2000, 2002) sowie von Wernet (2000). Das praktische Vorgehen wird letztlich an der ersten Fallrekonstruktion in dieser Arbeit exemplarisch dokumentiert (vgl. Kap. IV.3)

12 Mit Sequentialität ist nicht ein bloß temporaler Aspekt im Sinne einer zeitlichen Abfolge menschlicher Handlungen bezeichnet, sondern vielmehr, dass regelgeleitet erfolgende menschliche Handlungen prinzipiell sowohl eine Eröffnung als auch eine Beschließung sozialer Praxis implizieren und dass diese »*auch* temporal sich manifestierende Sequentialität nicht auf ein Ursache-Wirkungs-Bedingungsverhältnis, sondern eine sinnlogische Grund-Folge-Beziehung zurückgeht« (Oevermann 2000, 64, H.i.O.).

Aspekt des Prozesses unterschieden, wie das etwa im statisch-komparativen Analyseansatz immer der Fall ist, sondern ergibt sich überhaupt erst als aus dem Prozeß [der Reproduktion oder Transformation einer Fallstruktur, S.K.] erschließbar« (Oevermann 2002, 10).

Noch einmal: Biographien verkörpern immer Allgemeines und Besonderes zugleich. Diese Annahme ist grundlegend für rekonstruktive Verfahren der Sozialforschung; meines Erachtens aber ist die objektive Hermeneutik in stärkerem Maße, als es ihr bislang ›zugetraut‹ wurde, in der Lage, über biographische Prozesse Auskunft zu geben, und zwar deshalb, weil sie auf der Basis der Rekonstruktion objektiver Sinnstrukturen und ihrer subjektiven Repräsentanzen über sowohl das Allgemeine als auch das Besondere Aufschluss zu geben in der Lage ist. Dieses Besondere wird nicht als bloß Individuelles verstanden, sondern immer als Ausdruck eines Allgemeinen, eines Typus, der in ›Auseinandersetzung‹ mit allgemeinen Strukturen sich entwickelt hat und Ergebnis eines Individuierungsprozesses ist. Somit geben objektiv hermeneutische Rekonstruktionen Einblick in Bildungsprozesse und ihre Strukturen – und dies insbesondere, weil Prozess- und Strukturbegriff hier zusammenfallen:

> »Humanwissenschaftliche Strukturanalysen müssen [...] in der Lage sein, über [...] <u>triviale</u> <u>Individualität oder Individualisiertheit</u> hinaus das zu erfassen, was als das Ergebnis eines <u>individuierenden Bildungsprozesses</u> gelten muß. Denn Lebenspraxen, konkrete Handlungsinstanzen mit einer Subjektivität sind jeweils historisch-konkrete Gebilde, die sich – wie dieser Begriff schon bezeichnet – in einem je individuierenden Bildungsprozeß entwickelt sowie eine Identität ausgebildet haben und sich durch Strukturtransformation tendenziell immer noch in eine offene Zukunft weiterbilden und entfalten können. In diesem Bildungsprozeß formen sich Fallstrukturen mit einer je eigenen Fallstrukturgesetzlichkeit, in der zugleich die grundsätzliche Potentialität einer mehr oder weniger stark entwickelten <u>Autonomie jeder Lebenspraxis</u> als Freisetzung von äußerer Determiniertheit oder Fremdbestimmtheit konkret zur Bestimmung kommt« (Oevermann 2002, 11, H.i.O.).

Eine Fallstruktur als ›Ausdruck der Identität eines Falles‹ ermöglicht dann die Beantwortung biographischer Kernfragen, nämlich von Selbst- und Weltdeutungsprozessen und ihren spezifischen Ausdrucksweisen.

Methodisch problematisch erscheint zunächst, dass in der objektiven Hermeneutik aufgrund des sehr kleinschrittigen, dabei extensiven methodischen Vorgehens die Gesamtheit einer Biographie zwangsläufig vernachlässigt zu werden scheint. Als Ergänzung und Korrektiv zur Interpretation verschiedener Sequenzen aus einer lebensgeschichtlichen Erzählung aber kann einerseits die objektiv hermeneutische Analyse und Interpretation von objektiven Daten dienen, die dann ja geordnet über weitere Stationen des Lebenswegs Auskunft geben. Andererseits ist nochmals zu betonen, dass sich, nimmt man erstens den Begriff der Biographie und zweitens das Zusammenfallen von Struktur und Prozess in der Fallstruktur ernst, im Grunde an jeder Sequenzstelle einer (auto-)biographischen Darstellung sowohl die spezifische Biographisierungsstruktur als auch der Prozess, der zu dieser Struktur geführt hat, abbildet.

IV. Die Fallrekonstruktionen

Materialauswahl und praktisches Vorgehen

1. Zur Fallauswahl

Das Spektrum der nachfolgend vorzustellenden Fälle ist hinsichtlich des Alters und der Generationenzugehörigkeit relativ eng – während in der Explorationsphase zwölf Fälle zur Analyse ausgewählt wurden, die sowohl das Geburtsjahr wie auch das Alter zum Zeitpunkt der Emigration betreffend, sehr stark differierten. Die älteste Person emigrierte 1938 als Adoleszente im Alter von 16 Jahren, während der Jüngste, im Jahr der notgedrungen erfolgenden Auswanderung, 1939, gerade einmal ein Jahr alt war. Als Kriterium galt zunächst lediglich, dass wenigstens die frühe Kindheit im Geburtsland Deutschland oder Österreich verbracht worden war. Die große Spannbreite des Lebensalters der Fälle legte dann eine entwicklungsstufenorientierte Binnendifferenzierung nahe, denn es stellte sich zum einen die Frage, wie gerade in der Krisenphase der Adoleszenz Emigration als biographisch einschneidendes Erlebnis verarbeitet wird – ob zum Beispiel in stärkerem Maße Verantwortung hinsichtlich der eigenen Lebensplanung übernommen wird. Zum anderen stellte sich angesichts des weniger bewussten Erlebens von Emigration in der frühen Kindheit die Frage, welche Relevanz diese überhaupt für das spätere Leben erlangt.

Die Auswahl der Fälle folgte dann des Weiteren teils pragmatischen Argumenten – so wurden vornehmlich solche ausgewählt, von denen bereits Interviewmaterial vorlag, und dies schien geboten, weil die Erhebung weiterer Interviews mehrheitlich mit hohem Zeit- und Kostenaufwand verbunden gewesen wäre, da fast alle der damaligen Emigrantenkinder heute in Übersee leben, aber auch, weil die vorliegenden narrativen Interviews bereits geeignet erscheinen, über die Lebensgeschichte der Kinder Auskunft zu geben, auch wenn die diesen zugrunde liegende Fragestellung primär das Leben der Elterngeneration in der Emigration fokussierte.

Ausgehend von der Frage nach Identitätskonstruktionen dieser ehemaligen Kinder und Jugendlichen, entwickelte sich im Laufe der Arbeit eine stärkere Fokussierung auf die Frage nach unterschiedlichen Habitus der Krisenverarbeitung und der Bedeutung der sozialen Umwelt für deren Entwicklung. Damit verengte sich der Fokus immer mehr auf drei Fälle, die sich in dieser Hinsicht als ›starke‹, aufschlussreiche Fälle zu erweisen versprachen und die, zwischen 1924 und 1926 geboren, der gleichen Altersgruppe angehörten. Gemeinsam ist allen drei Fällen außerdem, dass sie aus jüdischen, bildungsbürgerlichen Familien stammten und in die USA emigrierten, so dass eine gewisse Vergleichbarkeit hinsichtlich der biographischen Ausgangskonstellation gegeben war.

2. Durchführung und Darstellung der Fallrekonstruktionen

Im Folgenden soll ein Fall, der Fall Esther Brückner, ausführlich sequenziell analysiert und interpretiert werden, um die größtmögliche Nachvollziehbarkeit hinsichtlich der gewonnenen Ergebnisse zu gewährleisten. Auf eine ausführliche Darstellung der Sequenzanalyse und Interpretation aller Fälle wurde hingegen zugunsten der Lesbarkeit bzw. einer ökonomischen Begrenzung der Arbeit verzichtet, so dass die unmittelbar nachfolgend präsentierte Sequenzanalyse exemplarischen Charakter für das gesamte Vorgehen erhält. Eine ›ausführliche‹ Darstellung heißt konkret:

- Dokumentation der sequentiellen Analyse und Interpretation der objektiven Daten, Fallstrukturhypothese I
- Analyse und Interpretation der Anfangssequenzen des Interviews, Fallstrukturhypothese II
- Zwischenbilanz, Abgleich von Fallstrukturhypothese I und II
- Interpretation von Prüfsequenzen
- Fallstrukturgeneralisierung.

Im zweiten Fall, dem Fall Georg Levi, erfolgt dann eine etwas gestrafftere Darstellung dieses Vorgehens; im dritten Fall (Gisela Johann) konzentriere ich mich auf die Präsentation der Fallrekonstruktionsergebnisse in Form eines biographischen Portraits. Die Gestaltung des Fallportraits erfolgt, geleitet durch die Fragestellung, in loser Orientierung an den Modellen Kegans und Oevermanns über Entwicklungsstufen (vgl. Kap. II) und die darin zu bewältigenden Ablösungskrisen.

3. Lebenslänglich Emigrantin – Selbststilisierung als Habitus der Krisenbewältigung. Der Fall Esther Brückner[1]: Eine exemplarische Sequenzanalyse

Zur Datengrundlage des vorliegenden Falles: Esther Brückners Mutter hatte sich 1940 von den USA aus am Preisausschreiben der Harvard-University beteiligt (siehe S. 15). Die Daten zum Fall Esther Brückner basieren auf einem lebensgeschichtlichen Interview, das mit ihr im Oktober 2003 geführt wurde.[2]

3.1 Analyse und Interpretation der objektiven Daten

1925	geboren in Berlin Eltern: Mutter: Margot Weiss, * 1900 in Breslau, † 1961 in Berlin, Sozialarbeiterin; Tochter eines jüdischen Wissenschaftlers Vater: Walter Pelzmann ,* 1900 in Berlin, † 1988 ebd., Philosoph, Sohn eines jüdischen Textilkaufmanns Verheiratet seit 1922; die Mutter arbeitet als Sekretärin einer Frauenrechtlerin, der Vater promoviert und verrichtet Schreibarbeiten in einer Bank. Ab 1923 Privatdozent. Geschwister: ein Bruder (Simon), * 1924 in Berlin, † 1989 in den USA Ende 1926 Scheidung der Eltern. Die Mutter zieht mit den Kindern zu ihren Eltern nach Hamburg
1928	Die Mutter beginnt wieder als Sozialarbeiterin zu arbeiten, sie wird Gewerkschaftsmitglied und unterhält Kontakte zu KPD-Mitgliedern
1933	Entlassung der Mutter aus dem Arbeitsamt wg. ›jüd. Abstammung‹; sie arbeitet als Arbeitsvermittlerin in der jüdischen Gemeinde

1 Die Personennamen wurden anonymisiert. Ortsangaben wurden beibehalten, da eine Veränderung möglicherweise verfälschenden Einfluss auf die Interpretation genommen hätte. Weitere Angaben zu Berufen, eindeutig identifizierbaren Institutionen u.ä. wurden so allgemein wie möglich gehalten, um die Anonymität der jeweiligen Personen zu gewährleisten. Im Falle Esther Brückners kann aus diesem Grund nicht sämtliche verwendete Literatur aufgeführt werden.

2 Die Transkription des Interviews mit Esther Brückner sowie die den beiden anderen Fallanalysen zugrundeliegenden Materialien sind zusammen in Form eines PDF-Dokuments verfügbar unter: www.humanities-online.de/download/Kirsch_Emigration.html.

April 1934	Esther und ihr Bruder werden nach Holland geschickt, dort Besuch eines Quäkerinternats Emigration der Großeltern in die USA Eintritt der Mutter in die KPD
1934	Verhaftung der Mutter, U-Haft und Verurteilung zu zwei Jahren Zuchthaus wegen ›Beihilfe zum Hochverrat‹
1937	Entlassung der Mutter aus der Haft; Emigration mit Mutter und Bruder in die USA (New York City)
1937-39	Besuch einer Internatsschule in der Nähe von New York; die Mutter ist zunächst arbeitslos, arbeitet dann in jüdischen Hilfsorganisationen und ist als Mitarbeiterin einer Exilzeitschrift verstärkt politisch tätig
1939-43	Esther und ihr Bruder ziehen zur Mutter und besuchen die Highschool in New York; Eintritt Esthers i. d. ›Nature Friends of America‹, Esther und ihr Bruder leben mit der Mutter und deren neuem Partner, einem kommunistischen Schriftsteller, in einer Dreizimmerwohnung in New York. Alle arbeiten bei der Exilzeitung mit.
1943	Hilfsarbeiten in einem Forschungslabor Stelle als Laborantin an einem Institut für medizinische Forschung
1946	Heirat mit Hans Brückner, Historiker, Kommunist (* 1905), Zweite Heirat der Mutter mit dem o. g. Schriftsteller; Heirat des Bruders mit einer Amerikanerin
Winter 1946/47	Esther und ihr Mann gehen (per Schiff über die SU) nach Deutschland, in den sowjetisch besetzten Teil Berlins, ebenso wie (einige Monate später) Mutter und Stiefvater
1947	Studium der Biologie an der Humboldt-Universität Berlin, einige Jahre später Wechsel ins Studienfach Chemie; der Ehemann promoviert
1950	Unterbrechung des Studiums, Schilddrüsen-Operation
1952	Geburt des Sohnes Michael, Abbruch des Studiums, später Arbeit in einem physiologisch-chemischen Institut
ca. 1951	Professur des Mannes und universitäre Leitungsposition
1955	Geburt des Sohnes Gert

1961	Tod der Mutter
1970	Emeritierung des Ehemannes
1984	Ausreise des Sohnes Michael aus der DDR
ab 1984	Pflege des demenzerkrankten Ehemannes
1987	Tod des Ehemannes
1988	Tod des Vaters

Esther Brückner wird in der Großstadt Berlin geboren, 1925, also zu einer Zeit, in der sich die wirtschaftliche Lage der Weimarer Republik nach der Inflation von 1923 für letztlich nur wenige Jahre stabilisierte (›Goldene Zwanziger‹). Der Vater war Akademiker, die Mutter Sozialarbeiterin; das Herkunftsmilieu kann also als mehr oder minder bildungsbürgerlich bezeichnet werden. Als Privatdozent allerdings hatte der Vater eine prekäre berufliche Position inne: Privatdozenturen waren zum einen – von Vorlesungshonoraren abgesehen – unbezahlt, zum anderen war die Möglichkeit des Aufstiegs zur Professur bzw. zum Ordinariat derart von selbstsozialisatorischer Bewährung einerseits und Wohlwollen andererseits abhängig, dass Max Weber dies als »eine Angelegenheit« bezeichnete, »die einfach Hasard ist« (Weber, GW, 5226)[3]. Für Juden bestand die Möglichkeit der ordentlichen Professur faktisch überhaupt erst seit 1918.

Die Eltern müssen also entweder selbst qua Herkunft ausreichend vermögend gewesen sein, um eine Familie gründen und unterhalten zu können oder aber es mussten über Nebentätigkeiten zusätzliche Einnahmen geschaffen werden. Zumindest in der Familie mütterlicherseits war nun offenbar genügend Kapital vorhanden, um das Ehepaar unterstützen zu können. Es ist aber anzunehmen, dass die Mutter auch nach der Heirat weiterhin als Sozialarbeiterin tätig gewesen ist. Dafür spricht zum einen, dass sie sich als emanzipierte Frau verstanden haben dürfte, die von der neuen Möglichkeit einer qualifizierten Ausbildung für Frauen Gebrauch gemacht hatte[4] und für die der klassisch weibliche Lebensentwurf des Bürgertums offenbar keine Option darstellte. Dass sie sich nicht für eine Lehrerinnenausbildung oder ein Studium

3 Die Einrichtung von Assistenturen ab dem Ende des 19. Jahrhunderts führte zwar zu einer Entschärfung zumindest der heiklen materiellen Lage der Privatdozenten, in den Geisteswissenschaften war aber die Verbindung von Assistenz und Privatdozentur weniger üblich als in den Naturwissenschaften (vgl. Schmeiser 1994, 47 ff.) Im vorliegenden Fall ist jedenfalls nichts über eine Assistentenstelle des Vaters bekannt.

4 1908 war in Berlin-Schöneberg die erste Soziale Frauenschule unter der Leitung von Alice Salomon gegründet worden, die den Frauen über eine qualifizierte Berufsausbildung den Weg in die hauptamtliche Wohlfahrtspflege ermöglichen sollte. Ab 1917 wurde außerdem von Helene Lange die Soziale Frauenschule bzw. das Sozialpädagogische Institut in Hamburg aufgebaut.

entschied, kann darauf zurückgeführt werden, dass sie sich – im bürgerlichen Milieu sozialisiert und unter Umständen eher traditionell erzogen –, zwar bewusst von diesem Milieu absetzen, aber zugleich einen ›sozial verträglichen‹ Kompromiss finden wollte, indem sie die – als weibliches Ehrenamt durchaus übliche – soziale Arbeit zum Beruf machte. In jedem Falle wird sie also ebenso wie der Ehemann einen Lebensentwurf verfolgt haben, in dem die Ausübung eines Berufes vorgesehen war. Für den Fall, dass von ihr nach der Heirat die Aufgabe des vermutlich bereits ausgeübten Berufes erwartet worden wäre, wäre dies also Anlass für einen Ehekonflikt gewesen; mit der Geburt der Kinder aber wird diese Berufstätigkeit sicher zumindest unterbrochen worden sein. Es ist davon auszugehen, dass es sich bei der Ehe der Eltern um eine Liebesheirat und somit um eine (mehr oder minder) autonome Entscheidung beider Partner handelte, und dass diese nach nur vier Jahren aufgrund unterschiedlicher Interessen und Lebensvorstellungen der Ehepartner scheiterte. Dafür sprechen m. E. folgende Faktoren:

- Dass Margot Weiss als Sozialarbeiterin eine qualifizierte Ausbildung absolviert hatte, also Sozialfürsorge nicht, wie bei Frauen des gehobenen Bürgertums üblich, als Ehrenamt, sondern als Beruf ausüben wollte, sowie ihre Nähe zur Frauenbewegung sprechen dafür, dass sie sich als eher links stehende, progressive und emanzipierte Frau verstand, für die der traditionelle weibliche Lebensentwurf des Bildungsbürgertums nicht in Frage kam. Eine solche Frau läßt sich nicht verheiraten.
- Der zum Zeitpunkt der Heirat noch nicht promovierte Walter Pelzmann war aus der Perspektive der Eltern Margots mit Sicherheit kein geeigneter Heiratskandidat, da er aus eigener Kraft keine Familie ernähren konnte und keine Gewißheit darüber bestand, ob er es in Zukunft können würde (Existenz des Privatdozenten). Eine Verheiratung und Alimentierung dieser Ehe um des bloßen Familienfortbestands willen war überdies nicht notwendig, da Margot noch einen Bruder und eine Schwester hatte.
- Mit 22 Jahren waren beide verhältnismäßig jung, es bestand also noch keine Notwendigkeit, ›unter die Haube‹ gebracht zu werden, und es war, wie am Geburtsjahr des Sohnes ablesbar, noch kein Kind unterwegs.
- Schließlich spricht das Datum ›Scheidung‹ selbst für eine Liebesheirat, denn im Falle einer Heirat aus ökonomischen o. ä. Gründen wäre ein Arrangement vereinbart worden, das die Aufrechterhaltung der Ehe ermöglicht hätte, und persönliche Enttäuschungen wären hintangestellt worden.

Dass die Ehe nach bereits vier Jahren, ein Jahr nach Geburt der Tochter, geschieden wurde, heißt also, dass das Ideal der romantischen Liebe in diesem Fall schnell gescheitert war und es Konflikte gab, die als zu tiefgreifend empfunden wurden, als dass eine Fortführung der Ehe z. B. ›um der Kinder willen‹ noch möglich und wünschenswert schien. Auf beiden Seiten also kann eine gewisse Kompromisslosigkeit in der auf ein Ideal orientierten Lebensführung vermutet werden. – Welche konkreten Gründe schließlich auch immer die Scheidung motiviert haben mögen, festzuhalten ist, dass es die Frau ist, die objektive Konsequenzen zieht und den Mann verlässt. Die noch sehr kleinen Kinder müssen da wohl oder übel folgen. Für diese bedeutet die Trennung, dass sie einerseits zwar ohne die aus einer zerrütteten Elternbeziehung für Kinder erwachsenden Schwierigkeiten aufwachsen können, andererseits aber auch ohne Vater groß werden müssen. Diesen wird Esther – zweijährig zum Zeitpunkt der Scheidung – als konkrete Person zwar kaum vermisst haben, die ödipale Triade aber musste in anderer Konstellation realisiert werden. Es ist zu vermuten, dass der Großvater diese väterliche Position zumindest bis zu einem gewissen Grad übernommen hat. Schließlich wird Esther als Scheidungskind, verglichen mit Gleichaltrigen, in einer eher unkonventionellen Familienform aufgewachsen sein.

Der Umzug der Mutter mit beiden Kindern zu ihren Eltern zeigt nun einerseits, dass sie von diesen Unterstützung erwartete (und auch bekam), und zwar eine Form der Unterstützung ohne oder aber über finanzielle Alimentierung (die vom Ehemann vermutlich nicht zu erwarten war) hinaus. Das kann nur heißen, dass sie weiterhin bzw. wieder berufstätig sein wollte und die Kinder, die für einen Kindergarten noch zu klein waren, innerhalb der eigenen Familie gut betreut wissen wollte. Dies eröffnet für die Tochter einerseits die Möglichkeit, die Mutter nicht nur als Mutter, sondern als Person mit eigenen Interessen jenseits der Familie wahrzunehmen. Als primäre Bezugsperson, als Erwachsene, die das Kind im Sinne stellvertretender Krisenbewältigung versorgt und behütet, fungiert vermutlich weniger die Mutter, sondern vor allem die Großmutter, während der Großvater, Wissenschaftler wie der Vater, sich eher wenig an der täglichen Erziehung der Kinder beteiligt haben dürfte und mehr in den ›schönen Stunden‹ präsent gewesen sein dürfte.

Ausgestattet mit hohem kulturellen und ökonomischen Kapital der Herkunftsfamilie mütterlicherseits, verlebt Esther dann bis zum siebten Lebensjahr eine – auf den ersten Blick – relativ ›normale‹ bürgerliche Kindheit. Allerdings engagiert die Mutter sich stark außerhalb der Familie und führt gerade kein besonders bürgerliches Leben: Sie beginnt, als Esther drei Jahre alt ist, wieder als Sozialarbeiterin in der Arbeitsvermittlung für junge Mädchen zu arbeiten, wird Gewerkschaftsmitglied und unterhält Kontakte zur KPD. Nach der Entlassung aus dem Arbeitsamt aufgrund ihrer jüdischen Herkunft konzentriert sie ihre sozialpflegerischen Tätigkeiten auf die jüdische Gemeinde. Sozialarbeit ist für sie also tatsächlich nicht nur Broterwerb, sondern eine aufgrund (politischer) Überzeugungen sinnstiftende Tätigkeit hinsichtlich der Bewährung des eigenen Lebens. Insofern wird die Mutter auch versucht haben, ihre Kinder zu sozial ›wachen‹ und engagierten Menschen zu erziehen. Für die Tochter bedeutet das, dass sie die Möglichkeit hatte, die Mutter als Person zu erleben, die sich nicht nur auf die Erziehung der Kinder konzentrierte, sondern als Person, die spezifische Fähigkeiten und Interessen hatte und diesen nachging, indem sie sich ›draußen in der Welt‹ für die Gestaltung sozialer bzw. politischer Verhältnisse einsetzte. Es kann angenommen werden, dass die Mutter eine Person war, die unbeugsam für ihre politische Überzeugung einstand. Aufgrund dieses Festhaltens an Idealen und Überzeugungen mag sie ein starkes, aber auch schwer zu erreichendes Vorbild für Esther gewesen sein. Zugleich muss die Tatsache, dass die Mutter so stark mit ihrer Arbeit beschäftigt war, für das Mädchen eine permanente Kränkung bedeutet haben. Sie wird sicherlich um die Aufmerksamkeit der Mutter gekämpft haben und wütend und enttäuscht gewesen sein, wenn ihre Bedürfnisse unerfüllt blieben. Auf der Grundlage dieser Fakten und Schlussfolgerungen steht zu vermuten, dass die Mutter-Tochter-Bindung als unsicher-ambivalente im Sinne Ainsworths (1979) bezeichnet werden kann.

1934 wird Esther mit dem Bruder in einem holländischen Quäker-Internat untergebracht; das bedeutet, dass die Mutter relativ früh entweder bereits die Emigration der Familie plante oder aber zumindest angesichts zu befürchtender Diskriminierung und Verfolgung die Kinder in Sicherheit bringen wollte. Insofern handelt sie vorausschauend und, wenngleich dies für die Kinder mit Trennungsschmerz verbunden ist, zum Wohle der Kinder. Indem sie aber im selben Jahr noch der bereits verbotenen KPD beitritt und im Untergrund politisch aktiv wird, handelt sie zugleich verantwortungslos gegenüber ihren Kindern: Deren weitere Entwicklung bzw. die normative Vorstellung, eine Mutter habe das eigene Leben um der Kinder willen nicht zu gefährden, hat zurückzustehen hinter der eigenen Überzeugung, für die ›gerechte Sache‹ kämpfen zu müssen, auch auf die Gefahr hin, den Kindern künftig keine Mutter mehr sein zu können.

Was bedeutet dies für die Tochter? Die Verschickung nach Holland bedeutet für das Mädchen, das zwei Jahre zuvor gerade erst den noch engen Radius der primären Sozialisation in der Familie verlassen hatte, eine Krise in zweierlei Hinsicht. Einerseits eine Überforderung darin, die Familie und das gerade erschlossene soziale Umfeld verlassen, durch ein anderes ersetzen und sich darin zurecht finden zu müssen, ohne andererseits die (zumindest in ernsten Krisenfällen bis dahin vermutlich präsente) Mutter hinter sich zu wissen. Die Geschwister hatten nunmehr nur einander, aber der nur ein Jahr ältere Bruder wird Esther hier kaum eine Stütze gewesen sein. Die Gefahr der Regression oder aber der ›Flucht in vermeintliche Autonomie‹ ist aus der Bindungsforschung wohlbekannt (vgl. z.B. Freud/Burlingham 1951/1982 zur Situation von heimatlosen Kindern). Hinsichtlich der weiteren Entwicklung beider Kinder wird es von großer Bedeutung sein, wie es den Erziehern dort gelungen ist, den Kindern tatsächlich ein vorübergehendes ›Heim‹ zu schaffen und sich der kindlichen Sorgen und Ängste anzunehmen.

1934 wird die Mutter verhaftet, und dieses Ereignis wird für Esther mit Schmerz und Angst verbunden gewesen sein: Ohnehin schon getrennt von der Mutter, wusste sie weder, ob noch wann sie diese wiedersehen würde. Des Weiteren wird das bisherige Bild von der Mutter erschüttert worden sein, denn diese wurde als Kriminelle verhaftet. Selbst, wenn Esther in etwa gewußt haben sollte, weshalb die Mutter verhaftet wurde und – wovon auszugehen ist – die Erwachsenen ihr bereits ihre Perspektive auf den Nationalsozialismus vermittelt haben sollten, wird sie in diesem Alter doch Schwierigkeiten gehabt haben, die Lage in ihrer moralischen Komplexität jenseits von Gut (gleich gesetzestreu) und Böse angemessen zu erfassen.

Nach ihrer Entlassung aus dem Zuchthaus 1937 geht Margot Weiss nach Holland zu ihren beiden Kindern. Das Wiedersehen mit der Mutter wird Esther eine große emotionale ›Erleichterung‹ verschafft haben; nichtsdestotrotz konnte sie nicht davon ausgehen, nicht erneut von der Mutter verlassen zu werden. Insofern wird sie vermutlich ängstlich versucht haben, mit ihrer Mutter zusammenzubleiben und darüber die Bindung an sie erneuert haben.

Kurz darauf emigrieren alle drei in die USA. Dort hält sich Margot Weiss mit verschiedenen Arbeiten über Wasser, sie arbeitet für jüdische Flüchtlingsorganisationen und für zwei Exilzeitschriften, vor allem schreibt sie später für die Frauenseite einer Zeitschrift, die von vornehmlich linken Exilanten mit dem Ziel der Bekämpfung des Faschismus gegründet wird. Während dieser Zeit setzt sie ihre politischen Aktivitäten also nicht nur fort, sondern intensiviert diese noch. Die Kinder wohnen zunächst nicht bei der Mutter, sondern besuchen ein Internat außerhalb von New York. Wenngleich dafür verschiedene Gründe denkbar sind – so kann dies auf den Versuch der Mutter zurückzuführen sein, zunächst eine angemessene Arbeit und Bleibe für die Familie zu finden –, bedeutet es für Esther, dass sie zum zweiten Mal von der Mutter weggeschickt wird, so dass sich die Angst vor einer erneuten Trennung als gerechtfertigt für sie herausstellt.

Esther ist 14 Jahre alt, als sie zur Mutter nach New York kommt. Sie ist also in einem Alter, in dem Jugendliche üblicherweise beginnen, sich von den Eltern abzugrenzen und allmählich zu lösen. Dies aber ist nur möglich, wenn überhaupt eine hinreichend enge und sichere Bindung vorhanden ist. Nach fünf Jahren fast kontinuierlicher Trennung von der Mutter – von kurzen Besuchen einmal abgesehen – wird Esther ein Zusammenleben mit dieser nicht nur ungewohnt, sondern schon

›befremdlich‹ vorgekommen sein. Esther steht also vor dem Problem, sich (noch) gar nicht lösen zu können, da im tagtäglichen Zusammenleben die Überwindung der ›Entfremdung‹ sowie die Intensivierung und Sicherung der Bindung im Vordergrund steht.

Weiterhin ist festzuhalten: Als Tochter einer jüdischen Kommunistin steht Esther sowohl in Deutschland als auch später in den USA jenseits der ›Mainstream-Kultur‹. Es stellt sich daher die Frage, inwiefern es ihr, aufgewachsen in dem politisch relativ geschlossenen Milieu, in dem sich die Mutter bewegt, möglich ist, Autonomie im Sinne einer eigenständigen, reflexiven Haltung zu entwickeln.

Zwei Jahre zuvor hatte sie im Internat jeden Tag mit amerikanischen Jugendlichen und Erwachsenen verbracht. Aus diesem Grund und weil Esther in einem Alter war, in dem Fremdsprachen noch relativ leicht zu erlernen sind, kann angenommen werden, dass sie sich relativ leicht und schnell in die amerikanische Kultur integrieren konnte.

In New York wird Esther Mitglied der ›Nature Friends of America‹, einer Organisation, hervorgegangen aus der sozialistischen Arbeiterbewegung, die in Abgrenzung zur bürgerlichen Jugendbewegung (jungen) Arbeitern die Möglichkeit zu gemeinsamen Reisen, Sport und Wanderungen geben wollte (vgl. Zimmer 1984). Das bedeutet einerseits, dass sie zumindest die Gelegenheit hatte, mit anderen amerikanischen Jugendlichen Freundschaften zu schließen und Peer-group-Erfahrungen zu sammeln. Auf der anderen Seite hängt sie weiterhin an der Mutter und folgt ihr definitiv hinsichtlich der Entwicklung einer politischen Orientierung. Des Weiteren arbeitet sie wie auch ihr Bruder und der neue Partner der Mutter an der Exilzeitschrift mit.

Esther Pelzmann scheint naturwissenschaftlich interessiert zu sein, denn sie arbeitet in zwei verschiedenen Forschungslaboratorien, eine Berufsausbildung aber absolviert sie dort nicht. Selbst wenn angenommen werden kann, dass der Beitrag aller Familienangehörigen zum Lebensunterhalt sicher wichtig war, bleibt die irritierende Tatsache, dass die Mutter, die sich professionell in der Sozialarbeit für arbeitslose Mädchen engagiert hatte und auch im Exil in der Arbeitsvermittlung tätig war, offenbar weder besonderen Wert auf eine höhere Bildung für ihre Tochter legte noch darauf, dass diese mindestens eine solide Ausbildung absolvierte, um sich so den Grundstein für eine autonome Lebensführung zu legen.

Im Alter von 20 Jahren heiratet Esther Pelzmann dann 1945 den 20 Jahre älteren deutschen Historiker und Kommunisten Hans Brückner. Ihre Mutter heiratet im gleichen Jahr den kommunistischen Schriftsteller Josef Berkiewitsch. Alle vier kehren im Winter 1946/47 in einer Gruppe deutscher Kommunisten nach Deutschland zurück. Esther und Hans gehen nach Berlin, ihre Mutter und Josef Berkiewitsch, die etwas später zurückkehren, gehen zunächst nach Stuttgart, dann nach Berlin.

Dies muss ein entscheidendes Datum in Esther Brückners Biographie sein, denn 13 Jahre nachdem sie Deutschland verlassen musste, kehrt sie in ein nahezu vollständig vom Krieg zerstörtes und ihr letztlich fremdes Land zurück. In Anbetracht der offenkundig von Esther entwickelten politischen Haltung kann geschlussfolgert werden, dass sie ebenso wie ihr Mann und ihre Mutter am Aufbau eines sozialistischen oder kommunistischen Staates mitwirken will.

Auf diese objektiven Daten möchte ich mich beschränken, um nun erste Elemente für eine Fallstrukturhypothese herauszuarbeiten, und diese dann an Interviewsequenzen zu überprüfen.

Als Tochter einer jüdischen Kommunistin steht Esther Brückner sowohl in Deutschland als auch später in den USA außerhalb der bürgerlichen ›Mainstream-Kultur‹. Sie verbringt ihre Adoleszenzzeit in einem politisch relativ geschlossenen Milieu. Insofern stellt sich die Frage, inwiefern sie in der Lage sein wird, einen autonomen, reflexiven Standpunkt zu entwickeln.

Esther Brückner orientiert sich in der Entwicklung einer politischen Haltung eindeutig an der Mutter; eine moratoriumsgemäße Exploration von Alternativen (Marcia) erfolgt offenbar nicht. Im Gegenteil: Sie heiratet einen Mann, der nicht ihrer Generation, sondern der ihrer Mutter angehört und der ebenfalls Kommunist ist. Sehr schnell könnte nun gefolgert werden, diese Heirat sei Ausdruck einer fehlenden Vaterbindung. Es steckt m. E. aber (noch) anderes dahinter: Esther Brückner wußte sicher, dass die Mutter wie die übrigen Personen aus dem Kreis der Exilzeitungsmitarbeiter eine Rückkehr nach Deutschland anstrebte, um den Aufbau eines neuen, sozialistischen bzw. kommunistischen Staates mitzugestalten. Wäre Esther in den USA geblieben, so wäre sie ein drittes Mal von der Mutter getrennt worden. Die Heirat eröffnete ihr gleich zwei, letztlich aber unvereinbare Möglichkeiten, nämlich, sich erstens über eine eigene Ehe und damit als erwachsene Frau vermeintlich von der Mutter zu lösen und zugleich zweitens bei der Mutter bleiben zu können bzw. den Zusammenhalt der Familie nicht zu gefährden.

In Anbetracht der Tatsache, dass sie in den Jahren zuvor kaum die Gelegenheit hatte, eine enge und sichere Bindung zur Mutter zu entwickeln, kann die Identifikation mit ihr in politischer Hinsicht als Suche der Tochter nach Nähe zur Mutter interpretiert werden. Insofern erscheint mir die Beziehung zwischen Mutter und Tochter als unsicher-ambivalente Bindung (vgl. Ainsworth 1979), die Esthers Möglichkeiten, ein unabhängiges Leben als Erwachsene zu führen, einschränkt.

Noch zugespitzter formuliert: Esther erheiratet sich eine Familie in Form einer politischen Gesinnungsgemeinschaft. Um anerkannter Teil der Gemeinschaft bleiben zu können, wird sie deren kollektiven Prinzipien folgen und sich selbst auf den entsprechenden politischen Kurs begeben müssen – um den Preis der Hintanstellung eigener Interessen und der Vermeidung universalistischen, prinzipienorientierten Urteilens und Handelns (im Kohlbergschen Sinne). Denn kommunistische und sozialistische Ideen und Prinzipien basieren auf der Forderung nach Gleichheit und auf dem Prinzip der Fürsorge; universalistisches Urteilen scheint in diese Konzepte insofern nicht integrierbar, als diese Prinzipien kehrseitig einhergehen mit der Einschränkung der individuellen Freiheit und der Einnahme eines Standpunktes jenseits der law-and-order- bzw. systemorientierten Perspektive der Kohlbergschen Stufe vier.

Insofern stellt sich nun die Frage, wie sich Esther Brückner später in der DDR in einem (von Mutter und Ehemann aktiv unterstützten) System positionieren wird, das von der Staatsideologie abweichende Meinungen mit zunehmender Repressivität ahndet. Konkret: Wie geht sie mit der Paradoxie um, dass ausgerechnet jene einstmals NS-diktaturkritischen Linksintellektuellen, Sozialisten und Kommunisten einen Staat schaffen, in dem Gleichheit oberstes Prinzip, individuelle Freiheit aber kaum oder gar nicht möglich ist? Die objektiven Daten deuten darauf hin, dass sie weder offen opponiert noch aktiv sich für die offizielle Parteipolitik einsetzt, denn das Motiv für die politische Orientierung erwächst maßgeblich aus dem Wunsch nach Nähe zur und Orientierung an der Mutter, aber nicht aus einer eigenständig und reflexiv entwickelten Überzeugung.

Deutlich ist, dass die Kernaufgabe der Adoleszenz, die (erstmalige, aber nicht abschließende) Auseinandersetzung mit den identitätszentrierten Fragen ›Woher komme ich?‹, ›Wer bin ich?‹ und ›Wohin gehe ich?‹ von Esther offenbar sehr schnell im Sinne eines ›foreclosure‹ (Marcia 1989) abgeschlossen wird. Besonders deutlich kristallisiert sich dieses Strukturmerkmal heraus, wenn man die von Erikson (1959/1973) ebenso wie von Oevermann (1995) diesbezüglich formulierten drei zentralen (Bewährungs-)Dimensionen berücksichtigt, zu denen jeder Mensch erstmals in der Adoleszenz Stellung zu beziehen hat:

1. Paarbeziehung und Elternschaft,
2. Beruf bzw. Karriere in Form individueller Leistung und
3. Staatsbürgerschaft bzw. Gemeinwohlorientierung

Im ersten und im dritten Punkt trifft Esther Brückner eine definitive Wahl, die an die Orientierung an der politischen Haltung der Mutter geknüpft ist. Die Bewährung über den Beruf aber, über den Bereich also, in dem die Exploration der individuellen Fähigkeiten und Leistungen zentral ist, ist der einzige Bereich, in dem zwar eigene Interessen sich herauskristallisieren, diese werden aber interessanterweise gerade nicht an die erste Stelle gesetzt und konsequent verfolgt. So hat Esther zwar ›jobs‹ als Laborantin, sie absolviert aber keine Berufsausbildung – das Geldverdienen, materielle Unabhängigkeit, steht im Vordergrund, nicht das Suchen und Finden einer Berufung.

Emigrationsbedingte Trennungserfahrungen in der Kindheit scheinen in diesem Fall zu heteronomer Beziehungsgestaltung zu führen: Es erfolgt eine Unterordnung unter das Primat der Beziehung und dies zieht unter Umständen eine Selbstdefinition über andere und deren Wirken nach sich (Leben als ›Satellit‹). Die objektiven Daten lassen also zunächst eine Konstruktion der eigenen Biographie als Beziehungsbiographie erwarten.

3.2 Analyse und Interpretation der Eingangssequenzen des Interviews

Das Interview mit Esther Brückner wurde, wie bereits erwähnt, im Oktober 2003 geführt. Im Vorjahr hatte bereits eine Kollegin ein Interview mit ihr geführt, bei dem es aber vor allem um die Lebensgeschichte ihrer Mutter gegangen war. Mein Kontakt mit Frau Brückner kam zustande über einen Brief, in dem ich mich auf dieses Gespräch berief, mein eigenes Forschungsinteresse darlegte und um ein weiteres Interview bat. In einem Telefonat erklärte sich Frau Brückner dann zum Interview bereit. Ich besuchte sie in ihrer Wohnung und war über fünf Stunden dort. Das Interview dauerte insgesamt etwa vier Stunden. Nach ca. 90 Minuten wünschte Frau Brückner eine Pause, um gemeinsam mit mir etwas zu essen, danach wurde das Interview fortgesetzt.

Das Aufnahmegerät wurde während der Anfangserläuterungen eingeschaltet, entsprechend beginnt die Interpretation nicht bei der Eingangsfrage.

1. I: Also ich hab mir das gesucht, das ist einfach/bei mir so die Frage entstanden, wie, wie war das für die Kinder/[5]

›Also‹ hat immer eröffnende und zugleich beschließende Funktion und kann insofern eine Schlussfolgerung oder Präzisierung einleiten. Da ›also‹ hier am Satzanfang steht, besitzt es einerseits im Sinne eines verbalen Doppelpunktes eine markierende Funktion, indem es ›verlangt‹, den Aufmerksamkeitsfokus auf die nachfolgende Äußerung zu richten, es besitzt damit andererseits als inhaltsleeres Füllwort Verzögerungscharakter und gibt Zeit, das noch zu Äußernde zu strukturieren.

5 Die Transkriptionsregeln der einzelnen Interviewtranskripte werden im Folgenden wie hier jeweils in einer Fußnote dokumentiert:
E: Interviewee
I: Interviewerin

.	kurze Pause (bis drei Sekunden)
..	Pause mittlerer Länge (bis fünf Sekunden)
((12 sec))	längere Pause, mit Sekundenangabe
(bin ich)	schwer verständlich, vermuteter Wortlaut

ich hab mir das gesucht
Die Interviewerin spricht von einer Handlung (›Suchen‹), was gesucht wurde, wird allerdings nicht benannt, es müsste davon also zuvor schon die Rede gewesen sein, falls nicht, müsste es nun – gleichsam nach einem Doppelpunkt – folgen. Die Betonung des Partizips ›gesucht‹ verweist zum einen auf Eigeninitiative und Interesse: Für etwas, das gesucht wird, muss eine Idee und Motivation vorhanden sein, und dieses Objekt kommt als solches nicht wie von selbst oder ist einfach vorhanden, sondern bedarf eines aktiven Subjekts, um gefunden zu werden. Zum anderen verweist die Tempusform darauf, dass das Gesuchte inzwischen gefunden wurde. Die Interviewerin präsentiert sich somit als aktiv.
(L1) die Aussage der Interviewerin ist Teil der Redeübergabe vor dem eigentlichen Interview. Das ›Gesuchte‹ ist zuvor bereits thematisiert worden, die Interviewerin referiert darauf (›das‹) und beantwortete eine Frage: ›Wie kommen Sie dazu, mich zu interviewen?‹ Es handelt sich um eine Legitimation des Interviewanliegens vor der zu interviewenden Person.
(L2) es ist keine Frage vorausgegangen, sondern die Interviewerin spricht gewissermaßen unaufgefordert, somit handelte es sich zwar ebenfalls um eine Legitimation des Interviewanliegens, die aber womöglich an die eigene Adresse ginge und eine Kommentierung darstellte, die die übliche Form des narrativen Interviews umkehrte, indem die Interviewerin sich ungefragt zur Auskunftsperson machte.

das ist einfach/bei mir so die Frage entstanden, wie, wie war das für die Kinder/
Die Interviewerin benötigt zwei Anläufe, um den Satz zu Ende zu führen und verleiht damit den Schwierigkeiten Ausdruck, die Suchprozessen

( )	unverständlich
/	(Selbst-/Fremd-)Unterbrechung
,	kurzes Absetzen
ganz sicher	Betonung
ganz sicher	gedehnte Sprechweise
&	schneller Anschluss
~	Stimme in der Schwebe
.	Senken der Stimme
((belustigt))	Charakterisierung von Sprechweise, Tonfall, auch Lautstärke, die Angaben beziehen sich immer auf die nach der Klammer folgende, nicht kursiv gedruckte Äußerung
((räuspert sich))	Nichtsprachliche Äußerungen, Gesten und Handlungen, soweit nachvollziehbar bzw. protokolliert.

Redebeiträge, die sich überlappen, werden durch Partiturschreibweise gekennzeichnet.

innewohnen, denn hier werden gegenläufige Konzepte sichtbar: Einerseits ist im Gegensatz zum vorherigen aktiven Suchprozess von einer quasi naturwüchsigen Entwicklung die Rede (›das ist einfach... so entstanden‹), die ohne das Zutun der Interviewerin, beinahe ihr äußerlich verlaufen ist, womit die zuvor betonte Eigenaktivität negiert wird, andererseits markiert die Interviewerin durch die Selbstkorrektur ›bei mir‹ diesen Suchprozess als einen inneren – *bei ihr* ist die Frage entstanden, was allerdings eine passivere Haltung markiert als die Kontrastformulierung ›ich habe mir die Frage gestellt‹.

Des Weiteren scheint die Interviewerin das Objekt dieses Suchprozesses noch einmal benennen zu wollen, bleibt dabei aber diffus. Entweder muss über die Frage bereits vorher gesprochen worden sein und/oder es geht der Interviewerin vor allem darum, die Frage nach dem ›Wie‹ zu betonen, oder aber es geht um die Fokussierung von Kindern als Kontrastgruppe zu Erwachsenen.

Anschlussoptionen:
(O1) Die Interviewte kann nun um Präzisierung (›*was* war wie für die Kinder‹?) bzw. die Formulierung einer direkten Frage bitten.
(O2) Die Interviewerin erläutert von sich aus das bisher Gesagte noch näher und spricht Esther Brückner in der Folge direkt an, indem sie die Frage an sie ›weitergibt‹ und damit die Intervieweröffnung markiert (›und darum möchte ich Sie bitten, mir Ihre Lebensgeschichte zu erzählen‹).

2. *E: Also, ich will Ihnen erst mal sagen,*
Indem die Erzählerin die Interviewte unterbricht und ihren Satz ähnlich wie die Interviewerin beginnt (›*Also, ich* will‹), mildert sie einerseits die Schroffheit der Unterbrechung, andererseits stellt sie nun ihre eigenen Interessen heraus, denn sie fällt der Interviewerin ins Wort und setzt deren Interessensbekundung ihr eigenes Wollen entgegen. Frau Brückner markiert sehr deutlich den ›Expertenstatus‹, der ihr in diesem Interview zukommt und schöpft diesen sogleich voll aus, sie braucht keine weiteren Erklärungen der Interviewerin, sondern hat umgekehrt selbst eine Proposition vor die Klammer der Erzählung zu ziehen: Recht schroff wird die eigene Dominanz signalisiert, was auch bedeuten könnte, dass die Vorgaben oder Definitionen der Interviewerin bezüglich der gemeinsamen Interaktionssituation nicht vorbehaltlos akzeptiert werden. Frau Brückner kann nicht abwarten, bis die Interviewerin zu Ende gesprochen hat, sondern muss sofort eingreifen, und gewissermaßen einen ›Pflock‹ einschlagen, um die eigene Position zu markieren und zu stabilisieren und Kontrolle über die Situation zu erlangen. Dies ist insofern bemerkenswert, als sie sich damit unmissverständlich in den Mittelpunkt stellt, was objektiv aber nicht notwendig

wäre, da sie als zu interviewende Person bereits per se im Zentrum des Interesses steht.

Esther Brückner nimmt durch die Eröffnung eines Erst-Dann-Schemas zugleich eine Themenstrukturierung vor (›erst sage ich Ihnen x, dann komme ich zu y‹). Wie ist nun dieses Eingreifen zu interpretieren?

(L1) Was immer die Interviewte zu sagen hat, es wird nicht als eine objektiv notwendige Aussage angekündigt, die gewissermaßen durch äußere Umstände erzwungen wird und vor dem eigentlichen Interview notwendig wird (Bsp.: ›Also, ich *muss* Ihnen erst mal sagen, dass wir nicht so viel Zeit haben werden, weil sich für später noch Besuch angekündigt hat‹), sondern viel eher als eine Absichtserklärung, die auf ihrer Entschlusskraft basiert. Somit präsentiert diese sich als Person, die scheinbar selbstbewusst, sehr direkt und schnell (ohne die Interviewerin den Satz beenden zu lassen) ihre eigenen Bedürfnisse formuliert. Sie würde sich selbst damit unmissverständlich als diejenige präsentieren, die die Situation definiert, weil ihr Is Aussagen möglicherweise zu diffus sind und sie die Notwendigkeit sieht, das Geschehen zu steuern.

(L2) Die Interviewte ist (möglicherweise angesichts der bisher sehr offen und indirekt formulierten Eröffnung bzw. Kommentierung durch die Interviewerin[6]) verunsichert und misstrauisch und benötigt deshalb eine Strukturierung für sich selbst: Die Voraberklärung, z. B. von Themen, über die gesprochen wird, bzw. eine thematische Lenkung, die die Aussparung bestimmter anderer Themen implizierte, diente dann der putativen Abwehr von Gefühlen wie Angst oder Trauer sowie der Selbstversicherung, sich nicht von den Interessen des Gegenübers dominieren lassen zu müssen. Frühere Erfahrungen von Überrumpelung oder Kontrollverlust mögen zu der Tendenz geführt haben, Interaktionen dominieren zu wollen.

Dies könnte des Weiteren bedeuten, dass das Thema Emigration für sie hoch emotional belastet ist, und bestimmte, damit verbundene Emotionen und Erinnerungen ›in Schach gehalten‹ werden müssen.

6 Um die nachfolgende Analyse und Interpretation nicht mit Unklarheiten bezüglich des Settings und der Fragestellung zu überfrachten, sei hier eingeführt, dass die vorangegangenen Interaktionssequenzen tatsächlich aus der Phase der Redeübergabe stammen, in der die Interviewerin mit Esther Brückner noch einmal über den Forschungskontext (Erforschung von Autobiographien der Elterngeneration) gesprochen hatte und dann nach ihrem Forschungsthema gefragt wurde, das vorher allerdings telefonisch und schriftlich benannt worden war. Im Zentrum stand also für die Interviewerin zunächst die thematische Abgrenzung der Eltern- von der Kindergeneration. Diese etwas unklare Passage wurde dennoch als erste Sequenz für die Analyse und Interpretation ausgewählt, weil Esther eine so markante Reaktion zeigt.

Anschlussoptionen
Was könnte Esther Brückner sagen wollen und welche Bedeutungen wären damit verbunden? Sie muss jedenfalls einigermaßen gewichtige Gründe haben, der Interviewerin ins Wort zu fallen, denn es wäre äußerst unangemessen, nun Erklärungen oder Beiläufigkeiten zu äußern, die für den Fortgang bzw. den eigentlichen Beginn des Interviews nicht zwingend notwendig sind.

Beispiel:

*[7] ›Also, ich will Ihnen erst mal sagen, dass ich wegen eines Venenleidens nachher ab und an mal umhergehen muss.‹

* ›Also, ich will Ihnen erst mal sagen, dass ich es prima finde, dass Sie hergekommen sind.‹

(O1) Ablehnung/Rücknahme einer zuvor gegebenen Einwilligung zum Interview:
- ›Also ich will Ihnen erstmal sagen, dass ich das sehr interessant finde, aber heute eigentlich doch wenig Zeit habe.‹
- ›Also ich will Ihnen erst mal sagen, wenn ich das jetzt so höre, halte ich es für keine gute Idee, interviewt zu werden/dass ich meine Meinung geändert habe, ich möchte nicht interviewt werden.‹

(O2) Nicht-Ratifizierung des Themas bzw. des von der Interviewerin gesetzten Fokus:
- ›... dass ich eigentlich nur noch wenige Erinnerungen an meine Kindheit habe.‹
- ›... dass ich noch nicht verstanden habe, was Sie jetzt von mir wollen/dass ich das nicht besonders klar und interessant finde.‹

(O3) Ratifizierung des Themas und direktes Eingehen auf die indirekt von der Interviewerin formulierten Frage:
›Also, ich will Ihnen erst mal sagen, für uns Kinder war alles viel leichter als für die Erwachsenen/für uns Kinder war das besonders schlimm.‹

3. dass ich <u>völlig</u> untypisch bin.
Esther Brückner begreift die Erläuterung der Interviewerin, wie sie zu ihrer Fragestellung gekommen ist, als direkte Aufforderung, auf diesen Kommentar Antwort zu geben und realisiert also (O3), indem sie darauf hinweist, für ›die‹ Kinder eben nicht typisch zu sein. Es wird nun klar, weshalb für sie die Notwendigkeit besteht, die Interviewerin zu unterbrechen, denn sie ist der Ansicht, zu dem von der Interviewerin vermeintlich anvisierten Thema nicht viel sagen zu können. Damit signalisiert sie einerseits, (der Interviewerin unterstellte) Erwartungen nicht erfüllen zu können, andererseits führt sie selbst das Thema der

7 Inkompatible oder nicht belegbare Lesarten sowie Beispiele für ungrammatische Sätze werden im Folgenden mit einem Asterisk (*) gekennzeichnet.

Typenzuordnung ein, von dem bisher – zumindest explizit – keine Rede war. Mit der Behauptung, vollkommen untypisch zu sein, macht sie deutlich, dass sie über genügend Wissen verfügt, um überhaupt zu einer solchen Einschätzung gelangen zu können und stellt diese ihren eigentlichen Ausführungen voran. Insofern beginnt Frau Brückner hier auch nicht mit einer Erzählung, sondern trifft eine Aussage, die auf kognitiver Ebene aufgrund vorheriger Auseinandersetzungen mit dem betreffenden Thema beruht.

Wann bezeichnet man etwas als ›typisch‹? Als typische Eigenschaften gelten gemeinhin solche, die innerhalb einer (sozialen) Gruppe den meisten ihrer Mitglieder zugeschrieben werden können, also durchschnittliche Eigenschaften, die zugleich markant ausgeprägt sind und daher auch Stereotypenbildungen herausfordern (›der typische Lehrer trägt Mephisto-Schuhe, hat Kreide am Pulli und weiß immer alles besser‹).

Zu fragen ist daher in diesem Kontext weiter, was für Emigrantenkinder ›typisch‹ sein könnte, und inwiefern Frau Brückner somit untypisch sein könnte. Zunächst kann gesagt werden, dass es sich bei (erwachsenen) Emigranten aus Deutschland nach 1933 häufig um Juden, politisch verfolgte bzw. oppositionelle Künstler und Wissenschaftler handelte. Vor dem Hintergrund häufig prekärer Bedingungen des Aufwachsens für emigrierte Kinder aufgrund des Verlusts von Freunden, Familie(nmitgliedern) und Heimat, insbesondere aber mit dem Wissen um den Holocaust kann außerdem gesagt werden, dass Emigration in der öffentlichen Wahrnehmung vorrangig mit Leid, Traumatisierung und somit bleibenden psychischen Verletzungen und Beeinträchtigungen assoziiert wird.

Wenn Esther Brückner nun die Formulierung der Interviewerin »die Kinder« als Typisierung interpretiert, mit der alle Emigrantenkinder als homogene Gruppe gemeint wären, Kinder also, die alle über die gleichen (Leidens-)Erfahrungen verfügen müssten, so weist sie sich zwar als Expertin für Emigration aus, die sich mit den ›Typen‹ beschäftigt hat, weist aber zugleich eine Subsumption ihrer Person unter eine entsprechende Gruppe zurück und erhebt sehr deutlich einen Anspruch auf Einzigartigkeit. Insofern wird hier das Thema der Identitätsfindung virulent, nämlich die Spannung zwischen Verortung in einer Gemeinschaft (›so sein wie alle anderen‹) einerseits und der Möglichkeit zu Wahrnehmung und Darstellung seiner selbst als autonomes Individuum (›einzigartig sein‹) andererseits. Sozialität im Sinne einer Zuordnung zu einer sozialen Gruppe wird hier abgelehnt, indem nicht nur der Mangel gemeinsamer Eigenschaften markiert, sondern sogar ein absoluter Anspruch auf Andersartigkeit erhoben wird (›völlig untypisch‹).

(L1) Sofern also angenommen werden kann, dass für viele Kinder, die zur Zeit des Nationalsozialismus aus Deutschland emigriert sind, nicht nur Erfahrungen wie Heimatverlust, das Aufgeben-Müssen sozialer Bindungen und häufig auch solche von Verfolgung und Bedrohung eine Rolle spielten, muss gefolgert werden, dass Esther Brückner all diese Erfahrungen nicht gemacht hat und sich daher gegen eine Typisierung wehrt (›alle Emigrantenkinder haben gelitten‹), dies aber, indem sie selbst diese Typisierung reproduziert und noch ausweitet bzw. den ›Ball zurückspielt‹ (›alle Menschen unterstellen Emigrantenkindern, gelitten zu haben‹). Damit begreift sie sich selbst implizit zwar als Emigrantin, weist andererseits aber jegliche (Positiv-)Identifikation mit ›leidenden‹ Emigranten als sozialer Gruppe zurück: Es wird paradoxerweise ein Typus nur als Identifikationsmöglichkeit herangezogen, um ihn dann von sich zu weisen.

Bestimmend müsste dann für Frau Brückner vielmehr eine Perspektive sein, aus der heraus die eigenen Erfahrungen als positiv bewertet werden, in der die Emigration entweder eine nachgeordnete Rolle spielt oder vielleicht gar Chancen eröffnet hat, die anderenfalls nicht bestanden hätten.

(L2) Die Konstruktion der Besonderheit beruht nicht auf außergewöhnlich positiven Erfahrungen, sondern ist vielmehr motiviert aus einer Perspektive des Verlusts und stellt einen Abwehrversuch dar. In diesem Falle würden Erfahrungen umgedeutet oder als irrelevant angesehen, und zwar dahingehend, dass Esther Brückner sich als die einzige Emigrantin begriffe, die gegen leidvolle Erfahrungen vollkommen resilient wäre.

Maßgebliches Element der Identitätskonstruktion ist in beiden Lesarten aber die Selbstdefinition als *völlig* andersartig und damit insofern eine Negativdefinition, als sie – bislang – nicht über die positive Zuschreibung von Eigenschaften (›ich habe/ich bin‹) konstituiert ist, sondern über das Nichthaben bzw. die Abgrenzung von anderen (›ich bin *nicht*… wie die anderen sind/was die anderen denken‹). Hinter der radikalen Zurückweisung (einer als Stigmatisierung empfundenen) Etikettierung als ›typische‹ Emigrantin jedoch könnte dann paradoxerweise der Wunsch stecken, ›ganz normal‹ zu sein – und damit auch: zu einer Gemeinschaft gehören zu können.

Anschlussoptionen:

Es erfolgt eine Begründung für die Selbstcharakterisierung als untypisch, entweder

(O1) auf Nachfrage der Interviewerin oder aber

(O1.1) indem die Interviewte von selbst erläutert bzw. begründet, weshalb sie sich selbst als untypisch versteht. Dazu könnte auch eine Definition dessen gehören, was typische Emigranten ihrer Meinung nach ausmacht.

(O2) Möglich wäre aber auch noch, dass Esther Brückner ihre Selbstdefinition nicht mehr weiter ausführt, sondern daraus Konsequenzen für die Interviewsituation ableitet, indem sie nämlich die Interviewerin darauf hinweist, dass sie sich als nicht geeignet für deren Forschungsvorhaben betrachtet. Diese Option wird nur dadurch unwahrscheinlicher, dass Frau Brückner mit ›erst mal‹ ankündigt, der Interviewerin noch mehr zu sagen zu haben.

4. I: Hmh.

Die Interviewerin reagiert mit einem minimalen Rezeptionssignal, sie ist entweder

(L1) sprach- und ratlos, da sie mit einer solchen Aussage nicht gerechnet hat, oder

(L2) möchte, an den Maßgaben des Narrativen Interviews orientiert, der Interviewten die Gelegenheit geben, ohne Unterbrechung weiter zu sprechen.

Anschlussoptionen:

(O1) Frau Brückner könnte nun am Interesse der Interviewerin an weiteren Ausführungen Zweifel anmelden bzw. deren Aufmerksamkeit herausfordern (›wollen Sie gar nicht wissen, warum?‹). Damit würde sich die prekäre Aushandlungslogik fortsetzen bzw. zuspitzen, nämlich das Ringen um Dominanz in der Situation.

(O2) Ergibt sich aus (L2): Esther Brückner sieht keinen Anlass, die sparsame Reaktion der Interviewerin zu problematisieren, sondern fährt direkt fort, zu erläutern, weshalb sie sich als untypisch betrachtet.

5. Erstens mal/ äh, also.. auch für diese Kinder völlig un/ des, das wichtigste Untypische ist schon mal, dass ich zurückgekehrt bin. (I: Hmh).

Erstens mal/ äh, also.. auch für diese Kinder völlig un

Die Interviewte fährt von selbst fort und beginnt – nun sprachlich weniger klar und stringent als zuvor – Gründe aufzuzählen, weshalb sie sich für untypisch hält und realisiert damit (O1.1). Zwar bricht sie diesen Satz ab, somit wäre zunächst auch denkbar, dass *un* die Vorsilbe für ein ganz anderes Adjektiv darstellt (unmöglich, unvorstellbar, unvergesslich usw.), Esther Brückner somit eine Aussage über ›diese Kinder‹ treffen wollte, jedoch fehlte in diesem Fall das Verb bzw. dessen Kopula (z.B. ›war‹). Die Verwendung der Konjunktion ›auch‹ (im Sinne von ›sogar‹) bindet die Sequenz überdies thematisch an die vorhergehende und markiert zugleich, dass die primäre Vergleichsgruppe eine andere als die der Kinder ist.

Indem Frau Brückner eine Aufzählung beginnt, signalisiert sie, dass sie sich gleich in mehrfacher Hinsicht für ›untypisch‹ hält. Sie argumentiert damit gewissermaßen vom Ergebnis (eines Vergleichs) her, und stellt ein Fazit an den Beginn ihrer Ausführungen, eines, mit dem sie zweifellos den Effekt erzielt, Interesse für ihre eigene Geschichte zu wecken.

Als Vergleichsgruppe dienen Esther Brückner, wie gesagt, nur sekundär andere Kinder, von denen sie sich schon durch Verwendung des Demonstrativpronomens ›diese‹ deutlich distanziert; die Gruppe, von der sie sich primär unterscheidet, müsste somit eigentlich die der erwachsenen Emigranten darstellen. Dass Esther Brückner diese hier nicht – wie vermutlich ursprünglich intendiert – nennt, könnte darauf zurückgeführt werden, dass sie sich bemüht, der Fokussierung der Interviewerin auf ›die Kinder‹ gerecht zu werden, diese Orientierung aber bringt sie ›aus dem Konzept‹ und führt zu Wortabbrüchen und Verzögerungen. Wenn sich Frau Brückner als untypisch, auch verglichen mit anderen Erwachsenen, charakterisiert, ist nun nochmals zu fragen, was zum einen für diese typisch wäre und weshalb sie sich zum anderen auch nicht unter die Gruppe ›dieser Kinder‹ subsumiert sehen möchte.

Die bereits für Sequenz 3 explizierten Lesarten lassen sich vorerst beide noch weiterführen:

(L1) Indem sich Esther Brückner als untypisch, und zwar für die Gruppe der Erwachsenen ebenso wie für jene der Kinder, charakterisiert, stellt sie sich als vollkommen einzigartig dar – dies würde also bedeuten, dass sie die Erfahrungen, die viele Emigranten als Kinder und später als Erwachsene machen mussten bzw. die Eigenschaften, die ihnen zugeschrieben werden, für sich zurückweist, es gibt für sie somit keinerlei Berührungspunkte oder gar Gemeinsamkeiten mit anderen Emigranten. Das muss, wie oben in (L2) ausgeführt, nicht heißen, dass sie diese Erfahrungen nicht ebenfalls gemacht hat, sondern vielmehr, dass sie diese dennoch nicht als biographisch relevant ansieht. Die Interviewte präsentierte sich damit bewusst als eine Person, die die Emigration mit all ihren leidvollen Erfahrungen im Gegensatz zu den ›Durchschnittsemigranten‹ unbeschadet überstanden hat und mehr noch: als Person, die sich aufgrund dieser außergewöhnlichen Widerstandskraft aus der Masse heraushebt. Mit anderen Emigrantenkindern hat sie nichts zu tun gehabt und sie möchte sich auch heute nicht mit diesen identifizieren.

(L2) Ausgehend von den oben angestellten Überlegungen, über welche Erfahrungen Emigranten häufig berichten bzw. welche Eigenschaften ihnen zugeschrieben werden, wäre im Gegensatz zu (L1) denkbar, dass die Interviewte positive Erfahrungen sowohl als Kind als auch später (unproblematische Rückkehr) machen konnte, so dass Emigration kein biographisch bedeutsames Thema für sie wäre, etwa weil der Weggang aus Deutschland mit der Familie ohne große Schwierigkeiten und Verluste erfolgte und ein unproblematischer Neuanfang im Emigrationsland möglich war. In diesem Falle wäre die Betonung der eigenen Einzigartigkeit zwar noch verstärkt gegeben, sie wäre aber im Gegensatz zu (L1) positiv konnotiert und nicht zu verstehen als Abgrenzung aus der empfundenen Notwendigkeit, ein positives Selbstgefühl aus der Ablehnung von geteilten Erfahrungen zu beziehen.

Anschlussoptionen:
Im Prinzip bestehen die oben schon formulierten Optionen fort, es kommen m. E. keine wesentlich anderen hinzu:
(O1) Esther Brückner führt aus, inwiefern sie sich hinsichtlich anderer emigrierter Kinder als untypisch begreift. Dann müsste sie auch explizieren, was ihrer Ansicht zufolge ›typisch‹ wäre, sie würde also eine typologische Einordnung vornehmen, was, sehr zugespitzt formuliert, für eine Betrachtung des eigenen Lebens unter Orientierung an Stereotypen sprechen würde.
(O2) Sie kommt sofort – das begonnene Schema der Aufzählung einhaltend – auf den zweiten Grund zu sprechen, aus dem sie sich als untypisch begreift. Damit würde sie fortfahren, sich plakativ als interessante, außergewöhnliche Person zu stilisieren, indem sie gewissermaßen ›Schlaglichter‹ würfe. Sie wäre anschließend aber gezwungen, einer solchen Einführung auch gerecht zu werden.

6. des, das <u>wichtigste</u> Untypische ist schon mal, dass ich zurückgekehrt bin.
Esther Brückner führt auf den ersten Blick nicht aus, weshalb sie ›auch für diese Kinder‹ untypisch ist, sondern nennt sofort das Merkmal, das für sie am prägnantesten ihre Unvergleichbarkeit kennzeichnet, verweist damit aber darauf, das es auch noch andere, weniger gewichtige Unterscheidungskriterien gibt. Indem die Interviewte aber (noch) nicht das angekündigte Aufzählungsschema einlöst, also in ihrer Argumentation noch beim ersten Punkt verbleibt, stellt sie eine Beziehung her zwischen dem, was für ›diese Kinder‹ typisch ist, und dem, was sie von ihnen unterscheidet, und dies ist die Rückkehr nach Deutschland. Das kann nur bedeuten, dass sie davon ausgeht, dass insbesondere diejenigen, die als Kinder aus Deutschland emigriert sind, nicht mehr dorthin zurückgekehrt sind.

Die Rückkehr wäre also ein wichtiges Unterscheidungsmerkmal, das auch von Esther Brückner als solches begriffen wird. In der Tat sind viele Emigranten nicht zurückgekehrt, sondern im Emigrationsland geblieben, denn eine Rückkehr nach Deutschland stellte für die meisten, insbesondere für Juden nach eigenen Verfolgungserfahrungen bzw. dem Wissen um den Holocaust, eine zu große psychische Belastung dar und bot schon angesichts der immensen kriegsbedingten Zerstörungen nur sehr düstere und unsichere Zukunftsperspektiven. Für viele schienen selbst Besuche nicht mehr möglich. Für Menschen, die als Kinder oder Jugendliche emigriert waren, kann vermutet werden, dass sie relevante Sozialisationserfahrungen im Emigrationsland gesammelt haben, unter

Umständen mehr als im Geburtsland, so dass sie sich dort schließlich stärker verwurzelt fühlten und vor allem bessere Zukunftsperspektiven für sich entwickeln konnten.

Exkurs: Zur Remigration nach Deutschland

Etwa eine halbe Million Menschen emigrierten nach 1933 aus Deutschland sowie aus von nationalsozialistischer Herrschaft betroffenen Gebieten ins europäische und außereuropäische Ausland. Die Mehrheit, etwa 278 500 Menschen, war jüdischer Herkunft oder wurde als jüdisch verfolgt (vgl. Krohn et al. 1998, 1), während die Zahl der aus politischen Gründen Emigrierten auf 30 000 geschätzt wird (vgl. Röder 1998, 23). Rund 10 000 Wissenschaftler, Künstler und Intellektuelle verließen Deutschland aus unterschiedlichen Gründen (vgl. Stephan 1998, 31)[8].

Von all diesen Menschen kehrten nur sehr wenige dauerhaft wieder zurück: Krauss geht von insgesamt etwa 30 000 Menschen aus (vgl. Krauss 2001, 10). Weiter oben habe ich bereits darauf hingewiesen, dass die im Kontext nationalsozialistischer Bedrohung und Verfolgung häufig auftretende Verwendung des Exil-Begriffs ebenso unangemessen sein kann wie der unhinterfragte Gebrauch des Terminus Emigration (vgl. Kap. I). Denn wenngleich mit ersterem im alltäglichen Sprachverständnis stärker als mit dem Begriff ›Emigration‹ die Unfreiwilligkeit des Weggangs, geringere Integration in das Exilland und damit vermutlich stärkere Fremdheits- und Isolationserfahrungen konnotiert sind, impliziert er die Perspektive auf Rückkehr, die, wie gesagt, für das Gros der Emigranten aufgrund ihrer Erfahrungen in Deutschland keine Option mehr darstellte. Angemessener scheint die Verwendung des Exilbegriffs deshalb hinsichtlich der Menschen, die eine Rückkehr nach Kriegsende anstrebten, das Exilland also von vornherein als vorübergehenden Aufenthaltsort ansahen. Dazu gehörten neben all jenen, die professionell auf das Ausdrucksmedium Sprache angewiesen waren und sich derart an die deutsche Sprache und Kultur gebunden fühlten, dass ihnen ein kreatives Schaffen in fremder Sprache nur schlecht oder gar

8 Die o.g. Zahlen sind alle der gleichen, m.E. verlässlichen Quelle, dem Handbuch der deutschsprachigen Emigration 1933-45, entnommen. Über die große Gruppe von rund 180 000 Flüchtlingen, die übrig bleibt, wenn man die jüdischen, politischen und intellektuellen Emigranten abzieht, findet sich leider keine Auskunft. Eine exakte zahlenmäßige Einteilung ist aber ohnehin schwierig, weil zum Beispiel unter den politisch Verfolgten oder den aus politischen Gründen emigrierenden oft auch Personen waren, die jüdischer Herkunft waren oder von den Nationalsozialisten zu Juden deklariert wurden. Ähnlich schwierig verhält es sich mit der Grenzziehung zwischen unterschiedlichen Berufsgruppen.

nicht möglich schien (so z. B. Thomas Mann, Günter Anders), vor allem politische Emigranten: (z. T. jüdische) Kommunisten oder Sozialisten, die vor der Verfolgung der Nationalsozialisten geflohen waren oder aber sich zwecks Organisation kommunistischen Widerstandes in die Sowjetunion begeben hatten und deren Rückkehr also primär politisch motiviert war. Sie wollten sich am Aufbau eines neuen Deutschlands beteiligen und kamen aus dem westlichen Exil wie auch aus der Sowjetunion mehrheitlich in die damalige so genannte SBZ ›zurück‹. Etwa die Hälfte der politisch Verfolgten kehrte nach Deutschland zurück, darunter insgesamt etwa 4000 Sozialdemokraten und 3000 Kommunisten (vgl. Krauss 2001, 9)[9]. Sie gehörten zur Gründergeneration der späteren DDR und trugen maßgeblich dazu bei, dass der ›Antifaschismus‹ als aus den eigenen biographischen Erfahrungen erwachsende politische Konsequenz zum Prinzip wurde, das später die Politik der DDR über Jahrzehnte leitmotivisch bestimmte.

Zurück zur Sequenzanalyse des vorliegenden Falles: Sollte Esther Brückner relativ bald nach dem Krieg zurückgekehrt sein, so müsste sie ein sehr starkes Motiv gehabt haben, um in ein zertrümmertes Land zurückzukehren. Ein solches Motiv könnte entweder politischer Natur sein oder aber – was sich weniger in die von der Interviewten selbst eingeführte Abgrenzungsthematik einfügen würde – emotionaler Natur im Falle einer Rückkehr aus Beziehungsgründen. Daraus ergeben sich zwei unterschiedliche Lesarten:
(L1) Ausschlaggebend für die Rückkehr wäre hier die Motivation, Deutschland den eigenen politischen (vermutlich kommunistischen, sozialistischen oder aber demokratischen) Überzeugungen entsprechend, neu aufzubauen. Damit würde Frau Brückner, der bisherigen Logik ihrer Darstellung folgend, sich selbst als Subjekt präsentieren, das, wenngleich sicher in eine politische Gruppierung eingebunden, doch eine starke intrinsische Motivation aufweisen würde, nämlich jene, sich und anderen eine nach den eigenen (ideologischen) Überzeugungen und Vorstellungen gestaltete Zukunft in der Heimat zu ermöglichen. Esther Brückner verstünde sich somit als eigenständig denkende und handelnde Person, die bereit ist, sich politisch – und damit stellvertretend für

9 Hier tauchen erneut Zweifel an der Verlässlichkeit der Zahlen auf, denn wenn ca. 15000 Menschen aus dem Exil zurückkehrten, bliebe abzüglich der Sozialdemokraten und Kommunisten nach Krauss' Angaben eine Gruppe von 8000 Personen, die politisch weder dem linken noch sonst irgend einem Lager zugeordnet werden, was mir als wenig plausibel erscheint. Weitere Recherchen brachten nicht mehr Klarheit; ich verwende die Zahlen dennoch, da sie meines Erachtens ausreichen, eine grobe Vorstellung bezüglich des geringen Anteils von Rückkehrern an der Gesamtzahl einstmaliger deutschsprachiger Emigranten zu vermitteln.

andere – öffentlich zu engagieren. Angesichts des noch relativ niedrigen Alters der Interviewten bei ihrer Rückkehr nach dem Krieg (Anfang 20) würde dies weiter bedeuten, dass sie im Laufe ihrer adoleszenten Entwicklung bereits eine Antwort gefunden hat auf die identitätsrelevante Frage der Staatsbürgerschaft und der Möglichkeiten eigenen gemeinwohlorientierten Engagements, die Adoleszenzkrise also bereits überwunden hat.

(L2) Denkbar wäre auch noch die Rückkehr aus ›emotionalen Gründen‹, die möglich war, weil Esther Brückner in Deutschland ein noch bestehendes soziales Netz wusste und vermisste oder aber – angesichts ihres Alters von acht Jahren bei der Emigration wohl wahrscheinlicher – weil sie gewissermaßen als Teil eines solchen Netzes, also z.B. mit der Familie, nach Deutschland zurückkehrte. In diesem Falle aber hätte Frau Brückner, die sich zuvor als selbstbestimmte, zur Dominanz neigende Person präsentiert hat, die sich nicht ohne weiteres unter eine Gruppe subsumieren lässt, gerade kein eigenes Motiv für die Rückkehr gehabt, sondern diese wäre (z.B. von den Eltern) fremdinitiiert gewesen. Es wäre dann also diese Zugehörigkeit, nämlich zu einer aufgrund ihrer Rückkehr ungewöhnlichen Gruppe, die Esther Brückner sich selbst als untypisch begreifen ließe. Anderenfalls hätte es noch einen Entwicklungsschub geben müssen, von der fremdbestimmten hin zur autonom entscheidenden, sich sogar dominant präsentierenden Persönlichkeit, möglicherweise gerade aufgrund der Erfahrungen vorheriger Heteronomie. Entscheidend wäre also beiden Fällen in je unterschiedlicher Akzentuierung die Zugehörigkeit zu einer Gruppe.

Fazit:

Die Interviewte legt bisher keinen Wert darauf, das zu thematisieren, was ihr selbst an ihrem Leben am wichtigsten erscheint, sondern lenkt – gewissermaßen aus der Vogelperspektive – das Augenmerk darauf, was an ihrem Leben im Vergleich zu anderen am untypischsten ist. Hinsichtlich der Identitätskonstruktion und deren Präsentation wäre daher zu fragen, ob Esther Brückner generell zu Typisierungen und damit zu einer eher schematischen, in ›Schwarz‹ und ›Weiß‹ einteilenden Welt- und Selbstsicht neigt.

Es wird hier transportiert, dass es gerade das besondere Schicksal ist, welches sie zu einer so außergewöhnlichen Person hat werden lassen, und dass sie sich selbst von jenen, die die per se besondere Erfahrung der Emigration mit ihr teilen, radikal unterscheidet. Insofern scheint die Identitätskonstruktion und entsprechende Selbstrepräsentation hier dem Motto zu folgen ›wie man aus Schwäche Stärke macht‹: Ungünstige Bedingungen des Aufwachsens haben die Persönlichkeitsentwicklung, genauer die Individuierung, nicht gehemmt, sondern gestärkt und werden somit zur Quelle von Besonderheit.

Anschlussoptionen:
(O1) Am naheliegendsten erscheint, dass die Interviewte nun Gründe für ihre Rückkehr nennt und damit auch weiteren Aufschluss gibt hinsichtlich der Frage, weshalb es gerade diese Rückkehr ist, die sie als zentrales Unterscheidungskriterium zwischen sich und anderen Emigranten ansieht und weshalb Andersartigkeit überhaupt so wichtig für die Selbstpräsentation ist – anders gefragt: Die Tatsache, dass Esther Brückner im Gegensatz zu vielen anderen nicht im Emigrationsland geblieben ist, bedeutet schließlich nicht, dass sie nicht auch Erfahrungen gemacht hat, die sie mit anderen Emigranten verbindet, weshalb also ist die Markierung von Einzigartigkeit so dringend notwendig?
(O1.1) Die Interviewte fährt mit ihrer Geschichte fort und präsentiert diese unter der Gewinnperspektive, nämlich, wie oben bereits angedeutet, der Perspektive auf die Entwicklung des eigenen Lebens als ein Wachsen an Schwierigkeiten. Das Resultat der einzigartigen Lebensgeschichte wäre gewissermaßen der Honig, der aus Krisen gesogen wird.
(O1.2) In Opposition zu dieser Konstruktion stünde eine larvierte Verlustperspektive – aus dieser läge alles, was sie hätte, um sich selbst als einzigartig definieren zu können in der Konstruktion des Selbst als ›Nicht-wie-die-anderen‹, so dass das Erleben des Selbst als ›wie andere auch‹ bzw. die Erfahrung von Fremdzuschreibungen als ›durchschnittlich‹ gewissermaßen einem Ich-Verlust gleichkäme.

7. Dass kaum ein Mensch, der, ich war da/ der in meinem Alter/also ich war acht als ich Deutschland verließ, und, und elf als ich Europa verließ, (I: ja) und 21 als ich zurückkam.

Dass kaum ein Mensch, der:
Durch die Verwendung der Konjunktion ›dass‹ am Satzanfang wird deutlich, dass Esther Brückner hier fortfährt, das Konstrukt der Einzigartigkeit bzw. des Untypischseins zu unterfüttern (›das Wichtigste ist schon mal, dass kaum ein Mensch…‹) Dem von der Interviewerin eingebrachten Fokus auf ›die Kinder‹ entsprechend, wird versucht, wieder auf andere zu referieren, nachdem Esther Brückner bislang vorrangig über sich selbst gesprochen bzw. sich von anderen radikal abgegrenzt hat. Esther versucht, noch zu unterstreichen bzw. zu begründen, inwiefern ihre Rückkehr so untypisch war, wofür sie die anderen als Vergleichsgröße zwangsläufig braucht, doch diese anderen erscheinen in äußerst abstrakter bzw. reduzierter Form und stehen, gewissermaßen nicht als signifikante, sondern generalisierte andere, in keinerlei persönlicher Beziehung zu ihr. Auch erscheinen diese anderen gar nicht als beliebig verschiedenartige im Plural, sondern werden in einer dramatisierenden Wendung als konturlose Vertreter der Gattung Mensch (und damit gewissermaßen des allgemeinmöglichsten Typus) präsentiert. Was immer

Frau Brückner im folgenden anderen Vertretern dieser Gattung absprechen wird, sie hebt die Bestimmung ihrer Individualität damit auf eine geradezu anthropologische Ebene, auf der bestimmt werden kann, was den Menschen im Allgemeinen auszeichnet, was ihm möglich ist und was speziell sie aus diesen Möglichkeiten für sich gemacht hat.

Kaum ein Mensch wäre also wie Esther Brückner auf die Idee gekommen, zurückzukehren. Daran zeigt sich erneut der radikale Versuch der Abgrenzung, der doch zunächst etwas forciert scheint eingedenk der Tatsache, dass es unter bestimmten Voraussetzungen durchaus plausibel und sinnvoll erscheinen konnte, wieder nach Deutschland zu gehen, nämlich dann, wenn entweder die deutsche Sprache substantielle Bedingung des eigenen psychischen, professionellen und letztlich dann selbstverständlich auch physischen Überlebens blieb, wie im Falle mancher Künstler, Schriftsteller im Besonderen, oder aber, wenn, wie bereits ausgeführt, ein vitales Interesse daran bestand, Deutschland nach dem Ende des Weltkrieges politisch neu aufzubauen. Schließlich, die ebenfalls bereits benannte dritte Möglichkeit in Form der Perspektive, aufgrund eines vorhandenen sozialen Netzes aus Verwandten oder Freunden an das vergangene Leben in Deutschland noch einmal anzuknüpfen. All dies wären subjektiv gute, vernünftige Gründe, um zurückzukehren.

Was also meint Frau Brückner, wenn sie ihre eigene Rückkehr als so höchst unwahrscheinlich kennzeichnet?

(O1) ›Unvernunft‹: Rückkehr trotz guter Lebensbedingungen im Emigrationsland bzw. trotz geringer Zukunftsperspektiven in Deutschland.

(O2) Die Besonderheit Esther Brückners und die Gründe für ihre Rückkehr liegen in außergewöhnlich guten Zukunftsperspektiven, die sich sonst kaum jemandem boten.

8. ich war da/ der in meinem Alter/also ich war acht als ich Deutschland verließ, und, und elf als ich Europa verließ, (I: ja) und 21 als ich zurückkam.

Esther Brückner fährt fort, Fakten aufzuzählen. Wenngleich dabei nicht, wie in (O1) entworfen, explizit von guten Lebensbedingungen in der Emigration die Rede ist, wird strukturell doch diese Option realisiert, denn deren Argumentationslogik ließe sich als eine Logik des ›Trotzdem‹ charakterisieren, während im Falle von (O2) eine Rückkehr mit guten Perspektiven (›gerade weil‹) beschrieben worden wäre, die sich hier nun nicht anzukündigen scheint.

Frau Brückners Versuch, auf andere Menschen zu referieren (der, ich war da/der in meinem Alter), fällt sehr holperig aus und misslingt schließlich, während die Angaben, die sie dann zu ihrer eigenen Person macht, sehr strukturiert und präzise ausfallen, denn ohne, dass sie überlegen müsste, werden Altersangaben zu Stationen im Lebenslauf und damit zu Entwicklungsstadien (Kindheit, Jugend, Adoleszenz) gemacht, die sich im Gedächtnis eingebrannt haben und auch in dieser biographischen Prägnanz präsentiert werden sollen.

Auffallend ist dabei weiter, dass Esther Brückner den Akt der Emigration aus Deutschland bzw. später aus Europa nicht nur als Alleingang darstellt, sondern auch als Resultat eigener Entscheidungskraft, die für das acht- bzw. elfjährige Kind faktisch sicher nicht gegeben war, schon gar nicht für das Verlassen eines Kontinents, als das der Weggang hier bezeichnet wird – das Aufenthaltsland nach dem Verlassen Deutschlands mag an sich bedeutlungslos sein, aber mit dem Weggang von dort wird der europäische Kontinent und zugleich dessen Kulturkreis verlassen.

Eine solche gravierende Entscheidung zu treffen sind Kinder nicht in der Lage, hingegen ist es durchaus möglich, dass Esthers Rückkehr auf ihrer eigenen Entscheidung basierte, da sie mit 21 Jahren volljährig war.

(L1) Esther Brückner definiert sich als einen bereits im Alter von acht Jahren vollkommen autonomen (also gewissermaßen erwachsenen) Menschen, dessen Entscheidungen und Handlungen unabhängig von Beziehungen zu anderen zu betrachten sind. Mehr noch: der Versuch der Herstellung von Sozialität in der Referenz auf andere führt mit jedem Mal zu einer nur noch stärkeren – und letztlich illusionären – Hervorhebung der Einzigartigkeit. Die Emigration aus Deutschland mag durchaus allein, aber ganz sicher auf Veranlassung der Eltern oder anderer erwachsener Verwandter erfolgt sein. In diesem Falle dürfte das acht- bzw. elfjährige Mädchen aber Gefühle wie Wut, Hilflosigkeit und Abhängigkeit angesichts einer solchen Fremdbestimmung sowie Angst aufgrund des Verlustes schützender Bezugspersonen empfunden haben. Keinerlei entsprechende Gefühle werden hier jedoch thematisiert, sondern wurden unter Umständen bereits im Kindesalter unterdrückt zugunsten der empfundenen Notwendigkeit, sich ›tapfer‹ und ›vernünftig‹ wie eine Erwachsene zu verhalten. Insofern entwickelt sich in dieser Darstellung eine letztlich illusionäre Selbstcharismatisierung als gewissermaßen von Beginn an autonomes, gar autarkes Subjekt, das sich vor allem über distanzierte Überlegenheit definiert (›mir kann keiner etwas vormachen‹). Ein solcher, von unreflektiertem strukturellem Optimismus geprägter Habitus birgt allerdings eine hohe Wahrscheinlichkeit des Scheiterns, da die innerpsychische Realität wie auch die konstitutionelle menschliche Verwiesenheit auf Anerkennung von ›Gesetzen‹ der physischen und der sozialen Realität im Extremfall geleugnet werden.

Schmerzhafte, möglicherweise traumatisierende Aspekte kindlicher Erfahrungen werden hier vollständig ausgeblendet, und in der Konsequenz läuft diese Selbstcharakterisierung als ›untypisch‹ zugleich vollständig ins Leere, weil gerade eine solche Verleugnung oder Verdrängung schmerzhafter Erfahrungen häufig ist. Insofern nimmt sich Esther

Brückner die Möglichkeit, sich überhaupt als ›wirklich‹ zu erleben, da sie zentrale Erlebnisse und Erfahrungen ihrer Biographie überhaupt nicht darstellen kann. Sie müsste aufgrund dieser psychischen Selbstamputation gewissermaßen permanent an psychischen Phantomschmerzen leiden, die durch die Konstruktion einer ›Prothese‹ in Form eines anderen und unabhängigen (schmerzfreien) Selbst in Schach gehalten werden sollen.

(L2) Noch nicht ganz auszuschließen wäre als zweite Lesart, dass die nachträgliche Umdeutung von Ohnmacht in Macht als erfolgreiche Bewältigungsstrategie zu einer in hohem Maße ausgeprägten Individuierung geführt hat. Indem Frau Brückner ihre Rückkehr im Alter von 21 Jahren als Unterscheidungskriterium herausstellt, betont sie nicht nur ihre in diesem Alter bereits gut entwickelte Fähigkeit, weitreichende Entscheidungen zu treffen, sondern auch, dass es ihr im Unterschied zu anderen Emigranten keine Schwierigkeiten bereitete, in das Land zurückzukehren, in dem sie einst verfolgt wurde. Auch in dieser Lesart wäre der Aspekt der Selbstcharismatisierung, allerdings unter positiven Vorzeichen, dominant.

Anschlussoptionen:
Die Tatsache der Rückkehr müsste nun eigentlich inhaltlich gefüllt, d. h. begründet werden. Dies hat die Interviewte bereits insofern vorbereitet, als sie die Exzeptionalität als Rückkehrerin argumentativ an die eigenen Lebensdaten gebunden hat. Denkbar ist zum einen, dass

(O1) Frau Brückner auf die Besonderheit ihrer Rückkehr eingeht, indem sie – weiterhin der Abgrenzungslogik folgend – den Gegensatz zwischen sich und jenen, die geblieben sind, thematisiert und ein besonderes Motiv für die Rückkehr angibt, um ihre Einzigartigkeit zu untermauern.

(O2) Zum anderen ist auch noch möglich, dass sie ›bei sich bleibt‹ und die Besonderheit ihrer Rückkehr nicht mehr in erster Linie über Kontrastierung mit ›den typischen‹ Emigranten begründet, sondern primär vor dem Hintergrund ihrer eigenen Biographie erläutert.

(O2.1) Schließlich könnte Frau Brückner – bereits im Sinne einer Bilanzierung – Konsequenzen für ihr späteres Leben formulieren und daraus ihre ›Untypik‹ ableiten – dann allerdings wäre das Strukturmuster der Selbstdefinition über Abgrenzung verschärft gegeben, da sie sich in diesem Falle auch noch von jenen wenigen unterscheiden würde, die außer ihr zurückgekehrt sind.

9. Also, <u>kaum ein</u> Mensch, der sozusagen da aufgewachsen ist, so wie ich, ist zurückgekehrt, ja.

Frau Brückner bemerkt, dass sie den vorherigen Satz anders als zunächst angelegt fortgeführt hat und versucht nun noch einmal, auf die als Vergleichsgruppe eingeführten anderen Emigranten zu referieren.

Sie realisiert damit (O1), allerdings noch ohne ein Motiv zu nennen, sondern vielmehr um resümierend das Besondere ihrer Entscheidung hervorzuheben. Deutlich wird nun, dass Esther Brückner es, wie oben vermutet, für ›typisch‹ hält, dass einstmals emigrierte Kinder das Land, in dem sie dann weiter aufgewachsen sind, nicht mehr verlassen haben. Damit trifft sie indirekt eine bedeutsame Aussage über sich selbst: Denn für sie ist hier nicht das Verlassen Deutschlands von Belang, sondern das Verlassen des Landes, in dem sie die Jahre der späteren Kindheit und Jugend verbracht hat, und die daher auch in der eigenen Erinnerung stärker präsent sein dürften als die ersten Lebensjahre in Deutschland.

Dennoch werden die USA hier nur distanziert, vorsichtig als Ort des Aufwachsens bezeichnet. ›Sozusagen‹ heißt schließlich dem Wortsinne nach ›um es auf diese Art und Weise zu sagen‹. Es erfolgt somit eine nur vorübergehende Festlegung mit geringem Verbindlichkeitsgrad, denn die gewählte Formulierung wird als ›Arbeitsdefinition‹ präsentiert: ›Ich sage es jetzt so, (man) könnte es aber auch anders formulieren.‹

Das Eigentümliche ist daran nun, dass die im Zuge der Sozialisation erfolgte emotionale Verwurzelung als inhaltlich starkes Argument gegen die Wahrscheinlichkeit einer Rückkehr formal schwach präsentiert wird. Das, was einerseits als eindeutig präsentiert wird, nämlich die Identifikation mit einem Ort als Heimat, wird also zugleich wieder relativiert.

Damit bringt Esther Brückner zum Ausdruck, dass sie die Jahre in den USA zwar für biographisch besonders bedeutsam hält, zumindest aber insofern um Genauigkeit bemüht ist, als sie weiß, dass sie die Jahre der Kindheit in Deutschland als Faktum nicht unter den Tisch fallen lassen kann. Denn bekannt ist aus der letzten Sequenz, dass sie schließlich tatsächlich erst ab dem elften Lebensjahr in den USA aufgewachsen ist. Frau Brückner hat dort vor allem ihre Jugendzeit verbracht, Jahre somit, in denen erstens eine bewusste Erfassung und Einordnung von Ereignissen und Erlebnissen aufgrund der kognitiven Entwicklung in einem umfassenderen Maße überhaupt erst möglich wird und in denen zweitens in der Adoleszenz eine krisenhafte Auseinandersetzung mit der Umwelt, insbesondere der Herkunftsfamilie, zugunsten der allmählichen Loslösung im Zuge der Identitätsentwicklung stattfindet bzw. stattfinden sollte. Die ersten acht bzw. elf Jahre in Deutschland bzw. in Europa sind zum einen der Erinnerung vielleicht weniger zugänglich, zum anderen werden diese Erinnerungen auf der Ebene des Unmittelbaren, kognitiv nicht reflektierten Erlebten liegen, dessen Bearbeitung noch im Nachhinein problematisch sein mag. Es gibt andererseits aber faktisch kein Argument, diese Jahre als ›unwichtig‹ zu vernachlässigen, im Gegenteil hätte Esther Brückner gerade umgekehrt die Tatsache, erst mit elf Jahren in die USA gekommen zu sein, als Argument für eine Selbstdefinition als Deutsche, für Anpassungsschwierigkeiten in

den USA usw. gebrauchen können. Daraus lassen sich die folgenden Lesarten entwickeln:
(L1) Zwar erfolgt keine vorbehaltlose Identifikation mit dem Emigrationsland als Zuhause, denn Frau Brückner ›weiß‹ natürlich um die Zeit ihrer Kindheit in Deutschland. Dennoch betont sie ihre Verwurzelung bzw. die lange Verweildauer im Emigrationsland (thematisiert wird ja hier das Aufwachsen als Prozess) als Argument für die Außergewöhnlichkeit ihrer Rückkehr nach Deutschland. Es muss deshalb für die Rückkehr einen Grund geben, der als Motor oder Zugkraft stärker ist als die ›sozialisatorische Kraft‹ jener Jahre bzw. in direktem Zusammenhang damit steht. Dies wäre, wie bereits oben ausgeführt, z. B. ein in der Zeit der Adoleszenz bereits entwickeltes, stark ausgeprägtes politisches Interesse, das den Ausschlag gibt, nach Deutschland zurückzukehren und aktiv am Wiederaufbau des Landes mitzuwirken. Damit wäre eine intrinsische Motivation vorhanden, die diese Rückkehr so besonders macht: eine Rückkehr trotz scheinbar relativ guter Integration im Emigrationsland einerseits und schlechter Lebensbedingungen in Deutschland andererseits.
(L2) Bindungen zu Familienangehörigen oder Freunden können die entscheidende Rolle gespielt haben. Dies würde bedeuten, dass Esther Brückner diesen Bindungen die höchste Priorität beimaß. Aber in diesem Fall wäre die Konstruktion einer vollkommen untypischen Geschichte überhaupt nicht notwendig und es wäre also zu fragen, wie die Selbstpräsentation als ungewöhnliche Person zu begründen wäre. Es wäre vielmehr die Familie, die ungewöhnlich bzw. ›untypisch‹ war, weil sie entweder noch oder wieder in Deutschland lebte. Frau Brückner würde sich in diesem Fall eher aufgrund der Zugehörigkeit zu einer untypischen, exklusiven Gruppe auch selbst als untypisch charakterisieren denn aufgrund der Einzigartigkeit ihrer eigenen Person.

Der Aspekt der Bindung (an einen Ort und damit vermutlich auch an andere Menschen, die dort leben) wird hier nun überhaupt interessanterweise erstmals sehr stark gemacht, während soziale Bindungen bislang scheinbar keine Rolle spielten, sondern im Gegenteil die eigene Unabhängigkeit sehr betont wurde. Die Besonderheit der Rückkehr müsste in (L1) dann gerade in dieser Widersprüchlichkeit zwischen dem Gefühl der Gebundenheit und einem noch stärkeren Gefühl des ›Trotzdem-Gehen-Wollens‹ liegen; in (L2) wären ähnliche Ambivalenzen gegeben, aber mit dem Unterschied, dass Esther Brückner die Sicherheit und Zuversichtlichkeit, die sie für eine mehr oder minder im Alleingang vollzogene Rückkehr aus sich selbst heraus hätte entwickeln müssen, hier aus der Perspektive schöpfen konnte, die andere ihr vermittelten. Die Rückkehr wäre in beiden Lesarten als lohnendes Opfer zu verstehen, das die eigene Lebensgeschichte im Rückblick zu einer Erfolgsgeschichte werden lässt, und die Besonderheit läge darin, dass

kaum jemand mit einem halbwegs gesicherten Dasein in der Emigration es gewagt hat, diese nicht nur materielle Sicherheit zugunsten einer ungesicherten Zukunft im zerstörten Deutschland aufzugeben.
(L3) In einer konträren Lesart wäre die Rückkehr kein Indiz des eigenen außergewöhnlichen Wagemuts, sondern müsste vielmehr als verlustreicher Fehler betrachtet werden. Vom Text gedeckt ist diese Lesart insofern, als die Interviewte bei genauer Betrachtung eine Normalitätsfolie anlegt, die das eigene Handeln in der Retrospektive als falsch, zumindest aber als irrational erscheinen lässt: ›Wer das erlebt hat, was ich erlebt habe, der konnte eigentlich nicht so handeln, wie ich es getan habe‹. Überspitzt formuliert hieße das hier konkret auf die Rückkehr bezogen: ›Kaum jemand sonst war so ›dumm‹, trotzdem zurückzugehen‹. In dieser Lesart wäre also die Verlustperspektive dominant, zugleich aber wäre es dieser bislang latent thematisierte Fehler, der Esther Brückner im Sinne einer Negatividentität ihre Einzigartigkeit verleiht und sie zwar scheitern, aber: grandios scheitern lässt.

Anschlussoptionen:
Gerade angesichts der gewissermaßen sozialisationstheoretisch begründeten Unwahrscheinlichkeit ihrer Rückkehr müsste Frau Brückner nun die Gründe nennen, die dennoch dafür sprachen und sie entsprechend handeln ließen.

10. Also. eigentlich habe ich überhaupt keenen jekannt, die haben alle gesagt, du hast wohl ne Meise, da in äh in det kriegszerstörte Europa zurückzukehren und, und da vielleicht zu hungern, oder was, ja? (I: mmh)
Zur sprachlichen Realisierung: Dass Esther Brückner im Berliner Dialekt spricht, verweist zum Einen darauf, dass sie die (Re-)Integration in Deutschland sprachlich vollzogen hat, indem sie ebenso spricht, wie den Menschen in ihrer Umgebung der ›Schnabel gewachsen‹ ist, zum Anderen kommt ihr hier die schon zum Klischee geronnene ›Schnoddrigkeit‹ des Berlinerischen als Stilmittel entgegen, um die Drastik ihrer damaligen Situation und ihrer Entscheidung deutlich zum Ausdruck zu bringen.

Noch immer scheinen auf den ersten Blick alle drei der oben entworfenen Lesarten fortführbar, denn wenngleich hier erstmals konkrete Zweifel an der Vernünftigkeit ihrer Entscheidung in den Stimmen anderer thematisiert werden, ist das, was Esther Brückner mit dieser Äußerung vollzieht, zunächst nur eine weitere Unterstreichung der Besonderheit ihrer Entscheidung, die sich noch immer als trotzdem richtig oder aber als zugegebenermaßen falsch herausstellen kann. Bei genauerer Betrachtung zeigt sich allerdings, dass die Behauptung, kaum jemand, der wie sie im Emigrationsland mehr oder minder aufgewachsen sei, sei zurückgekehrt, von Frau Brückner nun eigentlich nicht mehr aufrecht erhalten werden kann. Denn dass sie selbst niemanden kannte, der zurückkehren wollte, bedeutet nicht, dass es nicht doch Personen gab, die dies taten. Sie müsste also, wenn sie ihre persönliche Erfahrung zum Maßstab macht, dies entsprechend ausweisen und ihre vorherige Aussage einschränken (›jedenfalls habe ich keinen gekannt‹). Erstaunlicherweise tut sie jedoch gerade das Gegenteil, indem sie die Tatsache, keinem vergleichbaren ›Fall‹ begegnet zu sein, zur nochmaligen Unterstreichung der Stichhaltigkeit ihrer Behauptung nutzt.

Erstmals werden nun also andere Menschen als Interaktionspartner konkret, aber: Esther Brückner ist innerhalb dieser Gruppe von Menschen mit ihrer Position allein. Es muss sich dabei nicht um eine tatsächlich als solche konstituierte Gruppe von Menschen handeln, die alle miteinander bekannt waren[10], sie stellen aber insofern eine Gruppe dar, als sie alle versuchten, Esther von der ›Unsinnigkeit‹ ihrer Rückkehr nach Deutschland zu überzeugen.

Sollte Frau Brückner mit diesen Menschen über ihre Entscheidung diskutiert haben, so konnten ihre Argumente nicht überzeugen, denn sie wurde nicht verstanden, sondern aufgrund ihrer als verrückt bewerteten Entscheidung zur Außenseiterin. Sie muss also für ihre Rückkehr in ein zerstörtes Land ein starkes Motiv gehabt haben. Da sie offenbar bald nach dem Krieg zurückkehrte, kann, wie in Lesart (L2) in Sequenz 6 bereits ausgeführt, angenommen werden, dass dieses Motiv politischer Natur war. Damit aber erhält nun Esther Brückners Entscheidung noch größeren Unbedingtheitscharakter – durchzusetzen scheint sich hier die Lesart von der Selbstcharismatisierung als Person, die unbeirrt ihren Weg geht und unabhängig von äußeren Anfeindungen das Richtige tut, das andere nicht als solches erkennen.

Die Lesart einer fremdbestimmten Rückkehr ist damit noch immer nicht auszuschließen, denn diese wäre dann gewissermaßen blind, ohne Abwägung rationaler Argumente, vollzogen worden. Sie wird aber unwahrscheinlich insofern, als sich Frau Brückner als (autonom entscheidende und handelnde) Person eingeführt hat, für deren Identität gerade diese ›untypische‹ Rückkehr zentral ist – hätte sie dafür nun keine Argumente, hätte sie sich selbst dementiert.

Esther Brückner muss diese Argumente nun nennen.

10 Es muss sich dabei auch nicht durchweg um andere Emigranten aus Europa gehandelt haben, denn da Esther betont, »überhaupt keenen« gekannt zu haben, der ihr zuriet, erweitert sie den Kreis noch und es könnte sich auch um Amerikaner gehandelt haben.

11. Ich habs eigentlich auch nur jemacht, weil ich in meinen Mann so verliebt war und der unbedingt zurück äh kehren wollte, ne, (I: ah ja)
Frau Brückner nennt nun den Grund ihrer Rückkehr, schränkt diesen aber sofort in seiner Gültigkeit bzw. hinsichtlich seiner Vernünftigkeit ein (›auch nur‹). Das heißt nicht nur, dass sie für die Gegenargumente der Freunde oder Bekannten sehr wohl empfänglich war, sondern darüber hinaus, dass sie, wäre sie nicht in ihren Mann verliebt gewesen, selbst auch überhaupt nicht auf die Idee gekommen wäre, nach Europa zurückzukehren. Es setzt sich damit die Lesart einer beziehungsorientierten Entscheidung durch, denn Esther Brückner hätte für sich allein kein Motiv gehabt, sondern ist vielmehr ›blind vor Liebe‹ ihrem Mann gefolgt.

Nun mag zwar Verliebtheit oder Liebe ein starkes Motiv sein, das Entscheidende ist aber hier, dass dieses Motiv von Frau Brückner selbst als schwach bzw. nicht ausreichend eingestuft wird, und dass es sich aus ihrer Sicht um eine heteronome Entscheidung handelt, die die bisherige Konstruktion von Autonomie dementiert. Die Rückkehr basiert weder auf einem von beiden geteilten Wunsch noch fand offenbar ein Prozess statt, in dem gemeinsam abgewogen wurde. Dies ist zu folgern aus der Äußerung, dass der Mann »unbedingt« zurück wollte, also ohne Ansehen der faktischen Bedingungen eines Lebens in Deutschland nach dem Krieg bzw. umgekehrt ohne Formulierung von Bedingungen, unter denen ein Leben dort akzeptabel und realisierbar erschiene. Er war somit im Grunde konträren Argumenten ebenso wenig zugänglich wie Esther, die ›einfach‹ mit ihm mitgegangen ist. Damit wird einerseits das Klischee von Liebe als der nicht zu überbietenden Kraft bedient. Insofern aber diese Rückkehr weder mit eigenen Motiven noch mit denen des Mannes begründet wird, die z.B. beruflicher oder politischer Art gewesen sein mögen, und überdies auch der damalige politische Kontext vollkommen unberücksichtigt bleibt, handelt es sich andererseits in der Tat um eine ›untypische‹ Entscheidung. Sie weist Esther Brückner als eine Person aus, für die weder politische oder moralische Aspekte noch die eigenen biographischen Erfahrungen der Kindheit Anlass boten, eine Rückkehr nach Deutschland für sich selbst zu problematisieren, sondern die um einer Bindung willen bereit war, ›vernünftige‹ Argumente zu ignorieren. Wenn das an sich ebenso vernünftige und starke Argument der Liebe nun aber retrospektiv als ein nicht ausreichendes präsentiert wird, kann dies nur heißen, dass die Liebe nicht das gehalten hat, was Frau Brückner sich von ihr erhofft hatte und dass sie sich durch die radikale Selbstpräsentation als ›untypisch‹ die Konstruktion als autonom handlungsfähige Person, die diesen ›Fehler‹ erkennt und als solchen offensiv präsentiert, aufrechtzuerhalten sucht. Nochmals zugespitzt formuliert: Prägnant ist hier, dass gerade in der Darstellung dieser als »eigentlich« schwach angesehenen Entscheidung eine Stärke zu demonstrieren gesucht wird, um auch die bisherige Selbstpräsentation aufrechtzuerhalten.

Wenngleich also diese Sequenz zunächst den bisher herausgearbeiteten Hypothesenelementen hinsichtlich der Fallstruktur zu widersprechen scheint, da doch die Interviewte offenbar ihre Selbstpräsentation dementiert, wird bei genauerer Betrachtung deutlich, dass sich hier im Gegenteil die bereits herausgearbeitete Struktur eines Habitus reproduziert, bei dem aus Schwäche Stärke gemacht wird.

Esther Brückner ist in der Tat ›anders‹ – einerseits als die Bekannten und Freunde, die ihr mit dem Argument des ›guten Lebens‹ davon abraten, nach Deutschland zu gehen, aber auch anders als die Remigranten, die politische Motive hatten, um zurückzukehren und zu denen vermutlich auch ihr Mann gehörte. Dies ist der Grund, weshalb sie sich als ›untypische‹ Emigrantin präsentieren ›muss‹. Ihr Dilemma ist das einer unpolitischen Biographie. Typische Emigranten, das wird nun vollends deutlich, sind für Esther politisch denkende und handelnde Menschen – entweder solche, die aus politischen Gründen bereits aus Deutschland fliehen mussten, oder aber solche, die aufgrund der Diktaturerfahrung in Deutschland und der erzwungenen Emigration sensibilisiert sind und sich mit dem demokratisch verfassten amerikanischen Gesellschaftssystem identifizieren. Aufgrund der Orientierung an dieser Normalitätsfolie kann Esther Brückner ihre emotionale, beziehungsorientierte Entscheidung nicht als angemessenes Motiv präsentieren. Aber mit der Degradierung von Gefühlen als für eine Begründung nicht hinreichend nimmt Frau Brückner sich, wie bereits zuvor deutlich wurde, im Grunde die Möglichkeit, sich als authentisch zu erleben und darzustellen:

Die herausgehobene Präsentation über ›Andersartigkeit‹ liegt begründet in einem ›Fehler‹, so dass beinahe wie beim Phänomen der Delinquenz von einer demonstrativen, trotzigen Kultivierung des Abweichlertums gesprochen werden könnte.

Es erscheint an dieser Stelle möglich, auf der Basis der bisher herausgearbeiteten Elemente bezüglich der Identitätskonstruktion und Selbstpräsentation Esther Brückners eine Fallstrukturhypothese zu formulieren.

3.3 Fallstrukturhypothese

Als prägnantestes Strukturmerkmal zeigt sich in diesem Fall hinsichtlich der Frage nach der Identitätskonstruktion und dem Habitus der Krisenbewältigung bisher das Bemühen um die Darstellung von ausgeprägter Individualität und Autonomie. Diese Selbstpräsentation geht mit der expliziten Abgrenzung von anderen einher – deshalb kann auch die eigene Identität nicht über Erzählungen konstruiert und dargestellt werden;

vielmehr generiert sich die Perspektive auf das Selbst und das eigene Leben maßgeblich aus der Abarbeitung an einem Typus (›Emigrantenkind‹) und an der Frage ›wer/wie bin ich (nicht)‹. Dabei wird die Zugehörigkeit zu einer entsprechenden Gruppe formal akzeptiert, aber nicht inhaltlich gefüllt. Als habituelles Muster der Krisenbewältigung scheint vorrangig die Selbststilisierung, ja, -charismatisierung als nicht nur anders, sondern als vollkommen ›untypisch‹ zu dienen. Diese Selbstcharismatisierung basiert denn auch nicht auf der positiven Zuschreibung von Eigenschaften, sondern auf der prekären Konstruktion des Selbst als ›nicht-wie-die-anderen‹, die vielmehr der Ausdruck eines krisenhaften Ringens um eine klar definierte Identität ist als der einer hier manifest als stabil, ja äußerst selbstbewusst erscheinenden Persönlichkeit.

Diese Konstruktion ist deshalb prekär, da sie den hohen Preis der emotionalen Selbstbeschneidung erfordert: Indem die Zurechnung zu einer Gruppe von Menschen mit zumindest einigen ähnlichen Erfahrungen vollständig zurückgewiesen wird, wird auch ein Teil der eigenen Geschichte, nämlich Erlebnisse wie das Verlassen-Müssen des Zuhauses und unter Umständen weitere Trennungserlebnisse oder auch vorausgehende Diskriminierungserfahrungen sowie die dazugehörigen Gefühle als irrelevant für die Biographie eingeordnet.

Es zeigt sich hier eine starke, heteronome Auseinandersetzung mit Erwartungen, Zuschreibungen und Normen, bei der im Kampf um ein konturiertes, autonomes Selbst und dessen Präsentation Sozialität und Reziprozität negiert, vor allem aber die angestrebte authentische Selbstdarstellung im Kern verhindert wird.

Das Motiv der Rückkehr – ›Liebe‹ – taugt nicht für eine ›Heldengeschichte‹ und damit auch nicht als Beleg für die so vehement postulierte Autarkie. Der Mangel an eigenen (politischen) Überzeugungen erweist sich als das entscheidende Dilemma: Aus der Erfahrung von Zuschreibungen, insbesondere jener, bei Emigranten handele es sich um politisch besonders sensibilisierte Zeitgenossen (in jedem Falle gilt dies für die Rückkehrer nach Kriegsende) sowie aus dem Wissen um die in der Tat außergewöhnliche Biographie, erwächst der Druck, eine entsprechend politische Lebensgeschichte präsentieren zu müssen, die aber ebenso wenig erzählt werden kann wie eine Beziehungsbiographie: In diesem letzteren Fall wäre die Konstruktion einer vollkommen untypischen Lebensgeschichte keineswegs notwendig gewesen. Insofern scheint hier ein eigentümlicher ›Mischtypus‹ von Beziehungs- und Gesellschaftsbiographie vorzuliegen, dessen politischer Fokus sich als (Schein-)Konstruktion aber nur aus den Beziehungen zu signifikanten anderen und deren politischen Motiven ergibt. Genauer: Das politische ›Gehäuse‹ kann von ihr selbst inhaltlich nicht gefüllt werden.

Die detaillierte Sequenzanalyse des Interviewbeginns wird an dieser Stelle beendet, da die Fallstrukturhypothese genügend konturiert erscheint. Die unmittelbar nachfolgenden Sequenzen sollen hier nur noch summarisch interpretiert werden, bevor eine zweite Sequenz dann zur Überprüfung der Strukturhypothese wiederum ausführlich nach den Regeln der ›Kunstlehre‹ interpretiert wird.

12. der war älter, ne, sonst (I: ah ja) wär ich sicher auch da/ mein Bruder is auch da jeblieben und alle die ich so.. kannte, ne. Also, das is schon mal janz untypisch bei mir.

Esther Brückner hat sich bezüglich der Rückkehr nach Deutschland ganz dem Wunsch ihres Mannes gefügt. Dieser muss sehr viel älter gewesen sein, sonst wäre der Altersunterschied hier nicht erwähnenswert. Dies bedeutet zugleich, dass Esther ihm aufgrund seines Alters nicht nur ein Mehr an Erfahrungen, sondern auch an Urteilskraft zugeschrieben hat und sich darauf verlassen hat, dessen Entscheidung werde schon die richtige sein. Hätte es aber diese Beziehung nicht gegeben, so hätten die Beziehungen zu anderen Menschen sie umgekehrt selbstverständlich im Emigrationsland bleiben lassen. Waren andere (Emigranten) für die Konstruktion der Identität bislang bedeutsam vor allem als Folie, vor der sich die eigene Besonderheit besonders scharf abbilden lässt, so werden sie hier bedeutsam als diejenigen, an denen eine unhinterfragte Orientierung erfolgt. Zugespitzt formuliert, scheint es gerade dieser Primat der Beziehung zu sein, der Frau Brückner so ›untypisch‹ sein lässt, obgleich – der bisher rekonstruierten Struktur homolog – noch weitere Aspekte, die eine ›vollkommen untypische Emigrantenbiographie‹ ausmachen, angekündigt werden. Interessanterweise aber spricht Esther Brückner von einer Untypik bei sich selbst, so, als begreife sie ihre damalige Entscheidung und den weiteren Lebensweg nicht als untypisch im Vergleich zu den Biographien anderer Emigranten, sondern als für sie selbst untypisches Verhalten. Denn wenngleich es hier nicht heißt »untypisch für mich«, fehlt in dieser Aussage die explizite Markierung eines Vergleichsobjekts. Implizit wird versucht, auf andere, als typisch angesehene Emigranten, zu referieren, dieser Versuch bleibt aber aufgrund der Form seiner Realisierung zweideutig. Die Fallstruktur reproduziert sich hier insofern, als der Versuch, über diesen Vergleich Sozialität herzustellen, wiederum nur zu einer stärkeren Hervorhebung der eigenen Besonderheit führt. Des Weiteren wird in dieser etwas ambigue erscheinenden Formulierung nahegelegt, die Beziehungsorientierung, die Frau Brückners Entscheidung zugrunde lag, als eine eigentlich für sie nicht charakteristische zu verstehen.

13. Ich will bloß sagen, dass, wenn se von mir allerhand hören, dann müssen se nich denken (I: ja) nich denken, dat is irgendwie so, so wat tytypisch/& ((undeutlich)) is aus denen dann 100 Prozentige Amerikaner jeworden. würde ich sagen.

Esther Brückners Kommentar weist Rechtfertigungscharakter auf und mutet bescheiden an unter dem Aspekt, dass manifest sichergestellt werden soll, sie nicht als repräsentativen Fall zu betrachten. Sie ›disqualifiziert‹ sich selbst als interessanten Fall für das Forschungsprojekt und weist sich gerade damit, wie schon zu Beginn, als Expertin aus, die genug weiß, um zu dieser Einschätzung zu gelangen. Damit wird zugleich eine der Bescheidenheit gegenläufige Haltung deutlich: Da das Dilemma der unpolitischen Biographie offenbar wurde, wird nun gewissermaßen der Horizont optionaler Schlussfolgerungen eingegrenzt, ja, Denkverbot erteilt – keinesfalls sei anzunehmen, diese facettenreiche Biographie, für deren Präsentation noch »allerhand« angekündigt wird, sei aufgrund der als konventionell betrachteten Entscheidung zur Rückkehr aus Liebe nicht einzigartig. Als Kontrastfolie dienen wiederum andere Emigranten, von denen angenommen wird, sie seien unter Aufgabe ihrer bisherigen Geschichte und kulturellen Identität zu 100 Prozentigen Amerikanern mutiert, hätten also einen Teil ihres Selbst aufgegeben, um sich in die amerikanische ›Masse‹ unterschiedslos einzufügen. Jenseits der Tatsache, dass sich hier eine empirisch nicht haltbare Klischeevorstellung offenbart, fällt eine ambivalente Perspektive auf: Sind diejenigen, die 100 Prozentige Amerikaner geworden sind, denn nun eigentlich zu bemitleidende ›Anpasser‹, denen es im Unterschied zu ihr nicht gelungen ist, sich ihre Identität zu bewahren, oder sind sie nicht doch eher zu beneiden, weil ihnen das gelungen ist, worum Esther Brückner sich nur aufgrund ihrer Rückkehr nach Deutschland gebracht hat, nämlich die vollständige Integration (genauer: Anpassung) und ein – gemäß dem ›American Dream‹ mit allen Möglichkeiten ausgestattetes – neues Leben in einem neuen Land?

In dem einen wie dem anderen Falle aber bedeutete dies, dass in Esthers Vorstellung Identität sich maßgeblich über Nationalität, Staatsbürgerschaft und die 100 Prozentige Zuordnung zu einer politischen Gemeinschaft konstituiert. Dass sie für sich eine solche eindeutige Zuordnung nicht vornehmen kann, macht sie aus ihrer eigenen Perspektive so untypisch. Gerade solche in Fragen der nationalen Identität aufkommenden Ambivalenzen bis hin zu Gefühlen der Zerrissenheit und Heimatlosigkeit aber sind ein Problem, das in Migrationsfällen häufig sich stellt.

3.4 Interpretation der Prüfsequenzen

An ausgewählten weiteren Interviewpassagen soll im Folgenden eine Überprüfung der Fallstrukturhypothese vorgenommen werden; dabei wird, den methodischen Regeln gemäß, so vorgegangen, dass zwar selbstverständlich die Prüfung der Strukturhypothese ein gewisses Kontextwissen erfordert, ansonsten aber im Zuge der vorangegangenen Sequenzanalyse gewonnenes inneres Kontextwissen bei der Begründung von Lesarten unberücksichtigt bleibt.

Der nachfolgende Abschnitt stammt aus dem Teil des Interviews, in dem Frau Brückner nach dem Erzählen ihrer Lebensgeschichte beginnt, zu bilanzieren, und scheint der Fallstrukturhypothese insbesondere hinsichtlich Esther Brückners Selbstpräsentation in ihrer Perspektive auf die Verarbeitung der Emigrationserfahrungen zu widersprechen.

1. E: Also die haben schon n bisschen recht wenn se da, wenn se da sagen ((stotternd)) we-in-in-ähm bei der Holocaust Stiftung, dass ich nich jenuch gelitten habe, ja?

Also die haben schon n bisschen recht[11]
Die Interviewte ist offenbar dabei, eine aktuelle Auseinandersetzung darzustellen, in die entweder sie selbst oder eine ihr bekannte Person sowie eine gegnerische Partei, bestehend aus mehreren Personen, verwickelt sind. Ob es nun um Esther Brückner selbst oder um eine ihr nahe stehende Person geht, deren argumentative Position sie teilt, ist an dieser Stelle weder rekonstruierbar noch unmittelbar von Belang. In beiden Fällen gesteht die Sprecherin am Ende eines Überlegungsprozesses der Gegenseite zu, dass deren Argumente eine gewisse Überzeugungskraft besitzen, sie aber dennoch nicht bereit ist, ihre eigene Meinung vollständig zu revidieren. Jemandem ein »bisschen recht« zu geben, kann zwar bedeuten, nur einigen bestimmten Argumenten zuzustimmen, allerdings könnte dies dann auch entsprechend verbalisiert werden durch die Wendung ›die haben teilweise recht‹. Insofern scheint die Ratifizierung der gegnerischen Meinung in Gänze eher widerwillig, unter Umständen auch kleinlaut zu erfolgen, denn sowohl die Modalpartikel ›schon‹ als auch der Schätzartikel ›ein bisschen‹ besitzt bereits für sich genommen einschränkende Funktion. Um eine nur teilweise Zustimmung zu formulieren, hätte der Gebrauch von ›ein bisschen‹ ausgereicht. Mit der redundant scheinenden Verwendung zweier gleichartiger Einschränkungen wird also ein stärkeres Widerstreben zum Ausdruck gebracht – in Langschrift müsste dieser Satz also lauten: ›Ich gebe es schon zu, die haben n bisschen recht‹.

Folglich kann vermutet werden, dass die Sprecherin Schwierigkeiten hat, die wie auch immer gearteten Argumente der Gegenseite tatsächlich anzuerkennen und für überzeugend zu befinden, entweder weil sie, falls es um ihre eigenen Belange gehen sollte, sich Fehler in der eigenen Argumentation oder gar eine gewisse Schuld nicht eingestehen möchte, oder aber, falls es nicht um sie selbst, sondern um eine ihr nahe stehende

11 Interview Esther Brückner (im Folgenden abgekürzt mit EB) 60, 21 ff.

Person gehen sollte, das Gefühl der Loyalität dieser gegenüber stärker ist als die Vernunft, die eigentlich der Gegenseite zustimmen müsste.

Anschlussoptionen:
Je nachdem, an welchem Punkt sich Esther Brückner in ihrer Darstellung befindet, gäbe es zwei Möglichkeiten, fortzufahren:
(O1) Sie nennt Argumente, die sie dennoch weiterhin an ihrer eigenen Meinung festhalten lassen (›die haben schon n bisschen recht, aber ich denke doch, dass…‹).
(O2) Sie führt aus, worin die anderen Recht haben und warum.

Im ersteren Falle würde sie die eigene Position nochmals zu stärken versuchen, die Beipflichtung zu den konträren Argumenten würde damit nur noch formal aufrechterhalten.

Im letzteren Falle würde sie offen legen, inwiefern sie sich hat überzeugen lassen. Dies sind vorläufig sehr allgemeine Schlussfolgerungen, da hier nicht klar ist, an welchem Punkt der Darstellung sich Esther Brückner befindet und ob es lediglich um eine eher zweckfreie Auseinandersetzung über unterschiedliche Meinungen geht oder ob daran auch die Durchsetzung unterschiedlicher Interessen gebunden ist[12]. Möglich ist sowohl, dass Frau Brückner bereits beide Positionen dargestellt hat als auch, dass erst eine Meinung, nämlich die der Gegenseite, präsentiert worden ist.

wenn se da, wenn se da sagen ((stotternd)) we-in-in-ähm bei der Holocaust Stiftung, dass ich nich jenuch gelitten habe, ja?
Es wird (O2) insoweit realisiert, als Esther Brückner ein Argument der Gegenseite, hier also einer Stiftung, darstellt, vorerst allerdings noch ohne darzulegen, warum sie diesem zustimmt. Deutlich wird des Weiteren, dass erstens Frau Brückner selbst in diese Auseinandersetzung verwickelt ist, und dass es zweitens nicht um eine bloße Auseinandersetzung über konträre Meinungen geht, sondern um die Durchsetzung unterschiedlicher Interessen bzw. Ansprüche. Von Frau Brückner ist offenbar ein Antrag auf Entschädigung für im Zuge nationalsozialistischer Verfolgung erlittene physische und/oder psychische Schäden

12 An dieser Stelle kann eine Information eingefügt werden, ohne diese allerdings in die Sequenzanalyse selbst mit einbeziehen zu wollen, nämlich, dass dieser Sequenz keinerlei Darstellung des hier in Rede stehenden Problems vorangegangen ist. Es handelt sich damit genau genommen um eine Ankündigung. Die Doppelfunktion der Konjunktion ›also‹ wird hier wieder besonders deutlich: Selbst wenn das Problem noch nicht entfaltet worden ist, sondern hier nurmehr angekündigt, also eröffnet wird, muss sich das ›also‹ schlussfolgernd bzw. evaluativ auf etwas Vorangegangenes beziehen und würde dann interessanterweise die Unterstreichung einer vorherigen, anders kontextuierten eigenen Argumentation einleiten.

gestellt worden – bei welcher Stiftung ist unklar, da es ›die‹ Holocaust Stiftung nicht gibt. Sie muss also einerseits nationalsozialistische Bedrohung und Verfolgung nachgewiesen haben, in ihren Ansprüchen andererseits dennoch aufgrund nicht hinreichend erfüllter Kriterien zurückgewiesen worden sein. Dies liegt, darauf weist die Verwendung des Präsens hin, entweder noch nicht lange zurück, oder aber die Auseinandersetzung mit der Einschätzung der Stiftung ist von einer solchen emotionalen Brisanz für sie, dass das Thema als biographischer ›Dauerbrenner‹ präsent bleibt.

Die Zurückweisung der von Esther Brückner angemeldeten Ansprüche mit dem Argument, sie habe nicht genug gelitten, erscheint nun geradezu zynisch, da fraglich ist, inwiefern Leid objektiv messbar ist, und da außerdem ein ›Mindestmaß‹ erfahrenen Leids ja offenbar durchaus anerkannt wurde.

Die Entschädigungspolitik der Stiftung scheint in Frau Brückners Darstellung geradezu einer paradoxen Leistungslogik zu folgen, aus deren Perspektive sie eine entsprechende ›Leistung‹ in Form objektiv nachweisbar erlittener Schäden nicht vorweisen kann. Eine solche Verweigerung von Entschädigung muss unweigerlich demütigend wirken, wenn subjektiv erfahrenes Leid nach einem Faktorenkatalog bemessen werden soll[13].

Es kann angenommen werden, dass das Argument des nicht für eine Entschädigung ausreichenden Leides von der Stiftung selbst nicht so formuliert worden ist, sondern dass es sich in der Darstellung vielmehr um die Art und Weise handelt, wie die Ablehnung bei Frau Brückner angekommen ist. Dies macht zugleich einen interessanten Widerspruch deutlich: Einerseits nutzt sie, mit ›also‹ deutlich eine Schlussfolgerung einleitend, das von ihr so rezipierte Argument der Stiftung, um etwas vorher Gesagtes, vermutlich nämlich, nicht gelitten zu haben, zu unterstreichen. Andererseits kann sie die erfahrene Ablehnung offenkundig doch nicht akzeptieren, sondern erlebt sie im Gegenteil als Kränkung.

Was also bedeutet es, wenn sie der Einschätzung der Stiftung, der zufolge sie kein ›entschädigenswertes Leid‹ nachweisen kann, einerseits

13 Über die tatsächliche Argumentation der Stiftung und deren Beweggründe ließe sich hier nur spekulieren, da weder bekannt ist, um was für eine Stiftung es sich handelt, noch wann Esther einen Entschädigungsantrag gestellt hat oder ob sie bereits von staatlicher Seite Entschädigungszahlungen erhalten hatte. Sollte dies nicht der Fall sein, wäre es in der Tat mehr als erstaunlich, wenn sie als nicht anspruchsberechtigt eingestuft worden wäre. Dennoch sind Überlegungen zur faktischen Lage relativ unergiebig; relevant ist hier auch vielmehr, was hinsichtlich Esther Brückners Selbstbild und ihrer Selbstpräsentation daraus geschlossen werden kann, dass sie darüber berichtet und in welcher Art und Weise sie dies tut.

Recht gibt und andererseits durch deutliche Einschränkungen dieser Akzeptanz ihren Widerspruch zum Ausdruck bringt?

Was die Struktur ihrer Argumentation betrifft, so zeigt sich, dass faktisch ein fremder Bewertungsmaßstab zur Selbstpräsentation herangezogen wird, um gleich darauf jedoch wieder zurückgewiesen zu werden.

Inhaltlich muss dies also heißen, dass Esther Brückner sich von anderen damaligen Emigranten insofern unterscheidet, als sie in der Außenwahrnehmung zwar eine ›Verfolgtenbiographie‹, aber keine daraus resultierenden, objektiv nachweisbaren Schädigungen vorweisen kann. Indem Frau Brückner dennoch davon spricht, gelitten zu haben, bringt sie zum Ausdruck, dass sie erstens ihr persönliches Leid nicht unter vorgefertigte Kategorien subsumiert wissen will und dass es ihr zweitens trotzdem an einer formal-rechtlichen Anerkennung dieses Leides mangelt.

Daraus lassen sich hinsichtlich ihres Selbstbildes und der Bedeutung der Darstellung dieses Konfliktes für ihre Selbstpräsentation zwei unterschiedliche Lesarten entwickeln:

(L1) Die Fremdperspektive jener, die über die Zuteilung von Entschädigungen entscheiden, wird zum Maßstab, anhand dessen Esther Brückner ihre eigene Biographie zu betrachten und einzuordnen sucht. Es wird eine doppelte Defizitperspektive eingenommen: Frau Brückner möchte als Opfer, das Anspruch auf Mängelausgleich hat, anerkannt werden, aber diese an sich negative Perspektive (auf sich als Person, die Schaden erlitten hat) einzunehmen, fühlt sie sich nun selbst nicht mehr in vollem Umfang berechtigt. Obgleich sie an der Richtigkeit und Gerechtigkeit der Stiftungsentscheidung nicht nur zweifelt, sondern auch ihren Ärger darüber zum Ausdruck bringt (›ich habe gelitten, aber für die ist das, was ich durchgemacht habe, immer noch nicht genug‹), ist sie zugleich so verunsichert, dass sie auch an der Berechtigung ihrer Ansprüche zweifelt.

(L2) Esther Brückner hat ihrer Ansicht nach gelitten, erfährt aber, dass sie aus diesem Leid keine Ansprüche ableiten kann. Die Beurteilungskriterien werden nur formal akzeptiert, es erfolgt im Gegensatz zu (L1) keine Übernahme der Fremdperspektive oder anhaltende Verunsicherung, sondern Frau Brückner bleibt bei ihrem Standpunkt und sieht sich aufgrund der erfahrenen Ablehnung doppelt benachteiligt und somit ungerecht behandelt.

Grundsätzlich kann angemerkt werden, dass eine Selbstdarstellung unter umgekehrten Vorzeichen eine ganz andere Selbstperspektive offenbart hätte, nämlich die Konzeption der eigenen Person als relativ unversehrt. Eine solche Perspektive, nämlich im Gegensatz zu vielen anderen Kindern von Emigranten bzw. Verfolgten noch unter relativ günstigen Bedingungen aufgewachsen oder ›davongekommen‹ zu sein, also Glück gehabt zu haben, wird hier aber nicht eingenommen. Im Anschluss müsste Esther Brückner nun im Sinne dieser beiden Lesarten entweder

(O1) erläutern, inwiefern sie die Verweigerung einer Entschädigung nun doch insoweit für berechtigt hält, dass sie sich hinsichtlich ihres Anspruches verunsichern lässt oder das Urteil der Stiftung sogar akzeptiert,

(O2) oder aber ihre eigene Position, aus der heraus sie sich dennoch als entschädigungsberechtigtes Opfer versteht, darstellen.

2. *Ich war in keinem Konzentrationslager, ich wurde äh nich misshandelt, oder oder so etwas, ja, aber ich würde sagen, n bisschen, die Seele hat doch n bisschen gelitten, indem ich so kein richtiges Heimatland habe. (I: mhm)*

Es wird (O1) realisiert, denn indem Esther Brückner darstellt, inwiefern sie ihrer Meinung nach aus der Perspektive anderer nicht als Opfer gilt, sie aber doch zumindest hypothetisch in Erwägung zieht, sich berechtigt zu sehen, von leidvollen Erfahrungen zu sprechen, entscheidet sie sich nicht. Es wird nun deutlich, dass sie tatsächlich an der Berechtigung ihrer Ansprüche zweifelt, da sie im Unterschied zu anderen nationalsozialistisch Verfolgten vergleichsweise unbeschadet davongekommen ist, also von extremen physischen und/oder psychischen Verletzungen verschont blieb. Umgekehrt ist aus Esther Brückners Perspektive jedoch seelisches Leid nicht an die Bedingung der Zufügung körperlichen Schmerzes oder psychischer Qualen durch andere gekoppelt – sie hat dennoch gelitten. Damit wird die Ambivalenz ihrer vorherigen Äußerung vollends deutlich, denn die Schwierigkeit, das eigene Leid als ›schlimm genug‹ bzw. als Leid überhaupt anzuerkennen, ist offenbar groß angesichts der Tatsache, dass Millionen Menschen von den Nationalsozialisten auf das Schwerste misshandelt und ermordet wurden. Es zeigt sich damit eine Schwierigkeit, die von Holocaust-Überlebenden sowohl der ersten als auch der zweiten Generation häufig thematisiert wird, nämlich ein diffuses Gefühl der Schuld angesichts des eigenen Überlebens gegenüber den Ermordeten.

Dies ist möglicherweise auch der Grund dafür, dass Esther Brückner hier nun ihr eigenes Leid sehr vorsichtig und distanziert im Konjunktiv thematisiert: Nicht sie hat gelitten, sondern »die Seele«, die distanziert wie ein lokalisierbares Organ behandelt wird und überdies auch keinen ernsthaften Schaden genommen hat. Die Empfindung der Heimatlosigkeit wird relativiert: Frau Brückner wird sich demnach durchaus an einem Ort zu Hause fühlen können, dürfte aber Schwierigkeiten haben, *eines* der Länder, in denen sie gelebt hat bzw. das Land, in dem sie heute lebt, wirklich als ihre Heimat zu begreifen.

Auffällig ist hier die grammatikalisch inkorrekte Verwendung der Konjunktion ›indem‹, die dazu dient, zeitgleich ablaufende Handlungen bzw. Prozesse nach Mittel und Zweck zu differenzieren (vgl. Weinrich 2003, 755). Korrekt wäre die folgende Konstruktion gewesen: ›...die Seele hat doch n bisschen gelitten, insofern, als ich so kein richtiges Heimatland habe‹.

In diesem Falle hätte Esther Brückner eindeutig aus der heute empfundenen Heimatlosigkeit frühere psychische Beeinträchtigungen abgeleitet, aber den primären Schmerz in die Sphäre der Vergangenheit verwiesen.

Faktisch liegt allerdings folgende Sinnkonstruktion vor:›Indem ich feststelle, dass ich keine richtige Heimat habe, muss ich auch folgernd feststellen, dass die Seele doch etwas gelitten hat‹.

Daran wird deutlich, dass das frühere Leid und das heutige Gefühl der Heimatlosigkeit zwar ebenfalls, wie oben skizziert, in einen kausalen Zusammenhang gebracht werden, diese Kausalität aber wird geradezu dekonstruktivistisch umgekehrt, indem Ursache und Wirkung vertauscht werden. Darin zeigt sich eine ›psychische Entfremdung‹, ein mangelnder Zugang zu den eigenen Gefühlen, die vom Erleben so abgespalten zu sein scheinen, dass über das eigene (frühere und aktuelle) Empfinden und seine biographische Kontextualisierung nur Mutmaßungen angestellt werden können – wie bei der ärztlichen Diagnose werden anhand eines Symptombefunds Rückschlüsse auf die zugrunde liegende Krankheit und ihre potentiellen Ursachen gezogen.

3. Das is mir im Laufe der Jahrzehnte erst – bewusst jeworden, ja?
Es wird hier ein allmählich verlaufender Bewusstwerdungsprozess thematisiert; da die Interviewte in der vorangegangenen Sequenz von Leid sprach, kann also gefolgert werden, dass sie über viele Jahre hinweg mit diffusen (psychischen) Problemen zu kämpfen gehabt haben muss, zunächst, ohne diese selbst wahrzunehmen, verstehen und einordnen zu können. Erst nach und nach scheint es ihr möglich geworden zu sein, Vergangenheit und Gegenwart miteinander in Bezug zu setzen.
(L1) Esther Brückner macht deutlich, dass sie sich, je älter sie wurde, in zunehmendem Maße mit der eigenen Geschichte befasst hat und dabei zu einem für sie selbst überraschenden Ergebnis gelangt ist, nämlich, dass die Vergangenheit für die jeweils gegenwärtige Lebenssituation bedeutsam ist. Die Auseinandersetzung mit der eigenen Biographie erfolgte sehr langsam und offenbar erst aufgrund zunehmender psychischer Schwierigkeiten. Nachdem sie vermutlich über Jahrzehnte ihren diffus empfundenen Schmerz mit dem Argument, sie sei doch gut davongekommen und müsse darüber folglich froh sein, unterdrückt hatte, ›weiß‹ sie heute um die Bedeutung der Emigration für ihre Entwicklung. Sie präsentiert sich in dieser Lesart als ein reflektiertes Subjekt, dem es gelungen ist, das eigene Gewordensein zu deuten.
(L2) Frau Brückner ist es zwar im Laufe der Jahrzehnte bewusst ge-

worden, kein richtiges Heimatland zu besitzen, diesen Mangel kann sie aber nur nachträglich und auf kognitiver Ebene in Beziehung setzen zur Emigration im Kindesalter. Die damit einstmals verbundenen Gefühle bleiben ihr unzugänglich. Für diese zweite Lesart spricht vor allem, dass in der vorangegangenen Sequenz lediglich als Vermutung formuliert wird, dass die Seele Schaden genommen haben könnte.

Anschlussoptionen:
(O1) Die Interviewte konkretisiert ihre Aussage, indem sie darstellt, wie dieser Bewusstwerdungsprozess verlaufen ist und woran bzw. in welchen Situationen sie das Gefühl der Heimatlosigkeit bemerkt hat. Diese Option wäre ein Anschluss, der insofern stärker (L1) stützen würde, als die Befragte dann auf konkrete Erlebnisse eingehen, also Geschichten erzählen und damit verbundene Emotionen thematisieren müsste.
(O2) Esther Brückner konkretisiert das Gefühl der Heimatlosigkeit, tut dies aber – im Sinne der Lesart (L2) – eher vom Resultat her und auf kognitiver Ebene, indem sie Kriterien anführt, die ihrer Meinung nach dafür sprechen, dass sie die Emigration nicht ganz unbeschadet überstanden hat.
(O3) Sie kehrt noch einmal zur ›Opfer-Anerkennungsthematik‹ zurück und unterstreicht, dass sie sich ungerecht behandelt fühlt. Sie würde damit vor allem ihrem Ringen um die Integration von eigener biographischer Perspektive und Fremdwahrnehmung Ausdruck verleihen.

4. *Ich bin weder richtije Amerikanerin noch richtije Deutsche (I: mhm).*
Frau Brückner realisiert (O2): Sie macht das Gefühl von Heimatlosigkeit daran fest, dass sie heute für sich keinen eindeutigen Status nationaler bzw. kultureller Zugehörigkeit reklamieren kann. Das Gefühl, nirgendwo beheimatet und verwurzelt zu sein, resultiert entweder oder wird verstärkt durch das Gefühl, zu keiner Gemeinschaft »richtig«, also vollumfänglich dazu zu gehören und als ein solches Gemeinschaftsmitglied anerkannt zu werden. Durch die Koppelung der Heimatlosigkeit an das Kriterium Nationalität bzw. Zugehörigkeit zu einer nationalstaatlichen Gemeinschaft wird der diesbezüglich empfundene Mangel zu einem Problem der Identitätsdefinition, denn Esther Brückner kann sich die Frage ›woher komme ich?‹ offenbar nicht in der mehrheitlich üblichen Eindeutigkeit beantworten und hat in der Folge Schwierigkeiten mit der Beantwortung der Frage ›wer bin ich?‹.

Frau Brückner ist weder das eine noch das andere, weil sie in keinem der beiden Länder ›vollständig aufgewachsen‹ ist: In Deutschland geboren, hat sie dort zwar die ersten Kindheitsjahre verbracht, ist aber in diesem Land nicht vollständig sozialisiert worden, sondern hat die Jahre der Kindheit und Jugend, in denen der primärsozialisatorische

Rahmen der Familie allmählich verlassen wird und sekundärsozialisatorisch wirksame gesellschaftliche Instanzen, peer groups und damit auch (sub)kulturelle Orientierungsmuster an Bedeutung gewinnen, in Amerika verbracht. Die Rückkehr nach Deutschland als junge Erwachsene wiederum hat offenbar verhindert, dass sie eine ›amerikanische Identität‹ (was immer das sei) ausbilden konnte.

Es zeigt sich ein Dilemma, das für Menschen, die in unterschiedlichen Kulturen aufgewachsen sind, geradezu typisch ist: Im Falle der Frage nach ihrer nationalen bzw. kulturellen Identität ist eine eindeutige Antwort meistens nicht möglich, häufig werden Bindestrich-Nationalitäten konstruiert (z. B. ›Deutsch-Türkin‹).

Fraglich ist nun, was eine ›richtige‹ Amerikanerin oder Deutsche auszeichnet: Für eine solche Definition ist offenbar die bloße (mehr oder weniger lange Verweildauer) im entsprechenden Land ebenso wenig ausreichend wie die eigene Perspektive und Verortung, denn dass Frau Brückner hier von ›Richtigkeit‹ spricht, verweist darauf, dass die nationale und kulturelle Zugehörigkeit von sozial definierten normativ gesetzten Merkmalen abhängt, die folglich hinsichtlich der Erfüllung bestimmter Normen auch von anderen überprüfbar sind.

Damit wird deutlich, dass die Befragte hier nicht vorrangig Empfindungen thematisiert, sondern Bündel zuschreibbarer, als ›typisch‹ angesehener Eigenschaften, die die Nationalität einer Person offenbar zweifelsfrei ausweisen können: Die Rede ist hier schließlich von einem Status (»ich bin«), und nicht so sehr von dem Gefühl nationaler Zugehörigkeit.

Wenngleich selbstverständlich mehr gemeint sein muss als die (meistens) zweifelsfrei feststellbare Staatsangehörigkeit, scheint also die persönliche Identifikation mit landes- und kulturspezifischen Sitten und Gebräuchen, mit Werten und Normen vor allem unter der Außenperspektive betrachtet zu werden – ein Aspekt sozialer Identität, bzw. der Eindruck, nicht über hinreichende Eigenschaften/Merkmale und Verhaltensweisen zu verfügen, um eindeutig als Amerikanerin oder aber als Deutsche identifiziert werden zu können, wird zum zentralen Problem der personalen Identitätskonstruktion. Vollgültige, ›richtige‹ Amerikanerin oder Deutsche kann, zugespitzt formuliert, nur sein, wer typisierte Vorstellungen über ›die‹ amerikanische oder deutsche Identität zu hundert Prozent erfüllt also eine Sozialisation durchlaufen hat, an deren ›Ende‹ eine Übereinstimmung von gesellschaftlichen Rollenerwartungen und subjektiven Dispositionen und Definitionen im Parsonsschen Sinne steht.

Zwischenfazit:
Hinsichtlich der Identitätsformation zeichnet sich eine Identitätskonstruktion ab, in der das Ringen um die Berechtigung und Adäquatheit

der Selbstdefinition im Kontrast zu Fremddefinitionen und somit um ein relatives Gleichgewicht zwischen Anpassung und Differenz, zwischen Subsumption unter fremde Maßstäbe und Beibehaltung der eigenen Perspektive als zentraler Konflikt aufscheint. Angestrebt wird eine eindeutige, sozial zweifelsfrei feststellbare Zugehörigkeit zu einer Gemeinschaft qua Erfüllung stereotyper Eigenschaftsdefinitionen, die allerdings nicht möglich erscheint und somit eine Leerstelle in der eigenen Identitätskonstruktion lässt, so dass das Selbstbild als ›Mängelwesen‹ sich (scheinbar zwangsläufig) nur über Negation konstituieren kann. Um es noch einmal deutlicher zu formulieren: Eine solche Defizitperspektive hinsichtlich der nationalen Identität ist eine mögliche, aber schließlich keine zwangsläufige Folge von Emigration; vielmehr hätte umgekehrt das Aufwachsen in zwei verschiedenen Kulturen auch als positive, zur Amalgamierung unterschiedlicher Werte und Lebensstile führende Erfahrung dargestellt werden können.

Es reproduziert sich die im Zuge der ersten Sequenzanalyse herausgearbeitete Fallstruktur, wobei auf die Elemente, die sich hier besonders konturiert zeigen, noch einmal eingegangen werden soll.

Die Hypothese einer unsicheren Identitätskonstruktion scheint zunächst zwar brüchig zu werden angesichts Esther Brückners zweifelndem, aber beharrlichem Festhalten an ihrer eigenen Perspektive, nämlich trotz der verhältnismäßig unbeschadet überstandenen Verfolgung später noch gelitten zu haben und durch die vermeintliche Fähigkeit, die Wahrnehmung dieses Leids als Ergebnis eines längeren biographischen Prozesses darstellen zu können. Bei genauerem Hinsehen aber reproduziert sich die Fallstruktur insofern, als erstens das Argument, nicht (»genug«) gelitten zu haben, angeführt wird, um die Andersartigkeit ihrer eigenen Emigrationsgeschichte zu unterstreichen, was dann zweitens jedoch dazu führt, dass Frau Brückner sich mit ihrer eigenen Argumentation gewissermaßen selbst überfährt und in der Auseinandersetzung mit der verweigerten Anerkennung als Opfer zu dem Schluss kommt, doch gelitten zu haben.

Dass sie ihr eigenes Leiden an Emigration und Remigration nur indirekt und retrospektiv sich erschließen kann aus der Schwierigkeit, sich nirgendwo eindeutig zuordnen zu können, zeugt von emotionaler Selbstentfremdung. Die Identitätskonstruktion als einzigartige Person, die sich auch in ihrem Leid nicht unter bestehende Kategorien subsumieren lässt, erfolgt über die Abarbeitung an solchen Stereotypen, an dem, was sozial als ›richtig‹ und objektiv feststellbar gilt. Paradoxer- und tragischerweise wird aber der Wunsch, sich authentisch wahrnehmen und darstellen zu können, gerade durch diese starke Orientierung an vermuteten Normvorstellungen (nämlich z. B., nur dann Leid empfinden und dies auch äußern zu dürfen, wenn entsprechende Kriterien objektiv erfüllt sind) verunmöglicht.

Anschlussoptionen:
(O1) Die Interviewte müsste deutlich machen, was sie jeweils unter einer ›richtigen‹ Amerikanerin oder Deutschen versteht, und weshalb sie sich selbst weder als das eine noch als das andere bezeichnen kann.
(O2) Umgekehrt könnte sie unter positiven Vorzeichen fortfahren und erläutern, in welcher Hinsicht sie sich einerseits eher für amerikanisch und andererseits eher für deutsch geprägt hält.

5. *Also ich fühl mich immer noch fremd hier.*
Die Schlussfolgerung, die Esther Brückner zieht, kommt nicht überraschend, dennoch ist bei genauerem Hinsehen fraglich, ob es sich überhaupt um eine Schlussfolgerung handelt, denn auch eine andere Variante, dass diese Äußerung nämlich eine Erläuterung und Begründung des zuvor Gesagten darstellt, ist möglich. Denkbar sind somit zwei Lesarten:
(L1) Frau Brückner zieht, deutlich indiziert durch den Gebrauch des Nexus-Adverbs ›also‹, eine Schlussfolgerung. Das Gefühl, nach vielen Jahren in Deutschland[14] immer noch fremd zu sein, resultiert als logische Konsequenz aus der Feststellung, nicht die erforderlichen Eigenschaften aufzuweisen, um sich als ›richtige‹ Deutsche fühlen zu können. In diesem Falle wäre ihr Fremdheitsgefühl also das Resultat einer mangelnden Passung, das gar nicht so sehr aus der unmittelbaren alltäglichen Erfahrung im Umgang mit anderen resultierte, sondern lediglich aus der imaginativen Abarbeitung an Vorstellungen über das, was eine Deutsche ausmacht, heraus sich einstellt. Dies allerdings wäre schon fast eine Form von pathologisch anmutender ›Gefühlsproduktion‹, weil ausgehend von imaginierten äußeren Sollensmaßstäben Gefühle eben tatsächlich geradezu produziert würden, entsprechend der Logik ›ich bin eine Frau, Frauen gebären Kinder, also beschließe ich, Kinder bekommen zu wollen‹.
(L2) Im umgekehrten Falle wäre diese Sequenz keine Schlussfolgerung, sondern eine Begründung oder Erläuterung, es hieße also gewisser-

14 Dass dieses »hier« Deutschland bezeichnen muss, kann nun ungeachtet aller Kontextinformationen, die der Leser stillschweigend mitgeführt haben mag, rekonstruiert werden anhand folgender Überlegungen: Ob das »hier« Amerika oder aber Deutschland bezeichnet, geht zwar aus dieser Stelle nicht hervor; das Interview könnte also sehr wohl in deutscher Sprache in Amerika geführt worden sein. Da aber Frau Brückner zuvor über ihre Schwierigkeiten, sich weder als Amerikanerin noch als Deutsche zu bezeichnen, gesprochen hat, sich in ihre Sprache allerdings weder Anglizismen noch grammatikalische Fehler mischen, die auf Englisch als erste Sprache der alltäglichen Verständigung hinwiesen, kann durchaus davon ausgegangen werden, dass sich Esther Brückner also nun seit längerer Zeit wieder in Deutschland befindet.

maßen in Langschrift: ›Ich bin weder richtige Amerikanerin noch richtige Deutsche, also, ich meine damit, ich fühle mich immer noch fremd hier‹.

Die kombinierte Verwendung der Tempus-Adverbien ›immer‹ und ›noch‹ weist aus, dass Frau Brückner das Gefühl der Fremdheit als Ergebnis einer defizitär verlaufenen (und unter Umständen noch nicht abgeschlossenen) Entwicklung ansieht: die Fremdheit sollte eigentlich längst überwunden worden sein.

Das Thema der Heimatlosigkeit erfährt damit eine Zuspitzung und Konkretisierung, denn angesprochen ist zugleich die Ebene sozialer Beziehungen: Esther Brückner erlebt sich in ihrem sozialen Umfeld als ›anders‹. Wenn sie trotz dieser über Jahrzehnte hinweg unvermindert empfundenen Fremdheit geblieben ist, so muss sie dafür sehr starke Gründe gehabt haben.

Zunächst ist fraglich, ob und inwiefern das Leben in Amerika sie so stark geprägt haben kann, dass ihr eine Integration in die deutsche Gesellschaft bzw. die Selbstidentifikation als ›Deutsche‹ nicht (mehr) möglich wurde. Denkbar ist dennoch, dass Esther Brücker ihr Leben in Deutschland unter (nicht nur in materieller Hinsicht) schlechten Bedingungen begann, dass es ihr Schwierigkeiten bereitete, mit den unterschiedlichen Werten und Lebensstilen zurechtzukommen und dass sie dabei nicht genügend Unterstützung erhielt. Genau besehen kann dies allerdings nur unter der Voraussetzung angenommen werden, dass sie in den sowjetisch besetzten Teil Deutschlands übersiedelte, denn der Aufbau des restlichen Deutschland geschah ja unter der Führung der westlichen Besatzungsmächte und durchaus unter Orientierung am amerikanischen Lebensstil, die an der damaligen neugierigen, wenn nicht begeisterten Aufnahme nicht nur amerikanischer Konsumgüter, sondern auch von Musik und Filmen ablesbar ist.

*(L3) Weiteres Befremdungspotential mag für Frau Brückner in der sogenannten deutsch-deutschen Wiedervereinigung von 1989 und ihren Folgen liegen. Zu diesem Zeitpunkt war sie bereits 64 Jahre alt, sie lebte seit 43 Jahren wieder in Deutschland und war 40 Jahre lang, also von Beginn an, Staatsbürgerin der DDR gewesen. Die ›Wende‹ wird also für sie möglicherweise erneut einen starken Umbruch bedeutet haben. In Esther Brückners Formulierung wird allerdings eine andauernde Fremdheit ohne neuerliche Steigerung zum Ausdruck gebracht. Daher scheint dieser Aspekt für sie zumindest an dieser Stelle nicht von Bedeutung zu sein, so dass diese Lesart als unwahrscheinlich verworfen werden kann.

(L4) Frau Brückner fühlt sich vor allem deshalb fremd, weil es ihr in all den Jahren nicht gelungen ist, sich ein stabiles soziales ›Netz‹ zu schaffen und damit in anderen Deutschen Personen zu sehen, denen sie vertrauen kann. Ein Gefühl von Fremdheit kann nur dann anhalten, wenn kein intensiverer Kontakt zu den ›Fremden‹ aufgenommen wird, in dem über die Entwicklung persönlicher Beziehungen eine Auseinandersetzung mit dem Eigenen und dem Fremden erfolgen kann und schließlich als kulturspezifisch zugeschriebene, stereotype Eigenschaften allmählich hinter die je individuellen Eigenschaften der jeweiligen Personen zurücktreten. Esther Brückner hat sich gewissermaßen in die innere Emigration begeben. Schließlich hätte das Problem auch durch eine Rückkehr nach Amerika nicht gelöst werden können – dort nämlich wäre sie keine ›richtige‹ Amerikanerin.

Anschlussoptionen:
Es müsste sich nun zeigen, ob Frau Brückner
(O1) das Fremdheitsgefühl im Sinne von (L1) gewissermaßen schlussfolgert aus der Feststellung, weder richtige Amerikanerin noch Deutsche zu sein. Dann würde diese Aussage den Abschluss dieses Themas markieren und Esther Brückner könnte z. B. Konsequenzen benennen, die für sie aus dieser Fremdheit resultieren.
(O2) Eine andere Option, resultierend aus (L2), wäre, dass es sich hier um den Auftakt zu einer Erläuterung dieses Problems handelte. Dann müsste sie nun darstellen, woran sie das Gefühl des Fremdseins konkret festmacht, in welchen Situationen sie also Fremdheit empfindet.

6. Zum Beispiel wenn ich so im Krankenhaus bin, ich mach immer allet anders als die Leute, ja?
Frau Brückner realisiert (O2), das heißt, sie bindet das Fremdheitsgefühl also durchaus an Erlebnisse und nicht an theoretische Überlegungen, indem sie es am Beispiel von Krankenhausaufenthalten konkretisiert und mit dem Artikel ›so‹ zugleich deren Exemplarität für den Alltag untermauert. Denn über die Kombination der Konjunktion ›wenn‹ mit dem hier einerseits eine unbestimmte temporale, andererseits eine modale Markierungsfunktion erfüllenden ›so‹ wird zum Ausdruck gebracht, dass eine bestimmte Handlung in unbestimmten Abständen immer wieder in der gleichen Art und Weise (nämlich ›so‹) auftritt und dass dieser Art und Weise ihrer Ausführung ein allgemein bekanntes Modell zugrunde liegt, dass also nicht eigens erläutert werden muss (z. B. ›wenn ich so spazieren gehe, dann denke ich über die Erlebnisse des Tages nach‹).

Im Allgemeinen eher die Ausnahme darstellende Krankenhausaufenthalte sind also für Frau Brückner offenbar des Öfteren notwendig, weil unter Umständen altersbedingte körperliche Beschwerden für sie zum Alltagsleben gehören und ihre Behandlung zur Routine geworden ist. In der Routine aber macht sie zugleich immer wieder die Erfahrung des ›Außergewöhnlichen‹: Hier scheint selbst im Alltagshandeln die Krise der Normalfall zu sein.

Die Institution Krankenhaus ist ein öffentlicher Ort, und dort begegnet Esther Brückner nicht etwa anderen Patienten, sondern ›Leuten‹, sie steht fremd einer homogenen Masse (von Patienten und Personal) gegenüber, da sie sich anders als diese verhält. In der Behauptung, »immer alles anders« zu machen als die (und damit: alle!) Leute wird die größtmögliche Differenzmarkierung vorgenommen und absolute Einmaligkeit konstruiert.

(L1) Frau Brückner tut zwar das, was auch andere Patienten tun, aber in all ihren Handlungen weicht der Modus der Ausführung von jenem der Mitpatienten ab. Esther Brückner präsentiert sich als durch und durch amerikanisiert, wobei (noch) unklar ist, worin sich diese vielleicht nur graduelle, aber permanente Verhaltensabweichung äußern könnte. Indem Esther andere Menschen leicht pejorativ als ›Leute‹ bezeichnet, bringt sie Geringschätzung gegenüber deren gewöhnlichem Verhalten zum Ausdruck. In diesem Falle wäre das oben thematisierte Gefühl der Fremdheit lediglich mit dem Bedauern verbunden, von den ›Leuten‹ hinsichtlich der eigenen Einmaligkeit verkannt zu werden.

(L2) Esther Brückners Verhalten weicht nicht nur von jenem der Mitpatienten ab, sondern läuft auch den ärztlichen Anweisungen zuwider. Dass die ›Andersartigkeit‹ gerade am Beispiel des Aufenthalts im Krankenhaus belegt wird, in dem spezifische, institutionell definierte Regeln einzuhalten sind, macht deutlich, dass das Problem des ›Fremdseins‹ nicht so sehr auf der Ebene von Nationalität und kulturspezifischen Gewohnheiten liegt, sondern, dass es ganz allgemein um die Auseinandersetzung mit Normen und Erwartungen anderer einerseits und den eigenen Ansprüchen andererseits geht. Wenn gegenüber institutionalisierten Erwartungen in Form von Verhaltensvorschriften stets eigene Bedürfnisse und Vorstellungen durchgesetzt werden, heißt dies, dass einerseits keine Einfügung in institutionelle Ordnungen und andererseits auch keine Rücksichtnahme (auf die Mitmenschen) erfolgt, weil aufgrund mangelnder Ambiguitätstoleranz und Fähigkeit zur Rollendistanz gegen Rollenanforderungen permanent rebelliert werden muss. Eine solche Haltung aber zieht permanente Konflikte nach sich, die die intendierte Abgrenzung negativ potenzieren. Sie bringt des Weiteren einen Drang nach Freiheit zum Vorschein, bei dem es sich aber eher um eine Freiheit von als um eine Freiheit für etwas – und damit letztlich um eine Illusion von Autonomie – handelt.

7. *Äh äh irjendwie hab ich mir dann nich lang genuch die Zähne jeputzt wie die – Nachbarin meint, wie ich müsste oder äh, oder äh oder ich gehe äh-äh-äh im Bademantel auf'n Flur, und ›nee, dat macht man nich, man muss sich richtig anziehen‹& irjendwat mach ich immer – falsch.*
An den Wortfindungsschwierigkeiten Esther Brückners und ihrer diffusen Ausdrucksweise (»irgendwie«) zeigt sich, dass sie Schwierigkeiten

hat, das Problem präzise darzustellen. Sie benötigt mehrere Anläufe, um schließlich konkret und wörtlich die Kritik anderer wiederzugeben. Auch wenn sie weiß, *was* sie falsch gemacht hat, bzw. genauer: die Perspektive anderer wiedergeben kann, fällt es ihr schwer, diese Perspektive auch einzunehmen und zu verstehen, *warum* sie aus deren Sicht falsch gehandelt hat. Der Konflikt wird nicht verstanden, sondern im Grunde genommen dahingehend gedeutet, dass es die anderen sind, die ein Problem mit *ihr* haben.

Der Konflikt ›Abweichung vs. Anpassung‹ schält sich nun noch deutlicher heraus: Es geht nicht darum, dass Esther Brückner sich durch ›kulturell bedingte‹ Andersartigkeit auszeichnet, sondern sie hat Schwierigkeiten mit Situationen, in denen sie unangenehm auffällt und sich als ›nicht richtig‹ in den Augen anderer erlebt.

Dieses grundlegendere Identitätsproblem[15] wird subsumiert unter das Problem der nationalen Identität: Denn Frau Brückners Argumentation zufolge müsste nun angenommen werden können, dass es ›typisch‹ amerikanisch sei, sich nur flüchtig die Zähne zu putzen oder im Morgenmantel über den Krankenhausflur zu spazieren. Abgesehen davon, dass es in Deutschland eine durchaus verbreitete Unsitte ist, im Bademantel oder Jogginganzug selbst über das Klinikgelände zu flanieren: Es wird deutlich, dass Frau Brückner ihre Unangepasstheit bzw. ihr ›Fehlverhalten‹ kausal in Beziehung setzt zur emigrationsbedingten Tatsache, in zwei Kulturen aufgewachsen zu sein.

Die Identitätsproblematik ist tatsächlich an die Erfahrung der Emigration gebunden, dass diese aber primär in Bezug zu der Erfahrung des Kindes steht, von emotional bedeutsamen, nahe stehenden Personen abhängig zu sein, und diese Beziehungen nur durch heteronome ›Unterordnung‹ aufrechterhalten zu können, wird ausgeblendet. Der Kernkonflikt, der hier manifest als Problem mangelnder kultureller Anpassung erscheint, erweist sich als latent schwelendes Problem von Bindungsstreben einerseits und autonomer Entscheidungsfindung und -vertretung andererseits.

8. Mein <u>ganzes</u> Leben seitdem ich hier bin, is so dass ich <u>immer</u> irjend was mache, wat die andern nich jut finden. (I: mhm).

Mein <u>ganzes</u> Leben

Betrachtet man nochmals die vorangehenden drei Sequenzen, so kann man feststellen, dass darin jeweils unter Verwendung des Tempus-Adverbs ›immer‹ ein Problem, nämlich das des Erlebens von Fremdheit/

15 Vgl. dazu Eriksons Konzeption von Ich-Identität als das Gefühl, sich selbst als so einheitlich und kontinuierlich erleben zu können wie man in den Augen anderer erscheint (1959/1973, 107).

Anderssein thematisiert wird[16]. Das Ausmaß und die persönlich empfundene Dramatik dieses Problems scheinen nun zu kulminieren in der Definition des gesamten eigenen Lebens als problematisch. Denn wenn diese Sequenz einen wohlgeformten Anschluss zu den vorherigen darstellen soll, so kann sie nur bedeuten, dass die Sprecherin bereits ihr ganzes Leben lang mit einer Außenseiterproblematik zu kämpfen hat, nämlich mit dem Gefühl, in jeglichen Kontexten anzuecken.

Gedankenexperimentelle Kontrastformulierungen zeigen deutlich auf, in welcher Form es weitergehen kann – nicht möglich sind zum einen triviale Darstellungen bloßer Regelmäßigkeiten, wenn der Person nicht pathologische Zwanghaftigkeit unterstellt werden soll (*›Mein ganzes Leben lang nehme ich samstags ein Vollbad.‹)

Zum anderen sind aufgrund der zuvor bereits vorgenommenen Problematisierung (»irjendwat mach ich immer falsch«) keine positiven Evaluationen möglich, jedenfalls nicht ohne antithetische Einkleidung (*›Mein ganzes Leben ist fabelhaft verlaufen und trotzdem…‹) und erheblichen Begründungsaufwand.

Es ist somit davon auszugehen, dass eine negative Evaluation folgt. Erzählt wird eine Geschichte des Scheiterns, dessen Gründe in einer mangelhaften Person-Umwelt-Passung gesehen werden, genauer gesagt, darin, dass Esther Brückner die eigene Besonderheit stets nur als negativ sanktioniert erfährt und Resonanz damit nur in negativer Form erhält.

Es sind für Esther Brückners Darstellung ihrer Lebensbilanz noch unterschiedliche Perspektiven denkbar, nämlich

(O1) einmal eine Darstellung auf der Handlungsebene, bei der andere mit dem, was sie Esther Brückner erfahren lassen, im Zentrum stehen. (z. B. ›Mein ganzes Leben lang bin ich immer nur kritisiert worden.‹)

(O2) Zum anderen eine Darstellung auf der emotionalen Ebene, in der Frau Brückner sich auf das eigenen Erleben konzentriert (z. B. ›Mein ganzes Leben (lang) geht das schon so, dass ich mich als anders erlebe/ nirgendwo dazugehöre.‹)

seitdem ich hier bin

Interessanterweise wird nun aber keine der formulierten Optionen realisiert, sondern es wird mit ›seitdem‹ als Konjunktion, die einen seit einem bestimmten Zeitpunkt laufenden Prozess markiert, eine Einschränkung vorgenommen, die der zuvor erfolgten maximalen Öffnung hinsichtlich der Gültigkeit der nachfolgenden Aussage (nämlich von der Geburt bis voraussichtlich zum Tod) widerspricht. Mit dieser Einschränkung scheint Esther Brückner eine Abmilderung oder aber

16 So in Sequenz 5: »Also ich fühl mich immer noch fremd hier.«
In Sequenz 6: »ich mach immer allet anders als die Leute, ja?«
In Sequenz 7: »irjendwat mach ich immer – falsch.«

Präzisierung der ursprünglich intendierten Aussage anzustreben; dennoch bleibt das Problem bestehen, dass zunächst von ihr im Sinne einer Bilanzierung die gesamte bisherige Lebensspanne angesprochen wurde. Die Korrektur an sich verweist also bereits darauf, dass Frau Brückner bestrebt ist, die zuvor eröffnete Problematisierung eines Konflikts als Lebensthema wieder einzugrenzen und auf eine bestimmte Zeitspanne zu beschränken. Anhand der gedankenexperimentellen Ersetzung: ›Die ganze Zeit, seitdem ich hier bin‹, zeigt sich, wie Esther Brückner ihre Aussage auch hätte formulieren können. Dass sie dies nicht tat, verweist darauf, dass sie versucht, ein Lebensproblem kausal und temporal an einen bestimmten Zeitpunkt zu knüpfen und damit alles, was vor diesem Zeitpunkt liegt, von dieser Problematik ›freizusprechen‹.

Es kann also in dem noch zu benennenden Problem für sie nicht nur um etwas gelegentlich in der hier verbrachten Zeit Erlebtes gehen, sondern um etwas, was kontinuierlich und in fundamentaler Weise, insbesondere aber seit der Rückkehr nach Deutschland ihr Leben bestimmt hat (und gegenwärtig noch immer bestimmt).

is so dass ich <u>immer</u> irjend was mache, wat die andern nich jut finden. (I: mhm).

Das Leben Frau Brückners in Deutschland ist von permanentem Missfallen ihrer Handlungen in den Augen anderer geprägt. Esther Brückner spricht hier allerdings nicht von ›Anderssein‹ oder von bestimmten, gelegentlichen Verhaltensabweichungen, sondern davon, dass beliebige Handlungen negativ bewertet werden. Sie sieht sich offenbar geradezu in einer permanenten Double-Bind-Position gefangen, denn es scheint gleichgültig, was sie tut, es gibt immer irgendetwas daran auszusetzen. Damit wird deutlich, dass es sich um eine mit permanenter negativer Resonanz verknüpfte Identitätsproblematik handelt, denn das Problem potentiell falschen, schuldhaften Handelns, das Esther Brückner aus dem Umstand ihrer Rückkehr nach Deutschland kausal ableitet, ist zunächst ein allgemein-menschliches: Jeder Mensch tut immer wieder irgendetwas, was andere nicht gut finden, bzw. ist es umgekehrt unmöglich, stets fehlerfrei und moralisch ›richtig‹ zu handeln und über alle Handlungen auch die Anerkennung der, wenn nicht gar aller anderen zu gewinnen. Deutlich ist zwar, dass Frau Brückner hier von ›den‹ anderen, also konkreten, signifikanten Anderen spricht, indem sie aber ihre Aussage derart global formuliert, dass ihr ganzes Handeln permanent in Frage steht, weitet sie den Kreis der faktischen ›Anerkennungsverweigerer‹ aus auf potentielle, als signifikante noch nicht in ihr Leben getretene generalisierte Andere.

Indem Esther Brückner den Fokus nun nicht nur auf der sozialen Ebene, sondern auch auf der Zeitachse ausdehnt und ihr permanentes ›Fehlverhalten‹ kausal an die Rückkehr nach Deutschland bindet, konstruiert sie das Leben danach und die eigene Identität als durch die Emigration determiniert, denn es wird umgekehrt zugleich insinuiert, dass diese Anerkennungsproblematik vorher in Amerika nicht bestand und sich auch nicht ergeben hätte.

Esther Brückner müsste also permanent leiden unter einem tragischen Gefühl fundamentalen Unverstandenseins – es mangelt ihr an der wiederholten Erfahrung positiver Resonanz und damit auch an einem verlässlichen, vertrauenswürdigen Gegenüber, das ihr diese Resonanz zuteil werden lässt. Ein solches Gegenüber – hier könnte man dann mit Kegan auch von einer einbindenen Kultur sprechen (vgl. Kegan 1994) – und der Prozess der Auseinandersetzung mit diesem Gegenüber, in dem das Subjekt sowohl die Erfahrung des Freigelassen-Werdens als auch der Möglichkeit der Wiederaufnahme machen kann, ist eine wichtige Voraussetzung dafür, eine eigenen Position und einen eigenen Maßstab zu entwickeln, der zu beurteilen hilft, was gut und richtig ist, und auch hilft, auf das eigene Urteil zu vertrauen.

Vermutlich wird Esther nicht genügend Unterstützung darin erfahren haben, sowohl in einbindender Interaktion mit als auch der Abgrenzung von anderen einen solchen verlässlichen Maßstab zu entwickeln, weil sie entweder häufig allein war oder aber aufgrund eines häufigen Wechsels von Bezugspersonen vor allem bemüht war, sich auf diesen Wechsel und entsprechend unterschiedliche Verhaltensanforderungen einzustellen – um den Preis der Entwicklung von Vertrauen auf die Tragfähigkeit einer eigenen Perspektive sowie eine ausreichende Ambiguitätstoleranz hinsichtlich divergierender Handlungs- und Rollenerwartungen (vgl. Krappmann 1975).

9. *Und und äh insofern war ich ne <u>lange Zeit</u> der Meinung, dass ich so amerikanisch bin, aber meine Nicht hat mir dann erklärt, nee, eigentlich, Amerikanerin biste ooch nich.*

Und und äh insofern war ich ne lange Zeit der Meinung, dass ich so amerikanisch bin

Esther Brückners Problem einer unsicheren Identität in Verbindung mit dem Gefühl mangelnder Zugehörigkeit und negativer Resonanz erweist sich nun nochmals als eines, das von ihr nachträglich ausschließlich auf der Ebene der nationalen Zugehörigkeit betrachtet wird. Dabei ist es keineswegs so, dass Frau Brückner mit einsozialisierten, ›typisch amerikanischen‹ Gewohnheiten aneckt, sondern, indem sie (in eher geringfügigem Maße) gegen kulturunspezifische, allgemeine Umgangsformen und Verhaltensregeln verstößt. Da sie solche grundsätzlich unter die Kategorie nationaler Identität subsumiert und bestrebt ist, nicht unangenehm aufzufallen, zugleich nicht bereit ist, sich anzupassen und folglich feststellen muss, dass sie zwangsläufig gelegentlich die Erwartungen anderer nicht erfüllt, kommt sie über einen schiefen Umkehrschluss zu dem Ergebnis, sie erfahre Missbilligung, weil sie in ihrem Verhalten amerikanisch geprägt sei. Diese Erklärung bietet ihr zugleich einen prekären Schutz, einerseits vor Verletzung durch Kritik, andererseits aber auch (und darum prekär) vor einer manifesten Identitätskrise, die erst die Option einer Lösung und Stabilisierung böte. Die Einkleidung grundlegender Unsicherheit hinsichtlich der eigenen Identität in die Frage nationaler Zugehörigkeit bietet Esther Brückner die Möglichkeit, nur einen Teil der eigenen Identität als ›problematisch‹ betrachten zu müssen, die Gründe dafür außerhalb ihrer selbst sehen und sagen zu können ›da kann man nichts machen, so bin ich eben sozialisiert worden.‹

Auffällig ist im Übrigen, dass Frau Brückner die Frage ihrer Nationalität zwar als eine präsentiert, die fundamental ihr Leben bestimmt, sie verleiht dieser aber zugleich unangemessene Beliebigkeit, indem sie diese auf der Meinungsebene ansiedelt. Jemand, der sich über seine eigene Nationalität eine Meinung bilden muss, muss nun aber in sehr merkwürdigem Verhältnis zu sich selbst stehen. Meinungen sind Standpunkte, Ansichten, die auf Erfahrungen und kognitiver Auseinandersetzung mit Wissen, mit Themen und Fragen basieren. Eine Meinung kann zwar mehr oder minder unreflektiert geäußert werden, sie ist aber mehr als eine bloße Feststellung oder Empfindungsäußerung und ist somit prinzipiell begründungspflichtig. Im Zuge einer solchen Begründung kann eine argumentative Auseinandersetzung dann dazu führen, dass eine Meinung geändert oder zugunsten einer gegensätzlichen Überzeugung gar ganz aufgegeben wird. Wenn Esther Brückner nun also ihre nationale Identität zu einer Meinungsfrage deklariert, muss daraus gefolgert werden, dass diese Frage so problematisch für sie ist, dass sie darüber nur theoretisch nachdenken, aber sie nicht auf der Basis ihres Empfindens beantworten kann. Das heißt, sie muss, wie sie es hier im Übrigen ja auch getan hat, versuchen, objektive Kriterien heranzuziehen, um diese Frage schlussfolgernd beantworten zu können. Eine solche Perspektive auf das Selbst zeugt von erheblicher Entfremdung, und so scheint die eigentliche Tragik für Esther Brückner nicht in der Fremdheit gegenüber anderen Deutschen, sondern in jener der eigenen Person gegenüber zu liegen – sie weiß nicht, ›wer‹ sie ist, sondern kann sich die diffuse Identität der Person, die sie als Summe ihrer Erfahrungen ist bzw. sein könnte, nur über Mutmaßungen und kognitive Schlussfolgerungen (re-)konstruieren.

aber meine Nicht hat mir dann erklärt, nee, eigentlich, Amerikanerin biste ooch nich.

Durch die ›Erklärung‹ der Nichte wird Esther Brückners Verbindung von Identität und Nationalität nun tragischerweise noch der Boden entzogen, denn die Nichte zieht Kriterien heran, um der Tante aufzuzeigen, dass sie diese nicht erfüllt und dieses (vernichtende) Urteil wird von Esther Brückner angenommen, weil es für sie anhand von Fakten belegbar erscheint.

Übrig bleibt dann die ›Erkenntnis‹, weder ›Fisch noch Fleisch‹ zu sein und dies müsste, da Frau Brückner nun weder die deutsche noch die (us-)amerikanische Nationalität zur Definition ihrer Identität für sich reklamieren kann, zu dem Gefühl, nichts zu sein und damit zu einer erheblichen Krise geführt haben, die von ihr aber offenbar nicht dahingehend bearbeitet werden konnte, dass eine Identitätskonstruktion über positive Selbstattribuierungen möglich wurde, sondern sich weiterhin über die Definition als ›Nicht-wie-andere‹ vollzieht.

10. Also ich/das is sozusagen dat Ergebnis der ganzen, äh Sache in meiner Jugend ja, dies, dass ich sozusagen kein richtiges Heimatland habe. (I: mhm)
Frau Brückner unternimmt an dieser Stelle nochmals den Versuch einer Ergebnissicherung und schafft sich mit ihrer Argumentation eine ›Füllmasse‹, mit der sie die gerade offen zutage getretene Kluft der unbestimmten Identität wieder zu schließen vermag. Es fällt nun allerdings auf, dass Esther Brückner als ›Ursache‹ ihrer Heimatlosigkeit sehr distanziert und diffus »die Sache in meiner Jugend« nennt. Das heißt, es gibt für sie keine monokausale Beziehung zwischen einem einzigen Wirkfaktor und dem Ergebnis, sondern möglicherweise ein ganzes Bündel verantwortlicher Faktoren, die sie allerdings nicht zu benennen vermag. Weder ist die Heimatlosigkeit Folge der Emigration noch der Remigration, sondern die Schwierigkeiten sind ungleich komplexer, weil sie zum Beispiel auch mit der mangelnden Möglichkeit positiver Selbstkonstruktion auf der Basis positiver Resonanzerfahrung (also Anerkennung) und der Möglichkeit der Einnahme und Ausgestaltung eines eigenen Ortes innerhalb einer Gemeinschaft verbunden sind. Es ist Frau Brückner bis heute nicht gelungen, diese Zusammenhänge ganz zu durchdringen.

11. Von jedem, n bisschen, ja, hier bin ich so jewohnt zu leben, so die letzten ((gedehnt, überlegend)) äh, siebenundfuffzig Jahre, äh äh aber, aufjewachsen bin ich da, so dass ich sozusagen da doch irjendwie sehr viele Eigenschaften doch so mehr habe, wie se da/dieses gesunde Essen und/ is zum Beispiel sehr viel üblicher in den USA, so, lauter so Anjewohnheiten, ja?
Mit der Wiederholung strukturell gleicher Argumente reproduziert sich das anhand der vorangegangenen Sequenzen bereits herausgearbeitete Muster bezüglich Esther Brückners Identitätsproblematik und ihrer Selbstpräsentation.

Es wird zum einen nochmals deutlich, dass es Frau Brückner in den 57 Jahren ihres Lebens in Deutschland nicht gelungen ist, sich ein soziales Umfeld zu erschließen, in dem sie Fremdheitsgefühle abbauen und sich heimisch fühlen konnte. Diesen Mangel an stützender Sozialität jedoch kann sie als solchen nicht benennen, sondern wiederum wird die zweifellos prägende Phase der Jugend in den USA als Grund für die Beibehaltung von vermeintlich typisch us-amerikanischen »Eigenschaften« und Angewohnheiten genannt, bei denen es sich erstens mit Sicherheit nicht um solche handelt, und die zweitens mit ebenso großer Sicherheit nicht zu Stigmatisierung führen. Jedenfalls ist Frau Brückners Beispiel des gesunden Essens erstens trotz amerikanischer Health-Food-Bewegung kein überzeugendes Beispiel einer typisch amerikanischen »Angewohnheit«, denn ebenso gut könnte umgekehrt behauptet werden, die Tendenz zu ungesunder Ernährung sei typisch amerikanisch, zweitens mag es wohl schwer fallen bzw. frustrierend sein, lieb gewordene Gewohnheiten in der Lebensführung nicht unverändert beibehalten zu können, allerdings ist auch hier Esther Brückners Beispiel nicht geeignet, die zuvor behauptete Stigmatisierung eindrucksvoll zu belegen.

3.5 Zusammenfassung zur Erweiterung der Fallstrukturhypothese

Es konnte bei der Analyse und Interpretation der letzten Sequenzen herausgearbeitet werden, dass Esther Brückner als zentrales Problem ihres Lebens das Gefühl mangelhafter Anpassung und Zugehörigkeit empfindet und dieses in ihrer Rückkehr nach Deutschland begründet sieht, die ihr die Zuordnung zu einer sozialen Vergemeinschaftung auch auf nationaler Ebene nicht ermöglicht hat. Der Rückgriff auf Staatsbürgerschaft als kollektiv verbürgter Bewährung verheißender Mythos bleibt für Esther Brückner problematisch, noch schärfer formuliert: er scheitert.

Was sich reproduziert, ist Frau Brückners Perspektive auf sich selbst als durchgängig ›anders‹. Auf der Ebene der Selbstdarstellung zeigt sich hier stärker der Versuch, sich reflexiv zu präsentieren. Hinsichtlich der Fallstruktur kommt als neues Element die Artikulation des Wunsches nach Zugehörigkeit hinzu. Das Fehlen einer dauerhaft und grundsätzlich ›zur Verfügung stehenden‹ Gemeinschaft, der sich Esther Brückner zugehörig fühlen kann, wird in der Problematisierung der Nationalitätsfrage deutlich zum Ausdruck gebracht.

3.6 »Äh, ja, was gibt's noch?« – Interpretation weiterer identitätstheoretisch relevanter Sequenzen

Im Folgenden sollen zusätzlich einige, anhand thematischer Foci ausgewählte Sequenzen interpretiert werden; diese betreffen aufgrund der in der Fragestellung angelegten Konzentration auf die identitätstheoretisch zentralen Aspekte der bewährungsorientierten Adoleszenzkrisenentwicklung sensu Oevermann (2004; vgl. Kap. II, 2.1.3.):

1. die Frage der Staatsbürgerschaft und Gemeinwohlorientierung. Wenngleich insbesondere in den letzten Sequenzen die Problematik der Staatsbürgerschaft als Bewährungsdimension, in der die Entwicklung eines tragfähigen Entwurf offenbar scheitert, bereits im Zentrum stand, soll noch ein weiterer Aspekt betrachtet werden, nämlich die eigene politische Verortung (was wird unter ›Politik‹ verstanden; präsentiert und definiert sie sich selbst als politisch aktiv/engagiert?)
2. die Beziehung zur Mutter (Herkunftsmythos und Bindung) sowie
3. die Beziehung zum Ehemann und die Perspektive auf sich selbst als Ehefrau und Mutter (Paarbeziehung und Elternschaft) und
4. den Beruf (Leistungsdimension und ›Selbstverwirklichung‹).

3.6.1 Staatsbürgerschaft/Gemeinwohlorientierung und politisches Engagement

1. Naja, das war so das Schulische und Berufliche, politisch wars so in New York mit mir,[17]

Die Sprecherin schließt vorherige Ausführungen ab und qualifiziert das bisher Gesagte, indem sie es zwei unterschiedlichen biographischen Abschnitten zuordnet: Schule und Beruf. Indem sie substantivierte Adjektive verwendet, markiert sie zugleich, dass für sie auch nicht primär sach- und leistungsbezogene Aspekte zu diesen ›Themenfeldern‹ gehören: So hätte die Aussage ›das waren Schule und Beruf‹ eine Perspektive offenbart, die stärker institutionellen Ablaufmustern folgt, während die hier realisierte Form verdeutlicht, dass zum ›Schulischen‹ und ›Beruflichen‹ alles gehört, was ›irgendwie‹ in Zusammenhang damit steht, also auch der Aspekt eigener intentionaler Entwürfe sowie jener sozialer Beziehungen.

Indem Esther Brückner ankündigt, nun über das ›Politische‹ reden zu wollen, macht sie deutlich, dass sie in der Lage ist, ihr Leben quasi-sozialwissenschaftlich unter verschiedenen Konstruktionsfoci zu präsentieren.

17 EB 13, 27ff.

Eine solche Distanz aber zeigt auch: das gelebte Leben kann nicht einfach erzählt werden, sondern muss erst handhabbar gemacht werden durch thematische Zergliederung.

politisch war's so in New York mit mir
Inhaltlich kann hier zunächst nicht mehr festgestellt werden, als dass Esther Brückner in New York in irgendeiner Form politisch Stellung bezogen oder sich gar aktiv engagiert haben muss.

Der Satzbau allerdings mutet eigentümlich an; es fällt daran auf, dass Frau Brückner erstens Wert darauf legt, explizit deutlich zu machen, dass es nun um sie persönlich geht. Zweitens aber tut sie dies relativ spät – das Subjekt, das hier im Satz aber Objektstellung erhält, wird nachgeschoben.
(L1) Frau Brückner nimmt eine Differenzbestimmung vor, indem sie deutlich macht, dass es im Folgenden um sie selbst geht. Dies aber wäre im Grunde genommen nicht nötig, da sie in diesem lebensgeschichtlichen Interview ohnehin im Mittelpunkt steht. Das bedeutet, dass sie hervorheben muss, dass es nun um ihre eigene politische Haltung und nicht um die allgemeine politische Lage in New York geht, zu der sie sich auch äußern könnte. Des Weiteren wird eine distanzierte Perspektive auf die eigene Entwicklung daran deutlich, dass Frau Brückner sich selbst zum Objekt macht. Zu folgern ist daraus erstens, dass die politische Orientierung als etwas Besonderes, durch das sich Esther Brückner von anderen unterscheidet, deutlich herausgehoben werden muss, und zweitens, dass offenbar das Selbst von außen, wie ein Objekt (»mit mir«) betrachtet wird, weil es entweder inzwischen fremd erscheint oder nicht als aktiv handelnd, sondern als passiv, als mit sich etwas geschehen lassend, betrachtet wird.

Radikal zugespitzt formuliert hieße das: Es gab keine eigene politische Aktivität, dennoch wird eine politische Selbstpräsentation angestrebt, und zwar, weil Politik durchaus zu Esther Brückners Entwurf einer ›Normalbiographie‹ dazugehört, die eigene politische Orientierung aber nicht über Auseinandersetzung mit, sondern durch Übernahme der politischen Überzeugungen und Handlungen anderer erfolgte. Insofern stellt die politische Überzeugung also nicht etwas selbst Entwickeltes, sondern etwas Fremdes, ihr äußerlich Gebliebenes dar, das sie nur wie etwas Aufgestülptes oder Angehängtes ›mit sich mit-nimmt‹ bzw. mitgenommen hat und ihr inzwischen fremd geworden ist.
(L2) Es wird eine Differenzbestimmung vorgenommen, die aber nicht primär die Unterscheidung von anderen Personen artikuliert, sondern – über die Ortsbestimmung »in New York«, die einen Lebensabschnitt und nicht lediglich einen kurzen Aufenthalt kennzeichnet – vor allem von späteren, an anderen Orten verlebten Abschnitten der eigenen Biographie, die sich hinsichtlich Frau Brückners politischer Überzeu-

gung und/oder Aktivität von jener zur Zeit ihres Lebens in New York unterschieden. Kurz: In dieser Lesart würde aus der Perspektive auf ein früheres Selbst vor allem der Aspekt der biographischen Entwicklung betont. Dies schließt die Option mit ein, dass Esther Brückner in New York keineswegs politisch engagiert war, sondern dass ein entsprechendes Interesse im Grunde erst später sich entwickelte und diese Differenz nun benannt wird. Denkbar wäre durchaus eine Konstruktion wie ›politisch war's so in New York mit mir, dass ich eigentlich noch recht naiv und uninteressiert war‹. Es würde also etwas benannt, was später, aber nicht zur damaligen Zeit, als Mangel erkannt wurde.

Anschlussoptionen:
Die Interviewte muss nun in jedem Fall darstellen, wie es in New York um ihre politische Haltung bestellt war. Dies könnte sie, im Sinne der beiden obigen Lesarten entweder, indem sie auf ihre damalige politische Haltung und eventuelles aktives Engagement zu sprechen kommt und
(O1) sich damit entweder von anderen Personen abhebt oder die politische Einflussnahme anderer auf sie darstellt oder aber
(O2) entsprechend der Lesart (L2) vor allem auf den eigenen politischen Wandlungsprozess, also auf eine Differenz zwischen ›früher‹ und ›heute‹ abhebt.

2. *dass ich da in d/wahrscheinlich so n bisschen auf Hinweis meiner Mutter oder so am Anfang, in die Naturfreunde-Jugend eingetreten bin. Nature Friends of America.*
Es zeigt sich, dass (O1) realisiert wird und es wird nun deutlich, weshalb Frau Brückner sich, wie in (L1) herausgearbeitet, selbst zum Objekt macht: Sie war das Objekt der politischen Einflussnahme ihrer Mutter. Dies allerdings scheint ihr selbst nicht mehr genau erinnerlich; sie ist sich nicht sicher, ob ihre Aktivitäten ausschließlich auf Initiative der Mutter erfolgten oder ob nicht vielleicht doch etwas Eigeninteresse hinzugekommen sein könnte. Indem diese Grenzen einerseits markiert und zugleich verwischt werden (*wer* wollte *was*?), gibt Esther Brückner vor allem Auskunft über das Verhältnis zur Mutter, und zwar insofern, als zwischen deren und den eigenen Wünschen nicht klar unterschieden werden kann, aber soll. Entweder war Esther (mit etwa 13-15 Jahren) eigentlich noch zu jung, um sich selbst für den Eintritt in eine solche Organisation entscheiden und schon gar diesen politisch begründen zu können, oder aber es handelt sich um den Fall einer verspätet einsetzenden oder kompliziert verlaufenden Autonomieentwicklung. Denn das, was die Mutter angestoßen hat, so die Botschaft, habe in jedem Falle nur einen Anfang dessen markiert, was sie später selbst gewollt und umgesetzt habe. Betont wird damit das Streben nach Autonomie, zum Ausdruck gebracht wird aber auch eine Unsicherheit darüber, ob diese tatsächlich erlangt worden ist.

Es scheint nun angebracht, einige Informationen über die ›Naturfreunde‹ als äußeres Kontextwissen mit einzubeziehen, um Frau Brückners Ausführungen angemessen einordnen zu können.

Der Verein der ›Naturfreunde‹ wurde 1895 in Wien gegründet; er ging hervor aus alpinen Wanderbewegungen und sollte insbesondere der Arbeiterschaft Reisen und Wanderungen ermöglichen, die bislang Privileg des Bildungsbürgertums gewesen waren. Anders als die Jugendbewegung sprach der Verein unterschiedliche Altersgruppen an und hatte vor allem touristischen Charakter. Er breitete sich weltweit aus, die Ursprünge und Schwerpunkte lagen aber in Deutschland und Österreich. Aufgrund der Adressierung der Arbeiterschaft entwickelte sich der Verein in Deutschland in relativer Nähe zur sozialistischen Arbeiterbewegung (vgl. Zimmer 1984).

Angesichts dieser Informationen erscheint nun im Falle Esthers Brückners ein politisches Engagement im engeren Sinne relativ unwahrscheinlich. Die Mutter aber wird diese Vereinigung vermutlich aufgrund ihrer Einschätzung als ›arbeiternah‹ vor dem Hintergrund des deutschen Kontextes der Bewegung für die Tochter ausgewählt haben, um diese im ›richtigen‹ Milieu wissen zu können.

3. Das war so, so äh, das gabs ja hier in Deutschland auch, die Naturfreunde. in den 20er Jahren, ich weiß nicht, wie lange die überlebt haben. Oder gibt's das vielleicht heut noch? Haben Sie schon mal davon gehört? Nee?

I: Die Naturfreunde.. ja, eigentlich schon, aber ich bin überfragt, ob s die heute noch gibt. Ich glaube schon.

E: Naja, also das war ne fortschrittliche Organisation, die eigentlich nicht ganz so viel mehr mit Natur, also da (…) mit Natur als mehr mit politischen Dingen zu tun hatte.

Frau Brückner ist es nun wichtig, zu erläutern, um was für eine Organisation es sich bei den Naturfreunden handelte, da sie davon ausgeht, dass dies der Interviewerin nicht bekannt ist. Dabei scheint sich die Zugehörigkeit zu diesem Verein für sie tatsächlich nur über eine kurze Zeit in ihrer Jugend erstreckt zu haben, denn sie ist selbst nicht informiert, ob es ihn heute noch gibt, d.h. er war für sie auch nach Beendigung der Mitgliedschaft nicht mehr von Interesse. Dies spricht dafür, dass Esther diese Mitgliedschaft nicht allzu viel bedeutet hat, dass also der Beitritt weniger aus Eigeninteresse erfolgt ist (oder aber dass dieses schnell gesunken war). Des Weiteren wird in ihrem Zweifel daran, ob und wie lange die Naturfreunde ›überlebt‹ haben, deutlich, dass sie diese für eine zwar exzeptionelle, aber deshalb eben auch sehr anfällige, angreifbare Organisation hält, die zumindest in Deutschland ab Ende der 1920er Jahre, spätestens ab 1933 in ihrer Existenz akut gefährdet war, weil es sich um eine politisch missliebige Vereinigung handelte. Diese Einschätzung Esther Brückners wird dann auch im nächstem Satz vollends deutlich: Die Bezeichnung ›Naturfreunde‹ mutiert in ihrer Darstellung zu einem unzutreffenden, veralteten, beinahe schon als Deckmantel fungierenden Namen, denn im Grunde genommen sei es doch viel mehr eine politische Vereinigung gewesen. Auffällig ist zweierlei: erstens Frau Brückners Einschätzung, dass der Hinwendung zur Natur etwas Reaktionäres anhafte, womit vermutlich implizit die Jugendbewegung im Deutschland der Jahrhundertwende beurteilt wird, zweitens, dass die politischen Ziele dieser Vereinigung in Esther Brückners Darstellung ungenannt bleiben, so als habe sie selbst nicht so recht gewusst, um welche »politischen Dinge« es da eigentlich ging und als habe es sie auch nicht so recht interessiert, womit also die oben entwickelte Lesart (L1) gestützt würde, dass der Eintritt in diese ›politische Vereinigung‹ eher mit Esther Brückner geschah, als dass sie sich aktiv und bewusst aus politischem Interesse heraus dafür entschieden hätte. Dennoch ist es ihr wichtig zu erwähnen, sich für Politisches, für etwas ›Ernstzunehmendes‹, intellektuell zu Diskutierendes (im Gegensatz zu romantischer Naturliebe) und Fortschrittliches engagiert zu haben und damit eine progressive, tendenziell intellektuelle, kritische Haltung zu demonstrieren.

Wenngleich Frau Brückner weder über ihre persönliche politische Haltung noch über die der Naturfreunde eine direkte Aussage trifft, gibt sie über die Nennung der Mitgliedschaft in diesem Verein dennoch einen Hinweis darauf, dass sie sich als politisch links verstand, also mit sozialistischen Inhalten sympathisierte.

(O1) Sie müsste nun entweder ihre eigene Haltung deutlich benennen oder aber

(O1.1) näher auf die inhaltliche Arbeit der Naturfreunde eingehen und damit (wenngleich weiterhin implizit und weitaus distanzierter als möglich) ihre politische Orientierung charakterisieren.

(O2) Eine andere Option wäre, dass sie gar nicht weiter auf die Zeit bei den Naturfreunde eingeht, sondern stattdessen auf eine spätere politische Station zu sprechen kommt, bei der dann nämlich ihr eigenes politisches Engagement sich erst richtig ›entfaltete‹ (z. B.: ›Da blieb ich aber nicht lange, diese Naturtümelei, das war mir zu wenig, ich habe begonnen, Marx zu lesen und wurde Kommunistin‹). Dies würde die bislang oberflächliche Darstellung der Naturfreunde erklären, denn diese wären nur die erste Station auf dem Weg der Entwicklung eines politischen Bewusstseins.

4. *Und da habe ich dann zum Beispiel bei Wahlen mitagitiert und äh ..und dann bisschen später hab ich dann auch an diesem (Name Exilzeitung) mitjearbeitet, als ich schon bisschen älter war, so fuffzehn, sechzehn oder so. (Name Exilzeitung), haben Se davon mal jehört?*

Und da habe ich dann zum Beispiel bei Wahlen mitagitiert
Wenngleich Esther Brückner nun eine konkrete Tätigkeit in dieser Vereinigung benennt, bleibt ihr Engagement doch diffus, denn unklar ist noch, um welche Art von Wahlen es geht, ob also Wahlen innerhalb der Organisation bezüglich der Übernahme bestimmter Vereinsämter gemeint sind oder aber, ob die Naturfreunde bei politischen Wahlkämpfen eine bestimmte Partei unterstützten. Letzteres ist insofern wahrscheinlicher, als ›Agitieren‹ im ersteren Falle ein außergewöhnlich starker Begriff wäre.

Der Begriff des *Agitierens* bedeutet politische Indoktrination und ist damit allerdings ohnehin ein sehr starker Begriff, der entweder
(L1) von Frau Brückner selbst in der Retrospektive pejorativ verwendet wird oder aber, falls dies nicht der Fall ist,
(L2) ihre politische Haltung nun noch deutlicher vermittelt, denn wertneutral oder gar positiv ist der Begriff eigentlich nur in der kommunistischen (genauer leninistischen) und sozialistischen Ideologie verwendbar. Zwar bringt Esther Brückner ja bereits zuvor in der Charakterisierung der Naturfreunde als Organisation, die mit ›politischen Dingen‹ zu tun hatte, ihre Distanz dazu zum Ausdruck, dennoch wäre für den Fall einer inhaltlich motivierten Distanzierung von diesem Engagement als jugendlich unüberlegte Verblendung/Dummheit eine stärkere und explizitere Absetzung erwartbar. Falls diese nicht im Anschluss noch erfolgen sollte, spräche weit mehr dafür, dass Frau Brückner das Vokabular leninistischer/kommunistischer Parteiarbeit unreflektiert übernommen und auch beibehalten hat, ohne selbst inhaltlich etwas damit zu verbinden. Dafür spricht des Weiteren folgendes Argument: Dass Esther Brückner »mitagitiert« hat, bringt zum Ausdruck, dass sie zwar mitgemacht hat, aber ob sie selbst von dem überzeugt war, wofür sie warb, und ob sie tatsächlich auf der Basis eines Abwägungsprozesses zu dieser Überzeugung gelangt war, erscheint gar nicht so sicher.

Politische Agitation jedenfalls ist geprägt von emotional-getönter propagandistischer ›Verführungs‹-Arbeit, nicht von sachlich-argumentativer ›Überzeugungsarbeit‹. Insofern kann sowohl der Akt der Agitation als auch der des ›Agitiertwerdens‹ stärker auf Glauben denn auf Wissen und argumentativer Auseinandersetzung basieren. Dies würde sich mit der bislang entwickelten Lesart decken, dass Esther Brückners ›politisches Engagement‹ aus eher unreflektierter Übernahme der politischen Überzeugungen anderer, zuallererst der Mutter, dann der Naturfreunde-Mitglieder resultierte und nicht aufgrund der eigenen

Auseinandersetzung mit unterschiedlichen Positionen, für die Esther möglicherweise schon hinsichtlich der dafür erforderlichen kognitiven Kompetenzen noch zu jung war.

Sie hatte jedenfalls keine aktive ›Protagonistenrolle‹, war also selbst nicht, zum Beispiel als Jugendsprecherin, bei den Naturfreunden zur Wahl aufgestellt, sondern hat Unterstützungsarbeit geleistet.

5. und dann bisschen später hab ich dann auch an diesem (Name Exilzeitung) mitjearbeitet, als ich schon bisschen älter war, so fuffzehn, sechzehn oder so.

Für die Lesart, dass Esther Brückners politische Betätigung eher extrinsisch als intrinsisch motiviert war und eine unreflektierte Übernahme der Überzeugungen signifikanter anderer darstellte, spricht immer mehr, denn:

Erstens spricht Frau Brückner nicht weiter über den Naturfreunde-Verein, über das, was sie dort außerdem noch gemacht hat und worin die politische Ziele in concretu bestanden, sondern sie hakt lediglich politische Stationen ab. Die nächste Station aber wird, anders als oben als Option entworfen, nicht lebendiger und mit stärkeren Hinweisen auf Identifikation versehen präsentiert, sondern genauso distanziert, geradezu mit spitzen Fingern (›dieser‹), wie die Naturfreunde dargestellt. Esther Brückner hat bei der Exilzeitschrift wiederum *mit*gearbeitet, sie war dabei, aber es bleibt unklar, was sie dort eigentlich gemacht hat und ob sie gewissermaßen nur ›ausführendes Organ‹ war oder tatsächlich die Arbeit inhaltlich auf der Basis eigener Überzeugungen mitgestaltet hat.

Zweitens war Esther Brückner zum Zeitpunkt des Beginns der Mitarbeit dort ihren Angaben zufolge gerade einmal 15 oder 16 Jahre alt[18], es ist also anzunehmen, dass sich in dieser Zeit ein politisches Bewusstsein zu entwickeln begann und somit ihr vorheriger Eintritt in die Naturfreunde-Jugend doch fremdbestimmt aufgrund der Entscheidung der Mutter sich vollzog. Für Esther selbst stand möglicherweise das Soziale, die *Mit*gliedschaft in einer Gemeinschaft im Vordergrund, während die Reflexion der inhaltlichen Ziele dieser gemeinschaftlichen Arbeit eher nachrangig blieb.

6. (Name Exilzeitung), haben Se davon mal jehört?(I: Äh, nein?) Nicht. Aha. Äh, jehört aber eigentlich zur Emigrationsbildung. (Name Exilzeitung) Äh, das war.. eine. äh, Zeitung, die von den deutschen antifaschistischen Emigranten in New York rausgegeben wurde. (I: Aha) Äh,

18 Bei Archivrecherchen konnte festgestellt werden, dass die Zeitschrift ab 1942 herausgegeben wurde. Esthers erster Beitrag dazu stammt aus dem Jahr 1943, sie war zu diesem Zeitpunkt also bereits fast 17 Jahre alt.

so ungefähr ab .. 41 glaube ich.. vielleicht auch erst 42, ganz jenau weiß ich nicht mehr, ich habs jetzt in äh Exilarchiv jegeben.

(Name Exilzeitung), haben Se davon mal jehört (I: Äh, nein?) Nicht. Aha. Äh, jehört aber eigentlich zur Emigrationsbildung.

Hinsichtlich der Interaktion zwischen Frau Brückner und der Interviewerin ist zunächst augenfällig, dass Esther Brückner der Interviewerin mangelnde Kompetenz vorwirft. Fast scheint es – dies signalisiert das konstatierende ›Aha‹ – als habe sie in der Unkenntnis der Interviewerin hinsichtlich der Zeitung nun etwas gefunden, worin sie eine bislang nur vage Annahme bestätigt sieht. Frau Brückner kommt jedenfalls nicht umhin, die Interviewerin auf ihre ›Bildungslücke‹ recht herablassend hinzuweisen und sie zu belehren, wer sich mit dem Thema Emigration befasse, müsse eigentlich diese Zeitung kennen. Die negative Beantwortung der zuvor halb offen gestellten, also mit ja oder nein beantwortbaren Frage ruft nun eine missbilligende Reaktion hervor, so, als stelle die Verneinung eine persönliche Kränkung dar.

Auffällig ist dabei die Wortschöpfung »Emigrationsbildung«, aus der, nimmt man sie wörtlich, im Grunde genommen folgen müsste, dass die Interviewerin dieses Wissen als ›Nicht-Emigrantin‹ gar nicht haben kann, wenn es sich dem Wortsinne nach um eine Bildung handelt, die über selbstvollzogene Emigration als Erfahrung erworben wird. Frau Brückner verfügt nun aufgrund ihrer Biographie über dieses Wissen, sie ist ›Expertin für Emigration‹, geht aber mit diesem Expertenstatus, aufgrund dessen sie ja überhaupt als Interviewpartnerin ausgewählt wurde, nicht selbstbewusst um, indem sie ihr spezifisches Wissen fraglos mitzuteilen bereit ist, sondern sie muss diesen Expertenstatus noch einmal explizit herausstreichen.

(L1) Der Befragten ist es lästig, nun Dinge erklären zu müssen, von denen sie angenommen hatte, sie voraussetzen zu können, weil sie sich im Grunde genommen an solchen Fakten nicht ›aufhalten‹ möchte.

(L2) Sie benötigt diese explizite Selbstcharakterisierung als wissend und spezifisch gebildet, um sich ihrer Besonderheit zu vergewissern und diese auch der Interviewerin gegenüber zu betonen. In dieser Konzentration auf die Sachebene, in der es den Anschein hat, als würde als ›kompetenter Gesprächspartner‹ nur eine Person akzeptiert, die bereits das gleiche ›Insiderwissen‹ wie sie selbst besitzt, kommt Misstrauen und Überforderung zum Ausdruck, da das ›Aha‹ kaum anders interpretiert werden kann denn als Ausdruck der Genugtuung, sich von der Interviewerin nun wieder stärker distanzieren zu können. Insofern erscheint der Vorwurf wie ein Ablenkungsmanöver, mit dem Esther Brückner sich auf dem unsicherem Terrain des Politischen, über das sie unter Umständen nicht sehr gern spricht, mehr Grund unter den Füßen zu verschaffen sucht.

Lesart (L1) erscheint zudem insofern als unwahrscheinlich, als Esther Brückner schon zuvor nicht sehr bestrebt war, über ihre politische Entwicklung zu erzählen, sondern sich mehr auf oder minder knappe Darstellung von Fakten beschränkte. Mit den Fakten über die Exilzeitung muss sie nun die Interviewerin informieren.

7. (Name Exilzeitung) Äh, das war.. eine. äh, Zeitung, die von den deutschen antifaschistischen Emigranten in New York rausgegeben wurde. (I: Aha) Äh, so ungefähr ab .. 41 glaube ich .. vielleicht auch erst 42, ganz jenau weiß ich nicht mehr, ich habs jetzt in äh Exilarchiv jegeben (I: Aha).

Indem Frau Brückner die Zeitung als antifaschistisch bezeichnet, gibt sie nochmals eindeutiger Auskunft über ihre politische Orientierung: Dass sie den Begriff der Agitation, wie oben noch als Möglichkeit formuliert, retrospektiv ironisch und abwertend gebraucht haben könnte, erscheint nun nicht mehr als plausible Deutungsvariante, denn mit Verwendung des Begriffs ›Antifaschismus‹[19] weist sich Esther Brückner eindeutig als politisch links-orientiert aus.

19 Aufgrund der uneinheitlichen Verwendung und Deutung des Begriffs erscheinen mir hier einige kurze Anmerkungen notwendig. In Italien entwickelte sich der Begriff des Anti-Faschismus zur Bezeichnung für die sich dort bildende Opposition gegen den als bürgerlich-reaktionär verstandenen Faschismus.

In diesem anti-reaktionären Verständnis wurde der Begriff des Antifaschismus als nicht nur gegen den Nationalsozialismus adressierter, kommunistischer ›Kampfbegriff‹ in den Jahren der Weimarer Republik auch in Deutschland übernommen (vgl. Grunenberg 1993, 21). Er beinhaltete zugleich die radikale Wendung gegen die Weimarer Demokratie und alles ›Kapitalistische‹. Etwa von 1929 bis Mitte 1934 war der Kampf gegen den Staat konstantes Ziel der KPD-Politik: Faschismus und Demokratie, auch Sozialdemokratie, galten »gleichermaßen [als] Staatsformen einer ›Diktatur der Bourgeoisie‹« (Weber 1988, 5).

Die spätere Verwendung des Faschismus-Begriffs im Westdeutschland der 60er und 70er Jahre bezeichnete, ebenso diffus, vielmehr eine Haltung als ein politisches Programm. So nennt Grunenberg diesen Begriff eine »merkwürdige Wortschöpfung, die ein Dagegen-Sein ausdrückt, aber kein politisches Konzept« (Grunenberg 1993, 9). In Ostdeutschland war der Antifaschismus wesentliches Element des Gründungsmythos der DDR und markierte die deutliche Absetzung sowohl von der einstmaligen Herrschaft des Nationalsozialismus als auch von westlicher Kapitalismus- und Demokratieorientierung. Die Bezeichnung des Nationalsozialismus als faschistische Herrschaft aber ist insofern unangemessen, als dieser in mindestens einer Hinsicht eben nicht mit z. B. dem italienischen Faschismus gleichgesetzt werden kann, und dies ist die antisemitische Rassenpolitik, die in Italien gleichwohl zu Erniedrigung und Ausbeutung führte, nicht aber auf Vernichtung und Massenmord angelegt war.

Interessanterweise dementiert sie sich nun aber in ihrem Anspruch auf Expertentum, denn ihre Auskunft über die Zeitung erfolgt eher zögerlich und fällt zudem ungenau aus. Diese Ungenauigkeit wird sofort aufzufangen versucht durch die Bemerkung, die entsprechenden Quellen, die sie noch vor einiger Zeit zur Prüfung bzw. Verifizierung ihrer Aussage zur Hand gehabt hätte, weggegeben zu haben. Dass Frau Brückner das genaue Gründungsdatum der Zeitschrift nicht weiß, erscheint plausibel aufgrund der Tatsache, dass sie zu dieser Zeit noch ein junges Mädchen war, dessen Interesse an politischen Fragen, wenn überhaupt, sich gerade erst entwickelte. Zugleich aber weist die Unsicherheit darauf hin, dass sie sich auch später nicht mehr sonderlich für die Geschichte der Zeitschrift, zumindest nicht für bloße Daten, interessiert hat.

Zwischenfazit:
Esther Brückner spricht zwar über politisches Engagement und bringt auch durch die Verwendung einschlägiger Termini zum Ausdruck, eine bestimmte politische Haltung einzunehmen. Ob es sich dabei aber tatsächlich um eine ›erarbeitete‹ Überzeugung handelt und wie sie zu dieser gelangt ist, bleibt allerdings unklar, denn weder geht sie auf ihre konkreten Überzeugungen noch auf die inhaltlichen Ziele der Naturfreunde und der Exilzeitschrift ein. Es bleibt somit undeutlich, welche Bedeutung die Mitgliedschaft bzw. Mitarbeit in den beiden Vereinigungen für sie persönlich hatte. Vielmehr bleibt die Vermutung bestehen, dass diese Bedeutung nicht in der Entwicklung einer eigenen politischen Überzeugung lag, sondern in der Möglichkeit der sozialen Teilhabe und der Anerkennung als tätiges Mitglied einer Gemeinschaft, deren politische Ziele für sie persönlich nachrangig waren. Wenn Frau Brückner sich auch heute noch eines politisch einschlägigen Vokabulars bedient, weist dies darauf hin, dass sie die Begrifflichkeiten mehr oder minder unreflektiert übernommen und ohne Entwicklung einer Überzeugung beibehalten hat.

8. Ich hatte s vollständig hier, ja? (I: Aha) Alle, die da zurückjekommen sind, haben ein vollständiges Exemplar mitjenommen, so (I: aha), für alle Fälle, wer weiß wat/wer was braucht. Und da lag das die janze Z/die janzen Jahrzehnte bei uns, (I: Ja) und da dacht ich, na, eh det unter die Räder kommt, wenn ich mal sterbe, da – gebe ich det lieber/und hab ne ganze Menge Sachen schon hingegeben und folgen noch einige~
Die vorhergehenden Überlegungen bestätigen sich in zweierlei Hinsicht und bestärken damit letztlich auch die Fallstrukturhypothese:

1. Frau Brückner weist sich mit dem Verweis auf die vollumfängliche Archivierung der Zeitung als sorgfältige und gewissenhafte Sammlerin (und Expertin) aus, sie hat sich als Archivarin, also Bewahrerin betätigt.

Das Interesse liegt also in Tradierung und Bewahrung, und dies wird sie auch zur politischen Betätigung motiviert haben, da sie über die Orientierung an der politischen Überzeugung der Mutter dieser ›nachfolgen‹ konnte. Esther Brückner erweist sich somit (paradoxerweise) als konservative Kommunistin.

2. Allerdings, und auch dies entspricht den obigen Hypothesen, ist sie offenbar weniger inhaltlich interessiert; auch geht es ihr um Bewahrung, nicht um Fortsetzung, denn wie sich hier zeigt, interessiert sie sich später nicht mehr für den Inhalt der Zeitungen, dieser ist für sie passé und die Zeitungen werden über Jahrzehnte einfach liegen gelassen. Dagegen könnte nun, getreu dem Sprichwort, dass nichts so alt sei wie die Zeitung von gestern, zwar argumentiert werden, dass Frau Brückner die Inhalte schließlich kenne und dass ihr eben die Zeitung als ganzes ›Werk‹ wichtig sei, doch hätte sie auch anders verfahren können, so hätte sie z. B. von vornherein eine Auswahl aufbewahrenswerter Artikel treffen können oder gar eine Neuherausgabe besonders interessanter Beiträge anstreben können. Beides würde ein stärker inhaltliches Interesse zum Ausdruck bringen.

Die Wichtigkeit der Aufbewahrung wird also von Esther Brückner betont und damit ihr Verständnis der Zeitung als sozial-historisch bedeutsames Dokument zum Ausdruck gebracht: Die Zeitungen wurden nicht nur von ihr, sondern offenbar von allen an der Herstellung Beteiligten mitgenommen, als handele es sich um potentiell wichtige Unterlagen, von denen man eben nie weiß, ob man sie nicht noch einmal benötigen wird. Dies leuchtet ein, da es sich vermutlich vor allem um politische Beiträge handelte und da es zur damaligen Zeit für Texte keine andere Möglichkeit der ›Speicherung‹ gab als die Sicherung oder Vervielfältigung des Originals. Diese politischen Interessen werden von Frau Brückner zur Sache höchster Dringlichkeit deklariert, in der man stets aktiv und gewappnet sein muss (»wer weiß, wer wat braucht«), und die außerdem aufgrund dieser sehr diffus-dringlichen Präsentation etwas Klandestin-Verschwörerisches erhält. Indem Esther Brückner betont, sie habe, wie alle anderen auch über ein vollständiges Exemplar der Zeitungsreihe verfügt, bezeichnete sie sich als dieser Gemeinschaft zumindest formal zugehörig.

und da dacht ich, na, eh det unter die Räder kommt, wenn ich mal sterbe, da – gebe ich det lieber/und hab ne ganze Menge Sachen schon hingegeben und folgen noch einige~

Hier zeigt sich nochmals deutlich, dass Esther Brückner die Zeitungsexemplare tatsächlich nur aufbewahrt und nichts damit ›anfängt‹. Sie könnte die Zeitungen weggeben und tut dies letztlich auch tatsächlich, denn eine größere Gefahr als die des bloßen Liegenlassens besteht nur noch in der Vernichtung der Blätter.

Fazit:
Bezüglich der entwickelten Fallstrukturhypothese kann hier wiederum festgestellt werden, dass diese sich insofern reproduziert, als Esther Brückner sich als Expertin (für Kultur und Politik in der Emigration) versteht, und Etappen ihrer politischen Entwicklung präsentiert, ohne diese aber inhaltlich positiv füllen zu können. Sie ist Mitglied einer exklusiven Gruppe, der Mitarbeiter der Exilzeitschrift, und diese Gruppe bzw. die Zeitschrift ist Frau Brückner zufolge aufgrund ihrer Besonderheit in die Geschichte der deutschsprachigen Emigration nach 1933 eingegangen. Es wiederholt sich somit das bekannte Muster der Abarbeitung an Typik und Untypik; dies auch darin, dass Frau Brückner durch die Verwendung einschlägiger politischer Vokabeln (»agitieren«, »antifaschistisch«, »fortschrittlich«) die Zuordnung zu einer bestimmten politischen Richtung nahe legt. Sie subsumiert sich damit, ohne eine eindeutige politische Stellungnahme zu treffen, doch zumindest implizit unter eine bestimmte Gruppe, nämlich die der Sozialisten und Kommunisten. Dies entspricht, trotz der Subsumption, insofern der bislang deutlich gewordenen Struktur, als diese ›Gruppe‹ eher Außenseiterstatus besaß und bekanntlich aufgrund der politischen Orientierung auch im nationalsozialistischen Deutschland verfolgt sowie später im Westdeutschland der Nachkriegsjahre bekämpft wurde.

Esther Brückner ist vor allem aufgrund der Zugehörigkeit zu dieser Gruppe ›anders‹, sie offenbart hier aber keine eigenen politischen Überzeugungen und Motive. Es fällt auf, dass Frau Brückner sehr lange über die Exilzeitschrift im Allgemeinen, über Mitarbeiter und deren Form der Beteiligung spricht, bevor sie noch einmal auf ihre eigenen Tätigkeiten zurückkommt. Diese Passage umfasst knapp eine Transkriptseite und soll hier der Vollständigkeit halber wiedergegeben, aber nicht mehr extensiv interpretiert werden.

E: Äh, so dass ich jetzt nicht mehr so gut nachgucken kann, ((schnell)) es war so 41 oder 42 und <u>*bis wann*</u> *die nun so überlebt haben, ((schnell)) die letzten Exemplare die ich hatte, waren 1947, obwohl wir hier schon zurück waren, also, ob die noch lange überlebt haben, weiß ich nicht, weil ja – das dann so war, dass dann immer weniger Leute Deutsch sprachen, nicht, das ist das Schicksal von diesen ganzen Emigrationszeitungen und so (I: mmh), dass die dann auch irgendwann keene Leser mehr haben, erst haben se nur n* <u>*bisschen*</u> *auf Englisch, und am Ende (isse dann) ganz auf Englisch und dann hat* <u>*jar keener*</u> *mehr Interesse. Ähm. Und vor allen Dingen, die wichtigsten Mitarbeiter waren zurückjekehrt, das waren ja alles Leute, die – schon erwachsen waren, als se hinkamen, nicht? (I: Mmh) Äh – und waren auch sehr wenige. Äh, also daran haben mitjearbeitet – auch sehr viel so berühmte Leute, so, so diese janzen berühmten Exilschriftsteller und so.*

I: Mmh, mmh
E: Äh und dann vor allen Dingen, so die kleinen Emigranten, die da in New York gelandet waren, aber nur so, die wirklich sehr fortschrittlich waren, also, nicht so, zum Beispiel gabs in Manhattan/ähm, mmh wir habens immer jenannt, das vierte Reich, wie hieß de/Yorkville, so um die 86. Strasse rum, da wohnten janz viele Deutsche, die so in der 20er und und schon vor der Nazizeit hinemigriert waren, ja? Und die waren janz stramme Nazis. ((I: schnaubt/lacht kurz auf)) Obwohl se natürlich ooch - die Vorteile von Amerika jenossen, nicht? Aber, die hörten immer, ooh, keine Arbeitslosigkeit mehr und und (waren dann) natürlich ganz begeistert. Die haben natürlich da nicht mitjemacht. (I: Hmm) Äh.. aber es waren nicht nur, nicht nur Juden, also äh, äh es waren .. so alle die gegen Hitler waren, so unjefähr, nicht? (I: Mmh, mmh) Also zum Beispiel, mein Mann hat da auch viel mitjearbeitet, der ist nicht jüdisch gewesen, und der Josef Berkiewitsch, mein Stiefvater, haben Se von dem mal jehört? (I: Mmhm) Äh, der hat da, äh mmh, nicht ganz so viel mitjearbeitet. Mein Mann hat da so.. sich so zum Historiker entwickelt sagen wir mal, dadurch, dass er da immer so Geschichtsartikel geschrieben hat, und worauf er sich vorher noch nicht so spezialisiert hatte.[20]

Auffallend ist, dass Frau Brückner insgesamt sehr viel mehr über die Exilzeitschrift im Allgemeinen sowie über andere Personen berichtet, als dass sie, wie eigentlich angekündigt, über ihre politische Entwicklung erzählt. Über diese erfährt man weniger als erwartet, dennoch gibt Esther Brückners Art der Darstellung wichtige Hinweise darauf, wie sich diese vollzogen haben könnte. Die Exilzeitschrift war ihrer Darstellung zufolge ein ›Sammelbecken‹ für Hitler-Gegner nahezu jedweder politischer Couleur. Ihre Präsentation bleibt von naiver Holzschnittartigkeit; wichtig ist ihr vor allem, hervorzuheben, dass nicht nur prominente Autoren, sondern auch ›kleine Leute‹ an der Zeitschrift mitgearbeitet haben, ein echt ›volksdemokratisches‹ Projekt also. Außerdem hat nicht religiöse Zugehörigkeit das Primat, sondern die politische Haltung – Hauptsache war, »gegen Hitler« zu sein. Die politischen Details erachtet sie in ihrer Darstellung für uninteressant, es reicht, alles »so ungefähr« zu skizzieren.

Interessant ist, dass Esther Brückner annimmt, eine rein jüdische Zusammensetzung sei das üblicherweise Erwartbare, von dem ausgehend sie das Besondere formuliert. Sie nimmt also offenbar an, Juden seien aufgrund der erlebten Verfolgung so sensibilisiert worden, dass sie sich auch in jedem Falle politisch, genau besehen womöglich aus persönlichen ›Revanchegründen‹, gegen Hitler engagierten. Zugleich wird damit eine stark schematische Perspektive deutlich, die sich kaum vom Vorurteil unterscheidet, alle Juden seien entweder Kapitalisten oder

20 EB, 14, 17-15, 13.

aber linke Intellektuelle und Kommunisten gewesen. Dass eine entsprechende Haltung aus rein politischen Gründen möglich war, stellt für Esther Brückner entweder das ›Surplus‹ autonomer Lebensführung dar, oder aber es geht ihr darum, eben das genannte Klischee zurechtzurücken: man musste kein Jude sein, um sich Kommunist zu nennen.

Hinsichtlich Esther Brückners Art der Darstellung einerseits und – inhaltlich – ihrer politischen Entwicklung andererseits lässt sich folgendes festhalten: Sie ist während ihrer Kindheit und Adoleszenz (im doppelten Wortsinne) ›umstellt‹ von bedeutenden, auch bekannten Persönlichkeiten und hat daher offenbar Schwierigkeiten, ihr eigenes Leben für erzählenswert zu erachten. Es ist bedeutend nur insofern, als sie sich als wichtige Zeitzeugin der Lebensläufe anderer verstehen kann. Esther Brückner ist in einem Milieu aufgewachsen, in dem politischer Aktivismus nicht nur an, sondern ganz oben auf der Tagesordnung war. Sie ist wie selbstverständlich in dieses politisierte Milieu hineingewachsen und hat in der Adoleszenz offenbar nicht opponieren bzw. sich zugunsten der Findung einer eigenen Position abgrenzen können, und zwar deshalb nicht, weil die Mutter als von den Nationalsozialisten verfolgte jüdische Kommunistin gewissermaßen das moralische Recht auf ihrer Seite hatte. Die permanente Präsenz bedeutender, politisch engagierter Persönlichkeiten mag des Weiteren den Druck erzeugt haben, es diesen mindestens gleichzutun. Eine entwicklungsförderliche Exploration von Alternativen zum mütterlichen Lebensentwurf, zu deren Idealen und Werten, verkörpert in der politischen Haltung, wird für die Tochter schwierig gewesen zu sein und auch nicht stattgefunden zu haben; sie ging wie selbstverständlich den Weg, auf den sie geschickt wurde, möglicherweise, weil angesichts der Einnahme und Ausgestaltung einer eigenen, unter Umständen konträren Position innerhalb der Familie negative, bindungsgefährdende Resonanz zu befürchten war.

Frau Brückner fährt fort:

9. *Äh, ja und ich hab dann da – erstens Reportagen geschrieben, so kleine Dinge aus m Alltag ja, von der Arbeit oder äh irjendwie äh, was ich in der Bibliothek erlebte oder – irjend solche kleinen, na hier würde man sagen .. Lokal/ äh, wie heißt das hier noch? (I: Lokalbeiträge?) Ja, ja, so ja, so unjefähr/insjesamt so etwa zehn, zwölf so ne Beiträge, aber auf Englisch, (I: Ja, hmh) Deutsch konnte ich nicht mehr schreiben.*

Es bestätigt sich nun vollends, dass Esther Brückners Engagement nicht wie angekündigt im engeren Sinne politisch war; vielmehr erscheint es nun so, als sei sie angeregt worden, Beiträge für eine Jugendseite zu übernehmen und habe dies dann eben auch getan. Esthers Tätigkeit bestand also eher aus ersten journalistischen Übungen, bei denen auf eine ›gesinnungskonforme Schreibe‹ sehr wohl von den Älteren geachtet worden sein mag, damit auch jüngere Leser sich zum einen hinsichtlich ihrer Alltagserfahrungen angesprochen fühlten und zum anderen politische Orientierung erhielten. Esther Brückner selbst schätzt den Inhalt der Beiträge rückblickend aber als relativ bedeutungslos ein; viel wichtiger ist für sie etwas ganz anderes, nämlich, zu betonen, dass sie diese Artikel auf Englisch verfasst habe, da sie bereits soweit amerikanisch sozialisiert worden war, dass sie sich gar nicht mehr in der Lage sah, deutschsprachige Texte zu verfassen. Damit verweist sie auch darauf, dass es ihr sehr schwer gefallen sein muss, in Deutschland später wieder Fuß zu fassen, was sie außerdem durch Wortfindungsschwierigkeiten zum Ausdruck bringt.

10. Äh. Und äh, das war auf der Jugendseite, sie hatten eine Seite für die Jugend, und die konnten ja auch zum Großteil nicht mehr so jut Deutsch, also war schon richtig, dass se dat auf Englisch jemacht hatten. Und dann habe ich <u>tech</u>nische Mitarbeit jemacht, also so, äh, wir hatten dann so ne Vervielfältigungsmaschine, äh, gab ja noch nicht so, ich glaub, Kopierjeräte, gabs da noch nicht. (I: Mhm) Also mussten wir immer so drehen, bin ich immer so nach Feierabend hinjegangen und da wurde irjend wat vervielfältigt, aber janz jenau, was es war, weiß ich nicht mehr, denn der <u>(Name Exilzeitung)</u> wurde ja richtig <u>jedruckt</u>. Aber irjendwelche Veranstaltungen oder oder irjend so was, ja? (I: Mmh, mmh) Äh, und dann hab ich manchmal so Sachen in Umschläge jesteckt, so so.. technische Hilfen da, nach der Arbeit, ne. (I: Mmh) Äh, und <u>da</u> hab ich auch meinen Mann kennenjelernt. (I: Mhm).

Esther Brückners ›politische‹ Mitarbeit reduziert sich nun noch weiter auf technische Hilfe, bei der sie nicht weiß und auch offenbar nicht unbedingt wissen will, was sie da eigentlich zu vervielfältigen hilft. Sie ist Teil eines ›Wir‹ und leistet, wie das Rädchen in der Druckmaschine, einen Beitrag zum Gelingen des großen Ganzen und das genügt ihr. Sie ist hilfreich und sehr hilfsbereit, denn sie opfert ihre Freizeit nach der Arbeit, aber an dem Produkt ihrer Hilfe scheint sie nicht interessiert zu sein: Die mangelnde Kenntnis darüber, was in der Zeitung stand, damit begründen zu wollen, diese sei »richtig jedruckt« worden verfängt nicht; im Gegenteil hätte Esther sich dann ja später schon aus Stolz über die Beteiligung an der Produktion jeweils ein Exemplar zur Lektüre mit nach Hause nehmen können. Sie ist also inhaltlich nicht mit der Arbeit identifiziert, sondern es ist ihr viel stärker am Akt des Helfens bzw. an den Beziehungen zu den Personen, denen diese »technische« Hilfe zugute kommt, gelegen. Es kann umgekehrt allerdings nicht geschlossen werden, dass die persönlichen Beziehungen für Esther im Vordergrund stehen, denn in diesem Falle hätte sie in Form von kleinen Anekdoten sehr viel stärker auf Erlebnisse mit und Beziehungen zu anderen in diesem Arbeitskontext eingehen können. Das Kennenlernen des späteren Ehemanns wird eher beiläufig erwähnt. Sofern der Beginn dieser

Bekanntschaft und gegebenenfalls auch andere soziale Beziehungen in diesem Kontext nicht nachfolgend noch detaillierter dargestellt wird, ist davon auszugehen, dass Esther Brückner erstens die Mitarbeit an der Zeitung, wie oben dargestellt, tatsächlich als technische Arbeit und instrumentelle Hilfe begreift und dass die Darstellung sozialer, insbesondere nicht-rollenförmiger Beziehungen von ihr eher ›flach abgehandelt‹ wird, weil nicht die Vermittlung persönlicher Erlebnisse, Erfahrungen und Emotionen, sondern die Präsentation von Fakten und Stationen aus dem Lebenslauf für sie im zentral ist.

E: Der war inzwischen da äh, so so.. Redakteur bei der/beim (Name Exilzeitung) äh, zusammen mit dem XY, haben Se von dem mal jehört?
I: Nein~
E: Äh.. das is einer, er is so n bisschen früh jestorben, weil er so n furchtbarer Kettenraucher war, der is auch zurückgekommen, so, ja wie soll man ihn beschreiben, der hat auch so im Verlagswesen allerhand. hier äh äh in der DDR jemacht,.. Äh, na ja, wenigstens die beiden haben da so, zumindestens so die technischen Arbeiten, aber auch & mein Mann hat auch die historischen Artikel geliefert~ Ich weiß nicht, ob der XY auch geschrieben hat/die äh, äh, so, der Haupt – mensch da hinter dem (...) German war der YZ, kenn/haben Se von dem mal jehört?
I: Ja. Ja.
E: Ja? Obwohl der natürlich nicht offiziell in Erscheinung jetreten/ offiziell wurden da so n paar äh amerikanische/Amerikaner, Deutsch-Amerikaner nannten wir se immer so a/, Amerikaner äh deutscher Herkunft, ja? (I: Mmh).
Frau Brückner geht nicht weiter auf den Beginn der Beziehung zu ihrem Mann ein, sondern fährt fort, durch ›Namedropping‹ die Zeitschrift als politisch zu charakterisieren[21].

Obgleich sie scheinbar bestrebt ist, Informationen zu den genannten Personen zu liefern, nennt Esther Brückner nur wenige Fakten, sondern lediglich in dichter Folge drei Personen, über die sie aber nur wenig Konkretes zu sagen weiß. Es scheint ihr, wie oben bereits formuliert, eher um die Darstellung ihrer selbst als Teil einer bestimmten Gruppe, als Zeitzeugin, die mit bedeutenden Vertretern der kommunistischen ›Anti-Hitler-Bewegung‹ in Kontakt stand, zu gehen. Auch wenn sie selbst nicht so dicht ›dran‹ war, weil sie für die politischen Auseinandersetzungen noch zu jung war, ist sie doch Expertin für Fragen im Kon-

21 Auf weitere Angaben muss hier verzichtet werden, da Anonymisierung hier nicht ohne Kontextverfremdung möglich erscheint. Bei beiden genannten Personen handelt es sich um aktive Kommunisten, die später auch in der DDR politisch aktiv waren.

text von Migration und nationaler Zugehörigkeit, weil sie Teil dieses Exilantenkreises war, in den die Mutter sie durch ihre politische Arbeit hineingeführt hatte. Diese Verbindung stellt Esther Brückner selbst an späterer Stelle noch einmal explizit her:

I: Ach so. Ja, ich wollte eben fragen, ob Sie noch so Erinnerungen haben, wie sich das entwickelt hat? Das, dass das so/ wie das so kam?
E: Also ich denke doch, dass meine Mutter da ne Rolle jespielt hat, dass se mich in die Richtung dirigiert hat, ja, als ich da nach New York kam, so als vierzehnjähriges Mädchen, da hat se wahrscheinlich jesagt, na geh doch mal zu der Naturfreundejugend, das war so ne, auch so andere junge Leute, die aus Deutschland einjewandert waren ja? (I: mhm) Äh und äh, antifaschistisch waren die, da hat se jedacht, da passt se hin, und äh da bin ich auch jahrelang hinjegangen, äh und äh dann haben se da, mal haben se Lieder jesungen, mal haben se irjendwelche politischen Sachen jemacht und, und dann hatten se auch so n Camp außerhalb New äh New York, da konnt man n Wochenende irjend wie janz billig mal hinfahren, mit m Bus und so, hab ich mal da n Wochenende verbracht und da hab ich sicher auch so ne Anregung jekricht, ne politische Anregung, ja, ich denke, hauptsächlich von meiner Mutter kam des ((räuspert sich)), diese Entwicklung.[22]

An Frau Brückners Wortwahl zeigt sich deutlich die Wahrnehmung der Mutter als dominante Persönlichkeit: Diese hat sie »dirigiert« und für die Tochter eine ›passende‹ Jugendorganisation ausgewählt. Dabei scheinen die Kriterien der ›Passung‹ weniger an möglichen Interessen der Tochter ausgerichtet zu sein als vielmehr an den Vorstellungen der Mutter. Esther Brückners eigene Haltung gegenüber der Naturfreundejugend erscheint zumindest im Rückblick distanziert. Wenngleich sie offenbar in deren Kreis viel unternommen hat, stellt sie sich nicht als Teil der Gemeinschaft dar. Sie ist hingegangen und konnte den Verein nutzen, um gemeinsam mit anderen Jugendlichen ihre Freizeit zu gestalten, aber die peer-group-Vergemeinschaftung, die üblicherweise in der Adoleszenz einer allmählichen Lösung von der Familie dient, kam hier nicht zustande, weil sie maßgeblich von der Mutter selbst initiiert wurde[23].

Wie aber war es um Esther Brückners spätere politische Haltung und Betätigung bestellt? Schließlich war hier bislang nur ihre Jugendzeit thematisch; gerade aber, weil sie später in der DDR lebte, erscheint es wichtig, diesen Aspekt auch hinsichtlich der späteren Lebensphasen zu betrachten.

22 EB, 67, 33-68, 7.
23 Die Beziehung zur Mutter soll unten noch einmal näher betrachtet werden (vgl. 3.6.2).

Wenngleich Esther Brückner auf ihr Leben in der DDR im Interview verhältnismäßig knapp und vage eingeht, ist ihrer Erzählung jedenfalls zu entnehmen, dass sie selbst sich in den ersten Jahren parteipolitisch betätigt hatte, dass sie dieses Engagement aber wohl eher als (lästige) Pflicht empfand, immer weiter reduzierte und schließlich einstellte.

Ja, politisch hab ich am Anfang der Zeit/ hab ich so allerhand Funktionen gehabt, so, in der Sozialistischen Einheitspartei, in der Sektion Chemie und so äh, so kleine Funktionen [...] aber dann so, äh, die letzten Jahrzehnte [...] irjendwie so janz dolle Lust hatte ich nicht mehr, und war auch, nicht mehr/es/ hatte nicht mehr so viele überschüssige Kräfte, also hat so n bisschen nachgelassen auch, ja, meine – Aktivität. Aber ich hab noch oft so ne Sachen gemacht, entweder im Haus mal was repariert, wenn was kaputt war so äh ..am ge/ Treppenjeländer, irjend so was, [...] Also ich hab immer versucht mich irjendwie nützlich zu machen[24]

Von dem anfangs (möglicherweise noch aus politischer Überzeugung heraus) erfolgenden Engagement bleibt nur noch ein gelegentliches Helfen; das ›Sich-Nützlich-Machen‹ für das Staatskollektiv wird reduziert auf das Tätigsein innerhalb einer Gemeinschaft mit mehr oder minder persönlich bekannten Personen des unmittelbaren Lebensumfeldes. Dieser Rückzug ins Private und die bei dem Versuch des Ausweichens vor der Übergriffigkeit des Staates empfundene Enttäuschung und Verzweiflung wird besonders an einer Passage über Erfahrungen ihres Ehemannes erkennbar:

Er durfte oft in den Westen fahren äh, für Forschung. So irjendwo ins Archiv sich setzen und so was, ja? Äh und dann musste er immer ((dramatisch)) Berichte darüber schreiben, ((gespielt gequält)) da hat er immer jejammert: hach Gott, wat schreib ich denn nun, wat wollen die denn nun schon wieder wissen und und musste dann (sogar denken), ja, dat darf ich nicht erwähnen und und, also det war ne große Qual für ihn, aber, aber sie ließen ihn nur fahren, wenn er dann hinterher auch äh/dat musste innerhalb von drei Tagen, in – zehnfacher Ausfertigung und dat hat ihn immer fürchterlich – jeärgert, und und aber irjendwie fand er nischt, wat er dajegen tun kann, nicht?[25].

Diese Äußerungen zeigen meines Erachtens, dass Esthers in der Adoleszenzkrise herausgebildeter Krisenverarbeitungshabitus der Selbststilisierung als autonom und untypisch durch ihre späteren Erfahrungen in der DDR in seiner Tragfähigkeit noch bestärkt wird.

24 EB, 46, 16-24.
25 EB, 41, 6-13.

3.6.2 Die Beziehung zur Mutter

1. E: Also ich hab den Eindruck, meine Mutter hat mehr drunter jelitten, dass se ihre Kinder nicht sehen durfte, na und nu vor allen Dingen einjesperrt so, nicht?[26]

Also ich hab den Eindruck,

Wenn von Eindrücken gesprochen wird, so basieren diese auf unmittelbarem Erleben von Situationen oder auf einer ersten, noch nicht reflexiven Auseinandersetzung mit einer Sache. Eindrücke können spontan und ungeordnet geäußert werden; sie können sich sowohl auf Gefühle als auch auf theoretische Sachverhalte beziehen und stellen erste Einschätzungen dar, die hinsichtlich ihrer Angemessenheit und Richtigkeit jedoch der Prüfung über eine ausführlichere Auseinandersetzung mit dem Gegenstand bzw. einem Gegenüber bedürfen.

Zum Beispiel:
- ›Ich habe den Eindruck, Du nimmst mich nicht ernst.‹
- ›Ich habe den Eindruck, dass es sich bei diesem Gemälde um eine Fälschung handelt.‹

Esther spricht also im Folgenden über eine Einschätzung, zu der sie gelangt ist, die sie aber nicht hinsichtlich ihrer Richtigkeit überprüfen konnte. Auffällig ist die Betonung des Verbs ›haben‹, die nahe legt, dass es nicht (wie im Falle einer Betonung des Eindrucks) um den vorläufigen Charakter ihrer Anschauung geht, sondern darum, dass sie diesen Eindruck gegenwärtig und tatsächlich hat, wie um sicherzustellen, dass dieser ihr gerade nicht genommen wird.

meine Mutter hat mehr drunter jelitten,

Das komparativische ›Mehr‹ weist auf einen Vergleich hin: Entweder die Mutter hat
- unter verschiedenen Problemen, dabei aber mehr unter Problem x als unter y gelitten oder aber sie hat
- unter x mehr gelitten als eine andere Person.

Wenngleich hier noch nicht bekannt ist, was der Anlass des Leidens war, kann festgehalten werden, dass Esthers Eindruck hinsichtlich der Gefühle der Mutter durch diese nicht bestätigt worden ist. Das heißt, über die Quelle des Leids und entsprechende Empfindungen wurde nicht oder nur wenig miteinander gesprochen. Dafür kann es wiederum unterschiedliche Gründe geben: Entweder die Mutter-Tochter-Beziehung war insgesamt eher distanziert und es wurde über Probleme, Sorgen und ganz allgemein Gefühle nicht gesprochen, oder aber es gab nur im Falle des von Esther noch zu benennenden Problems für beide keine

26 EB, 57, 5 ff.

Gelegenheit mehr, darüber miteinander zu sprechen (denkbar wäre, dass es um eine Situation unmittelbar vor dem Tod der Mutter geht und diese Esther nicht mehr mitteilen konnte, wie sie sie erlebt hat). Die *Anschlussoptionen* sind oben indirekt bereits benannt worden – Esther müsste nun zunächst darüber aufklären, ob es
(O1) um zwei unterschiedliche Probleme geht, die der Mutter auch in unterschiedlicher Weise zusetzten oder
(O2) um ein Problem geht, unter dem mehrere Personen unterschiedlich stark gelitten haben. In beiden Fällen müsste sie außerdem die Quelle des Leidens benennen.

dass se ihre Kinder nicht sehen durfte,
Damit wird (O1) realisiert: Es geht um mehrere Probleme, die die Mutter hatte. Dass sie aus welchen Gründen auch immer ihre Kinder nicht sehen durfte, war für sie schlimmer als etwas anderes, was gleichwohl auch belastete. Dass die Mutter unter einer erzwungenen Trennung von ihren Kindern litt, scheint Esther Brückner aber nicht von der Mutter selbst erfahren zu haben, sondern aus Fakten oder Indikatoren zu folgern.

Nun muss allerdings berücksichtigt werden, dass dies umgekehrt natürlich bedeutet, dass auch die Kinder, somit also auch Esther, ihre Mutter nicht sehen durften und darunter ebenfalls gelitten haben dürften. Anzunehmen ist nun eigentlich, dass eine Trennung von Mutter und Kindern für die Kinder schwieriger zu bewältigen ist, weil sie in fundamental anderer Weise der Mutter bedürfen als die Mutter ihrer Kinder. Davon spricht Frau Brückner aber (jedenfalls hier) nicht, sondern sie stellt das Leid der Mutter ins Zentrum. Es zeigt sich damit aber, dass die oben formulierte Option (O2), die in dem ›Vergleich‹ des Leids der Mutter mit dem anderer Personen einen durchaus wohlgeformten Anschluss dargestellt hätte, hier auch latent mitschwingt.

Abgesehen von der kontextuierenden Deutung dieser Sequenz fällt daran auf, dass Esther Brückner das Leid der Mutter darin sieht, ihre Kinder nicht »sehen« zu dürfen. Da es also um ein Besuchsverbot zu gehen scheint, ist erstens anzunehmen, dass die Mutter entweder das Sorgerecht der Kinder verloren hatte oder aber inhaftiert war und zweitens, dass, abgesehen von persönlichen Begegnungen, Kontakt zum Beispiel in Form von Briefen möglich war. Diese Form des Kontakts kann aber die der face-to-face-Interaktion nur bedingt ersetzen, zumal dann, wenn die Kinder noch klein sind, und diese Möglichkeit der physischen Präsenz ist es, die die Mutter aus Sicht Esther Brückners entbehrt hat.

na und nu vor allen Dingen einjesperrt so, nicht?
Indem Frau Brückner nun noch eine weitere gravierende Belastung der Mutter nennt, wird die Bezugsgröße, von der Frau Brückner mit dem

komparativischen ›Mehr‹ ausgeht, deutlich. Ohne explizit das ›als‹ zu bemühen, das nun eigentlich folgen müsste, um den Vergleich zu vollenden, bringt sie zum Ausdruck, dass die Mutter aus ihrer Sicht unter ihrer Inhaftierung noch stärker gelitten haben muss. Da wir, wie oben ausgeführt, annehmen können, dass auch Esther und ihr Bruder unter der Trennung von der Mutter gelitten haben, liegt der Schluss nahe, dass die oben formulierte Differenzierung zwischen (O1) und (O2) im Sinne eines Entweder-Oder nicht ausreichend ist, denn da nun das größere Problem der Mutter, ihr ›Eingesperrtsein‹, bereits benannt wurde, die Benennung der Vergleichsgröße aber immer noch aussteht, muss angenommen werden, dass die Mutter mit mehreren Belastungen zu kämpfen hatte, deren geringere die der Trennung von den Kindern war, und die andererseits für sie belastender war als für andere, nämlich Esther und ihren Bruder. Weil Esther Brückner aber bislang mit keiner Silbe von sich selbst gesprochen hat, steht um so mehr zu vermuten, dass es ihr darum geht, den Schmerz der Mutter in den Mittelpunkt zu stellen und von ihrem eigenen abzusehen.

Anschlussoptionen:
(O1) Frau Brückner nennt, den Vergleich abrundend, das, worunter die Mutter am meisten gelitten hat. Dies würde bedeuten, es gäbe eine Hierarchie des Leids, die folgendermaßen aussähe:
1) Trennung von den Kindern – 2) Kontaktverbot/Inhaftierung – 3) x
(O2) Sie nennt die Personen, die mehr weniger gelitten haben als die Mutter, dies müssten sie selbst und ihr Bruder sein. Sie müsste dann auch Gründe nennen, weshalb sie ihrer Ansicht nach von der Trennung nicht so stark beeinträchtigt wurden wie die Mutter.

2. *Als wir da und dass sie/*
Einerseits kann nun angenommen werden, dass dieses ›als‹ die erwartete Vollendung des Vergleichs einleitet (und das hieße, die Mutter hätte mehr gelitten als die Kinder, die sich an einem vorher bereits benannten Ort befanden). Andererseits ist dies nur unter der Prämisse möglich, dass die vorherige Sequenz einen Einschub darstellt. Denn im Grunde genommen könnte hier sonst auch eine völlig neue Sinneinheit beginnen, in der das ›als‹ nicht komparativisch, sondern temporal verwendet würde (›als wir da waren‹). Diese zweite Möglichkeit ist aber aufgrund des sofortigen Abbruchs und der neuerlichen konditionalen Bezugnahme auf die Mutter unwahrscheinlich. Denn bei genauerer Betrachtung knüpft Esther Brückner an die einleitende Aussage ›ich hab den Eindruck, dass sie…‹ an. Dessen ungeachtet, ist diese Sequenz eigentümlich bruchstückhaft, denn der vergleichende Bezug auf das eigene Erleben (›als wir da‹) fällt außerordentlich unbestimmt und minimalistisch aus, und die Aussage über die Mutter wird sogleich wieder abgebrochen. Es

scheint, als ob Esther Brückner sich zu keiner vollständigen Aussage durchringen könne: Weder will sie über die eigene Befindlichkeit als Kind nach der Trennung von der Mutter sprechen, noch will sie über deren Probleme weiter berichten. Sie befindet sich in einem Dilemma, in dem sie nicht weiß, welcher Perspektive nun der zumindest sequentielle Vorzug gegeben werden ›darf‹, ohne die jeweils andere dabei zu kurz kommen zu lassen. Diese Schwierigkeiten auf der Darstellungsebene können dann als Hinweis auf Schwierigkeiten auf der Ebene des Erlebens und der Verarbeitung dieses Erlebens gedeutet werden: Esther Brückner hadert nicht nur mit der Frage, wessen Leid ›schwerer wiegt‹, sondern damit zugleich um die berechtigte Einnahme einer eigenen Perspektive.

3. obwohl es kann natürlich sein, dadurch dass ich in diesem Heim und in Amerika wieder in nem Heim war,
Der Abbruch Frau Brückners ist motiviert durch einen Einschub; sie knüpft noch einmal an der zuvor so knapp und diffus abgehandelten eigenen Situation an und schränkt die Gültigkeit der zuvor getroffenen Aussage, sie habe weniger gelitten als die Mutter ein (›obwohl‹). Was folgt, ist dann eine hypothetische Betrachtung: Ausgehend von der Tatsache, dass sie in einem zuvor offenbar bereits genannten Heim (›diesem‹) und später noch in einem weiteren gewesen sei, sei ein bestimmter, noch zu benennender Schluss möglich. Esther Brückner zeigt große Distanz und Unsicherheit, wenn es um die Darstellung ihres Erlebens als Kind geht. Wir wissen nicht, wie alt sie zu der Zeit war, von der sie hier spricht, aber fest steht: Sie hat offenbar entweder nur sehr schwache Erinnerungen an diese Zeit überhaupt oder aber an ihre damaligen Gefühle. Indem sie nun die Fakten betrachtet, nämlich mehrfache Heimaufenthalte, versucht sie rekonstruktiv Schlüsse hinsichtlich dieses Erlebens zu ziehen. Festlegen möchte sie sich dabei allerdings nicht, denn was sie folgern wird, »kann« sein, muss aber nicht tatsächlich so gewesen sein.

Wenn berücksichtigt wird, dass Esther Brückner nicht zwangsläufig noch einmal die Rede auf sich selbst hätte bringen müssen, dies nun aber tut und dabei sehr theoretisch argumentiert, bedeutet dies, dass sie um eine eigene Position der Wahrnehmung ringt, die ihr geradezu verloren gegangen zu sein scheint. Zumindest zweifelt sie so weit an der Erinnerung, dass ihr nur die theoretische Rekonstruktion des Erlebens möglich erscheint. Sie müsste nun nennen, was ihres Erachtens die Folge der Heimaufenthalte war und hier lässt sich aufgrund des einschränkenden »obwohl« schon vermuten, dass es um eher negativ eingeordnete Erfahrungen gehen wird.

4. insjesamt war ich von 34 bis 37 in dem Heim in Holland und von 37 bis 39 also insgesamt fünf Jahre, doch sehr wichtige Jahre, äh äh in Heimen,

Die erwarteten Folgen werden noch nicht benannt, sondern es wird durch den neuerlichen präzisierenden Einschub vielmehr deren Gewichtigkeit vorwegnehmend betont. Auch dies erfolgt auf der Ebene der theoretischen Reflexion: Esther Brückner war insgesamt fünf Jahre von der Mutter getrennt und sie bezeichnet diese Jahre, gewissermaßen entwicklungstheoretisch argumentierend, als »wichtige Jahre«. Das heißt, sie hat die wichtigen Entwicklungsschritte ohne die Mutter an der Seite vollzogen, oder aber konnte sie womöglich mangels mütterlicher Unterstützung nicht so vollziehen, wie sie dies heute für angemessen hielte. Frau Brückners Perspektive auf die eigene Entwicklung ist nun zwar einerseits eine reflexive, insofern sie theoretische Maßgaben berücksichtigt, sie ist aber andererseits eine, die sich aufgrund der rein theoretischen Erörterung als eine selbstentfremdete erweist. Esther Brückner kann zwischen dem Selbst, das sie einmal gewesen ist und dem, das sie heute ist, offenbar nur auf kognitiver Ebene Bezüge herstellen. Noch einmal anders formuliert: Das Erleben geht nicht als Erfahrung in die weitere biographische Entwicklung ein, sondern die Tatsache der Erfahrung muss mühsam wieder rekonstruiert werden. Damit zeigt sich an dieser Stelle erneut die Reproduktion eines in der ersten Sequenzanalyse herausgearbeiteten Strukturelements.

5. es kann sein dass dat meine Beziehung zu meiner Mutter so n bisschen jelockert hat (I:mhm).

Nun ist deutlich, worum es Frau Brückner in diesem Abschnitt geht, nämlich um die Beziehung zur Mutter, die aus ihrer Perspektive vor allem dadurch ›gelockert‹ wurde, dass sie nicht dauerhaft bei und mit der Mutter lebte. Während diese unter der Trennung gelitten habe, ist die Distanz zur Mutter für Esther Brückner eine scheinbar unbewertet bleibende, unvermeidliche Folge der mehrfachen Trennungen von ihr. Dass Esther Brückner von Lockerung spricht, bedeutet, dass sie voraussetzt, es habe irgendwann einmal eine festere Bindung an die Mutter bestanden, die dann auch nur unwesentlich gelockert wurde. Da sie aber ihre Unsicherheit bezüglich dieser Aussage betont, ist die Annahme einer einstmals engeren Bindung nicht sehr plausibel. Möglicherweise zieht Frau Brückner andere Mutter- oder Eltern-Kind-Beziehungen zum Vergleich heran; sie selbst kennt aber nichts anderes und hat die Beziehung zur Mutter auch nie anders als ›locker‹ erlebt.

Fazit:

Betrachtet man die Sequenzen noch einmal zusammen, dann scheint die Argumentation zunächst folgendermaßen aufgebaut zu sein: Die Mutter Esthers habe mehr als ihre Kinder unter der Trennung gelitten, insbesondere, da sie eingesperrt war, während die Kinder möglicherweise ganz gut aufgehoben waren und vor allem nicht eingesperrt leben mussten. Wenn Esther Brückner dann eine Einschränkung vornimmt (»obwohl, es kann natürlich sein«), lässt dies erwarten, dass sie damit aussagen will, dass auch für sie selbst die Trennung von der Mutter mit Leid verbunden war. Genau diese Aussage erfolgt dann aber nicht. Esther Brückner hat also unter der Trennung von der Mutter weniger gelitten als diese, weil sie sich zuvor ohnehin nicht stabil an sie gebunden fühlte, oder aber dieser Schmerz war so gravierend, dass er ausgeblendet werden musste und nun nur als theoretische Möglichkeit wieder benannt werden kann. Offenbar war die Beziehung zur Mutter auch später nicht so beschaffen, dass über Erlebnisse und Gefühle gesprochen wurde, denn sonst wäre sie nicht auf Mutmaßungen angewiesen, was das mütterliche Erleben der Trennung anbetrifft. Das bedeutet auch, dass es immerhin möglich wäre, dass Margot Pelzmann die Trennung von den Kindern als nicht so schmerzhaft erlebte, wie von der Tochter imaginiert, sondern, dass deren Vermutung dem Wunsch nach einer ihr in stärkerem Maße zugewandten Mutter entspringt.

6. Denn soo eng waren wir nie und sie war auch immer so mit ihrem Beruf, und sie hat dann auch noch studiert, hab ich ganz vergessen zu erzählen (I: mhm).
Es bestätigt sich nun, was zuvor entworfen wurde: Esthers Brückners Bindung zur Mutter hat gar keine ›Lockerung‹ erfahren, sondern war nie besonders eng. Dies ist der Grund, weshalb sie nur vermuten kann, die Mutter habe sie vermisst, und weshalb sie selbst die Trennung von ihr nicht als besonders schmerzhaft erinnert. Der Wunsch nach einer intensiveren Bindung wird vermutlich sehr viel älter und zum Zeitpunkt der ersten Trennung bereits mehrfach frustriert worden sein. Die Begründung wird nun mitgeliefert: Die Mutter war für das Kind »immer«, also von vornherein, nur wenig ansprechbar und präsent, weil sie vorrangig mit ihrem Beruf beschäftigt und daher vermutlich oft abwesend war. Ohne sich zu beklagen, macht Frau Brückner damit deutlich, dass sie nicht die Beziehung zur Mutter entwickeln konnte, die sie sich als Kind gewünscht hätte – für die Mutter war der Beruf wichtiger, und zwar nicht aus bloßer Notwendigkeit, also um die Familie ernähren zu können, sondern aufgrund des Wunsches der Verfolgung persönlicher Interessen. Dies wird vollends deutlich an Esther Brückners Information, die Mutter habe später sogar noch studiert: Das Studium in vermutlich fortgeschrittenem Alter erfolgte aus reiner Neigung und erforderte von der Mutter nach langen Jahren der Berufstätigkeit sicher auch einen vergleichsweise hohen Einsatz. Selbst wenn sie sich liebevoll um ihre Kinder gekümmert haben mag, war dies aus Esther Brückners Perspektive nicht genug.

Damit bestätigt sich, was bereits anhand der Analyse der objektiven Daten herausgearbeitet wurde, dass nämlich Esther Brückners Kindheit von der Abwesenheit der Mutter so geprägt war, dass für sie in der Erinnerung vermutlich nicht ein Vermissen von Nähe zu ihr, sondern vielmehr der Wunsch nach Herstellung einer solchen Nähe (die erst dann vermisst werden kann, wenn sie einmal bestanden hat) dominiert. Um eine solche Nähe zu erlangen, musste sie sich auf die Mutter hin ausrichten, und dass sie dies dauerhaft tat, zeigt sich auch hier daran, dass sie das Leid der Mutter als größer einschätzt als das eigene. Man kann hinsichtlich Esthers Entwicklung zum einen schlussfolgern, dass sie aufgrund des Ringens um Aufmerksamkeit von der Mutter eher wenig Möglichkeiten der Selbstentfaltung hatte und dass sie andererseits sehr früh versuchen musste, mit der ihr zugemuteten Selbstständigkeit zurecht zu kommen, denn die Mutter stand im Sinne Kegans (1982/1994[3]) weder als einbindende noch als freigebende ›Kultur‹ zur Verfügung. Wenn wir davon ausgehen, dass Ablösung und Individuierung sich am besten auf der Grundlage sicheren Gebundenseins vollziehen, so kann gefolgert werden, dass Esther erstens bereits innerhalb der Familie kaum die Möglichkeit hatte, eine eigene Position zu entwickeln, und dass sie zweitens später Schwierigkeiten gehabt haben dürfte, den Wunsch nach Bindung an die Mutter aufzugeben bzw. aus einem kindlichen in einen reiferen Modus zu überführen.

7. *Sie hat äh hat dann noch studiert, also en äh <u>nach</u> der Arbeit, da war se schon in den Fünfzijern, hat ihr Diplom so, glaube war se sechzig oder so, hat a/ und dann hat se noch für Hannes getippt und dann hatte se noch allerhand hohe Funktionen im deu/demokratischen Frauenbund, die hat sich halb <u>tot</u> jemacht, und bei jedem <u>Arbeits</u>einsatz war se dabei, also eigentlich müssten Se mehr über meine Mutter – schreiben, det se/ lohnt sich mehr als über mich. Die war auch erfolgreicher und und und mutiger und alles.*[27]

Diese Sequenzen sollen nicht mehr extensiv interpretiert werden; sie zeigen und bestätigen nochmals die oben herausgearbeitete Beziehungsstruktur zwischen Esther Brückner und ihrer Mutter. In der Aufzählung der Aktivitäten der Mutter und der Aufforderung, dieses Leben durch eine Veröffentlichung zu würdigen, kommt Bewunderung für die Mutter zum Ausdruck, dahinter aber auch Enttäuschung, Ärger und Unverständnis – die Mutter hat für all das viel zu viel Energie aufgewendet und ist nicht mehr zum ›Leben‹ (mit den Kindern) gekommen. Verglichen mit dem Leben der Mutter hält Frau Brückner das eigene nicht für betrachtenswert; sie ist dem großen mütterlichen Vorbild in jeder Hinsicht unterlegen (»und alles«). Dies macht umso deutlicher, dass

27 EB, 57, 11-16.

sie in ihrer Entwicklung so stark an der Mutter orientiert blieb, dass sie offenbar keinen eigenen, gegenüber dem der Mutter als gleichwertig betrachteten Lebensentwurf für sich entwickeln konnte.

Die Idealisierung der Mutter, die ›Glättung‹ von Kindheitserinnerungen und die zugleich wenig emotionalen Austausch ermöglichende Interaktion mit der Mutter – dies alles weist bindungstheoretisch auf eine unsicher-vermeidende Bindung hin (vgl. Ainsworth 1979). Die Frage wäre nun, wie Esther Brückner spätere Beziehungen gestalten konnte, ob diese ihr möglicherweise auch alternative Bindungserfahrungen ermöglichten. Daher soll im Folgenden eine Sequenz mit dem Augenmerk auf die Darstellung der eigenen Ehe (und Mutterschaft) betrachtet werden.

3.6.3 Die Paarbeziehung

1. Äh, aber das war sehr schön, mein Mann war doch so'n Naturfreund, ja? (I: mhm)[28]
In der vorliegenden Sequenz findet eine Evaluation statt; zwar ist unbekannt, was als »sehr schön« bewertet wird (davon war offenbar zuvor die Rede), doch spielt dies im Grunde deshalb keine Rolle, weil erstens aus der Charakterisierung des Mannes als »Naturfreund« zumindest erschlossen werden kann, dass es um eine Naturerfahrung (z.B. im Rahmen eines Ausflugs, einer Wanderung, einer Reise etc.) gehen muss, zweitens, weil die Beziehung zwischen Esther Brückner und ihrem Mann hier im Zentrum der Analyse stehen soll. Dabei fällt sofort auf, dass das, was Frau Brückner als sehr schön bezeichnet, sehr schön vor allem für ihren Mann gewesen sein muss. Sie selbst jedenfalls ist offenbar keine Naturliebhaberin und eine gemeinsame Freude ergibt sich daher nur aufgrund ihrer Anteilnahme an der Freude ihres Mannes, und zwar entgegen anfänglicher Bedenken oder (aus ihrer Sicht) objektiv negativer Faktoren (»aber«).
(L1) Dies wäre sehr gut vorstellbar in dem Falle, dass Esther Brückner zum Beispiel ihrem Mann eine gemeinsame Reise geschenkt oder allgemeiner ein Erlebnis ermöglicht hätte, bei dem ihm eine neue Naturerfahrung zuteil wurde. Sie wäre dann gewissermaßen die ideelle Stifterin der positiven Erfahrung und würde sich als solche an der Stiftung einer gemeinsamen Praxis und der darin an sie adressierten Freude des Beschenkten erfreuen.
(L1.1) Denkt man diese Lesart weiter, wäre außerdem vorstellbar, dass Esther Brückner sich selbst zwar nicht in gleichem Maße wie ihr Mann der Natur verbunden fühlte, dass dieser ihr die Natur aber doch näher

28 EB, 81, 3ff.

brachte, also die positive Evaluation sich primär auf die gemeinsame Erfahrung bezieht.
(L2) In einer etwas anders akzentuierten Lesart wäre nicht so sehr ein Mit-Freuen Esther Brückners gegeben. Sie wäre in dieser Lesart sehr viel stärker auf die jeweilige Perspektive ihres Mannes orientiert und würde die eigene dafür vernachlässigen. Das Wohlergehen ihres Mannes stünde dann klar im Vordergrund, denn sie wäre in dieser Lesart immer dann zufrieden, wenn auch ihr Mann es wäre, sie bliebe aber passiv und insofern gäbe es keine gemeinsame Praxis, sondern nur ein Sich-Einstellen Frau Brückners auf die Bedürfnisse des Mannes.

Von Bedeutung wäre in diesem Kontext noch, ob es sich um ein nur einmaliges Erlebnis oder um eine Regelmäßigkeit handelte.

2. *und da sind wir jahrelang jedes Wochenende rausjefahrn (I: hm)*
Es zeigt sich nun, dass es in Frau Brückners Darstellung nicht um ein einmaliges Erlebnis geht, sondern um etwas regelmäßig Stattfindendes. Insbesondere die gedehnte Sprechweise legt nahe, dass dieses ›Rausfahren‹ Routine war – und für sie eher langweilig. Die Familie fuhr regelmäßig entweder in eine Kleingartenkolonie oder aufs Land fuhr, besaß also vermutlich eine sogenannte ›Datscha‹ (dafür, dass es immer an den gleichen Ort ging, spricht auch das deiktische »da«). Die oben formulierte Lesart (L1) wird nun unwahrscheinlicher. Wenngleich nicht ausgeschlossen werden kann, dass die Wochenenden auf dem Land zunächst sowohl für Esther Brückner als auch für ihren Mann Freude und Erholung darstellten, also auch für sie »sehr schön« waren, überwiegt in ihrer retrospektiven Darstellung doch der Ausdruck von Ermüdung über Routine. Es kann gefolgert werden, dass Esther Brückner diese Praxis nur ihrem Mann zuliebe beibehalten hat, eigentlich aber lieber etwas anderes getan, bzw. lieber mehr Abwechslung gehabt hätte. Sie ordnete also ihre eigenen Interessen irgendwann denen ihres Mannes unter. Der sekundäre Gewinn, der in der ersten Lesart in einer gemeinsamen Freude bestanden hätte, muss also für sie in etwas anderem bestanden haben. Entweder war ihr dort trotz der Langeweile das Zusammensein mit ihrem Mann angenehmer, weil dieser dort aufblühte, ausgeglichener war, sich um alles kümmerte o.ä., oder aber es stand Konfliktvermeidung für sie im Vordergrund. Wenn Esther Brückner sich geweigert hätte, die langjährige Gewohnheit fortzusetzen, wäre es möglicherweise zu einem Streit gekommen, den sie offenbar vermeiden wollte. Dies würde für eine wenig belastbare Paarbeziehung sprechen, vor allem aber für Frau Brückners Wahrnehmung von der Ehe als einer solchen, und dies wäre, was sie selbst betrifft, ein Hinweis auf mangelnde Konfliktfähigkeit.

3. Und da war er so glücklich, hat er dann so unter den Birken gesessen und dann so seine Manuskripte da jehabt und – alles andere musste ich machen, so, ja? (I: mhm)

Das von Esther Brückner bereits angedeutete Problem ist nun nicht mehr so sehr das unterschiedlicher Interessen – auch dem Mann ging es offenbar gar nicht vorrangig um Naturerfahrung –, sondern das Problem ungleich ›verteilter‹ Möglichkeiten zur Muße. Während ihr Ehemann aus ihrer Perspektive genießerisch Arbeit und Müßiggang verbinden konnte, war sie für alles andere, also für die Sicherstellung der Möglichkeit dieses Müßigganges zuständig. Esther Brückner bringt in ihrer lakonischen, beinahe ironischen Darstellung Verständnislosigkeit und Bitterkeit angesichts eines ›klassischen‹ Ehe- und Rollenverteilungskonflikts zum Ausdruck: Sie zeigt im Grunde genommen wenig Verständnis für die Position ihres Mannes, der als Wissenschaftler Manuskripte schreiben, also am Wochenende arbeiten musste. Dass dies Arbeit bedeutet, sieht sie aber hier offenbar nicht, sondern seine zugleich vergleichsweise privilegierte Situation, nämlich die Arbeit in Form von Denkprozessen beinahe überall mit hinnehmen zu können, wird aus ihrer Perspektive zum puren Müßiggang, bei dem er in der Natur sitzt und, überspitzt formuliert, nichts weiter tut, als sich ›schöne Gedanken zu machen‹. Zugleich bringt sie auch zum Ausdruck, dass sie sich umgekehrt von ihrem Mann nicht verstanden fühlte, denn dieser sah ja offenbar keinen Anlass, die Haushaltsarbeit mit ihr zu teilen oder sie darin zu entlasten. Selbst für den Fall, dass Esther Brückner die Arbeit ihres Mannes grundsätzlich als solche anerkannte, ändert dies nichts an der hier zutage tretenden Struktur, im Gegenteil: Denn dies würde nur verstärkt für den Ausdruck von Bitterkeit und auch Neid sprechen, weil es hieße, dass der Mann aus ihrer Perspektive ›wirkliche‹ und ›wichtige‹ Arbeit für sich zu tun in Anspruch nahm und auch noch Freude daran hatte, während für sie nur die ›niederen‹ Versorgungsarbeiten blieben.

Es ist insgesamt zu vermuten, dass Esther Brückner sich mehr Möglichkeiten zu gemeinsamer Arbeit und Muße gewünscht hätte.

Fazit:

Festzuhalten ist, dass Frau Brückner mit ihrem Mann in der Ehe eine traditionelle Rollenverteilung praktizierte, obwohl ihr dies nicht gänzlich zu gefallen schien. Was ihr an ihrem Mann (zumindest zu Beginn der Beziehung) sicherlich gut gefallen hat, nämlich eine in der Naturverbundenheit sich zeigende romantische Seite, konnte die Unzufriedenheit nicht hinreichend aufwiegen. Es ist möglich, dass dies später Anlass zu Konflikten gab und dass diese auch noch dargestellt werden, dennoch ist schon daraus, dass Esther Brückner zumindest über einen längeren Zeitraum hinweg das dargestellte Modell scheinbar akzeptierte, zu schließen, dass sie sich davon etwas erhoffte, nämlich vermutlich die Sicherstellung der Zuneigung ihres Mannes. Damit soll nicht nahe gelegt werden, es habe sich bei diesem um einen unsensiblen Tyrannen gehandelt, schon deshalb nicht, weil berücksichtigt werden muss, dass er einer Männergeneration angehörte, für die die alleinige Zuständigkeit der Frau für den Haushalt und die Kinderbetreuung eine Selbstverständlichkeit darstellte (wie es umgekehrt mehrheitlich auch für Esther Brückners und sogar spätere Generationen noch galt). Aber es ist doch auffällig, dass Esther Brückner sich hier offenbar klaglos fügt, und insofern kann ihrerseits durchaus das Motiv der Konfliktvermeidung und Beziehungssicherung vermutet werden – ein Muster der Beziehungsgestaltung, das nicht kausal zurückgeführt werden kann auf, doch in Zusammenhang gesehen werden kann mit den kindlichen Erfahrungen, die fragile Beziehung zur Mutter betreffend. Esther Brückner ist es gewohnt, Rücksicht zu nehmen, denn auch für die Mutter hatte die Arbeit stets Priorität. Der kindliche Erfahrungs- und Verarbeitungsmodus notgedrungener Anpassung würde hier also übertragen auf die Ehebeziehung zweier erwachsener und gleichberechtigter Individuen.

4. *Äh, die janze – Zäune bauen und wat wat weiß ich alles, wat da, die Kinder beaufsichtigen und so weiter, nich?*
Frau Brückner wird nun immer konkreter und bringt damit auch das Ausmaß ihres Ärgers zum Ausdruck – sie musste in der Tat ›alles‹ tun, und zwar sogar schwerere handwerkliche Arbeiten verrichten, die üblicherweise gar nicht der Frau zufielen. Das heißt, so strikt an typischen Geschlechterrollenzuschreibungen wird die Ehe der beiden nicht orientiert gewesen sein, sondern das regierende Prinzip war offenbar vielmehr die umfassende Entlastung des Mannes durch die Arbeit der Frau. Dafür spricht auch, dass Frau Brückner hier nicht von der Erziehung und Versorgung, sondern von der Beaufsichtigung der Kinder spricht, was bedeutet, dass über deren Verhalten zu wachen war – vermutlich, damit diese den Vater bei der Arbeit nicht störten. Bemüht wird damit das Bild des sich selbst als sensibel stilisierenden Gelehrten, der zugunsten seiner Produktivität auf die Abschirmung lästiger Alltagseinflüsse angewiesen ist – bekannt ist dieses Bild vor allem aus den vielfach kolportierten Geschichten über Thomas Mann, dessen Kinder das Arbeitszimmer angeblich kaum betreten durften und dessen Frau das Haus mit dem Schlüsselkorb am Arm regierte.

Was Esther Brückner hier nicht anspricht, ist, dass sie möglicherweise auch eine Frau war, die sich mehr als ihr Mann durch handwerkliches Geschick und Tatkraft auszeichnete, so dass die Rollenverteilung eine durchaus funktionale gewesen sein mag. Im Zentrum steht für sie vielmehr, dass sie gleich ›alles‹ erledigen musste, und dass die Arbeit kein Ende zu nehmen schien.

5. Da war er sehr glücklich.
Es ist zuallererst fraglich, ob das »da« auf den Ort, das Wochenendhäuschen auf dem Lande verweist oder ob es auf die in der letzten Sequenz dargestellten Verhältnisse der Arbeitsteilung bezogen ist. Im letzteren Falle wäre diese Bemerkung kaum noch anders denn als Ausdruck von Resignation und Zynismus zu interpretieren. Es spricht jedoch mehr dafür, dass es hier um den Ort als Quelle des Glücks für den Mann geht (die Darstellung beginnt in Sequenz 3 mit »Und da war er sehr glücklich«, die nachfolgenden Sequenzen stellen Einschübe dar, die Esther Brückners eigene Sicht kennzeichnen sollen). Es fällt nun auf, dass Frau Brückner ihrem Ärger an keiner Stelle explizit Ausdruck verleiht. Zwar ist es möglich, dass eine Frage der Interviewerin es Esther Brückner nahe gelegt hat, den Fokus bei ihrer Betrachtung auf die Perspektive ihres Mannes zu legen, dennoch hätte sie gerade in Konsequenz der letzten Ausführungen hier nun ein Fazit bezüglich ihres eigenen Erlebens ziehen können. Dass sie dies nicht tut, unterstreicht die bisherigen Überlegungen zur eher heteronomen Beziehungsgestaltung und kann als Hinweis darauf interpretiert werden, dass sie wohl retrospektiv indirekte Kritik üben, aber nicht eigene Vorstellungen und Wünsche formulieren kann. Insofern ist sie allein auf die Abarbeitung ihres Missfallens orientiert.

6. Aber zum Schluss hab ich mich dann äh jeweigert, weil, er wollte dann auch immer im ganzen <u>Winter</u> noch rausfahren (I: mhm), und da gabs keene richtije <u>Heizung</u>, war ihm alles egal. <u>Hauptsache</u> er war in der Natur, auch wenn's da null Grad war, da hat er sich unter ne <u>Decke</u> verkrochen oder so, und dann die letzten Jahre hab ich dann jesagt, na dann fahr alleine.
Es zeigt sich nun, dass Frau Brückners Darstellung durchaus auf die Markierung eines Wendepunkts hin angelegt ist, nämlich auf den Zeitpunkt, zu dem für sie ›das Maß voll‹ war. Das Verhalten ihres Mannes ist für sich genommen interessant, denn das Wochenendhäuschen scheint für ihn geradezu ein Refugium dargestellt zu haben, das trotz der kargen Ausstattung für sein Wohlbefinden wichtig war. Er stellte keine großen Ansprüche, sondern war geradezu asketisch genügsam, aber ein (aus Esther Brückners Perspektive) großer Anspruch bestand offenbar an seine Frau dahingehend, auch sie solle so genügsam sein. Frau Brückner aber ist als ältere Frau durchaus in der Lage, zu erkennen, wo für sie die Grenzen des Erträglichen liegen, was sie mitzumachen bereit ist, und was sie für sich ablehnt. Sie ist offensichtlich befremdet angesichts des Verhaltens ihres Mannes, das sie als fast zwanghaft präsentiert (»war ihm alles egal«). Dies aber führt nicht dazu, dass sie vom anderen verlangt, sich umzustellen und auf ihre Bedürfnisse Rücksicht zu nehmen (also entweder gemeinsam zu Hause zu bleiben oder eine Heizung ein-

bauen zu lassen o.ä.), sondern sie lässt ihn seinen Interessen nachgehen. Frau Brückner hat also über die Jahre durchaus eine Form von Beziehung aufbauen können, in der sie sagen kann, was sie nicht möchte, und in der beide Partner ihren eigenen Interessen nachgehen können, ohne dem jeweils anderen im Gegenzug mangelnde Zuwendung, Desinteresse oder ähnliches vorzuwerfen. Umgekehrt liegt ihr offenbar auch nichts daran, etwas dafür zu tun, die Wochenenden dennoch gemeinsam mit ihrem Mann verbringen zu können. Sie sorgt zwar für eine Konfliktentschärfung, bleibt aber relativ passiv, indem sie ihn ›machen‹ lässt.

7. *(I: ja) Al/ich gab ihm Essen mit und und alles wat er brauchte, und da ist er dann zwar nicht mehr ganz so lang geblieben, aber dann is er dann eben alleine jefahren, so (I: mhm). Aber sonst, jahrzehntelang, also siebenundfünfzig haben wir's jekauft und äh äh, wie jesagt, neunundneunzig waren wir erst janz fertig mit dem Verkauf & aber nach seinem Tod (sind wir nur noch wenig, weil Gert) und ich beide nicht so recht Autofahren und mit der Bahn war's mühevoll und, ich sah ooch keenen Sinn mehr drin, da äh, da immer mich abzumühen und so ne (I: mhm, mhm).*

Frau Brückner scheint erstens einen traditionellen Geschlechterrollen- und Eheentwurf gelebt zu haben, in dem sie für alle Belange der Versorgung zuständig war, so dass sie auch in späteren Jahren noch bereitwillig für die Verpflegung ihres Mannes sorgte wie für ein Schulkind. Zweitens wird hier deutlich, dass sie für sich selbst die Mühen, von denen sie spricht, nicht in Kauf zu nehmen bereit war. Die jahrzehntelangen Fahrten sind um ihres Mannes willen unternommen worden, während ihr daran recht wenig lag, man könnte sogar sagen, dass das ›Hobby‹ ihres Mannes sich ihr noch über seinen Tod hinaus als Belastung darstellte. Wenn Esther Brückner zuvor viele Jahre lang die Mühen hingenommen hatte, dann also um einer harmonischen Beziehung willen.

8. *Äh, aber war, für die Kinder war's schön, als Kind/für meinen Mann war's sehr schön, für mich war's ne janz schöne Belastung. ((Leiser und undeutlich)) Weil er det immer so ganz selbstverständlich nahm, dat ich alles, ich alles regel und er so schön so sein, so seine Manuskripte so. So ooch wie bei dem Josef Berkiewitsch, der hat sich auch immer von der Frau allet/zwar nich handwerken lassen aber, aber, sonst auch so. Manche Menschen sind so f/ sind so .. Na ja kam wahrscheinlich auch durch seine Krankheit dass er so immer dat alles nicht konnte nich? (I: mhm) .. Hat mich nich jestört.*

Die Klage wird eingerahmt mit dem Hinweis, dass es für andere schön war; Priorität hatten offenbar immer ihre Kinder und ihr Mann, dadurch aber wird ihr eigenes Erleben um so schärfer deutlich. Und die Empfindung der Belastung wird nun noch begründet, womit deutlich wird, dass das Problem für Frau Brückner nicht so sehr auf der Ebene unterschiedlicher Interessen liegt, sondern auf der der Haltung. Hätte ihr Mann ihre Versorgungsleistungen nicht für selbstverständlich gehalten, so hätte sie diese ja womöglich sogar ganz gern erbracht.

Der Mann aber *ist* so – einerseits wird mit dem Verweis auf den Stiefvater nahe gelegt, es könne sich um eine Sozialisations- und Generationsfrage handeln, andererseits behandelt sie das Problem auf der Wesensebene – da kann man nichts machen. Interessant ist dabei, dass sie sich in ihrer Kritik unterbricht, so dass nur zu raten wäre, wie »manche Menschen« ihrer Meinung nach sind: Faul? Phlegmatisch? Frech? Verrückt? Frauenausbeutend?

Die Kritik wird nicht durchgehalten, sondern das eigentlich als kränkend und als belastend empfundene Verhalten des Mannes wird mit Krankheit entschuldigt und relativiert.

Zusammenfassend kann hier gesagt werden, dass Frau Brückner, wie auch in der Beziehung zur Mutter, in der Ehe Anerkennung und Zuneigung zu gewinnen hoffte, indem sie die Bedürfniserfüllung des anderen in den Vordergrund stellte bzw. zum gemeinsamen Interesse machte. Der Groll darüber kommt in der Darstellung sehr deutlich zum Ausdruck, er muss abschließend aber wieder verleugnet werden, um nicht das Selbstbild als autonom (in Esther Brückners Sinne liefe das vermutlich auf Beziehungslosigkeit hinaus) zu gefährden. Frau Brückner scheint einerseits mit einem traditionellen weiblichen Rollenschema zu hadern, sie sieht sich aber andererseits erst spät, wenn überhaupt, in der Lage dazu, seine Erfüllung partiell zu verweigern.

Dabei zeigt sich auch, dass sie den Mann um seine wissenschaftliche Tätigkeit, die sie als »schöne« Beschäftigung ansieht, ein wenig beneidet. So zu arbeiten, hätte sie sich vielleicht auch für sich selbst vorstellen können, konnte diese Möglichkeit aber nicht realisieren. Auf diesen Aspekt soll nachfolgend eingegangen werden.

3.6.4 ›Selbstverwirklichung‹ über Leistung im Beruf

Bei der Interpretation der objektiven Daten ist bereits herausgearbeitet worden, dass Esther Brückner trotz hohen kulturellen und symbolischen Kapitals der Herkunftsfamilie – also auf der Ebene des Erzeugungsparameters – keine entsprechende Ausbildung erhalten hat und dass die spätere Entscheidung für ein Studium nicht zu dessen erfolgreichem Abschluss geführt hat, dass sie also diese Ebene der Bewährung, die jener der mütterlichen entsprochen hätte, nicht wählt.

Ich möchte diesen biographisch bedeutsamen Aspekt nochmals aufgreifen, dafür jedoch keine weitere Sequenzanalyse mehr durchführen, sondern mich auf eine zusammenfassende Interpretation beschränken.

Betrachtet man die Tatsache, dass die Mutter offenbar wenig oder gar keinen Wert gelegt hat auf eine möglichst gute Ausbildung der Tochter, so kann man sagen, dass dieser damit Chancen vorenthalten wurden und sie es späterhin damit auch schwerer hatte, für sich eine berufliche Perspektive zu entwickeln. Allerdings hatte Esther Brückner offenbar durchaus berufliche Ambitionen, denn einige Zeit nach der Ankunft in Ostberlin nahm sie ein Studium auf, und zwar das der Biologie, später der Chemie, das sie allerdings nicht beendete.

Es ist meines Erachtens aussagekräftig, dass Esther Brückner gerade diese naturwissenschaftliche Studienrichtung wählt, denn damit schlägt sie definitiv eine andere Richtung ein als die gesellschaftspolitisch interessierte Mutter. In den Naturwissenschaften kommt es auf exakte Beobachtungen und Messungen an, um Phänomene, ihre Ursachen und Zusammenhänge erklären und in Gesetzen formulieren zu können. Esthers Wahl des Studienfaches Chemie als Wissenschaft der Untersuchung von Elementen, ihren Strukturen, Bindungs- und Veränderungsprozessen könnte gedeutet werden als Versuch der ›Sublimierung‹ oder Verschiebung einer Auseinandersetzung mit sozialen Beziehungen auf die Ebene der exakt-wissenschaftlichen Beschäftigung mit unbelebten Stoffen.

Der Abschluss des Studiums jedoch gelingt ihr aufgrund zahlreicher unterschiedlicher Schwierigkeiten nicht:

E: ich hab dann äh 47, nee, oder war s, ich glaube es war, ja Anfang 47 an der Humboldt-Uni anjefangen Biologie zu studieren (I: aha), weil ich ja, ich hatte ja in dem Forschungsinstitut, det war ja ooch allet so Biologie und Chemie (I: mh) und ich dachte ooch det interessiert mich, und da hatte ich auch n bisschen mehr jelernt in der Schule als so Physik und so ne Sachen. Äh, und.. det hab ich son paar Jahre studiert und dann hab zu Chemie jewechselt, weil mich det mehr interessierte, war damals noch ziemlich leicht son Wechsel (I: mmh) ..Äh.. ich hab s aber nicht bis zum Ende jeschafft, ich hab so – Zwischenprüfungen und allet mögliche jeschafft, aber nicht zum Ende, aus verschiedenen Gründen~. Erstens mal.. war meine Vorbildung scheinbar doch nicht gut jenug. Also zum Beispiel mussten wir alle Russisch lernen. (I: ja) Und da fingen die an so mit der ganzen Grammatik, die ich so gut wie nie jelernt hatte, ja. Ja bilden se dat und dat in dem und dem Fall und so, und denn musste ich erst mal, wat is n der Fall, oder so, nicht? Im Laufe der
I: Ja, das ist schwer, mhm.
E: Jahre hab ich s dann von meinen Söhnen jelernt, ne (I: ja), aber, das war zum Beispiel eine Schwierigkeit. Dann äh, dann Physik. Äh äh baute vieles auf Physik auf, wat ich jar nicht jelernt hatte, nicht? (I: Mmh) Und dann war auch ne jewisse Schwierigkeit, dass alles mir äh so fremd war hier ja (I: Ja), also die ganzen Sitten und alles ja? Äh, und äh, dann

wurde ich auch sehr krank 1950, bekam ich Schilddrüsenüberfunktion, ja? (I: mhm). Äh, ich vermute, e-erstens mal die ganzen psychischen Belastungen, man kennt das & heutzutage sagt man, wie heißt dat noch mal? Ne ganze Weile nach einem fürchterlichen Ereignis.. tritt das
I: Mhm, so, ne posttraumatische – Belastungsstörung. das ist (so der) Begriff.
E: dann, is son bisschen.. Posttraumatische. Ja aber det, ja ja det tritt manchmal erst Jahre hinterher auf, ja? (I: mmh). Das kann mit die Ursache jewesen sein, es kann aber auch sein, Schilddrüse hat ja ooch mit Jod und all solchen Sachen zu tun & in New York haben wir – doch äh am Meer jelebt und Fisch und so wat jehabt (I: mmh), während s hier dat jar nicht gab, (I: ja) Ja? War doch so ne Notsituation nach dem Krieg, das kann mit dazu beigetragen haben, ich weiß nicht, was alles die Ur/es war jedenfalls sehr schlimm ich war so dünne, können Se sich bei mir jetzt gar nicht mehr vorstellen, konnt kaum mehr die Treppen rauf (I: mmh), also da musst ich dat Studium unterbrechen ne Weile, äh.. aber dat haben se dann hinjekriegt. Haben operiert hier äh, an der Schilddrüse und dann war dat so wieder janz jut, nach ner Weile (I: Mmh). Hat ne Weile jedauert, äh, ja und dann hab ich jedacht, na irjendwie, janz allmählich musste ja auch mal ans Kinderkriegen denken, eh ich zu alt, und vor allen Dingen mein Mann zu alt ist, nicht? (I: mmh) Er war ja/mein äh ältester Sohn ist 52 jeboren (I: mhm), da war er ja schon 46, nicht, äh und äh er wollte auch, wir wollten auch ganz gerne Kinder, vorher war immer alles Mögliche wat dagegen sprach, nicht? Äh.. ja all diese Gründe zusammen jenommen haben dann dazu geführt, dass ich's nicht bis zum Ende jeschafft habe, ja? (I: mhm). Äh, und ich hab dann äh äh hier in so nem physiologisch-chemischen Forschungsinstitut jearbeitet, bei Professor Rappaport, äh das war son Institut, was da irjendwie zur Universität jehörte (I: mhm), äh physiologisch-chemisches Institut der Humboldt-Universität und äh da auch so auf mittlerer Ebene, so n bisschen ähnlich wie in Amerika, n bisschen mehr konnt ich ja inzwischen durch det Studium und so. Äh.. dann hab ich da äh jahrelang gearbeitet. Und dann äh, ich weiß nicht mehr, was da die Ursache war, nach einigen Jahren habe ich da aufjehört, ((langsam, leicht gequält)) äh, ich glaub mein Mann war krank und, und mit den Kindern war auch so viel zu tun und – so verschiedene Gründe. Und dann wurde ich auch irjendwie haben se mich immer unjelerntere Arbeiten machen lassen, am Ende durfte ich dann bloß noch die Gläs/die die Reagenzgläser säubern, also alles zusammen hat mich/äh hab ich dann da aufjehört, ja? (I: mmh)[29]

Es zeigt sich hier sehr deutlich, dass Esther Brückner nicht nur auf der Ebene formaler Studienanforderungen Schwierigkeiten hatte, sondern dass ihr die Gestaltung des eigenen Lebensentwurfes insgesamt nach

29 EB, 41, 20-42, 27.

der Rückkehr massive Probleme bereitete und dass sie sich dessen heute zwar zum Teil bewusst ist, sich aber unter Verweis auf eine nachträglich selbst vorgenommene Diagnose, die als erklärendes ›Label‹ fungiert, zugleich davon distanziert und diese Distanzierung in einem zweiten Schritt noch weitertreibt, nämlich indem die zum Ausdruck gekommene Überforderung schließlich auf einer rein somatischen Ebene behandelt wird. Die Abwehr von Konflikten wird somit ein zweites Mal vollzogen.

Abgesehen von Schwierigkeiten, die ihr aus dem Wechsel zwischen unterschiedlichen Bildungssystemen und ihren Anforderungen erwuchsen, scheint aber auch die Studienwahl selbst eher naiv und aus einem diffusen Interesse heraus getroffen worden zu sein. Dies muss zwar sicher nicht zwangsläufig zum Scheitern führen, im Falle Esther Brückners aber waren offenbar die ›Hypotheken‹ zu groß, und die Setzung anderer Prioritäten zu stark, um sich dem Studium tatsächlich voll und ganz widmen zu können. Hinzugefügt werden kann, dass die Bewährung über Leistung im Beruf in Anbetracht der Erfahrungen, die sie als Kind mit der vom Beruf als extrem okkupiert wahrgenommenen Mutter gemacht hatte, für sie selbst auch keine wirklich verheißungsvolle Option dargestellt zu haben scheint. Insofern bleiben ihre ›Bewährungsversuche‹ auf diesem Feld halbherzig, so dass sie auch in der beruflichen Praxis eine allmähliche Degradierung erfährt und letztlich zum zweiten Mal scheitert.

In jedem Fall entscheidet sie sich im Gegensatz zur Mutter dafür, dem Familienleben und der Erziehung und Betreuung ihrer Kinder oberste Priorität einzuräumen. Damit, so könnte man folgern, versucht sie ihren Kindern mehr zu geben als sie selbst von ihrer Mutter erhalten hatte; man kann aber diese Daten auch dahingehend interpretieren, dass sie sich auf genau dem Feld zu bewähren suchte, das nicht bereits von ihrer Mutter ›besetzt‹ worden war. In dem vermeintlichen Verzicht läge also Esther Brückners Möglichkeit zur Individuierung über den Entwurf eines Lebens, das sich ganz deutlich von jenem der Mutter unterschied.

3.7 Zusammenfassung und Strukturgeneralisierung

Methodologische Vorbemerkung

Der objektiv-hermeneutische Begriff der Fallstruktur scheint widersprüchlichen Bedingungen zu unterliegen: Einerseits kann von der Rekonstruktion einer Fallstruktur erst dann gesprochen werden, wenn die dafür gehaltene mindestens eine Phase der Reproduktion durchlaufen hat (vgl. Oevermann 2000, 95), andererseits postuliert Oevermann – insbesondere hinsichtlich der theoretischen Annahme von der prinzipiell in eine offene Zukunft hinein sich vollziehenden Individuierung des Subjekts als Bildungsprozess – die an jeder Stelle mögliche Transformation einer Struktur. Es stellt sich also die Frage, welche Kriterien auszumachen sind, nach denen entweder eine nicht zutreffende Rekonstruktion der Fallstruktur oder aber tatsächlich eine Strukturtransformation vorliegt. Loer verweist in diesem Zusammenhang darauf, dass Strukturen, verstanden als »Systeme von Regeln« (Loer 2006, 49), vom Subjekt solange reproduziert werden, wie sie ihm als eine angemessene, also begründete, Problemlösung erscheinen, während diese Regeln angesichts ihres Versagens in einer Krise transformiert werden. »Im Falle der Befolgung einer Regel liefert die Struktur, deren Moment die Regel ist, die Selbstrechtfertigung gleich mit, im Falle der Transformation muss das sich selbstrechtfertigende Subjekt hierzu auf eine übergreifende Struktur seines Selbst zurückgreifen« (ebd.). Dass dieser ›Rückgriff‹ auch in einem ›Vorgriff‹ bestehen kann, exemplifiziert Loer am Beispiel der Revolutionärs, der im Gegensatz zum »auf eine vorgängige höhere materiale Vernünftigkeit« zurückgreifenden Rebellen vorgreifen muss auf einen Entwurf, auf eine »erst noch zu verwirklichende höhere materiale Vernünftigkeit« (ebd.). Fallstrukturen zeichnen sich durch Reproduktions- wie auch durch Transformationsprozesse aus, diese beiden stehen gewissermaßen in einem dialektischen Verhältnis (vgl. a.a.O., 350) zueinander. Insofern scheint mir auch die in der Biographieforschung landläufige Annahme, man könne mittels dieses Verfahrens lediglich Strukturen, aber keine Prozesse rekonstruieren, auf einer verkürzten Rezeption der Methode und Methodologie zu basieren.

Im Falle Esther Brückners ließen sich die fallspezifisch sich vollziehenden biographischen Prozesse anhand der Sequenzanalysen ebenso aufzeigen, wie sich schließlich Merkmale dieser spezifischen Fallstruktur und ihrer Genese generalisieren lassen.

Esther Brückner betrachtet sich selbst – und präsentiert auch ihre Lebensgeschichte entsprechend, indem sie sich an einem imaginierten Typus, ›dem Emigrantenkind‹ abarbeitet und sich damit fragen muss, ›wer oder wie bin ich (nicht)‹. In diesem Zusammenhang zeigt sich hinsichtlich der Identitätskonstruktion Esther Brückners als prägnantestes Strukturmerkmal das Bemühen um die Präsentation als autonom. Die Selbststilisierung als vollkommen ›untypisch‹ wird nicht vollzogen über die positive Zuschreibung von Eigenschaften, sondern über die prekäre Konstruktion des Selbst als ›Nicht-wie-die-anderen‹, die Ausdruck eines krisenhaften Ringens um Identität und Autonomie ist. Diese Konstruktion ist deshalb prekär, da sie um den Preis der emotionalen Selbstbeschneidung bzw. -entfremdung erfolgt, denn die Konstruktion einer ›Negatividentität‹ produziert letztlich nur eine leere Hülle.

Frau Brückner kann ihre Entscheidung zur Rückkehr nach Deutschland aus Liebe zu ihrem Mann vor sich selbst nicht anerkennen, sondern betrachtet diese als einen aus Abhängigkeit begangenen Fehler, mit dem sie sich selbst um die Chance auf ein besseres Leben gebracht hat. Insofern ist ihre Identitätskonstruktion und ihr Habitus der Selbststilisierung über die Definition als ›Nicht-wie-andere‹ Teil einer den Schmerz eines ›verlorenen‹ Lebens vermeidenden oder wenigstens begrenzenden Form der Krisenbewältigung.

Der in ihrer Darstellung thematisch werdende Kernkonflikt, in dem Autonomie bzw. Heteronomie synonym gesetzt werden mit Abweichung bzw. Anpassung, ist jedoch, wie bereits die Analyse der objektiven Daten gezeigt hat, ein Konflikt, der jenseits der gesellschaftlichen Ebene der ›Normalbiographie‹ sowie jener der Beziehungen zwischen Familie und Umwelt bereits in ihrer Kindheit auf einer weiteren Ebene angelegt ist, nämlich auf der innerfamilialen bzw. interpersonalen Ebene der Beziehung zwischen Mutter und Tochter. Dies zu realisieren, scheint für Esther Brückner aber zu schmerzhaft zu sein, denn in diesem Falle müsste sie sich mit der einstmaligen Abhängigkeit von einer permanent die Entfaltungsmöglichkeiten ihrer Kinder behindernden Mutter konfrontieren. Insofern wird das persönliche ›Drama‹ einer enttäuschenden Beziehung zu dieser Mutter ›ausgeblendet‹ und das Thema (Re)Migration nur behandelt auf der historisch-gesellschaftlichen Ebene von Erwartungen an eine ›Normalbiographie‹, von der sie aufgrund einer persönlichen, also eigens getroffenen Entscheidung abweicht.

Was Kegan als ›einbindende Kulturen‹ bezeichnet, hat für Esther Brückner eher einseitigen Anbindungs- und Zugzwangs- als freigebenden Unterstützungscharakter. Einen Raum mit Einbettungscharakter, aus dem heraus sie sich ›entfalten‹ und neue Formen der Einbettung hätte suchen können, hat es für sie nie gegeben. Esther Brückners Dilemma besteht darin, dass die Mutter für sie ein ›übermächtiges‹, über Leben und Tod entscheidendes Vorbild darstellte, das sie selbst einerseits schwer erreichen konnte, und von dem sich abzugrenzen für sie andererseits schlicht kaum eine Möglichkeit bestand, ohne die Mutter und deren Ideale tendenziell zu ›verraten‹, denn diese stand als verfolgte jüdische Kämpferin gegen den Nationalsozialismus bereits auf der moralisch ›richtigen‹ Seite. Und nicht nur das, es boten sich ihr aufgrund der Radikalität der Mutter auch kaum Möglichkeiten, diese zu übertreffen[30], erst recht keine vergleichbaren ›Gegner‹. ›Gegnerin‹ war somit aufgrund ihrer permanenten vermeintlichen moralischen Überlegenheit vielmehr die eigene Mutter selbst, gegen die Esther Brückner ja aber nicht ankommen konnte und durfte, weil sie sich immer noch Nähe

30 Jedenfalls nicht, wenn das Ziel tatsächlich in gelungener Individuierung besteht, die die Fortsetzung und nicht die Auslöschung des eigenen Lebens als radikalstes Opfer im politischen Kampf voraussetzt.

und Sicherheit von dieser erhoffte. Die Entwicklung eines Habitus der Krisenbewältigung in Form von Selbststilisierung als autonomes, auf niemanden verwiesenes Subjekt ist insofern ein Versuch der Linderung und Überwindung des Kindheitsschmerzes, der scheitern muss, weil er das Erkennen seiner unbewussten Motiviertheit verhindert. Esther Brückners Autonomiebestrebung ist die Prothese, unter der gelegentlich der Schmerz einer enttäuschenden Beziehung zur Mutter nur noch wie ein Phantomschmerz als Schmerz über ›Fremdheit‹ und Anderssein spürbar wird.

Erzählt wird eine Geschichte des Scheiterns, dessen Gründe in einer mangelhaften Person-Umwelt-Passung gesehen werden, wobei Frau Brückner Besonderheit nur als Negativum konstruieren kann. Im Grunde genommen aber – hier komme ich noch einmal auf die objektiven Daten zurück – ist ihre Geschichte kaum anders denn als Geschichte fortgesetzter Deprivationen zu bezeichnen, angefangen beim Verlust des Vaters über die mehrfache Trennung und Entfremdung von der Mutter, das vermutlich eher ärmliche Leben in New York und die mangelnden Explorationsmöglichkeiten in der Adoleszenz bis hin zur Remigration in die spätere DDR mit einem Ehemann, der am Aufbau dieses Staates vermutlich zumindest zu Beginn als Wissenschaftler aktiv mitwirkte und eine privilegierte Stellung erhielt und des Weiteren vor allem hinsichtlich seiner Karrieremöglichkeiten von Esther Brückner versorgt und gestützt wurde. Der von Esther Brückner gewählte Bewährungsmythos von Paarbeziehung und Mutterschaft ist zugleich der einzige subjektiv sinnhafte für sie, denn dieses Feld erscheint für sie als das einzige, auf dem sie etwas anders und ›besser‹ machen konnte als die eigene Mutter.

Aus den gleichen Gründen aber bleibt Esther Brückner lebenslänglich eine Emigrantin, auch und gerade in der DDR. Denn die herausgearbeiteten Autonomiebestrebungen in ihrer Selbstpräsentation müssen dann auch im Kontext ihres Erwachsenenlebens unter dem DDR-Regime gesehen werden, unter dem sich strukturell die Spannung zwischen allumfassenden Loyalitätsverpflichtungen auf das Kollektiv einerseits und einer selbstbestimmten Lebensführung sowie dem Bemühen um die Aufrechterhaltung von Privatsphäre andererseits ergab. Mit ihrer ›Rückkehr‹ aus Liebe zur Mutter und zum Ehemann wird tragischerweise die Anforderung verknüpft, sich für deren Ziele zu engagieren und sich in die eher von ihnen als von Esther Brückner selbst aktiv gewählte Lebensumwelt zu integrieren. Somit muss dieser Staat, mit aufgebaut von den eigenen Angehörigen, und wiederum ein das eigene Leben massiv beschneidendes Machwerk der Älteren, für sie zur Lebensenttäuschung geworden sein, aus dem sie nur ›nach innen‹ fliehen konnte, so dass sie sich gewissermaßen in die ›innere Emigration‹ begab.

4. Die Geschwister Levi

Vorbemerkung: Am Fall Esther Brückners ist eine vollständige Sequenzanalyse exemplarisch auch für die nachfolgenden Fälle dokumentiert worden. Die Fallrekonstruktionen der Geschwister Levi sollen nun – vor allem zugunsten einer besseren Lesbarkeit – eher zusammenfassend dargestellt werden. Dennoch sollen jeweils zuerst die objektiven Daten und deren Interpretation vorangestellt werden, dies auch, um einen Überblick über die gesamte Biographie zu ermöglichen. Auch wird im Falle Georg Levis noch einmal die sequentielle Analyse des Interviewbeginns dokumentiert.

Ausgewählt wurde das Geschwisterpaar Levi für diese Arbeit, weil sich zunächst unter anderem die Frage stellte, ob sich bei Geschwistern aufgrund zumindest ähnlicher familiärer Sozialisationserfahrungen auch ähnliche Krisenverarbeitungsmodi rekonstruieren lassen. Im Laufe der Rekonstruktion zeigten sich zwar tatsächlich bemerkenswerte Parallelen, zugleich aber ebenso bemerkenswerte Unterschiede, die sich nicht nur auf geschlechtsspezifische Faktoren im Sozialisationsprozess zurückführen lassen, sondern auch ein deutlicher Ausweis dafür sind, dass sich jedes Kind in einer eigenen Triadenkonstellation mit den Eltern befindet und dass entsprechend spezifische Interaktions- und Beziehungserfahrungen für seine Entwicklung relevant werden.

4.1 *Georg Levi – Amor fati oder: das Glückskind*

> »Jetzt nämlich stellt sich erst der Gedanke an eine persönliche Providenz mit der eindringlichsten Gewalt vor uns hin und hat den besten Fürsprecher, den Augenschein, für sich, jetzt wo wir mit Händen greifen, dass uns alle, alle Dinge, die uns treffen, fortwährend zum Besten gereichen.«
>
> (Nietzsche 1980, 276)

4.1.1 Objektive Daten und Kurzbiographie

Vorbemerkung

Die Anonymisierung der Daten gestaltete sich im Falle der Levis besonders schwierig. Zur Gewährleistung der Anonymität Georg Levis wie auch seiner Schwester mussten viele Daten, insbesondere die beruflichen Stationen, so verschlüsselt werden, dass hier eine Präsentation der Analyse und Interpretation der objektiven Daten mangels konkreter Angaben zumindest etwas problematisch erscheint. Insgesamt habe ich versucht, die Daten so zu anonymisieren, dass so viele Informationen wie nötig, aber so wenige Anhaltspunkte wie möglich zur Identifizierung der Person übrig blieben.

20.4.1924	Geboren in A-Stadt, einer mittelgroßen Stadt im Rheinland Eltern: Vater: Bernhard Levi, *1885 in A-Stadt, Metzgersohn, sechs Geschwister, Arzt (allg.med. Praxis) und Vorsitzender der jüdischen Gemeinde Mutter: Inge Levi, geb. Blum, *1899 in N-Stadt (Rheinland), Fabrikantentochter, zwei Schwestern, Heilgymnastin, verheiratet mit Bernhard Levi ab 1922, ab 1923/24 Hausfrau, Mitarbeit in der Praxis
1.4.1926	Geburt der Schwester Gisela
Ab 1930	zunächst Besuch einer Privatschule, dann der Volksschule; außerdem ab dem sechsten Lebensjahr Geigenunterricht
1934-ca. 36[31]	Besuch des Gymnasiums, dann Privatunterricht durch die Mutter Oktober 1938: Bernhard Levi wird die Approbation entzogen; Zwangsverkauf des Hauses, Umzug in einen kleinen Ort bei der Stadt A. November 1938: Verhaftung Bernhard Levis, Freilassung und weitere Verhaftungen
23.1.1939	Emigration der Familie Levi über Holland in die USA (New York); die Mutter verdient Geld mit verschiedenen Gelegenheitsarbeiten. Es wird ein großes Appartment zur Betreuung alter und pflegebedürftiger Menschen angemietet; der Vater bereitet sich auf seine Wiederzulassung als Arzt vor, die erst vier Jahre später erfolgt
Ca. 1939-41	Besuch der High School, dort Konzertmeister des Schulorchesters
Ca. 1941	Bewerbung um einen Studienplatz in Medizin an der Columbia University, abgelehnt (wg. ›jüdischer Quote‹)

31 Hierzu liegen unterschiedliche Angaben vor, so dass kein genaues Datum benennbar ist und auch die Schlussfolgerungen nur vage ausfallen können: So spricht Georg Levi davon, bis Mitte der dreißiger Jahre das Gymnasium besucht zu haben (vgl. GL, 13, 411), während seine Schwester schreibt: »In 1938 my brother and I were no longer allowed to go to our schools. My father founded a Jewish School, but after we moved to [Name d. Ortes], we just didn't go to school anymore« (GJ, 11).

	Stipendium für Musikstudium an der B-School of Music, University of B., Jobs u.a. als Kellner und bei der Straßenreinigung
Ca. 1941	Einzug in die Armee (Infanterie), wegen Krankheit (Herzerkrankung) ca. ein halbes Jahr Dienst als Übersetzer
1945	Fortsetzung und Abschluss des Musikstudiums in B. Studium Kompositionslehre in C.; für zwei Sommer Zusammenarbeit mit einem Komponisten in D-Stadt
1948	Engagement als Dirigent einer Broadway-Show
1948-49	Arbeit für die amerikanische Botschaft in Paris (Organisation von Konzerten)
1949-59	Engagement im E-Symphony Orchestra als ›associate conductor‹; zugleich Leiter eines Collegium Musicum, Musikdirektor der städtischen Oper und Begründer und Leiter eines Musikfestivals
1959-71	Musikdirektor des F-Stadt-Symphony Orchestra, zugleich Musikdirektor des H-Stadt Balletts (1961-71); Gründung eines Kammerorchesters sowie Gründung und Leitung eines Musikfestivals (1962-66)
1971-74	Associate conductor des J.-Stadt Philharmonic Orchestra
Ca. 1974-97	Professur für Dirigieren und Komposition sowie Orchesterleitung an der Universität in G-Stadt. Welttourneen mit Orchester, 1983-92 Leitung d. G.-Stadt Chamber Orchestra
Juni 1997	Ruhestand, Umzug nach K-Stadt (Westküste), weiterhin tätig als Dirigent und Komponist

Georg Levi wurde 1924 in A-Stadt als Sohn des jüdischen Arztes Bernhard Levi und der Heilgymnastin Inge Levi, geb. Blum geboren. Seine Schwester Gisela wurde 1926 geboren.

Sowohl anhand der niedrigen Kinderzahl[32] als auch der Namensgebung für die Kinder könnte das Elternhaus relativ leicht dem assimilierten jüdischen Bürgertum zugerechnet werden. Der Vater unterhielt allerdings als Vorsitzender der örtlichen jüdischen Synagogengemeinde durchaus Bindungen an die jüdische Gemeinschaft – ob diese aber im engeren Sinne religiös oder eher kulturell und karitativ motiviert waren,

32 In bürgerlichen jüdischen Familien gab es schon ab Mitte des 19. Jahrhunderts eine starke Tendenz zur Reduktion der Kinderzahl. »Während sie sich sonst den herrschenden Sitten ihrer Umgebung anpaßten, bestimmten sie hier den Trend und erfanden quasi das ›Zweikindersystem‹« (Kaplan 1997, 62).

wäre eine Frage, deren Beantwortung erst über eine religiöse Erziehung der Kinder Auskunft geben könnte. Festgehalten werden kann in jedem Falle, dass die Eltern nicht zionistisch eingestellt waren, sondern dass es für sie eine Trennung zwischen religiöser Überzeugung und Staatsangehörigkeit gab und sie sich als Deutsche verstanden. Daher können hier auch schon Vermutungen angestellt werden hinsichtlich der Schwierigkeiten, die sich für die Familie nach 1933 ergaben und ihrer Bedeutung für die Identitätsentwicklung des Sohnes: Eine deutsche Familie, für die das religiöse Bekenntnis zum Judentum nachrangig war oder sogar keine Rolle spielte, wird sich schwerer damit getan haben, mit den rassistischen Definitionen und den daran geknüpften Ausgrenzungen der Nationalsozialisten umzugehen als eine zionistische Familie, die ohnehin schon ›gen Palästina‹ orientiert war. Hinsichtlich des Erfahrungshorizontes des Sohnes Georg wäre zu fragen, ob er bereits vor 1933 Diskriminierungserfahrungen machen musste, so dass sich bezüglich der Identitätsentwicklung möglicherweise bereits damals Schwierigkeiten hinsichtlich der (späteren) Selbstdefinition (Jude oder Deutscher[33]) anbahnten.

Der Vater führte eine allgemeinmedizinische Praxis; die Mutter war in ihrem Beruf der Heilgymnastin nach der Geburt der Kinder nicht mehr tätig, sondern Hausfrau und arbeitete gelegentlich in der Praxis des Mannes mit (vermutlich Buchführung, Patientenannahme usw.). Wenngleich also eine klassische Rollenverteilung zwischen den Eheleuten praktiziert wurde, kann man erstens vermuten, dass Inge Levi bei der Absolvierung ihrer Ausbildung zunächst einem modernen weiblichen Lebensgestaltungsentwurf gefolgt war, ihn aber zugunsten der Familie zurückstellte, und dass es zweitens aufgrund des beruflichen Tätigkeitsfeldes, dem sie und ihr Mann angehörten, gemeinsame Interessen gab, die auch für die Eheschließung mit ausschlaggebend gewesen sein dürften. Der Altersunterschied von 14 Jahren ist für die damaligen Verhältnisse nichts Ungewöhnliches, und auch das Alter der beiden bei der Eheschließung (sie 23, er 37) deutet zumindest nicht darauf hin, dass auf eine Verheiratung von Seiten der Familie gedrängt worden war. Während Inge Levi als Tochter eines Geschäftsmanns bereits aus gutsituierten Verhältnissen stammte, war Bernhard Levi als Sohn eines Metzgers möglicherweise der erste in seiner Familie, der eine akademische Ausbildung erhielt und eine Aufstiegsbewegung aus dem kleinbür-

33 Anzumerken ist, dass die Gegenüberstellung Jude/Deutscher eigentlich schon einer ›schiefen‹ (Ausgrenzungs-)Logik folgt, die das religiöse Bekenntnis und die Verortung in einer entsprechenden Glaubensgemeinschaft der politischen Vergemeinschaftung gegenüberstellt – viele in Deutschland lebende Juden verstanden sich schließlich als nichts anderes denn als eben deutsche Juden.

gerlichen Milieu vollzog. Auch daher ist anzunehmen, dass es sich um eine Liebesheirat handelte, denn für Inge Blum wäre eine ›bessere Partie‹ möglich gewesen.

Die Beziehung der Geschwister dürfte aufgrund des nur zweijährigen Altersunterschiedes zumindest in den früheren Kindheitsjahren von gelegentlichen Reibereien und Eifersucht geprägt gewesen sein, zugleich konnten sie im gemeinsamen Spiel eine enge Beziehung zueinander entwickeln und erhielten beide schon in der Kindheit die Möglichkeit zur Auseinandersetzung mit dem anderen Geschlecht, nicht nur über die Eltern, sondern auch innerhalb der eigenen Generation. Zwar ist dies natürlich auch im Umgang mit Spielgefährten der Fall, dies hat aber doch eine andere Qualität als in den leib-basierten und diffusen Familienbeziehungen, aus denen Freundschaftsbeziehungen erst abgeleitet sind (vgl. Oevermann 2001d, 86).

Was das primärsozialisatorische Milieu von Georg und seiner Schwester betrifft, verfügten beide über ›bildungsbürgerliche Ressourcen‹ in Form von hohem ökonomischem wie auch kulturellem Kapital. Hinsichtlich der schulischen Ausbildung ist zunächst auffällig, dass Georg Levi von einer Privatschule zur Volksschule wechselte, wofür unterschiedliche Gründe denkbar sind[34], was aber in jedem Falle bedeutet, dass den Eltern nicht primär an einer schichtspezifischen Trennung, die ja ein Motiv für die Auswahl der Privatschule hätte sein können, gelegen war. Georg Levi erhielt zudem ab seinem sechsten Lebensjahr Violinenunterricht, er wurde also musisch gefördert, möglicherweise aber auch relativ früh gefordert, sofern damit von Seiten der Eltern ein gewisser Anspruch verbunden war, also Leistungsdruck auf ihn ausgeübt wurde. Dies kann aus mehreren Gründen angenommen werden: Georg Levis musikalische Erziehung beginnt gleich mit einem ›anspruchsvollen‹ Instrument, der Geige. Zwar ist nicht auszuschließen, dass er sogar schon vor dem sechsten Lebensjahr ein anderes Instrument, z.B. die Blockflöte als übliches Einstiegsinstrument, zu spielen begann, doch würde dies nur in noch stärkerem Maße für das Interesse der Eltern an einer entsprechenden Ausbildung ihres Sohnes sprechen[35].

34 Neben externen Gründen (Schließung der Schule) ist vorstellbar, dass die Eltern zwar auf eine von Beginn an gute Ausbildung der Kinder Wert legten, dieser Anspruch aber von der Privatschule nicht erfüllt wurde. Ebenso ist möglich, dass Georg Levi sich auf dieser Schule nicht wohl fühlte.

35 Dass Musikalität früh gefördert werden kann, scheint unbestritten; so ist zum Beispiel die Möglichkeit der Entwicklung eines absoluten Gehörs groß (92,6 Prozent), wenn bereits im Alter von vier Jahren mit Musikunterricht begonnen wird, danach sinkt diese Chance bis zum 14. Lebensjahr kontinuierlich ab (vgl. de la Motte-Haber 1996, 387). Welche musikalische Förderung aber zu welchem Zeitpunkt angemessen ist, ist eine weitaus diffizilere Frage, da einerseits zwar die Piagetschen Untersuchungen wichtige

Die Geige ist nun ein Instrument, das sowohl als Orchester- als auch als Soloinstrument spielbar ist. Hinsichtlich seiner Einsatzmöglichkeiten verweist es – als klassisches Instrument der Kammermusik – auf einen bildungsbürgerlichen Hintergrund[36], hinsichtlich der Persönlichkeit des Spielers bedeutet es zudem, dass dieser sowohl in der Lage sein muss, sich in ein Ensemble einzufügen als auch im wahrsten Sinne des Wortes die erste Geige spielen zu können.

Da das Üben auf der Geige für die Umwelt mit vielerlei nervenstrapazierenden Missklängen verbunden ist, müssen die Eltern also selbst entsprechende musikalische Interessen gehabt (und vermutlich auch selbst musiziert) haben, oder aber sie waren in ausgeprägtem Maße an der Festigung des eigenen bildungsbürgerlichen Status und dessen Weitergabe an den Sohn über eine entsprechende Erziehung interessiert. Beides muss sich nicht ausschließen, gegen einen allein statusorientierten ›Drill‹ spräche aber bereits die Tatsache, dass der Sohn von der Privat- zur Volksschule wechselte.

Ab 1934 besuchte Georg Levi das Gymnasium, er erbrachte also offenbar gute schulische Leistungen. Dass ein zweiter Wechsel, vom Gymnasium zu Privatunterricht, erfolgte, ist eindeutig vor dem Hintergrund der immer offensiveren antisemitischen Politik zu sehen. Die Ausgrenzung jüdischer Schüler begann bereits im April 1933 mit der Festlegung einer Höchstquote von 1,5 Prozent (im Gesetz »gegen die Überfüllung deutscher Schulen und Hochschulen«, vgl. Wetzel 1992, 93) und erfuhr beinahe von Jahr zu Jahr eine Verschärfung: 1934 sollten für die Zulassung zu höheren und Mittelschulen aus der sogenannten nicht-arischen Schülerschaft solche bevorzugt werden, die entweder der NS-Rassenideologie zufolge keine ›Volljuden‹ waren oder aber aus bereits lange in Deutschland ansässigen Familien stammten. Ab 1935 wurde eine vollständige Trennung sogenannter arischer und jüdischer Schüler angestrebt. 1937 erfolgte der Ausschluss jüdischer Schüler vom Abitur, der Ausschluss aller jüdischen Schüler aus öffentlichen Schulen per Erlass am 15. November 1938 und schließlich 1942 die Schließung auch aller jüdischer Schulen (vgl. a.a.O., 93 ff.). Da, wie oben angegeben, die Geschwister Levi das Jahr, in dem sie die öffentliche Schule

Ergebnisse zur kognitiven Entwicklung erbracht haben, andererseits aber nur einen ungefähren Rahmen skizzieren, weil hinsichtlich der Entwicklung unterschiedlicher musikalischer Teilfähigkeiten (wie Wahrnehmung von Tonfolgen, Tonhöhen und Variationen, Rhythmen, Takt und Tempo) noch einmal differenziert werden muss und die diesbezüglichen Leistungen von Kindern nicht an definite Altersangaben gebunden werden können (vgl. a.a.O., 374 ff.).

36 Im (jüdischen) Bürgertum wurde z.B. von Frauen erwartet, dass sie Klavierspielen konnten, so dass der Klavierunterricht also zur ›standesgemäßen‹ Erziehung der Mädchen gehörte (vgl. Kaplan 1997, 170).

verließen, unterschiedlich erinnern, ist eine Interpretation natürlich mit einigen Unsicherheiten behaftet, denn in dem einen Falle wären von der Familie Konsequenzen gezogen worden, als die psychische Belastung für den Sohn (oder für beide Kinder) zu stark zu werden drohte, in dem anderen Fall würde es bedeuten, dass die Kinder das Glück hatten, in der Schule von Diskriminierung weitgehend verschont geblieben zu sein und erst dann gehen mussten, als ihnen der Schulbesuch verboten wurde. Der Privatunterricht durch die Mutter deutet jedenfalls darauf hin, dass es für den Sohn kaum mehr andere Möglichkeiten der Beschulung gab, aber auch darauf, dass die Mutter für eine weiterhin möglichst gute Ausbildung der Kinder sorgen wollte und sich selbst dazu auch in der Lage sah. Auch dies verweist auf eine gewisse Leistungsorientierung bei den Eltern.

1938 griffen die radikalisierten Verfolgungsmaßnahmen massiv in das Leben der Familie Levi ein. Jüdischen Ärzten wurde im Juli 1938 die Approbation entzogen, sie durften ab dem 1. 10. 1938 nur noch eingeschränkt, nämlich als sogenannte ›Krankenbehandler‹ ausschließlich jüdischer Patienten praktizieren (vgl. Walk 1981, 234). Von etwas über 3000 noch praktizierenden Ärzten im Jahr 1938 (gegenüber 8000 im Jahr 1933) durften nach dem Erlass im Juli noch 700 ihre Tätigkeit als ›Krankenbehandler‹ fortsetzen (vgl. Barkai/Mendes-Flohr/Lowenstein 2000, 232). Zu ihnen gehörte auch Bernhard Levi. Die Praxis musste jedoch aufgegeben werden, ebenso musste das Haus verkauft werden. Daraufhin zog die Familie in einen kleineren Ort nahe der Stadt. Die zu Beginn formulierte Vermutung, dass die Eltern trotz der (zum Beispiel bereits im Boykott jüdischer Geschäfte im April 1933) deutlich sich manifestierenden antisemitischen Verfolgungspolitik der Nazis wie viele andere, gehofft haben, doch in Deutschland bleiben zu können, wird damit bestärkt, denn es wurde offenbar eine Nische zum Überleben gesucht. Der Versuch des Ausweichens war jedoch sicher wenig erfolgversprechend, da Juden in Großstädten im Allgemeinen anonymer und damit auch etwas sicherer leben konnten. Für die Frage nach Georg Levis Identitätsentwicklung wäre also von Belang, ob er in dieser Zeit der zunehmenden Bedrohung trotzdem die Eltern noch als Sicherheit und Schutz gebend erlebt hat oder ob er sich aufgrund ihres offenkundigen Zögerns, das Land zu verlassen, noch zusätzlich verunsichert und vor allem schutzlos fühlte.

Im November 1938 erfolgte dann die erste von mehreren Verhaftungen des Vaters und im Januar des darauf folgenden Jahres die Emigration der Familie über Holland in die USA. Die Eltern haben also sehr lange mit der Auswanderung gewartet, dennoch scheint diese geplant gewesen zu sein, denn ansonsten wäre eine so schnelle Ausreise wohl kaum möglich gewesen, schließlich mussten Visa und im Falle der USA als Zielland ein Affidavit, also eine Bürgschaftserklärung von dort lebenden Verwandten oder Bekannten beschafft werden. Zudem wurden viele der im Zuge der Novemberpogrome Verhafteten nur wieder freigelassen, wenn sie Ausreisepapiere vorlegen konnten (vgl. a.a.O., 217). Es hat also ein langes Zögern um eine Entscheidung gegeben, bis die Familie schließlich handeln *musste* und dann auch keine großen Wahlmöglichkeiten hinsichtlich des Ziellandes mehr besaß. Dennoch konnte dieses Handeln wie gesagt, offenbar noch relativ planvoll vollzogen werden.

Je später die Ausreise erfolgte, desto schwieriger war es auch, noch Vermögen zu retten und mitzunehmen. Die Familie verfügte also in den USA nur über wenig Geld, das die Mutter durch verschiedene Gelegenheitsarbeiten verdiente, während Bernhard Levi sich auf die Prüfungen zur (Wieder-)Zulassung als Arzt vorbereitete. Der Alltag der Familie wird also über längere Zeit von finanziellen Sorgen und Schwierigkeiten des Zurechtkommens im fremden Land geprägt gewesen sein, bei denen die Anforderung an den Vater, sich als ausgebildeter und längst praktizierender Mediziner von Neuem auf seine Qualifikation hin prüfen lassen zu müssen, nicht nur für diesen selbst, sondern auch für die übrigen Familienmitglieder, eine psychische Belastung dargestellt haben könnte. Denn die Nicht-Anerkennung der bereits erfolgten Approbation wird tendenziell von ihm als Degradierung empfunden worden sein und der soziale Statusverlust könnte, je nach Ausgeprägtheit entsprechender Normorientierungen und Wertstrukturen in der Familie, sowohl für die Definition der Ehebeziehung als auch für die der Kinder zum Vater ein Problem dargestellt haben. Der Vater wurde wieder zum ›Schüler‹, der – dies wäre die Deutung der Situation auf ihr negatives Potential hin – somit für den Sohn hinsichtlich der in einer fremden Sprache zu erbringenden Leistungen, vor allem aber hinsichtlich der davon abhängigen zukünftigen Möglichkeiten der Lebensgestaltung kein Vorbild im Sinne einer Verkörperung gelungener Praxis mehr darstellen konnte. Positives Potential hinsichtlich der Eltern-Kind und hier besonders: der Vater-Sohn-Beziehung läge umgekehrt darin, dass eine Solidarisierung stattgefunden haben könnte und/oder der Vater für den Sohn dabei insofern ein Vorbild dargestellt haben könnte, als er angesichts der für beide gleichermaßen schwierigen Situation eine eher optimistische Haltung bezüglich ihrer Bewältigung einnahm.

Insgesamt jedenfalls hatte die Familie in New York, wo sich (insbesondere in Washington Heights) viele geflüchtete Deutsche ansiedelten, zumindest die Möglichkeit, Kontakte zu diesen zu knüpfen und sich mit der Hilfe anderer auch schneller zurechtzufinden.

In New York besuchte Georg Levi zwei Jahre die High School. Er war somit entweder gefordert, sich die englische Sprache sehr schnell anzueignen oder er hatte bereits vorher genügend Englischkenntnisse erworben, um in einer amerikanischen Schule zurechtzukommen. Dies würde bedeuten, dass die Emigration der Familie entweder geplant und die Kinder entsprechend vorbereitet worden waren, oder aber dass die Familie schon in Deutschland enge Kontakte zu Engländern oder Amerikanern bzw. im englischsprachigen Ausland unterhielt und die Kinder auf diese Wege bereits Sprachkenntnisse erworben hatten. (Sollte dies aber der Fall gewesen sein, hätte die Familie unter Nutzung dieser Kontakte bereits wesentlich früher auswandern können, es wäre also wiederum ein Hinweis auf das starke Festhalten-Wollen an der Heimat.)

Ein besonderes Datum ist nun Georg Levis führende Mitwirkung im Schulorchester, da es zum einen darauf hinweist, dass er musikalisch begabt war und seine Fähigkeiten, die er im Alter von sechs Jahren im Geigenspiel zu entwickeln begonnen hatte, kontinuierlich weiterentwickelt hatte, so dass er in der Lage war, im Orchester die erste Geige zu spielen. Zum anderen bedeutet es, seinen Status an der neuen Schule betreffend, dass seine Fähigkeiten dort erkannt und gefördert wurden, dass er (zumindest von Seiten der Lehrer) Wertschätzung erfuhr, indem ihm diese exponierte Position zugetraut wurde. Er wird vermutlich auch über soziale Kompetenzen verfügt haben, die es ihm ermöglichten, die Mitschüler vor dem Lehrer als Dirigenten zu vertreten und das Orchester auf eine bestimmte Tonlage einzustimmen. Wenn es in diesem Orchester einen Konzertmeister gab, heißt dies auch, dass das Musizieren an der Schule mit Anspruch und Ernsthaftigkeit betrieben wurde. Insgesamt kann daraus gefolgert werden, dass für Georg Levi die Musik nicht nur eine beliebig austauschbare Freizeitbeschäftigung darstellte, sondern ein mit Ambition und Ernsthaftigkeit verfolgtes Interesse, so dass sich hier bereits berufliche Optionen prognostizieren ließen.

Nach Abschluss der High School bewarb sich Georg Levi um einen Studienplatz in Medizin, wurde aber aufgrund einer ›jüdischen Quote‹ abgelehnt. Sein Berufsziel war also der Beruf des Vaters, was für eine starke Identifikation mit diesem spricht. Daher und vor allem vor dem Hintergrund der Erfahrungen in Deutschland wird ihn die Ablehnung aufgrund seiner Religionszugehörigkeit tief getroffen haben – in genau dem Land, das für ihn und seine Familie eine Zufluchtsstätte vor antisemitischer Verfolgung darstellen sollte, wurde nun ebenfalls eine antisemitisch motivierte Ausgrenzung praktiziert.

Als zweite Wahl erst scheint nun ein Musikstudium in Frage gekommen zu sein, da er das Geld, mit dem er als ›jüdischer Quotenstudent‹ hätte aufgenommen werden können, nicht aufbringen konnte. Er hatte somit keine große Wahl, sondern musste dorthin gehen, wo man ihn aufzunehmen bereit war, womit sich – wenngleich nicht auf unmittelbar existentieller Ebene – die Erfahrung der Emigration ›wiederholte‹. Festzuhalten ist, dass trotz mangelnder finanzieller Mittel eine nichtakademische Berufsausbildung für ihn nicht in Frage kam; und er verfügte über eine Leistungsorientierung und Zielstrebigkeit, die ihn alle Möglichkeiten, die ein Studium erlaubten, auszuschöpfen versuchen ließen. Dabei wird er auch von seinen Eltern unterstützt worden sein, denn eine akademische Ausbildung scheint selbstverständlich angestrebt worden zu sein. Die von ihm genannte Musikhochschule ist eine von einem privaten Stifter gegründete und zählt (heute) zu den renommiertesten Colleges bzw. Musikhochschulen der Welt[37]. Dass er dort ein Stipendium erhielt, lässt sich also durchaus als Hinweis auf eine entsprechende Begabung verstehen. Dennoch ist ein Musikstudium im Vergleich zu jenem der Medizin mit größeren Unwägbarkeiten hinsichtlich der späteren Berufs- und vor allem Karrieremöglichkeiten behaftet, die Georg Levi aber in Kauf zu nehmen bereit war, was sowohl für eine tendenziell optimistische Haltung als auch für die Ernsthaftigkeit seiner Entscheidung spricht. Wenngleich die Entscheidung für die Musik zunächst wie eine Notlösung erscheint, bot ihm also paradoxerweise gerade die Ablehnung aus der Medizin die Chance, sein ›Hobby‹ zum Beruf zu machen. Da er kontinuierlich musiziert zu haben scheint, zielstrebig und leistungsorientiert war und in der Schule weitere, neue Erfahrungen als Konzertmeister sammeln konnte, spricht einiges dafür, dass ihm dies auch gelungen ist.

Der Dienst in der US-Armee ab 1941 stellte im günstigen Falle nur eine Unterbrechung, im ungünstigen Falle eine wirkliche Zäsur dar, weil, abgesehen von prinzipieller Lebensgefahr, auch die Gefahr bestand, eine Verletzung zu erleiden, die eine Musikerkarriere hätte unmöglich werden lassen. Sein Körper aber ›produzierte‹ genau zur rechten Zeit eine Erkrankung, die ihn vor dieser Gefährdung rettete und ihm die Tätigkeit als Übersetzer ermöglichte. Deutet man diese Herzerkrankung als Somatisierung eines Konflikts, dann könnten dabei auch Schwierigkeiten eine Rolle spielen, die Georg Levi für sich im Kampf auf der Seite der Amerikaner gesehen haben mag. Wenngleich ihm aufgrund seiner Erfahrungen ganz sicher an einer Bekämpfung des Hitler-Regimes gelegen gewesen sein wird, könnte er es durchaus als schwierig empfunden haben, als gebürtiger Deutscher gegen die Deutschen kämpfen zu müssen. Eine Verweigerung durch Krankheit ermöglichte dann eine Beteiligung in anderer Form, nämlich der des Übersetzens, die eine vermittelnde Tätigkeit ist. Insgesamt fällt jedenfalls die gleiche Struktur wie schon im Falle der Studienwahl auf: Ein zunächst negativ zu bewertendes Ereignis, also die Schließung von Optionen, eröffnet nicht einfach (im Sinne der Sequentialität sozialen Handelns) andere Möglichkeiten, sondern diese Schließung wird von Georg Levi jeweils

37 Hier zeigt sich natürlich, wie problematisch eine Anonymisierung ist, und zwar einmal, weil das hier Gesagte als unüberprüfbare Behauptung erscheinen muss und weil außerdem die Charakterisierung der Hochschule schon die Absicht der Anonymisierung gefährden mag.

positiv gewendet. Dies stellt meines Erachtens ein erstes, wenngleich noch vage erscheinendes Element der Fallstruktur dar.

Bei Betrachtung der weiteren Daten zeigt sich, dass Georg Levi sein Musikstudium zügig, innerhalb von vier Jahren, also vermutlich innerhalb der geförderten Zeit, beendete und dass sich für ihn währenddessen ein besonderes Interessenfeld herauskristallisierte, das der Komposition, dem er sich in weiteren Studien an einer anderen Universität widmete. Das Bestreben, selbst Musik schreiben zu können und das dafür notwendige musiktheoretische Wissen und Handwerkszeug zu erwerben, weist deutlich auf ein stark schöpferisches Interesse hin, auf den Wunsch der Hervorbringung von Neuem, wozu die Möglichkeit im Komponieren natürlich in weitaus stärkerem Maße gegeben ist als im an sich schon kreativen, interpretierenden Akt der Umsetzung von Kompositionen durch den Instrumentalisten. Damit bestand für Georg Levi unter der Voraussetzung von entsprechender Förderung und hilfreichen Beziehungen die Möglichkeit zu einer kreativen Karriere, aber auch die Gefahr des Strandens am Ufer brotloser Kunst. Wiederum zeigt sich aber, dass er für solche Entwicklungen offen zu sein schien und sich zutraute, diesen Weg zu gehen.

Es ist meines Erachtens hier möglich, die Analyse der objektiven Daten zu beenden, um anhand der Interpretation ausgewählter Sequenzen des narrativen Interviews mit Georg Levi das hier noch vorläufig skizziert erscheinende ›Gerüst‹ einer Fallstruktur umfassender und eindeutiger bestimmen zu können.

Zusammenfassung:
Georg Levi wuchs in einer bürgerlichen jüdischen Familie auf. Die Eltern verstanden sich vermutlich als Deutsche, wobei zumindest der Vater als Vorsitzender der jüdischen Gemeinde deutlich seine Bindung zum Judentum pflegte. Offen ist, ob dieses Engagement religiös motiviert war, aber es kann in jedem Falle vermutet werden, dass im Hause Levi eine deutsche wie auch jüdische Traditionen gepflegt wurden. Weiter ist daher anzunehmen, dass die Eltern aus ihrem Selbstverständnis als (jüdische) Deutsche heraus angesichts der 1933 einsetzenden Ausgrenzung und Verfolgung von Juden durch die Nationalsozialisten insofern besondere Schwierigkeiten (im Vergleich zu zionistischen Juden) hatten, als es ihnen schwergefallen sein könnte, das Ausmaß der Bedrohung für ihr eigenes Leben zu realisieren und entsprechende Konsequenzen zu ziehen. Das späte Auswanderungsdatum lässt sich jedenfalls dahingehend interpretieren, dass sie versucht haben, so lange wie möglich in Deutschland zu bleiben. Für die Identitätsbildung Georg Levis wäre also vor allen Dingen von Interesse, ob er trotz der zunehmenden Verunsicherung und Bedrohung von außen und der zunächst sehr passiven Haltung der Eltern sich noch durch diese geschützt fühlen konnte. 1933

war er neun Jahre alt, hat also den Beginn des Nationalsozialismus und vor allem die späteren Jahre bereits recht bewusst miterlebt und war als Schüler unter Umständen von Diskriminierung betroffen. Es ginge in seinem Falle also nicht nur um ein Gefühl des Gehaltenseins durch die Eltern, wie es in der frühen Kindheit von ganz basaler Bedeutung ist, sondern auch um eine beginnende reflektierende Auseinandersetzung mit den Eltern und den gewählten Identifikationen. Es weist hier bislang nichts darauf hin, dass eine solche Auseinandersetzung für Georg Levi krisenhaft verlaufen sein könnte; der erste Berufswunsch beinhaltete, es dem Vater als Arzt gleichzutun, womit eine starke Identifizierung mit diesem angezeigt wird. Unbeabsichtigt, durch eine wiederum diskriminierende Hinderung, gelang eine Lösung von diesem traditionalistischen Weg, dies aber nur, weil Georg Levi durchaus in der Lage war, für sich eine Alternative zu entwickeln.Trotz der schwierigen Lebensbedingungen, die für die Familie in den USA bestanden, schaffte Georg Levi es also, dort Fuß zu fassen und einen eigenen Lebensentwurf zu entwickeln. Eine gute Ausbildung war ihm nicht nur aus materiellen Gründen wichtig, sondern er wollte einen Beruf ausüben, der ihm Freude machen würde und in dem er etwas erschaffen konnte. Es deutet also einiges daraufhin, dass er in der beruflichen Leistung eine Möglichkeit der ›Selbstverwirklichung‹ und damit einen für sich tragfähigen Bewährungsmythos sah. Diese Leistungsorientierung wird auch deutlich daran, dass sein erster Berufswunsch Arzt war, womit er in die Nachfolge des Vaters getreten wäre und sich an diesem Vorbild hätte messen müssen. Stärker als eine nur formale, statusfokussierte Leistungsorientierung ist aber die Offenheit und Flexibilität, die Georg Levi angesichts der Frustrierung seines ursprünglichen Ziels zeigte. Eine Möglichkeit der Individuierung lag für ihn dann in professioneller schöpferischer Leistung. Dabei werden ihm auch die schon im Schulorchester als Konzertmeister bewiesenen kommunikativen Kompetenzen zugute gekommen sein.

Auf Georg Levi mag zutreffen, was Walter Laqueur über die Generation der zwischen 1914 und 1928 geborenen Emigranten (zu denen er selbst gehörte) schrieb: »Sie mussten entweder schwimmen oder untergehen. Für manche Angehörige dieser Generation lässt sich zweifellos sagen, dass sie es ohne Hitler und die Nazis im Leben nie so weit gebracht hätten« (2000, 10).

4.1.2 Interpretation des Interviews mit Georg Levi

Das Interview mit Georg Levi fand im November 1999 bei ihm zu Hause in K-Stadt, USA statt, er war also zu diesem Zeitpunkt 75 Jahre alt. Hinsichtlich seiner Erzählung wäre daher darauf zu achten, ob er sich in einer biographischen Bilanzierungsphase befindet und entsprechend auch das Erzählen von solchen Bilanzierungen geprägt ist, oder ob bereits häufig verwendete ›Erzählschablonen‹ benutzt werden, die weniger Spielraum für die spontane Entwicklung neuer Sichtweisen auf Erlebtes implizieren.

Nach der Interpretation des Interviewanfangs wird die Analyse weiterer entwicklungstheoretisch relevanter Sequenzen herangezogen, um die rekonstruierte Fallstruktur zu konturieren.

Dies sind Sequenzen, die neben der Thematisierung von Familienbeziehungen und der Atmosphäre zu Hause das Erleben von Verfolgung und Emigration sowie bewährungsdynamisch relevante Felder (wie z. B. die berufliche Entwicklung) betreffen.

4.1.2.1 Die Eingangssequenz – Herkunft der Familie

1. S[38]*: das müssen Sie machen, wie es Ihnen auch angenehm ist. In Deutsch oder Englisch oder so. Was ich, was ich von (Räuspern) von Ihnen möchte, ist, ich hab keinen Katalog von Fragen sondern ich bin mehr interessiert daran äh ob sie einmal ein Stück erzählen können, was Sie an Erinnerungen haben ähm an Ihren Vater oder auch an Ihren Eltern insgesamt oder an Ihre Familie oder ein Stück mir sozusagen Ihre Familiengeschichte erzählen zu können. Und wo Sie da anfangen, das ähm das will ich Ihnen auch gerne überlassen. Und daß Sie, alles was Sie wichtig finden*

Der Fokus der vorliegenden Eingangsfrage liegt nicht auf der Lebensgeschichte des Interviewten, sondern auf seinen Erinnerungen an seine Eltern bzw. an die Familiengeschichte. Daher wurde das Material unter der Frage nach der Bedeutung der Emigration der Familie, hier insbesondere der Familiengeschichte bzw. der familiären Beziehungen für die Identitätsentwicklung, interpretiert.

Zudem wurden diese ersten Sequenzen eher grobschrittig interpretiert, da ja weder die Interviewerin selbst noch die Interaktionsstruktur des Interviews hier von primärem Interesse sind.

38 Transkriptionsregeln:

.	Stimmsenkung
,	kurzes Absetzen
(2)	Pause mit Angabe der Dauer in Sekunden
( )	unverständliche Äußerung, die Länge entspricht in etwa der Länge der Äußerung
(war ich)	schwer verständlich, vermuteter Wortlaut
war ich	Betonung

Redebeiträge, die sich überschneiden, werden in Partiturschreibweise dargestellt.

Die Interviewerin rekurriert offenbar auf eine Frage des Interviewees bezüglich der Gestaltung des Interviews. Dieser scheint also, was die Form betrifft, noch unsicher zu sein, zumindest aber ist die Sprache fraglich; Georg Levi spricht offenbar sowohl Englisch als auch Deutsch, und zwar gut genug, um in beiden Sprachen ein solches Interview geben zu können. Die Interviewerin wiederum lässt Levi hier die freie Wahl, sie signalisiert damit zum einen, dass sie ihm die Gestaltung nicht nur überantwortet, sondern sogar abverlangt (»das *müssen* Sie machen …«) und zum anderen, dass sie in der Lage ist, sich dann seinen ›Vorgaben‹ anzupassen. Sie will deutlich machen, dass es nicht nur um die Erfüllung ihrer Ansprüche geht, sondern dass auch die Befindlichkeit des Interviewpartners von Belang ist (»wie es Ihnen auch angenehm ist«). Sie eröffnet einen sehr weiten Rahmen: »Deutsch oder Englisch oder so« – d.h. prinzipiell könnte Georg Levi auch noch eine andere Sprache wählen, alles, was er wählt, ›geht in Ordnung‹. Diese Offenheit setzt sich fort, denn die Interviewerin bleibt bei der Formulierung der Fragestellung diffus, sie benennt ihr primäres Interesse an einem ›Stück‹ Erzählung G.s über Erinnerungen an seinen Vater, weitet dieses aber sofort aus auf beide Elternteile, die Familie und schließlich gar die Familiengeschichte. Somit kann Georg Levi, sollte ihm eine Erzählung über seinen Vater aus welchen Gründen auch immer schwer fallen[39], einen anderen Themenschwerpunkt zu wählen, und er kann, da das Interesse an Familiengeschichte bekundet wird, eine ganz andere Relevanzsetzung vornehmen, z.B. andere Familienmitglieder und entsprechende Geschichten in den Mittelpunkt stellen. Diese Möglichkeit eröffnet die Interviewerin auch explizit: Georg Levi kann frei entscheiden, ob und wie weit er in die Geschichte zurückgehen oder ob er bei sich selbst, seinen Erinnerungen und Erlebnissen, beginnen möchte.

Die Fragestellung der Interviewerin unterscheidet sich von jener, die nun an den Text herangetragen wird und daher muss sich hier erst noch zeigen, inwiefern aus Georg Levis Aussagen Schlüsse hinsichtlich der Beziehung zu seinen Eltern und seiner Identitätsentwicklung gezogen werden können, denn es wäre immerhin möglich, dass der Interviewte beispielsweise auf gemeinsame Erlebnisse mit den Eltern nicht eingeht – solche mag es in dem Alter, in dem sich die Identitätskonstitution maßgeblich vollzieht, also um das 20. Lebensjahr herum, gar nicht gegeben haben, wofür verschiedene Gründe denkbar wären. Auch ist es möglich, dass er insgesamt nur knapp ›Auskunft‹ über die Eltern gibt.

39 Zum Beispiel aufgrund einer schwierigen Beziehung oder mangels eigener deutlicher Erinnerungen an den Vater.

2. *G: Ja und fragen und unterbrechen Sie mich und*
Georg Levi hat nun den Inhalt, nicht aber die Form des narrativen Interviews für sich ratifiziert, sondern geht offenbar noch von einem durch Frage- und Antwortwechsel strukturierten Interview aus. Er nimmt die bei narrativen Interviews übliche Ankündigung des Interviewers, bei der Erzählung nicht zu unterbrechen und Fragen erst später zu stellen, interessanterweise gewissermaßen vorweg und kehrt sie um, indem er zu Fragen und Unterbrechungen geradezu auffordert. Die von der Interviewerin zuvor paradox eingeforderte Autonomie der Gestaltung (»das müssen Sie machen…«) weist er damit von sich, bzw. spielt den ›Ball‹ an die Interviewerin zurück. Damit zeigt Georg Levi eine durchaus selbstbewusste und reflexive Haltung: Er schätzt sich als jemanden ein, der leicht in weitschweifiges Erzählen gerät und daher gelegentlich wieder auf den ›Punkt‹ zurückgebracht muss. Darüber hinaus zeigt er Umsichtigkeit in seiner Orientierung am Forschungsinteresse der Interviewerin – maßgeblich sind ihre Fragen, die er zu beantworten bereit ist, er zeigt also eine offene, entgegenkommende Haltung, indem er ihr einen weiten Handlungsspielraum eröffnet (fragen und unterbrechen *und* noch mehr).

3. *S: Ja erstmal würd ich sie gar nicht so gerne unterbrechen. Wenn ich, ich ich stell meine Fragen schon, aber (leises Lachen) so spät wie möglich würd ich das gerne tun. Daß Sie erst mal einfach erzähln, was Ihnen einfällt und äh was sie, was sie wichtig finden und so. Auch Ihre Familie ein Stück darzustellen. Und*
G: Ja was ich so weiß. Ähm (1) ich weiß mehr auf meiners meines Vaters Seite. Ähm (1) besonders von dessen Vaters Seite. Mutters Seite weiß ich auch nicht so viel.
Nochmals versucht die Interviewerin hier ihre Vorstellungen über den Verlauf des Interviews zu explizieren. Als Begründung und Konkretisierung wird nun die für das narrative Interview typische Erzählaufforderung nachgeschoben – die Interviewerin bittet um Erzählung, darum, dass der zu Interviewende (eher ungeordnet, spontan) seinen Einfällen folgt, andererseits aber auch eine (nach Relevanzen geordnete) Darstellung vornimmt, damit eröffnet sie Georg Levi also zwei Optionen, legt aber den thematischen Fokus noch einmal auf die Familie insgesamt.

Ja was ich so weiß.
Die zweitgenannte Option der Darstellung greift Georg Levi für sich auf, denn nun unterbricht er und nimmt einerseits die Erzählaufforderung an, aber begrenzt andererseits den ›Auftrag‹ für sich: Er will darstellen, was er so wisse, nicht erzählen, was ihm spontan einfällt. Wissen jedoch gehört der Sphäre der Routine an (vgl. Oevermann 2004, 175) und kann dargestellt, aber nicht wie Erlebnisse erzählt werden.

Georg Levi rückt also kognitiv abrufbares Wissen in den Mittelpunkt, Fakten aus dem Leben seines Vaters oder aus der Familiengeschichte, die aber durchaus über Erzählungen vermittelt worden sein können. Bei Georg Levis Familie handelt es sich möglicherweise um eine Familie mit langer Tradition, über deren Geschichte er nun berichten will, er greift also die von der Interviewerin angesprochene Familiengeschichte als Thema auf. Dabei aber schließt er die Option des spontanen Erinnerns und Erzählens zumindest vorerst aus, es wird eindeutig das objektiv Feststellbare fokussiert, das einfacher darzustellen ist als emotional besetzte Erinnerungen.

Georg Levi nimmt das Anliegen der Interviewerin sehr ernst und bemüht sich, ihre Wünsche zu erfüllen. Die Art und Weise, auf die er dies zu realisieren sucht, lässt im Hinblick auf die Fragestellung nach der Bedeutung der Familienbeziehungen für seine Identitätsentwicklung bzw. nach dessen Perspektive auf Familie folgende Schlüsse zu: Indem er als ›Familienhistoriker‹ auftritt, wählt er einen an Objektivität, vielleicht sogar an Wissenschaftlichkeit orientierten Zugang zur Familiengeschichte, hinter dem persönliche Empfindungen und Perspektiven zurückbleiben müssen. Er nimmt gewissermaßen eine Vermittlerposition ein, indem er einerseits zwar Wissen ankündigt, das ihm vor allem aufgrund seiner Binnenperspektive qua Zugehörigkeit zu dieser Familie zur Verfügung steht, andererseits aber bezieht er in seiner Wissensorientierung eine Position, die es erfordert, aus der Familie ›herauszutreten‹, und sich im Sprechen über die Familie gleichsam als Betrachter neben die Interviewerin, die Wissenschaftlerin, zu stellen. Diese Selbstpräsentation als ›Chronist‹ kann unterschiedlich motiviert sein, sie verweist aber auf eine status- und rollenorientierte Perspektive auf die eigene Familie und deren sozial(historisch)e Position. Sie könnte Ausdruck einer Identitätsentwicklung sein, die nicht so sehr über krisenhafte Auseinandersetzung mit Werten und Anforderungen der familialen wie der sozialen Umwelt einerseits und der Entwicklung eigener Lebensperspektiven andererseits, sondern im Sinne einer vorzeitigen Identitätskrisenschließung (vgl. Marcia 1993) vielmehr über die ungebrochene Identifikation mit Familientraditionen und Rollenzuschreibungen erfolgte. Ein solcher ›Foreclosure-Habitus‹ wäre dann orientiert an der Maxime: ›Ich bin, was mir mitgegeben bzw. von mir erwartet wurde‹.

Durch Verwendung des Adverbs ›so‹ relativiert Georg Levi dann den Umfang seines Wissens: ›So‹ hat eine durchaus ambivalente/doppeldeutige Funktion: Es kann als Adverb einerseits, präzisierend und einschränkend verwendet werden (›auf diese Art und Weise‹ bzw. ›ohne weiteres‹)[40], zugleich aber als relativierendes Füllwort, und beide

40 »Das sehr häufig gebrauchte Adverb *so* rahmt die Bedeutung eines Verbs, Adjektivs oder Adverbs ein. Dadurch wird diese Bedeutung formal be-

Funktionen werden hier insofern vereint, als Georg Levi darauf verweist, nur das ihm persönlich unmittelbar verfügbare Wissen darstellen zu können. Andere Personen aus seiner Familie verfügen unter Umständen über mehr oder über anderes Wissen als er selbst. Er ratifiziert aber, dass es hier um sein Wissen geht, und dieses Wissen ist nicht allumfassend.

Die Verwendung des Adverbs ›so‹ lässt im übrigen auf einen recht sicheren Umgang mit der deutschen (Umgangs-)Sprache schließen, auch greift der Interviewee hinsichtlich seiner Ausdrucksmöglichkeiten nicht auf die von der Interviewerin zuvor verwendeten ›Vokabeln‹ zurück, sondern entwickelt eine eigene Formulierung und transferiert darin das zu Erzählende auf die Wissensebene. Er kann also mit der deutschen Sprache durchaus umgehen und das heißt auch, bezogen auf die hier interessierende Identitätsformation und die Verortung in kulturellen Kontexten, dass das Deutsche nicht per se als ›Sprache der Verfolger‹ abgelehnt wird und dass es nicht nur als Sprache noch immer zur Verfügung steht, sondern auch genutzt wird, womit des Weiteren zu vermuten ist, dass Georg Levi auch in Amerika noch engen oder häufigen Kontakt zu Verwandten (z.B. zu seiner Schwester) oder zu anderen Deutschen hatte oder immer noch hat. Er scheint also in Amerika weder das Bestreben entwickelt zu haben, Deutschland mitsamt der Sprache ein für alle mal hinter sich zu lassen, noch, sich so anzupassen, dass er dort als Deutscher nicht auffällt. Es wäre im Hinblick auf den weiteren Interviewverlauf interessant, ob und falls ja, wann/bei welchen Themen ins Englische gewechselt wird, ob es also Themen, genauer: Gefühle gibt, über die auf Deutsch nicht gesprochen werden kann.

4. *Ähm (1) ich weiß mehr auf meiners meines Vaters Seite. Ähm (1) besonders von dessen Vaters Seite. Mutters Seite weiß ich auch nicht so viel.*

Georg Levi beginnt nun darzustellen, was er weiß, indem er die von der Interviewerin angebotenen Themen abarbeitet, also über seine väterlichen Vorfahren zu sprechen beginnt. Dabei ist zunächst der grammatikalisch inkorrekte Satz (›auf meiners‹ statt ›über meines‹) auffällig, der im Kontrast steht zu der bisher hohen Sprachkompetenz, die dann aber durch Selbstkorrektur wieder eingeholt wird. Daher ist davon auszugehen, dass es sich bei ›meiners‹ um einen Versprecher handelt, der auf eine Perspektivendiffusion hinweist: Georg Levi ist sich nicht sicher, wie

grenzt und profiliert« (Weinrich 2003[2], 583). Es »ändert zwar den Bedeutungsgehalt der Prädikationen nicht, stellt jedoch die Geltung der Prädikamente in einen bestimmten formalen Rahmen, der als Appell an die Erfahrung oder Vorstellungskraft die Aufmerksamkeit des Hörers weckt« (ebd.), Als »Ausdruck von Vagheit« (a.a.O., 286) dient das unbetonte *so*, das nicht inhaltlich gefüllt wird.

er beginnen soll – ist nun ›seine Seite‹ oder die seines Vaters von Belang? Da es aber wenig Sinn machen würde, von ›seiner Seite‹ zu berichten (denn was sollte diese anderes sein als seine Familie?), kann er nur von seinem Vater sprechen, nach dem ja auch gefragt wurde.

Wenngleich mangelnde Sprachpraxis vorliegen mag, zeugt die Wendung ›meines Vaters Seite‹ von prinzipiell hoher stilistischer (und damit auch grammatikalischer) Kompetenz, die in der Umgangssprache nicht alltäglich ist. Interessanterweise wird aber nur das Possessivpronomen, nicht die falsche Präposition korrigiert, das heißt, hier wird von Georg Levi eine Verortung, eine Positionierung vorgenommen, nämlich *auf* der Seite des Vaters. Er ist ganz der Sohn des Vaters, die väterliche Seite ist auch seine Seite und motiviert den Versprecher.

Indem der Vater für die kommende Darstellung als zentrale Figur gewählt wird, wird zugleich eine Hierarchie des Wissens eröffnet: Schon von der väterlichen Seite weiß er nicht alles, aber immerhin (deshalb beginnt er auch damit) mehr als von der Mutter. Genau genommen muss es hier aber um die Großmutter väterlicherseits gehen, von der er ebenso wenig (»auch nicht so viel«) weiß wie von den Vorfahren seiner eigenen Mutter.

Die patriarchale Linie ist offenbar in der Familie und auch für ihn präsenter und von größerer Bedeutung, so dass umgekehrt (noch einigermaßen riskant) gefolgert werden kann, dass die ›Weiblichkeit‹ nicht nur in Bezug auf das genealogische Wissen in dieser Familie und möglicherweise dann eben auch für Georg Levi von geringerem Stellenwert ist. Zumindest wird der Status der Familie eindeutig über die Väter definiert, weil die Familie des Vaters über eine (unter Umständen lange) Tradition verfügt bzw. sich zumindest um die Tradierung von Geschichten (oder von Wissen) über die Vorfahren bemüht hat. Die Mutter hingegen ist einerseits keine ›jüdische Mutter‹, die für Erziehung und Tradierung von Geschichten zuständig ist. Sie ist möglicherweise berufstätig und setzt für sich einen modernen Lebensentwurf um. Andererseits gibt es über ihre familiäre Herkunft womöglich einfach weniger zu erzählen, weil in deren Familie weniger auf Familientradition geachtet wurde, oder weil es in ihrer Geschichte zu viele Brüche und Lücken gibt. Möglicherweise ist ihre Herkunft auch – verglichen mit der des Vaters – nicht standesgemäß und ›gibt nichts her‹.

Das von der Interviewerin nahegelegte ›Raster‹ wird wie ein auszufüllender Fragebogen abgearbeitet (›Mutters Seite: da weiß ich auch nicht so viel‹), dabei geht es aber weniger um die genannten Personen als konkrete Individuen als vielmehr um deren Position im familiären Stammbaum. Dies wird deutlich an der grammatikalisch korrekten Verwendung der Präposition ›von‹, die allerdings etwas vollkommen anderes zum Ausdruck bringt, als die in diesem Kontext ebenfalls erwartbare Präposition ›über‹: Georg Levi weiß etwas *über* die Familiengeschichte *von* dieser Seite her – Angehörige des Großvaters haben ihm davon erzählt.

In diese Geschichte will Georg Levi nun zurückgehen, und die Interpretation des Versprechers als durch eine Positionierung in des Vaters Generationenlinie motiviert wird insofern bestätigt, als er diese Linie hier tatsächlich fortführt – genauer: Er eröffnet eine patriarchale Linie. Die großväterliche Seite ist die offensichtlich prominentere im Familienstammbaum, über die Levi besonders viel zu erzählen weiß. Auffallend ist aber, dass sich Georg Levi zunächst an Präliminarien aufhält, und nicht direkt mit der Darstellung dessen, was er weiß, beginnt. Darin ist einerseits umsichtige Sorgfalt, aber auch Vorsicht und Unsicherheit zu erkennen: Das wenige, was er weiß, soll auch von vornherein als solches angekündigt werden. Insofern ist nicht unbedingt mit einer detaillierten und flüssigen Präsentation der Vorfahren zu rechnen.

Zu fragen ist, was Georg Levi unter Wissen versteht. Es geht ihm hier in jedem Falle um die Darstellung historischen Wissens im Gegensatz zu aus Erinnerungen gespeistem emotionalem Wissen, das er hier entweder nicht einbringen kann oder will. Wenngleich zu berücksichtigen ist, dass die Eingangsfrage des Interviews Levi als ›Experten für seine Eltern‹ ansprach und nicht ausschließlich das Erzählen seiner eigenen Erinnerungen an die Zeit mit Vater oder Eltern nahelegt, so ist doch festzuhalten, dass er die Wahl hatte zwischen entsprechenden Erzählungen einerseits und der Darstellung von Faktenwissen andererseits. Letzterer gibt er hier – gewissermaßen als Familienhistoriker auftretend – den Vorzug, er bemüht sich um die Präsentation ›enzyklopädischen Wissens‹, weil er aufgrund eines entsprechenden Wissenschaftsverständnisses diese Form der Darstellung für das wissenschaftliche Interesse der Interviewerin als angemessen ansieht. Entsprechend der Differenzierung zwischen diffusen und spezifischen Sozialbeziehungen kann hier festgestellt werden, dass wohl rollenbezogenes Wissen präsentiert werden soll, nicht aber ein in diffusen Sozialbeziehungen entwickeltes emotionales ›Wissen‹ in Form von Erfahrungen.

Hinsichtlich der Ausgangsfragestellung ist außerdem zu überlegen, welche Bedeutung der Relevanzsetzung innewohnt, die Georg Levi vornimmt, indem er die Darstellung von Familientradition fokussiert und nicht mit der Erzählung eigener Erinnerungen beginnt.

Für die eigene Identität könnte der Bezug auf einen Gründungsmythos auf väterlicher Seite absichernde Funktion besitzen, und zwar insofern, als angesichts von Verunsicherungs- und Verlusterlebnissen, die im Kontext der Emigration hier vorerst angenommen werden, bewährte Traditionen als Stützen umso wichtiger werden. Bemerkenswert ist nun, dass diese Traditionen auch im Alter von 75 Jahren noch von Georg Levi für besonders relevant erachtet werden, was darauf hindeuten könnte, dass er hinsichtlich seiner Herkunft ein elitäres, auf

Abgrenzung bedachtes ›Stammbaumbewusstsein‹ ausgebildet hat, sich also vornehmlich über die Zugehörigkeit zu einer gewissen sozialen Statusgruppe (Sohn des xy und Enkel des yz) definiert. Dies scheint, da es in seiner Darstellung bisher nicht um konkrete Personen und deren individuelle Eigenschaften ging, wahrscheinlicher als eine Selbstdefinition, die vorrangig über in Interaktion erworbene Erfahrungen oder aber über die Tradierung/›Vererbung‹ bestimmter Charaktereigenschaften und Begabungen innerhalb der Familie erfolgt.

Angesichts seines Alters ist aber auch anzunehmen, dass für Georg Levi die Beziehung zu den eigenen Eltern nicht mehr so stark thematisch ist, bzw., dass er sich nicht mehr primär als Kind seiner Eltern begreift, sondern, selbst bereits auf ein langes Leben zurückblickend, seine Herkunft in einen größeren Zusammenhang gestellt sehen möchte. Deutlich wird auf jeden Fall bereits, dass die Eltern einerseits als konkrete Personen (noch) nicht sichtbar, andererseits aber auch nicht auf ihren einstigen Emigrantenstatus reduziert werden. Sie interessieren nur als Rollenträger (s.o.), als Figuren in der Familiengeschichte, und indem diese von Georg Levi in den Vordergrund gerückt wird, wird die Kontinuität der Familie betont: Sie hat überlebt und ist in ihrer Geschichtlichkeit unzerstörbar. Als solche bildet sie das Fundament der eigenen Persönlichkeit.

5. Aber auf seiner Vaters Seite äh Familie stamm aus ich glaub den ähm (1) ungefähr sechzehn Jahrhundert im Rheinland und an der Mosel, gelebt. Soviel wir wissen. Und hab immer da auch in der Nähe rumge, gelebt an der Mosel und am Rhein und so weiter.

Georg Levi geht noch weiter in die Geschichte der Familie zurück, verlässt aber einerseits den Bereich des ›Wissens‹ zugunsten jenes des ›Glaubens‹ und andererseits die väterliche Linie zugunsten der (großväterlichen) Familie insgesamt. Sowie nun aber die zuvor strikt verfolgte patriarchale Linie nicht mehr weiterverfolgt werden kann bzw. der Bereich des Wissens verlassen wird, geht auch die grammatikalische Wohlgeformtheit verloren: Es wird zunächst das Verb nicht angemessen flektiert, sondern so ›verschliffen‹, dass es eigentümlicher-weise sowohl
a. die Verwandten auf des Großvaters Seite›stammen‹ als auch
b. die Familie ›stammt‹ oder gar
c. (ich) ›stamme‹ heißen könnte.

Die Sprache diffundiert gewissermaßen. Die Aussage, die Familie stamme aus dem 16. Jahrhundert, wäre zwar grammatikalisch korrekt, inhaltlich aber sehr eigentümlich, denn wohl können Gegenstände aus einer bestimmten Epoche stammen – der Vergleich mit wertvollen Antiquitäten zum Beispiel drängt sich hier auf –, Menschen aber nur aus einer bestimmten Region. Um darzustellen, wie verwurzelt die Familie insgesamt in Deutschland ist, muss nun also noch mit dem Partizip

›gelebt‹ ein weiteres Verb bemüht werden, das allerdings unvollständig bleibt, denn das Hilfsverb (haben) fehlt. Das heißt, es können keine sinnvollen bzw. kongruenten Beziehungen zwischen Subjekten und Prädikaten hergestellt werden, weil die Vorfahren als Subjekte (!) nicht erscheinen. Sie sind, bildhaft formuliert, nur Exponate im Familienmuseum.

Deutlich wird aber, dass Georg Levi Wert darauf legt, die lange, beständige Ansässigkeit der Familie in relativ dicht benachbarten Regionen im Westen Deutschlands darzustellen, auch wenn er deren Tradition nicht mehr lückenlos bis ins 16. Jahrhundert zurück belegen kann, sondern auf Vermutungen angewiesen ist. Er gehört nicht zu jenen, deren Vorfahren unstete Wanderungen hinter sich haben (so wie es das für Juden oft als ›typisch‹ angenommen wird) oder gar nicht bekannt sind. Betont wird damit, dass es sich um eine traditionsreiche deutsche Familie handelt, von jüdischen Glaubenstraditionen ist dabei allerdings nicht die Rede.

Zu fragen ist, warum die Betonung der langjährigen Verwurzelung der Familie ihm so notwendig erscheint, dass er dafür auch ungesichertes Wissen[41] heranzieht, und es drängt sich die Vermutung auf, dass die von Georg Levi und seiner Familie im Nationalsozialismus erfahrene Stigmatisierung und Verfolgung für ihn zumindest noch immer insofern von Bedeutung ist, als er deren Unrechtscharakter noch immer hervorheben muss. Interessanterweise wird damit aber implizit im Rahmen der nationalsozialistischen ›Stammbaumlogik‹ argumentiert.

Durch die Verwendung der ersten Person Plural markiert Georg Levi, dass er sich als Teil einer Gemeinschaft sieht, die sich aktiv um die Rekonstruktion der Familiengeschichte bemüht hat oder dies sogar immer noch tut. Das heißt, er stellt sich mit den Eltern, vielleicht auch noch anderen Verwandten der ihm vorangehenden Generation in eine Linie: gemeinsam waren sie aktiv um die Vermehrung ihres Wissen um ihre Vorfahren bemüht. Während sich Georg Levi bislang also als letztes Glied der vertikalen männlichen Linie in den Stammbaum einreihte, eröffnet er hier gewissermaßen eine horizontale Linie, indem er sich als nun erwachsenes, vollwertiges Mitglied neben die Männer (und Frauen?) seiner Familie stellt, mit denen er eine Wissensgemeinschaft bildet. ›Auf den Schultern der Riesen stehend‹ wird er zum Mitglied dieses Kollektivs. Die Symbolisierung von Vergemeinschaftung über sprachliche Diffusion setzt sich noch gesteigert fort, wenn Georg Levi formuliert:

41 Georg Levi verfügt offenbar über einen ›akademischen‹ Wissensbegriff: Wissen und Theorien sind einerseits ständig zu überprüfen, und andererseits entstehen neue Erkenntnisse nicht permanent, sondern es kann lange dauern, bis über Jahre hinweg tradiertes Wissen um neue Erkenntnisse bereichert wird bzw. zu neuen Theorien führt.

Und hab immer da auch in der Nähe rumge, gelebt an der Mosel und am Rhein und so weiter.

Bei der falschen Beugung des Verbs ›haben‹ handelt es sich um die gleiche Verschleifung wie in der vorletzten Sequenz (›stamm‹). Während bislang von den Vorfahren, der Familiengeschichte die Rede war, kommt damit nun scheinbar Georg Levi selbst ins Spiel, er ist in seiner eigenen Vergangenheit angelangt und betont seine eigene Verwurzelung in Deutschland. Doch werden hier Subjektperspektive einerseits und Kollektivperspektive andererseits miteinander vermischt. Weshalb aber misslingt dieser Satz? Weshalb spricht Levi, wenn es ihm um die Betonung der Tradition geht, nicht weiter von seinen Vorfahren, sondern bringt plötzlich über diese sprachliche Diffusion bzw. den Versprecher sich selbst ins Spiel?

Zwar ist ja von Levi als ›Ich‹ hier wörtlich keine Rede, aber es scheint, als führe eine Überidentifikation mit dem zuvor eröffneten ›Wir‹ der Familiengemeinschaft sowie der gleichzeitige Wunsch, sich selbst als individuelles Wesen darzustellen zum grammatikalischen Misslingen des Satzes. Das ›Ich‹ entsteht aus der zwangsläufigen, strukturell undankbaren Distanzierung von den Vätern, die notwendig ist, um überhaupt Autonomie zu erlangen. Levi will hier also sich selbst mit hineinbringen, sich aus dem Kollektiv als einzigartig hervorheben, ohne jedoch ›Ich‹ zu sagen. Damit ist allerdings noch nicht die Frage beantwortet, warum dieser Individuierungsversuch sich ausgerechnet an dieser Stelle Ausdruck verschaffen muss.

Angesichts der zuvor so nachdrücklich betonten Kontinuität, der jahrhundertelangen Ansässigkeit der Familie, wird hier das Recht der Familie auf diese Ansässigkeit betont, das ihr bzw. der Generation seines Vaters von den Nationalsozialisten abgesprochen wurde. Insofern gibt es keine ungebrochene Tradition mehr, in der Georg Levi sich verorten kann; vielmehr steht er dann nur noch in der Tradition des Vaters, der in Amerika neu begonnen hat. Da er sich aber einerseits über das traditionsreiche Kollektiv Familie definiert und sich in die Folge derer, die immer am Rheinland und an der Mosel gelebt haben, einreiht, kann er an dieser Stelle nicht – wie es grammatisch korrekt wäre – in der dritten Person Plural von den Vorfahren sprechen; aufgrund des historischen Bruches andererseits, der ihn (und den Vater) aus dieser Tradition herauswirft, kann er zugleich nicht weiterhin das ›Wir‹ bemühen, um damit auch von sich selbst als jemandem zu sprechen, der das Recht auf Ansässigkeit in Deutschland für sich in Anspruch nimmt. Die irritierende Holperigkeit des Satzes wäre damit durch diesen Konflikt motiviert.

Des Weiteren kann insgesamt gesagt werden, dass in der starken Fokussierung auf das Thema Sesshaftigkeit und Tradition implizit sowohl die Verfolgung durch die Nationalsozialisten als auch die Emigration angesprochen wird, und zwar deshalb, weil diese Sesshaftigkeit offenbar als selbstverständlich hervorgehoben werden muss und gerade damit als fraglich markiert wird. Allerdings wird die Tradition in der geographischen Herkunft gesehen, nicht in weiteren Eigenschaften, z. B. der Religionszugehörigkeit. Erwartbar für den weiteren Verlauf der Erzählung ist aber in jedem Falle ein familiengeschichtlicher Bruch, der diese Betonung von Kontinuität rechtfertigt.

6. Und äh meiner Mutters Seite weiß ich nur, daß ähm (1) auf ihrer Mutters Seite, ähm die Familie im fünfzehnten Jahrhundert von den Spaniern raus äh mit der, mit Spanien entflohen ist, unter Philipp dem Zweiten. Und in den Norden gegangen sind. Die so kamen die nach nach Deutschland.

Mit diesen Aussagen widerlegt Georg Levi die vorhergehende Behauptung, über die Seite seiner Mutters weniger zu wissen als über die des Vaters. Zwar sind die geographischen Angaben hier in der Tat nicht so präzise wie jene für die Familie väterlicherseits: Während die Herkunft noch einigermaßen präzise mit Spanien benannt wird, verliert sich die ›Spur‹ dann irgendwo im Norden – es ist völlig offen, ob der Norden Deutschlands, Frankreichs (als nördliches Nachbarland Spaniens), oder aber ganz allgemein der Norden Europas gemeint ist.

Dennoch fällt seine Darstellung insgesamt nur unwesentlich ungenauer aus und zeigt erstens, dass die Familie mütterlicherseits sogar bereits länger in Deutschland ansässig ist als der väterliche Zweig, also durchaus auch als traditionsreich bezeichnet werden könnte, und zweitens, dass diese Ansässigkeit an eine bestimmte Geschichte gebunden ist, die aber zur Abwertung der mütterlichen Seite zu führen scheint. Denn bei diesen Vorfahren handelt es sich um sephardische Juden aus Spanien, um Flüchtlinge, deren nicht-deutsche Abstammung ihr hervorstechendstes Merkmal zu sein scheint. Sinn macht die Aussage, über diesen Familienzweig weniger zu wissen, dann nur insofern, als dieser weniger Kontinuität vorweisen kann: Was zwischen dem Ereignis der Flucht in ›grauer Vorzeit‹ und der jüngeren Vergangenheit sich ereignet hat, ist gewissermaßen im Nebel der Geschichte verschwunden. Festzuhalten ist, dass das Wissen Levis kontinuierlich abnimmt, je tiefer er in die Familiengeschichte einzusteigen versucht. Wenngleich diese für sein Selbstverständnis von großer Bedeutung ist, ist er nicht so sehr Familienhistoriker, sondern betreibt vielmehr ›Familienfolklore‹, indem er seine Herkunft zwar stark betont, aber nicht detailliert darstellen kann.

Des Weiteren fällt auf, wie strikt er die zuvor schon aufgefallene Strukturierung über ›Teilung‹ des Familienstammbaums durchhält – die Tatsache, dass auf der väterlichen Seite vor allem wiederum dessen Vaters Seite für das familiengeschichtliche Wissen relevant ist und auf der mütterlichen Seite ebenso die Seite von deren Mutter ist schon beinahe zu ›schön ordentlich‹, um wahr zu sein[42]. Von Bedeutung ist nun vor allem, wie das Weibliche und das Männliche in Georg Levis Darstellung besetzt werden. Die väterliche Linie repräsentiert in einer bekannten Vergangenheit konservativ-bewahrende Eigenschaften wie Konstanz, Sesshaftigkeit und Tradition, die mütterliche hingegen wird als unstet, ›flüchtig‹, letztlich unbekannt präsentiert. Bewegung, Fremdheit/Ungewissheit würden damit also die Orientierung auf die unbekannte Zukunft hin repräsentieren. Entsprechend kann die riskante Hypothese aufgestellt werden, dass diese Perspektive in Verbindung steht zu Levis Vorstellungen von ›Männlichkeit‹ und ›Weiblichkeit‹ im Allgemeinen.

Es wird nun aber verständlicher, weshalb Georg Levi einen so ›stammbaumorientierten‹ Einstieg wählt: Kontinuität und Tradition einerseits sowie Vertreibung, Fremdheit, Ungewissheit scheinen zentrale Erfahrungskategorien seiner Familie und auch seiner eigenen Biographie zu sein. Betont wird damit einerseits eine Tradition des Emigrantendaseins: Indem Georg Levi auf die aus Spanien geflohenen Vorfahren verweist, stellt er die Geschichte der Familie implizit als eine von Emigrationserfahrungen geprägte dar, die in der Folge bedeutsam ist auch für seine eigene Identitätskonstruktion: Sesshaftigkeit und Beheimatung ist in dieser Familie nicht selbstverständlich; Georg Levi ist der Nachfahre von Heimatlosen, von als ›anders‹ Verfolgten. Damit wird die außerordentliche Zäsur, die mit Verfolgung und Emigration nicht nur für die Familiengeschichte, sondern auch für das eigene Leben verbunden ist, betont[43]. Andererseits und vor allem wird Tradition in Sesshaftigkeit (in Deutschland) gesehen, auf die Georg Levi im Falle der väterlichen wie auch der mütterlichen Familie verweist (seit der lange zurückliegenden Flucht der mütterlichen Vorfahren aus Spanien hat die Familie ausschließlich dort gelebt). Die Integration der eigenen ambivalenten Erfahrungen gelingt vielleicht gerade durch die Möglichkeit der Zuordnung von Kontinuität zur ›männlichen Linie‹ und Bewegung bzw. Vertreibungserfahrungen zur ›weiblichen Linie‹. Beides gehört zur Geschichte der Familie und zur Lebensgeschichte Georg Levis dazu. Die Verknüpfung der Herkunft von Mutter und Vater, von ›weiblicher‹ und ›männlicher‹ Linie mit bestimmten, aus deren jeweiligen Geschichten abgeleiteten Eigenschaften könnte dann aber auch bedeutsam sein für

42 Diese strikte Separierung ›weiblicher‹ und ›männlicher‹ Anteile an der Familiengeschichte erinnert an die Praxis der strikten Geschlechtertrennung im jüdischen Gottesdienst – eine den religiösen Gebräuchen entsprechende Sozialisation könnte also hier habituell formend wirksam gewesen sein.

43 Wenngleich die eigene Emigration bislang an keiner Stelle thematisiert wurde, so ist sie doch als Hintergrundfolie für das gesamte Interview relevant, da der Vater im Kontext der erzwungenen Emigration seine Lebensgeschichte verfasst hat und damit überhaupt erst zur Zentralfigur des Interviews geriet.

die Wahrnehmung der Eltern als konkrete Personen und Repräsentanten dieser Eigenschaften.

Zwischenfazit und erste Überlegungen zur Fallstrukturhypothese: Vorbemerkung: In methodischer Hinsicht erscheint es zunächst schwierig, Aussagen über Georg Levis Identitätsentwicklung hier nur vermittelt über dessen Erinnerungen an die Eltern bzw. dessen Darstellung der Familiengeschichte treffen zu können. Weil für diese Entwicklung aber die Beziehung(en) zu den Eltern, auch die retrospektive Sicht auf Familie insgesamt von Belang ist, lassen sich hier durchaus schon erste Hypothesen formulieren.

Für Georg Levis Selbstdefinition scheint die Verortung in der Ahnenreihe der Herkunftsfamilie von zentraler Bedeutung zu sein. Er wählt für den Beginn seiner Erzählung die Darstellung der Familiengeschichte, wobei er deren Umfang ausdrücklich von seinem Wissen abhängig macht, das er geradezu sokratisch als nicht allumfassend definiert. Indem er somit einen kognitiven Zugang wählt, stellt er seine emotional basierten Erfahrungen zurück und präsentiert sich als Familienhistoriker. Indem er den Stammbaum der Familie zum Ausgangspunkt seiner Darstellung nimmt, rekurriert er implizit auf die ›Sippenideologie‹ der Nazis, um dieser die lange Tradition, die deutschen Wurzeln der Familie entgegenzustellen. Diese sind somit für seine Identität und Selbstdefinition bedeutungsvoll: Die familiären Wurzeln, genauer, deren Geschichte ist unzerstörbar und hat offenbar als Identitätsstütze gewirkt – in der Emigration hatte die Familie immer noch sich und ihre Geschichte. Drei Aspekte sind außerdem von Belang:

1. Zum einen fokussiert er für seine Darstellung den männlichen Zweig der Familie und eröffnet damit eine patriarchale Linie, in die er sich selbst einreiht. Die weibliche Seite der Familie bleibt ihm rätselhaft, obwohl er über deren frühe Vorfahren in Deutschland nahezu ebenso viel weiß wie über die ›männliche Seite‹. Die ›Frauen‹ jedoch sind aus Spanien geflohene Juden – gewissermaßen ausländische Flüchtlinge, die für die Familiengeschichte möglicherweise nicht ›vorzeigbar‹ genug erscheinen, weil sie eben nicht genuin deutsch sind. Mit dieser Abwertung würde er der nationalsozialistischen Ideologie folgen.

2. Bemerkenswert daran ist weiterhin, dass Georg Levi eine strikte Aufspaltung des familiären Stammbaums vornimmt. Dies mag einerseits der oben genannten Zielsetzung geschuldet sein, nämlich die Familie und damit auch sich selbst als deutsch zu definieren. Andererseits jedoch wäre im Weiteren darauf zu achten, welche Bedeutung diese ›Aufspaltung‹ für seine Definition von Weiblichkeit bzw. die Beziehung zum weiblichen Geschlecht haben könnte. Es kann hier sehr vorsichtig vermutet werden, dass die Vaterbindung und die Identifikation mit der väterlichen Linie als Kontinuität repräsentierend und damit als halt-

gebender erlebt wurde als die Bindung zur Mutter, deren Geschichte Bewegung/Flüchtigkeit, Ungewissheit und Fremdheit repräsentiert. Außerordentlich bedeutsam ist für Georg Levis Selbstdefinition und Verortung jedenfalls die patriarchale Linie, in die er sich selbst einreiht, und zwar, indem er sich einerseits als Teil eines ›Wir‹ sieht, aus deren jahrhundertelanger Tradition er (wie schon sein Vater) andererseits aufgrund der erzwungenen Emigration herausfällt. Dies sind die Stellen, an denen er von sich selbst als ›Ich‹ sprechen muss.

3. Auffällig ist nicht nur, dass Georg Levi über mehrere Sequenzen hinweg die Tradition und Beständigkeit dieser Linie betont, sondern, dass er, die ganze Familie betreffend, dabei bislang nichts über die konkreten Personen selbst sagt – er trifft Aussagen über spezifische, nicht aber über diffuse Sozialbeziehungen, die das innerfamiliäre Beziehungsgeflecht bestimmen. Dass er sich am Forschungsinteresse der Interviewerin orientiert und sich dabei als offen und entgegenkommend zeigt, ist in diesem Zusammenhang insofern von Bedeutung, als er dieses Interesse ernst nimmt und sich auf die Erfüllung spezifischer Anforderungen, die nicht mit eigenen, diffusen, also emotionalen Bedürfnissen übereinstimmen müssen, einstellen kann.

Die insgesamt traditionsorientierte Darstellung Georg Levis und die damit einhergehende Konzentration auf soziale Positionen verweist bislang auf eine ungebrochene Identifikation mit diesen Traditionen und Werten im Sinne einer ›Foreclosure‹-Identität (vgl. Marcia 1993). Dies würde also bedeuten, dass eine krisenhafte Ablösung von den Eltern über das Experimentieren mit alternativen Lebensentwürfen nicht stattgefunden hat. Ob dies tatsächlich der Fall war, muss sich meines Erachtens aber noch zeigen.

14. (1) Ähm (1) meine, (1) die Mutter meines Vaters ähm war aus, ihre Vorfahrn warn aus Ungarn. Und wie die nach Ungarn kamen, das das weiß ich nicht. Und äh (1) von meinem (1) von Großvater weiß ich nicht wo die her, meiner Mutters Seite weiß ich nicht wo die her sind. Da wurde nie viel drüber gesprochen. Ich glaube, meine Mutter wußte auch nicht so genau.

Auch die (mütterlichen!) Vorfahren in der Familie des Vaters sind also ›Zugereiste‹ und auch ihre Zuwanderung liegt schon weiter zurück. Die Familie verfügt gewissermaßen über Wurzeln in ›aller Herren Länder‹. Die väterlichen Vorfahren aber ›machen‹ mehr her, somit wird das Statusbewusstsein Levis zum Faktor, der eine nicht-selektive Darstellung verhindert. Nun kann Georg Levi über die mütterliche Familie zwar nicht mehr als über die väterliche erzählen, dennoch bemüht er sich, an seinem ›Erzählentwurf‹, der Präsentation vorhandenen Wissens, festzuhalten: Obgleich er wenig weiß, bemüht er sich um größtmögliche Differenzierung und dementiert damit sein Nicht-Wissen.

Erneut sind hier gegensätzliche Erfahrungen thematisch, nämlich einerseits Migrationserfahrungen, deren Tradierung in Form eines flexiblen ›In-der-Welt-Zuhause-Seins‹ zu einer gewissen weltbürgerlichen Haltung in der Familie und/oder bei Georg Levi selbst geführt haben könnten, mit der die Aufgabe der Vorstellung dauerhafter Sesshaftigkeit an einem Ort einherginge. Andererseits kann Deutschland für Georg Levi gerade vor dem Hintergrund der Wanderung der Vorfahren als ein von ihnen ›hart erkämpftes‹ Stück Heimat gelten, dessen Verlust angesichts dieser wechselvollen Geschichte als umso bitterer empfunden wird. Tradition ist hier also ein ambivalent, nämlich mit Heimatlosigkeit einerseits und Sesshaftigkeit andererseits besetzter Begri ff. Deutschland wird damit im doppelten Sinne zum raumzeitlichen Fluchtpunkt: Zum einen in der Perspektive Georg Levis auf die verschiedenen Linien der Vorfahren, deren Wege nach Deutschland führen, zum anderen aber im impliziten Blick auf den Weg seiner eigenen Familie aus Deutschland hinaus. Beides scheint maßgeblich für die Definition der eigenen Identität zu sein, hingegen spricht nichts für eine Identifikation über die jüdische Religion.

Auffällig ist, dass sich Georg Levi zum ersten Mal direkt zu einem seiner Vorfahren in Beziehung setzt, indem er von dem Vater mütterlicherseits als Großvater spricht. Dies spricht dafür, dass er diesen persönlich gekannt hat. Seine Herkunft aber wurde scheinbar tabuisiert, denn erstens scheint Georg Levi einiges durchaus zu wissen, spricht es aber nicht aus, zweitens ist ihm wohl auch signalisiert worden, es sei besser, nicht danach zu fragen. Entweder sollte die Herkunft aufgrund irgendeines Makels der Familie besser verschwiegen werden, oder es gab einen Konflikt, der zum Bruch Inge Levis mit ihrem Vater führte. Der spekulative Rest, das ungenaue Wissen jedenfalls scheint Georg Levi nicht präsentabel; es zeigt sich wiederum die starke Orientierung an einem auf Exaktheit und Überprüfbarkeit ausgerichteten Wissensbegriff sowie am bürgerlichen Rollen- und Statusbewusstsein.

15. Auf der Seite von meinem Vater waren die Leute immer nur interessiert in der V Vergangenheit, an der Vergangenheit inte interessiert, und so hab ich dann mehr gewußt. Und irgendwo hier, ich weiß auch, konnt konnte heute morgen nicht finden, da ist eine Cousine von mir, die jetzt nicht mehr lebt, hatte einen großen Stammbaum gemacht und der ging ziemlich weit zurück.

Bei den ›Leuten‹, von denen Georg Levi spricht, kann es sich nur um zeitgleich mit dem Vater (auf seiner Seite, ›neben‹ ihm) lebende Verwandte, also (auch) Angehörige der gleichen Generation wie zum Beispiel Brüder und Schwestern, gehandelt haben, die Georg Levi selbst kennen gelernt hat, sonst wäre ihm die Aussage über deren ausschließliche Beschäftigung mit der Vergangenheit nicht möglich. Was sich bislang eher als selbstverständliches Traditionsbewusstsein und die bereitwillige Identifikation Levis mit familiären Herkunftsmythen darstellte, wendet sich nun: Die offenbar ausschließliche Konzentration der Verwandten auf die eigenen Vergangenheit wird dargestellt als beinahe enervierende Last, die auch die Entwicklung persönlicher Beziehungen sehr erschwert haben mag: die Familienangehörigen sind ›Leute‹, die ihm zwar Wissen vermittelt haben, aber keine persönliche Beziehung über ein gemeinsames, in der Gegenwart des Kindes liegendes Drittes herstellten. Georg Levi ist also keineswegs der leidenschaftliche Familienhistoriker, sondern es wird deutlich, dass er sich lediglich um möglichst genaue Weitergabe des Wissens, mit dem er permanent konfrontiert war, bemüht. Die Tatsache, dass er bislang relativ wenig von diesem Wissen, schon gar keine Geschichten, die im Familienkreise erzählt wurden, präsentiert hat, wird umso nachvollziehbarer angesichts dieser Sequenz, in der sich Distanz und eher gering ausgeprägtes Interesse ausdrückt. Wenn Levi sagt, er habe »dann mehr gewusst«, bezieht er sich erstens nochmals auf die mütterliche »Seite«, von der er so gut wie gar nichts erfahren hat; die Verwendung der Vergangenheitsform signalisiert zweitens, dass er einiges von dem, was er früher wusste, vergessen haben muss und sich selbst des Weiteren auch nicht in besonderem Maße um die Familiengeschichte gekümmert hat.

Indem Georg Levi die intensive Beschäftigung mit der familiären Vergangenheit auf der väterlichen Seite dem mangelhaften Wissen auf Seiten der Mutter und ihrer Familie gegenüberstellt, verweist er auf zwei gegensätzliche Orientierungen, mit denen er als Kind konfrontiert war: Während er auf der väterlichen Seite, vermutlich auch beim Vater selbst, eine Fixierung auf die Vergangenheit und familiäre Traditionen wahrnahm, kümmerte sich die Mutter weniger oder gar nicht um die Vergangenheit und lebte somit viel stärker gegenwarts- bzw. zukunftsorientiert. G. Levis eigenes eher dürftiges Wissen, erklärt sich vordergründig aus der Tatsache, dass er sich nicht so vorbereiten konnte wie beabsichtigt, es zeigt aber auch, dass die weiter zurückliegende Familiengeschichte für sein eigenes Leben relativ unbedeutend ist. Ihm kann diese Geschichte nicht so wichtig sein wie den Verwandten, denn wäre sie es, so wäre der Stammbaum gut an einem bestimmten Ort aufbewahrt, an dem er jederzeit zur Demonstration der Herkunft hervorgeholt werden könnte. Georg Levi integriert somit offenbar die an den Eltern erlebten unterschiedlichen Lebensorientierungen: der Bezug zur eigenen Familiengeschichte ist durchaus vorhanden, das diesbezügliche Wissen wird be- bzw. verwahrt, es ist aber für das eigene gegenwärtige Leben wenig relevant, denn der Stammbaum »*ging* ziemlich weit zurück« und ist somit selbst Geschichte.

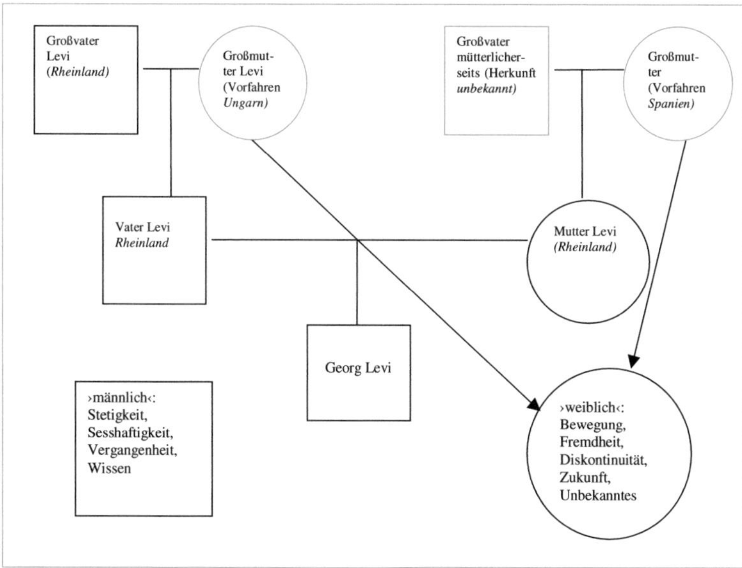

Abbildung 3: Männliche und weibliche Linien in der Familiengeschichte Levis und mögliche habituelle Repräsentanzen

16. Und äh jaja ich bin in (1) meine Mutter war in N-Stadt geborn, mein Vater war in A-Stadt geborn. Ähm (1) und äh sein Vater war Metzger.
Georg Levi ist in der Gegenwart bzw. jüngeren Vergangenheit und bei seiner eigenen Person angekommen und möchte nun mit der Darstellung seiner eigenen Lebensgeschichte fortfahren, bemerkt dann jedoch, dass dies einen intergenerationellen Sprung über die Eltern hinweg bedeuten würde, und zwar nicht nur deshalb, weil seine Existenz sich schließlich den Eltern verdankt, sondern auch deshalb, weil die Eltern einerseits die Verbindung zwischen Vergangenheit und Zukunft und andererseits Diskontinuität symbolisieren – indem er die Eltern einfügt, stellt er einerseits genealogisch die Verbindung zu den Vorfahren her, andererseits müssen sie ›dazwischengeschoben‹ werden, denn in ihrer Generation vollzieht sich der Bruch, der zu Vertreibung und erzwungener Emigration führt. Erneut konzentriert sich Levi dabei auf die ›väterliche Linie‹. Der Großvater väterlicherseits ist nun der erste, über dessen soziale Position er eine konkrete Aussage treffen kann. Der Vater stammt aus einer Familie mit geringem kulturellem und auch eher geringem ökonomischem Kapital. Wenn die Tradition der Familie dennoch so sehr betont wird, muss es sich bei der Metzgerei um einen bereits lange im Familienbesitz befindlichen Betrieb handeln oder es müssen noch andere geschichtliche ›Verankerungen‹ existieren.

17. Und äh die Familie war immer auch sehr begabt.
Obschon sie vielleicht Metzger warn haben sie auch gesungen, und waren Schauspieler zur selben Zeit, war immer alles so aufeinander. Und äh da waren viele Künstler.
Das ausschlaggebende Kriterium für die Betonung der Kontinuität in der väterlichen Familie ist nicht der Beruf und der damit verbundene soziale Status; vielmehr wird die Tradition darin gesehen, dass in der Familie über Generationen hinweg (»immer«) künstlerische Begabungen vorhanden waren. Thematisiert wird also ein künstlerisches Potential in unterschiedlichen Formen (Musik und Schauspiel) als genetisches Erbe. Dieses wird als solches gerade vor dem Hintergrund des Metzgerberufes besonders betont: Metzgern muss Talent ›in die Wiege gelegt‹ sein, sonst entwickeln sie kein besonderes Bedürfnis, zu singen und zu schauspielern. Aus dieser Perspektive wird das Metzgertum zum bloßen Broterwerb, das eigentliche, wahre Leben findet auf einer (anderen) Bühne statt.

Welche Bedeutung hat diese Begabung und Kreativität nun für Georg Levi selbst? Sofern nicht mindestens einer dieser Verwandten aufgrund seiner Begabung zu Ruhm gekommen und nicht nur als Laie neben dem Metzgerberuf seinem Hobby gefrönt hat, wird Georg Levi zwar stolz auf diese kreative und aufstiegsorientierte Familie sein, sie aber kaum als ›Statussymbol‹, in dessen Glanz er sich sonnt, anführen können. Vielmehr wird auch er wohl etwas von dieser musikalischen oder schauspielerischen Begabung, allgemeiner: die Fähigkeit zur (künstlerisch-expressiven) Darstellung an sich sehen und sich daher besonders stark in der Tradition dieser Familie sehen. Insofern wird hier zwar einerseits wiederum die Statusorientierung Levis deutlich, andererseits zeigt sich nun auch, dass seine Verortung in der väterlichen Linie, vorausgesetzt, auch er ist musisch begabt, sich inhaltlich aus dieser Gemeinsamkeit von Begabungen und Interessen verstehen ließe.

17. Und ein Vetter von ihnen mit dessen Kindern und Kindeskinder, ich noch in Verbindung bin, das war äh ein berühmter äh Physiker, der mit Einstein gearbeitet hat und den der Einstein auch rüber ge geholt hat.
Bei der Familie, von der Georg Levi zuvor sprach, kann es sich nur um die Geschwister des Vaters gehandelt haben, mit denen der hier genannte Vetter als Sohn einer Tante oder eines Onkels verwandt war. Dieser nun bringt eine weitere Begabung mit, zum naturwissenschaftlichen Denken, zur wissenschaftlich exakten Erforschung von Naturphänomenen. Hier hat Georg Levi also in der Tat einiges vorzuweisen und mit diesem Pfund renommierter Verwandtschaft ›wuchert‹ er auch. Zumindest partiell war in dieser Familie ein sozialer Aufstieg gelungen. Betrachtet man diese letzten Aussagen noch einmal vor dem Hintergrund der erzwungenen Emigration seiner Familie, so lassen sich die Hinweise

auf die vielfältigen Begabungen und Fähigkeiten in der Verwandtschaft verstehen als Ausdruck der Verarbeitung einer tiefempfundenen Unrechtserfahrung, nicht nur ihn persönlich, sondern auch die weiteren Verwandten betreffend.

4.1.3 Fallstrukturhypothese

Anhand der Analyse und Interpretation der von Georg Levi zu Beginn des Interviews getroffenen Wahlen bezüglich Inhalt sowie Art und Weise seiner Darstellung konnten die folgenden Aussagen über die Bedeutung familiärer Beziehungen für Georg Levis Identitätskonstruktion und Selbstpräsentation gewonnen werden. Aus dem von der Interviewerin eröffneten, breiten Spektrum an Möglichkeiten wählt er den Fokus ›Familiengeschichte‹. Diese allerdings wird nicht in einer Erzählung entfaltet, sondern in der sehr um Exaktheit bzw. Überprüfbarkeit bemühten Präsentation von letztlich nicht sehr detailliertem Faktenwissen. Weder der Vater noch die Mutter werden als konkrete Personen zum Gegenstand von Erzählungen, die sich aus eigenen Erlebnissen und Erfahrungen speisen, sondern sie erhalten lediglich soziale Positionen, von denen aus das Verwandtschaftsgeflecht erschlossen wird. Die Existenz der Eltern, vor allem aber ihre soziale Position und in der Konsequenz dann auch die eigene Existenz sind offenbar nur erklärbar über den Familienstammbaum, präziser: die geographische Herkunft der Vorfahren.

Das bedeutet, dass Georg Levi hier eine statusorientierte und rollenförmige Perspektive auf die eigene Familie einnimmt; betont wird die jahrhundertelange Verwurzelung insbesondere der väterlichen Familie in Deutschland. Aus dieser Tradition wird Georg Levi wie auch sein Vater durch die nationalsozialistische Verfolgung herausgestoßen, und wenngleich von diesem Bruch in den Anfangssequenzen des Interviews nicht explizit die Rede ist, scheint es doch eine in dieser Entrechtung und Entsolidarisierung liegende Verletzung zu sein, die zur Betonung des selbstverständlichen ›Deutschseins‹ der Familie noch immer herausfordert. Nur durch Betonung von Tradition und Kontinuität, so scheint es, kann dieser Bruch ›geheilt‹ werden – allerdings besteht die Tradition in der Familie mütterlicherseits gerade umgekehrt in geographischen Wanderungen aufgrund der schon Jahrhunderte zurückliegenden Verfolgungsgeschichte sephardischer Juden. Im Familiengedächtnis sind also zwei sehr unterschiedliche Erfahrungen präsent: Verwurzelung und Kontinuität einerseits sowie (erzwungene) Loslösung und geographische Ungebundenheit andererseits. Wenngleich weniger diese Erfahrungen selbst als vielmehr nur ungenaue Fakten Georg Levi diesbezüglich vermittelt worden sind, lässt sich dieses Wissen als perspektivengebend hinsichtlich der Verarbeitung von ›Entwurzelung‹ betrachten – das Wissen um zur Geschichte der Familie gehörende Ungebundenheit eröffnet die Möglichkeit, sich ebenfalls in dieser Tradition zu sehen bzw. den Bruch zu relativieren. Die Tatsache aber, dass er hier einen kognitiven Zugang zur Darstellung der Familiengeschichte wählt und sich ausschließlich auf Wissen konzentriert, lässt weitere Schlüsse hinsichtlich seiner Identitätskonstruktion sowie hinsichtlich eines bestimmten Habitus zu:

Die Konzentration auf Stammbaumlinien und Traditionen ist Ausdruck einer Identität, die sich sehr stark, aber – dies zeigt sich sehr deutlich in der Sequenz 15 – nicht ausschließlich über ebensolche Traditionen und Statusbewusstsein definiert, denn deutlich wird, dass dieses Wissen wohl bewahrt, um genau zu sein: *ver*wahrt wird, dass es aber für das eigene, gegenwärtige Leben, das Verständnis und die Präsentation seiner selbst von geringerer Bedeutung ist. Gleichwohl mag gerade das Wissen um die unterschiedlichen Geschichten mütterlicher- und väterlicherseits und auch um den jeweils unterschiedlichen Umgang damit identitätsstiftend wirken und helfen, die eigenen Erfahrungen von Beheimatung, Verwurzelung einerseits und Diskontinuität andererseits zu integrieren, denn in der Geschichte dieser Familie gab es beides, und diese Geschichte konnte der Familie trotz Zwang zur Emigration nicht genommen werden.

Womöglich hätte Georg Levi diesen ›stammbaumorientierten‹ Fokus nicht gewählt, wäre er ausschließlich nach seiner Lebensgeschichte gefragt worden; seine Herangehensweise ergibt sich auch aus der Ernsthaftigkeit, mit der Georg Levi das Anliegen der Interviewerin zu erfüllen sucht, denn er rekurriert auf die angebotene Option, die »Familie ein Stück darzustellen« und fühlt sich angesprochen als Experte, der über das meiste Wissen bezüglich seiner eigenen Familie verfügt und eben deshalb befragt wird. Dennoch bedingt dies noch nicht zwangsläufig eine eher außenorientierte, rollenförmige Perspektive, denn Levi hätte zum Beispiel auch in diesem Fall mit einer Charakterisierung seiner Eltern aufgrund eigener Erfahrungen beginnen können. Es zeigt sich hier also das Bedürfnis, etwas ›darzustellen‹. Hinzuzukommen scheint außerdem noch eine gewisse Leistungsorientierung sowie Pflichtbewusstsein, was beides nach sich zieht, die gestellte ›Aufgabe‹ möglichst gut, und dies heißt, möglichst genau und ausführlich, meistern zu wollen. Insofern ist Georg Levi in der Lage, sich auf spezifische Anforderungen einzustellen, ja sogar eine ›Übererfüllung‹ von Perspektivenübernahme zu leisten. Er verfügt über eine selbstreflexive Haltung, die Ausdruck findet in der sokratischen Deklaration des eigenen Wissens als begrenzt und lückenhaft. Sein kognitiver Wissensbegriff ist dem Prinzip der Wissenschaftlichkeit verpflichtet, dem gemäß Wissensbestände und Theorien der Überprüfung bedürfen. Ungesichertes, spekulatives ›Wissen‹

stellt für ihn keine Referenz dar. Er stellt sich ganz in den Dienst der Sache und offenbart Selbstbewusstsein, Flexibilität und Kritikfähigkeit, indem er sich auf sein Wissen nicht nur befragen, sondern dieses auch hinterfragen lässt (»fragen und unterbrechen Sie mich und«).

Hinsichtlich der starken Betonung und Identifikation mit der väterlichen Herkunftsfamilie und einer eher flüchtigen (!), wenn nicht gar abwertenden Darstellung der mütterlichen Seite wäre anhand weiterer geeigneter Sequenzen zu prüfen, wie Georg Levi seine konkreten Beziehungen zu Mutter und Vater bzw. die Beziehungskonstellation in der Familie insgesamt darstellt und welche Schlüsse sich daraus hinsichtlich der Entwicklung seiner Identität ziehen lassen.

Bislang scheint Georg Levis Identitätskonstruktion und entsprechende Selbstpräsentation unter dem Motto zu stehen: ›Ich bin/mein Leben ist geprägt durch die wechselvolle Geschichte meiner Vorfahren, aber ich bin mehr und anderes als nur die Summe von deren Erfahrungen‹. Zur Geschichte der Vorfahren baut Georg Levi nur insofern eine gewisse Distanz auf, als er sich nicht vollkommen nahtlos in diese Familientradition stellt, sondern sich selbst über den wissensorientierten Zugang im Hier und Jetzt verortet. Sein Habitus der Krisenbewältigung könnte vorläufig – und sehr vorsichtig – als gelassener, selbstbewusster Umgang mit dem ›Schicksal‹ bezeichnet werden.

Zur Prüfung dieser Strukturhypothese wurden, wie im Falle Esther Brückners, Sequenzen gewählt, die besonders hinsichtlich der Frage nach dem Habitus der Krisenbewältigung und der Identitätskonstruktion in unterschiedlichen Bewährungsdimensionen aufschlussreich erscheinen.

4.1.4 *Interpretation der Prüfsequenzen – Die Jahre bis zur Emigration*

Georg Levi beginnt direkt im Anschluss an die zuvor präsentierten Eingangssequenzen mit der Erzählung seiner eigenen Lebensgeschichte bis zur Emigration. Diese soll zunächst auch noch einmal mit einer ausführlichen sprachlichen Analyse kommentiert werden.

1. Und äh (2) aaaoch (1) naja wie ich bin fünf vierundzwanzig geborn, in A-Stadt.[44]

Georg Levi wirkt insgesamt unsicher, denn er zögert, sucht nach Worten (»äh«), stammelt und macht zwei kurze Pausen; irritierend wirkt zudem die Verwendung der Konjunktion »wie«. Eine Möglichkeit der Deutung besteht in der Annahme, dass das ›Wie‹ fragend gebraucht, aber das Infragestehende nicht präzisiert wird (zum Beispiel: ›Naja, wie soll ich

44 GL, 3, 46 ff.

sagen?‹). Als Junktor kann ›wie‹ aber, abgesehen von seiner Funktion in Interrogativsätzen, in Aussagesätzen in zweierlei Formen verwendet werden: Zum einen vergleichend, als Ausdruck von Gemeinsamkeiten bzw. Unterschieden, also der Herstellung von Relationen, wie in den ersten beiden Beispielsätzen grammatisch wohlgeformt formuliert:

1) ›Wie ich, hat auch mein Bruder studiert.‹
2) ›Wie du mir, so ich dir‹.
*3) Du hast weniger Geld wie ich.

Zum anderen wird ›wie‹ umgangssprachlich temporal, anstelle von ›als‹ verwendet:

›Wie ich in die Küche kam, sah ich, dass es dort brannte‹.

Im ersteren Falle würde G. Levi auf soziale Beziehungen abzielen, konkret auf die Darstellung einer Gemeinsamkeit zwischen sich und anderen, z.B. in der Familie verweisen, im zweiten Falle würde er zeitlich eine Situation fokussieren, zu der parallel noch etwas anderes geschah oder einen Zeitpunkt, der initiierend hinsichtlich weiterer Geschehnisse wirkte (›Wie ich geboren wurde, änderte sich alles‹). Mit dieser umgangssprachlichen Wendung würde ein Ereignis oder eine Person in den Mittelpunkt, ja sogar in den Vordergrund gestellt, so dass andere Ereignisse oder Personen dahinter zurücktreten oder aber eben andere Ereignisse und Handlungen erst ausgelöst werden. Nichts von alledem aber wird (zumindest in dieser Sequenz) vollumfänglich realisiert. Vielmehr scheint Levi hier Schwierigkeiten zu haben, sich zur zentralen Figur der nachfolgenden Erzählung zu machen. Es fällt weiter auf, dass das eigene Geburtsdatum erst im zweiten Anlauf korrekt benannt werden kann. Dies ist relativ leicht aufzuschlüsseln, eingedenk der alternativen Möglichkeit, die für Georg Levi besteht: So scheint er nämlich sein aktuelles Alter nennen (zum Zeitpunkt des Interviews 75) zu wollen, realisiert dann jedoch, dass sein Gegenüber dann erst durch Rechnen auf sein Geburtsdatum schließen müsste und bricht ab, um dieses direkt zu nennen. Daran wird deutlich, dass Georg Levi zumindest leichte Schwierigkeiten hat, sich anders als bilanzierend in die Vergangenheit zu begeben, denn entscheidend ist für ihn die Perspektive aus dem Heute. Sich selbst aber retrospektiv in den Vordergrund zu stellen, scheint ihm schwerzufallen.

2. *Und äh bin da auf die Volksschule und dann später aufs Gymnasium gegangn.*

Der eigene Werdegang, bei dem es sich um einen im Falle bürgerlicher Herkunft vollkommen üblichen Weg handelt, wird durch Übergehen der frühen Kindheit und die Erzählung persönlicher Erlebnisse knapp dargestellt. Die Perspektive des ›Wegs‹, genauer der Eigenaktivität, wird hier auch tatsächlich zum Ausdruck gebracht, denn weder ›war‹ G. Levi auf Volksschule und Gymnasium noch hat er diese Schulen ›besucht‹

– beide Verben würden erheblich stärker eine passive Perspektive zum Ausdruck bringen als das aktive ›bin gegangen‹. Es kann daher mit der noch gebotenen Vorsicht geschlossen werden, dass Georg Levi gern zur Schule gegangen ist und diese nicht nur als von den Eltern verordnete, lästige Zwangsveranstaltung erlebt hat. Er wird ab 1934 das Gymnasium besucht haben, das heißt, ein Jahr, nachdem die Nationalsozialisten an die Macht gelangt waren. Insofern sind hier Probleme zu erwarten und es ist darauf zu achten, ob und wie diese von ihm erinnert und thematisiert werden.

3. *Und dann äh (1) dreiunddreizig kam natürlich der Hitler und dann wurde alles ziemlich schwierig.*
In der Tat geht G. Levi sofort auf die im Zuge der nationalsozialistischen Politik sich vollziehenden Veränderungen in Deutschland ein. Indem er »alles« retrospektiv als »ziemlich schwierig« bezeichnet, deutet er zum einen umfassende Schwierigkeiten für sein eigenes Leben, aber auch für die Lage in Deutschland insgesamt an, andererseits werden diese Schwierigkeiten nicht präzise benannt, sondern durch das Adjektiv »ziemlich« sogleich relativiert. Dennoch ist dies ein deutlicher Hinweis darauf, dass er den eingeschlagenen Bildungsweg nicht oder nur unter großen Schwierigkeiten fortsetzen konnte.

Dass die ›Ankunft‹ Hitlers für natürlich gehalten wird, überrascht, denn 1933 war Georg Levi neun Jahre alt und wird das politische Geschehen selbst nicht so verfolgt haben können, dass er zu einer derart lakonischen Schlussfolgerung gelangen konnte. Denn darüber hinaus kommt in der Verwendung des bestimmten Artikels (»der Hitler«) eine durchaus hemdsärmelige Distanzierung und Abwertung ebenso zum Ausdruck wie eine ironisch-fatalistische Haltung – es konnte gar nicht anders kommen, genauer: es konnte gar niemand anderes kommen. Einerseits kann sich die ›Natürlichkeit‹ aus der retrospektiven Betrachtung der damaligen politischen Situation ergeben, so dass die Interviewerin an ›falscher‹ Stelle adressiert wird: Als »natürlich« erscheint es G. Levi, dass sowohl er selbst als auch sein Gegenüber weiß, dass Hitler ab 1933 regierte – deshalb wird er auch als »der« Hitler bezeichnet, der jedermann als Person der jüngeren deutschen Geschichte bekannt ist. Andererseits kann die politische Lage und damit auch die Gefahr des Nationalsozialismus in der Familie Levi damals sehr aufmerksam als solche registriert und beobachtet worden sein. Der Wahlsieg der Nationalsozialisten wäre dann für die Eltern angesichts der politischen Lage und Stimmung in den letzten Jahren der Weimarer Republik zwar keine Überraschung gewesen, alarmierte diese aber offenbar auch nicht so stark, dass sofort die Auswanderung geplant wurde. Die politischen Verhältnisse scheinen zunächst vielmehr hingenommen worden zu sein und diese nüchterne, im Extremfall fatalistische Perspektive hat G. Levi übernommen oder gibt sie als ›Stimmungsbild‹ hier wieder. Denn im Grunde genommen hätte er auch im zweiten Hauptsatz die gravierenden Probleme, vor die sich jüdische Deutsche nach 1933 gestellt sahen, als »natürlich« im Sinne von erwartbaren und retrospektiv zwangsläufigen Folgen der nationalsozialistischen Politik bezeichnen können. Dass er dies nicht tut, verweist erstens darauf, dass diese noch immer als in ihrer Ungeheuerlichkeit so unvorstellbar und damit unerwartbar betrachtet werden, dass eine solche Verknüpfung der ›Zwangsläufigkeit‹ gerade nicht vorgenommen werden kann, und dies bedeutet zweitens, dass die Eltern möglicherweise trotz aufmerksamer Wahrnehmung der politischen Lage zur optimistischen Verharmlosung tendierten. Die nationalsozialistische Politik griff zwar in alle Lebensbereiche ein, allerdings blieben die daraus resultierenden Schwierigkeiten für die Familie Levi, genauer gesagt: für die Eltern, offenbar zumindest zunächst handhabbar – die politische Situation wurde hingenommen und es wurde versucht, das ›Beste‹ daraus zu machen, um am bisherigen Lebensentwurf festhalten zu können.

Wenn also Georg Levi die Totalität der Schwierigkeiten für das damals gegenwärtige wie zukünftige Alltagsleben markiert und mit dem Adjektiv »ziemlich« zugleich wieder abschwächt, hält er diese Probleme im Diffusen: Was genau schwierig wurde, für wen und warum, bleibt unklar, und genau dies verweist auf die Unklarheit, die er damals erlebt haben mag, denn es ist anzunehmen, dass ihm als neunjährigem Jungen diese Schwierigkeiten damals nicht in vollem Umfange deutlich wurden. Somit wird hier vor allem eine Stimmung transportiert: Die Sorgen der Eltern werden sich ihm mitgeteilt haben, und wenngleich der konkrete Inhalt von Gesprächen sowie komplexe Konflikte aufgrund politischer Maßnahmen von ihm in ihrer vollen Tragweite noch nicht realisiert werden konnten, offenbart die transportierte Diffusität und Totalität paradoxerweise doch, dass Georg Levi den Ernst der Lage spürte. Zudem könnte er selbst auch Erfahrungen von ›Schwierigkeiten‹ in Form von Diskriminierung in der Schule gemacht haben, die er exemplarisch anführen könnte, um seine Aussagen zu präzisieren.

4. *Und wir sind solange in A-Stadt geblieben wie möglich, bis bis bis ganz am Ende.*

Georg Levi präzisiert nicht, wie die Schwierigkeiten für die Familie aussahen, sondern entscheidet sich dafür, gleich den Umgang mit diesen Schwierigkeiten zu charakterisieren. Auffällig ist, dass er hier nicht mit ›aber‹ anschließt, also keinen Gegensatz zwischen den vage angesprochenen Schwierigkeiten und dem offenbar vorhandenen Willen zu bleiben, sieht.

Die Beharrlichkeit der Familie ist selbstverständlich und ebenso ›zwangsläufig‹ wie die erfolgte Übertragung der politischen Macht auf die Nationalsozialisten. Es gibt scheinbar kein ›Trotzdem‹, sondern die politische Entwicklung in Deutschland und die Entscheidungen der Eltern bezüglich der Zukunft der Familie werden geradezu parallelisiert. Die Familie hat also, wie so viele andere, bis zum Schluss gehofft, so schlimm werde der nationalsozialistische Terror nicht werden oder zumindest sie selbst nicht zu arg treffen.

Auf den ersten Blick bleibt zwar unklar, wie lange die Familie geblieben ist, deutlich wird aber aufgrund der in der Äußerung liegenden Redundanz (»so lange [...] wie möglich [...] bis ganz am Ende«), dass die Familie erst dann gegangen ist, als sich die Situation dramatisch zuspitzte. Erst der vermeintlich keinerlei neue Information vermittelnde Nachsatz »bis ganz am Ende« bringt die Not der Familie zum Ausdruck: Sie war »am Ende« und konnte aufgrund der faktisch sich zuspitzenden Lebensbedrohung nicht mehr bleiben. Dieses »Ende« wird vermutlich im Jahr 1938 liegen, in dem die zunehmende Judenverfolgung in landesweit organisierter, offener Gewalt in der Reichspogromnacht am 9. November gipfelte, Massenverhaftungen mit dem Ziel der Auswanderungsforcierung[45] sowie zugleich immer massivere diesbezügliche Beschränkungen nach sich zog und für viele Juden tatsächlich die letzte Möglichkeit darstellte, noch aus Deutschland hinauszukommen. 1941 wurde das Ausreiseverbot für Juden erlassen und danach gelang es nur sehr wenigen noch, auf komplizierten Wegen aus Deutschland zu fliehen, zumal zwischen 1939 und 1941 die Möglichkeiten insbesondere aufgrund des Krieges und der Visasperre vieler Länder nahezu auf Null sanken. In der nachdrücklich betonten Ausschöpfung aller Möglichkeiten des Bleibens wird also umgekehrt das mit unbeirrbarer Hoffnung einhergehende Festhalten der Eltern am Zuhause bei schwindenden Alternativen transportiert. Es kann angenommen werden, dass die Eltern versucht haben, für die Familie eine Nische des Überlebens zu schaffen, und dass dieser Versuch aufgrund des zwischenzeitlichen Gefühls, verschont zu bleiben, vielleicht auch noch genügend Unterstützung aus dem sozialen Umfeld zu erhalten, lange genug aussichtsreich erschien.

Weiterhin ist festzustellen, dass Georg Levi bislang nicht differenziert zwischen einzelnen Familienmitgliedern und möglicherweise durchaus je unterschiedlichen Problemen und Sichtweisen. Wichtig ist meines Erachtens vor allem: Faktisch wird der Versuch, so lange wie irgend möglich zu bleiben, auf die Entscheidungen der Eltern zurückzuführen sein. Dennoch werden diese hier nicht als solche präsentiert, sondern Georg Levi betont das Ergebnis: die Lebenspraxis ›Familie‹ ist gemeinsam dort geblieben. Dies bedeutet zunächst, dass es für ihn keinerlei

45 Es ist bekannt, dass in dieser Zeit vor allem materiell gut gestellte Juden in Lagern inhaftiert und wieder frei gelassen wurden, sofern sie Ausreisevisa vorlegen konnten (vgl. Benz 2000, 145).

Anlass gibt, die faktische damalige Abhängigkeit von den Eltern und möglicherweise in diesem Kontext aufkommende ambivalente Gefühle angesichts ihrer über den eigenen Kopf hinweg getroffenen, durchaus riskanten Entscheidungen zu problematisieren. Er hat diese entweder fraglos akzeptiert oder aber wurde gar in den Entscheidungsprozess miteinbezogen. Letzteres würde bedeuten, dass er früher als normalerweise im bürgerlichen Milieu üblich als Erwachsener behandelt wurde und somit die Zeit der Adoleszenz als Moratorium für ihn beendet war, noch bevor sie richtig beginnen konnte. Bedeutsam ist für Georg Levi in jedem Falle die Darstellung des Erlebens von Familie als Gemeinschaft, die zusammen geblieben ist und Schwierigkeiten gemeinsam erlebt und letztlich überstanden hat, in der er sich retrospektiv also gemeinsam mit den Eltern verortet.

5. Dann achtunddreizig war natürlich äh das das größte Problem, wie nennt man das auf deutsch? Ja Holocaust, neh, (mmh) in im November.

Ohne genauer darauf einzugehen, was genau »ziemlich schwierig« war, geht Georg Levi dazu über, den Zeitpunkt zu benennen, an dem (den Eltern) deutlich wurde, dass die Familie in Deutschland nicht mehr würde bleiben können, und das war in der Tat die Zeit des Novemberpogroms. Indem er diesen aber er als »größtes Problem« bezeichnet, bringt er zum Ausdruck, dass die Eltern auch zu diesem Zeitpunkt noch nicht entschieden hatten, ob sie emigrieren wollten, oder dass ihnen aber zumindest nicht klar war, ob sie noch die Möglichkeit dazu haben würden. Damit nimmt er der vorherigen Rede vom ›Ende‹ insofern die Schärfe, als die Pogromnacht dies nicht gewesen sein kann, sondern sie stellte nur das bisher größte Problem dar und weckte offenbar überhaupt erst das Bewusstsein für den Ernst der Lage.

Auffällig ist, dass G. Levi keinen deutschen Begriff für die Geschehnisse im November 1938 zur Verfügung hat – der damals von den Nationalsozialisten propagierte der ›Reichskristallnacht‹ fällt ihm ebenso wenig ein wie der heute gebräuchliche der Reichspogromnacht. Er weiß zwar, dass der englische Terminus des Holocaust inzwischen auch im Deutschen gebräuchlich ist, verwendet ihn allerdings nicht angemessen. Seine Distanz zu den Ereignissen, die sich in der Bezeichnung der Pogrome als »Problem« und in der Suche nach der korrekten Begrifflichkeit ausdrückt, müsste als Verharmlosung bezeichnet werden, würde nicht zugleich diese Verwendung des Holocaust-Begriffs, der für die Bezeichnung der danach einsetzenden Deportationen und des Völkermordes, nicht aber bereits der Pogrome selbst gebräuchlich und angemessen ist, auf gerade das Gegenteil verweisen[46].

46 Hinsichtlich der Angemessenheit des Holocaust-Begriffes existieren un-

Die Bezeichnung der Novemberereignisse als »Problem« ermöglicht Georg Levi aber, wie gesagt, die Distanzierung von damaligen Gefühlen der Angst aufgrund akuter Bedrohung der Familie. Aus diesem Grund hat er auch keinen Begriff aus der deutschen Sprache, in der er zu jener Zeit gedacht und Gefühle benannt hat, zur Verfügung. Er nimmt eine historische Perspektive ein, in der vom »Ende« her gedacht wird, so dass die massiven Verfolgungsmaßnahmen und Gewaltakte der Nazis bereits mit dem Holocaust zusammenfallen. Was für ihn zählt, ist, überlebt zu haben. Bei genauerer Betrachtung wird eine Prozessperspektive deutlich: Indem Georg Levi zunächst vom ›größten Problem‹ spricht, markiert er die allmähliche Entwicklung eines Problembewusstseins bis hin zum Gewahrwerden unbedingter Handlungsnotwendigkeit. Die Novemberpogrome sind mindestens erste Anzeichen des Holocaust, die zum Umdenken und Handeln zwingen. Zugleich kommt hier ein nahezu unerschütterlicher Optimismus zum Ausdruck, denn Probleme sind prinzipiell lösbar im Gegensatz zu Katastrophen, die hereinbrechen und auf die dann nur noch reagiert werden kann. Das heißt, die Eltern werden sich immer noch als handlungsfähig erlebt haben und Georg Levi scheint auf die Problemlösungsfähigkeit der Eltern vertraut zu haben.

6. Und äh wir sind kurz vorher ähm aus der Stadt in die Vorstadt gezogen, weil es in der Stadt zu gefährlich geworden war.
Angesichts der zunehmenden Gefährdung haben Levis Eltern letztlich doch für die Familie einen Ort gesucht, der mehr Schutz bot. Möglicherweise war eine Emigration zwar bereits geplant und vorbereitet, aber es war noch keine Ausreise möglich. Denn ein Umzug von der Stadt in die Vorstadt hätte langfristig nur wenig mehr Schutz geboten. Zumindest aber konnte sich die Familie noch rechtzeitig kurzfristig in Sicherheit bringen. Diese Zeit wird Georg Levi vermutlich dennoch als Zeit großer Anspannung erlebt haben.

Wiederum fällt auf, dass er die getroffenen Entscheidungen nicht als Entscheidungen allein der Eltern darstellt, sondern konsequent von der Familie als Gemeinschaft spricht, die als Einheit im Sinne einer Lebenspraxis handelt. Daraus kann aber auch hier noch nicht der Schluss gezogen werden, dass Georg Levi von den Eltern in Entscheidungsprozesse vollverantwortlich miteinbezogen wurde. Er war allerdings mit seinen 14 Jahren bereits durchaus in der Lage, das Handeln der Eltern auch kritisch zu betrachten, denn er befand sich gerade in jenem Alter,

terschiedliche Auffassungen. So weist z.B. König (2001) darauf hin, dass die im englischen Sprachraum gebräuchliche Rede vom ›Holocaust‹, zu übersetzen mit ›Brandopfer‹, das Schicksal der Juden im Gegensatz zum hebräischen Begriff der ›Shoah‹ (›Unheil‹/›Katastrophe‹) nicht angemessen erfasst, weil damit der Massenmord eine religiöse Legitimation erhalte (vgl. a.a.O., 119f.).

in dem die ›Neuorganisation‹ der Persönlichkeit, einhergehend mit der der emotionalen Bindung an die Eltern und der Weiterentwicklung der Reflexivität einsetzt. Er hatte die Möglichkeit, aufgrund eigener Erfahrungen von Ausgrenzung sich ein erstes eigenes Urteil zu bilden und könnte sich daher von den zögerlichen Eltern nicht hinreichend beschützt gefühlt haben. Dass das lange Abwarten der Eltern bislang nicht problematisiert wurde, könnte also auf eine Idealisierung hinweisen, vor deren Hintergrund eine Kritik an den Eltern bedeuten würde, sie damit ›vom Sockel stürzen‹ zu müssen. Andererseits haben die Eltern offenbar im Rahmen ihrer noch vorhandenen Möglichkeiten das einzig Vernünftige getan bzw. wenigstens zum entscheidenden Zeitpunkt verantwortungsvoll gehandelt.

Gerade die Wir-Perspektive, die G. Levi hier einnimmt, muss also nicht als Hinweis auf wenig gelungene Individuierung interpretiert werden, sondern könnte auch so interpretiert werden, dass die Eltern von ihm als hinreichend verlässlich und vertrauenswürdig erlebt wurden, und dass er sich somit auch genügend beschützt und eingebunden fühlte. Insofern könnte weiter angenommen werden, dass G. Levi sich gerade, weil er sich bei seinen Eltern gut umsorgt und aufgehoben fühlte, auch von diesen lösen konnte und sich nun retrospektiv als Erwachsener vorbehaltlos in die familiäre Gemeinschaft wieder hineinstellen kann.

7. *Das hat uns das Leben gerettet, denn die Leute, die da am (1) achtundzwanzigsten November, oder wann das auch immer war, äh kamen um mein Vater abzuholen, ham uns dann nicht gefunden weil wir nicht in, nicht im Ort warn.*

Zunächst scheint es, als ob Georg Levi nicht das korrekte Datum, den 9. November, erinnern könne; auf den zweiten Blick zeigt sich aber, dass es sich bei dem 28. November um den Tag handeln muss, an dem der Vater letztlich doch verhaftet wurde. Von diesem Ereignis aus, das für ihn ohnehin größere Relevanz besitzen dürfte als das bloße Datum, muss er nochmals einen Schritt zurückgehen, um zu erklären, warum der Vater so spät erst verhaftet wurde.

Angesichts der zunehmenden Gefährdung in der Stadt flieht die Familie in einen kleinen Ort und lässt somit die Verfolger, die hier nur leicht abfällig, vielmehr geradezu freundlich-neutral als ›Leute‹ bezeichnet werden[47], als erfolglos Suchende hinter sich.

47 Dass Georg Levi diejenigen, die seinen Vater abholten, nicht als Angehörige der Gestapo oder SS, sondern einfach als ›Leute‹ bezeichnet, erscheint insofern aufschlussreich, als darin eine Perspektive auf die Nationalsozialisten als ›Durchschnittsmenschen‹ zum Ausdruck kommt. Sie werden nicht rollenförmig über ihre Parteizugehörigkeit wahrgenommen und dar-

Allerdings wird sowohl durch die unpersönliche, agenslose Formulierung »*das* hat uns das Leben gerettet« ebenso wie durch die lapidare Begründung »weil wir nicht im Ort waren« zugleich die ›Zufälligkeit‹, Fragilität und Vorläufigkeit des Überlebens zum Ausdruck gebracht. Dass die Familie überlebt hat, ist nicht nur auf das eigene Handeln zurückzuführen, also darauf, dass sie sich rechtzeitig in Sicherheit gebracht hatte, denn, das wird hier deutlich, sichere Orte gab es eigentlich nicht mehr. Vielmehr hatten die Levis das Glück, sich nicht nur an einem anderen Ort zu befinden, sondern auch an einem Ort, an dem offenbar keine Hausdurchsuchungen durchgeführt wurden. Es handelte sich allerdings, wie aus der Nennung des 28. November als Datum für die Abholung des Vaters hervorgeht, um eine nur vorläufige Verschonung. Anhand des Datums wird auch erklärlich, weshalb Georg Levi zwar einerseits den Umzug als lebensrettend für die Familie bezeichnet, andererseits aber den Vater als einzigen Verfolgten und zu Verhaftenden herausstellt.

Es lassen sich hier erste Schlussfolgerungen ziehen hinsichtlich G. Levis Habitus und Grundhaltung zum Leben, denn zum Ausdruck kommt ein Bewusstsein darüber, dass sich das eigene Überleben zwar einerseits dem richtigen Handeln im richtigen Moment, also realistischer Situationseinschätzung, andererseits aber auch dem ›Zufall‹ oder ›Glück‹ verdankt, und auf die Möglichkeit solcher glücklichen Fügungen wird mit Gelassenheit vertraut: ›Im Zweifel wird es gut gehen‹. Das schon zuvor sich herauskristallisierte starke Gemeinschaftsgefühl hinsichtlich der innerfamilialen Beziehungen steht damit in engem Zusammenhang: Gerade in der Situation extremer Bedrohung werden die Eltern als hinreichend verantwortungsvoll, fürsorglich und dieses Grundvertrauen stützend erlebt worden sein.

8. Später ham sie ihn gefunden und da war er auch (1) war, zeit weil in in Gefängnis. Rein und raus und rein und raus.

Der Vater ist also tatsächlich noch mehrfach verhaftet worden und dieser auf Zermürbung abzielende Prozess von abwechselnder Entlassung und erneuter Inhaftierung wird geradezu lakonisch dargestellt. Die Belastung und drohende Orientierungslosigkeit der Familie, die dieser Willkür schutzlos ausgeliefert war, kommt gerade in der knappen, scheinbar emotionslosen Aneinanderreihung der Richtungsadverbien zum Ausdruck. Zwar fällt die große Distanz auf, aus der berichtet wird,

gestellt, sondern als – wenngleich vollkommen konturlose – Durchschnittspersonen, nicht ›besser oder schlechter‹ als der Rest der Menschheit. Daraus könnte gefolgert werden, dass Georg Levi ganz unterschiedliche Erfahrungen mit den Nazis und ihren Anhängern gemacht hat, also sowohl Bedrohung als auch partiellen Schutz erfahren hat.

und aus der die Willkür der Nationalsozialisten nur noch als irrsinniges Theater erscheint. Im Zentrum stehen die Geschehnisse um den Vater, nicht Georg Levis persönliches Erleben. Die knappe und distanziert wirkende Darstellung bringt aber zugleich die Dramatik der Situation zum Ausdruck, und sie erfolgt – darauf verweist gerade der Gebrauch der Richtungsadverbien –, aus der Perspektive des Jugendlichen Georg, der die Verhaftungen des Vaters als ein verwirrendes Hin und Her erlebt hat, dem er nur hilflos zusehen konnte.

9. Und immer rausgelassen, weil er damals dann nur noch der einzig übrig gebliebene, übrich gebliebene jüdische Arzt war, in der Stadt. Und die Juden durften ja nicht zu christlichen Ärzten gehen und so weiter. Und so, das hat ihm wahrscheinlich das Leben gerettet, nich.
Georg Levi fährt fort, die Situation des Vaters darzustellen und zu erklären. Diese Erklärung wird unter Verweis auf als bekannt vorausgesetzte historische Fakten (»und so weiter«) knapp gehalten. Der Vater bleibt die zentrale Figur – oder, narrationsanalytisch formuliert, der Ereignisträger der Darstellung (vgl. Schütze 1984).

Da davon ausgegangen werden kann, dass sich der Prozess der abwechselnden Verhaftungen und Entlassungen mindestens über einige Wochen erstreckte und eine hohe nervliche Belastung sowohl für die Ehefrau als auch die Kinder darstellte, kann vermutet werden, dass der 14-jährige Georg in dieser Zeit seine Mutter, die bemüht gewesen sein wird, auf eine endgültige Haftentlassung ihres Mannes hinzudrängen, in Alltagsangelegenheiten unterstützen musste. Da dieser Prozess sich über eine relativ kurze Zeitspanne hinweg erstreckte, wird dies zwar nicht zu einer gravierenden Einschränkung der notwendigen Abgrenzungs- und Individuierungsmöglichkeiten (durch Überforderung in Form von Partnerersatz) geführt haben, aber es würde doch, wie bereits oben einmal formuliert, bedeuten, dass er früher als üblich Verantwortung für die Familie übernehmen musste. Darüber hinaus wird ihn als Sohn die Frage nach der Rückkehr des Vaters, nach dessen (Un-)Versehrtheit und in diesem Zusammenhang nach der künftigen Gültigkeit seines bisherigen Bildes vom Vater als Identifikationsfigur beschäftigt haben.

Auf der Ebene des Manifesten spricht G. Levi hier eine paradoxe, zynische Situation an: Obgleich die Juden bereits ausgegrenzt, ihrer Rechte beraubt und existenziell bedroht wurden, sollte ihnen gerade um der Verschärfung der Ausgrenzung willen ein System minimaler Versorgung aufrecht erhalten werden. Und, ebenso paradox: Es ist gerade die Tatsache, dass der Vater Arzt war, seine Profession also darin bestand, Menschen zu heilen und Leben zu erhalten, die ihm das Leben rettete. Auffällig ist in dieser Sequenz zweierlei:

– Die zuvor so auffällig durchgängige ›Wir‹-Perspektive wird hier nicht mehr aufrecht erhalten: Es ist lediglich vom Vater selbst, von den

übrigen Familienangehörigen aber keine Rede, während der vorher erwähnte Umzug noch explizit als lebensrettend für die gesamte Familie bezeichnet wurde.
- Es bleibt ein unbestimmbarer Rest, denn Georg Levi hält es nur für wahrscheinlich, ist sich aber nicht sicher, ob es tatsächlich der Arztberuf des Vaters war, der ihn letztlich vor dauerhafter Inhaftierung, Deportation und Tod bewahrte.

Indem Georg Levi hier explizit nur vom Vater spricht, markiert er, dass sein eigenes Überleben nicht zwangsläufig von jenem seines Vaters abhing, sondern dass es durchaus hätte sein können, dass der Vater ermordet worden wäre, andere Familienangehörige aber überlebt hätten. Der Vater ist damit als (innerhalb der Familie) alleiniges Opfer der nationalsozialistischen Verfolgung thematisch. Während zuvor also das Weiterleben der Familie von jenem des Vaters abhing, wird es hier davon abgekoppelt. Der Vater als Lebensretter qua Profession ist – gewissermaßen als charismatische Münchhausen-Figur – der Retter seiner selbst, aber gerade *nicht* der der Familie. Die Stilisierung, die Georg Levi hier vornimmt, wird noch deutlicher an den Zweifeln, die er selbst anspricht. Faktisch hat der Beruf des Vaters nur eine ›Verschonung auf Zeit‹ bewirkt, ob er und der Rest der Familie aber letztlich der Deportation entgangen wäre, ist mehr als zweifelhaft. Letztlich war mit Sicherheit allein die Flucht der Familie, nicht aber der Beruf des Vaters lebensrettend. Bedeutsam scheint dies angesichts der Tatsache, dass der Vater die Emigration entweder nicht oder aber erst sehr spät angestrebt haben kann – und damit eine zunehmende Gefährdung der Familie in Kauf nahm. Somit zeigt sich latent eine Ambivalenz zwischen Sorge und Bemühen um den Vater und um das eigene Überleben. Die Darstellung von der Rettung des Vaters qua Profession bringt ja einerseits, nur implizit, aber deutlich genug, zum Ausdruck, dass er für die Sicherheit der Familie offenbar nicht so viel getan hat, wie er (durch frühzeitige Ausreisebemühungen) hätte tun können, sie macht zugleich aber deutlich, dass dem Vater dies nicht (offen) vorgeworfen werden kann. Dieser Konflikt wird von Georg Levi hier nachträglich umschifft, indem vom glücklichen Ende her erzählt und der Vater zum Retter seiner selbst stilisiert wird.

Die übrigen Familienangehörigen wären andererseits insofern ›aus der Gefahrenlinie‹ gelangt, als die Emigration geplant war und versucht worden wäre, auch ohne den Vater aus Deutschland hinauszukommen. Sollten diese Pläne trotz oder gerade aufgrund der Verhaftungen des Vaters weiterverfolgt worden sein, hätten sie aber zugleich schwere Konflikte für alle Beteiligten impliziert, denn hätte die Familie Deutschland ohne den Vater verlassen und wäre dieser von den Nazis ermordet worden, wäre dies vermutlich sowohl für die Ehefrau als auch für die Kinder Bernhard Levis Quelle lebenslanger Schuldgefühle gewesen.

Hätte die Mutter aber riskiert, um des Mannes willen in Deutschland zu bleiben, so hätte sie das eigene Leben wie das ihrer Kinder aufs Spiel gesetzt.

Was also würde passieren, wenn Georg Levi an diesen Konflikt, sofern er tatsächlich bestanden haben sollte, noch einmal rührte? Die Mutter würde zur potentiell Schuldigen, zur ›Verräterin‹, die den Vater dem nationalsozialistischen Terror zugunsten des eigenen Lebens und dem ihrer Kinder auszuliefern bereit gewesen wäre Dass von der Mutter als konkreter, agierender Person hier bislang noch überhaupt nicht die Rede war, scheint diese Lesart nur noch zu unterstützen, denn nur durch Übergehen kann dieser potentiellen Schuld scheinbar begegnet werden.

Der Kristallisationspunkt seiner Darstellung liegt in der geglückten Emigration. Darin reproduziert sich eine Struktur, die sich bereits in Sequenz 8 herauskristallisiert hatte: Indem Georg Levi deutlich macht, dass das Überleben des Vaters einerseits zumindest teilweise dessen beruflicher Qualifikation zu verdanken war, andererseits aber wiederum auch von einem zufälligen, der persönlichen Einflussnahme entzogenen Moment abhing – ›zufällig‹ war gerade der Vater als einziger jüdischer Arzt übrig geblieben –, bringt er zum Ausdruck, dass dessen Leben von einem gewissermaßen doppelzwirnigen seidenen Faden abhing, einem Konglomerat aus (fachlicher) Kompetenz als Ressource und ›Glück‹.

Zwischenfazit:

Georg Levi entscheidet sich für eine ereignis- und ergebnisorientierte Darstellung, in der das eigene Erleben von ›Schwierigkeiten‹ nicht explizit zur Sprache gebracht wird. Dominant ist vielmehr die Perspektive auf die gesamte Familie als Lebenspraxis einerseits und schließlich auf den plötzlich davon ausgeschlossenen Vater andererseits. Die Komplexität des familialen Beziehungsgefüges und die Konflikthaftigkeit potentiell unterschiedlicher elterlicher Positionen hinsichtlich der Frage ›Gehen oder Bleiben‹ wird unterlaufen, indem erstens zwischen unterschiedlichen Positionen und Erlebnisweisen überhaupt nicht differenziert und zweitens der Vater zum Retter seiner selbst qua Kompetenz stilisiert wird. Wenngleich der Vater die für das Interviewinteresse zentrale Figur darstellt, so wäre es Georg Levi durchaus möglich gewesen, den Prozess von 1933 bis hin zur Emigration in sehr viel stärkerem Maße aus seiner persönlichen Perspektive anhand konkreter Erlebnisse darzustellen. Dass er dies nicht tut, muss bislang als Vermeidung eines Konfliktes interpretiert werden, der aus unterschiedlichen ›Herden‹ befeuert wird:

– Unterschwellige Wut auf die Eltern oder einen Elternteil angesichts der riskanten Entscheidung, in Deutschland zu bleiben: Indem Georg Levi nahezu ausschließlich aus der Wir-Perspektive spricht, stellt er sich retrospektiv als gleichberechtigt neben die Eltern und beansprucht eine Entscheidungsautonomie, die faktisch nicht gegeben war. Somit werden Abhängigkeitsgefühle ausgeblendet, die vor allem den Vater betreffen dürften. Denn in Georg Levis Darstellung konnte dieser sich selbst ›retten‹, das bedeutet aber auch, dass er nicht (mehr) für die Familie da sein konnte und dass er zuvor seiner Verantwortung gegenüber der jüdischen Gemeinde als Arzt offenbar höhere Priorität beigemessen hatte als seiner Verantwortung für das Überleben seiner Familie.

- Hinzu kommen können Schuldgefühle angesichts der Vorstellung, der Vater wäre von der Mutter, von ihm und der Schwester verlassen worden, wäre er nicht im letzten Moment noch freigelassen worden.

10. *Und äh, ja den Tag, den wir auswanderten in äh neunzehnhundertneununddreizig, war er noch im Gefängnis.*
Erstmals ist hier explizit von Auswanderung die Rede, und es fällt auf, dass der Prozess der Entscheidung nicht dargestellt wird. Die Ausreise wird als bekannte und feststehende Tatsache eingeführt, und ob diese auf einer gemeinsamen Entscheidung beider Eltern beruhte oder aber von nur einem Elternteil forciert wurde, bleibt vollkommen unklar.

Der Vater war *noch* im Gefängnis, das heißt also, er kann entweder nur später, auf anderen Wegen ins Ausland nachgefolgt oder aber ›in letzter Minute‹ freigelassen worden sein. Die Situation der Familie war in höchstem Maße prekär: Es war offenkundig gelungen, die Auswanderung vorzubereiten, Visa und eine Schiffspassage zu bekommen und die Familie saß auf gepackten Koffern, bereit, ohne den Vater zu gehen. Selbstverständlich kann hier nicht von Freiwilligkeit im vollumfänglichen Sinne ausgegangen werden, da es nicht möglich war, den Termin der Ausreise selbst zu bestimmen. Dieser ergab sich vielmehr aus der vorherigen komplizierten Abwicklung bürokratischer Formalitäten und der Möglichkeit, eine Schiffspassage zu erhalten. Dass die Auswanderung aber nicht mehr nur eine hypothetische Möglichkeit war, sondern ganz konkret bevorstand, ist sehr deutlich abzuleiten aus der Tatsache, dass Georg Levi hier keine Absicht formuliert (›den Tag, als wir auswandern *wollten*‹), sondern über eine vollzogene Handlung spricht.

Diese Situation muss also für den Jungen mit einem schweren Konflikt verbunden gewesen sein, mit der Angst, ohne den Vater gehen zu müssen, ihn allein zurückzulassen und ihn womöglich nicht mehr wieder zu sehen. Solche Sorgen und Ängste aber werden von Georg Levi hier nicht thematisiert. Er verzichtet weiterhin ganz auf die Darstellung seines persönlichen Erlebens. Dass er dies tut, ist aber keineswegs zwangsläufig als Ausweis einer mangelhaften emotionalen Verarbeitung der damaligen Krise zu interpretieren; sondern aus der Frage heraus, warum er die Geschichte seines Vaters bzw. seiner Familie und damit auch seiner selbst im Erzählen so rekonstruiert, wie wir es hier vorfinden, ergibt sich meines Erachtens eine ganz andere Perspektive:

Was für Georg Levi zählt, ist der hier nur erst angedeutete glückliche Ausgang der von der Mutter zu lösenden Entscheidungskrise. Dieser Ausgang aber liegt nicht (allein) in der ›richtigen‹ Entscheidung der Mutter begründet, sondern in einer scheinbar relativ willkürlichen Entscheidung der Gestapo, den Vater doch noch freizulassen. In der Art und Weise der Präsentation dieser Krisensituation liegt der Schlüssel zum Verständnis für Georg Levis Selbst- und Weltverständnis, für seine Haltung zum Leben und damit wesentliche Aspekte seiner Identitätskonstruktion. Dass diese extrem prekäre, dilemmatische Situation wie ›zufällig‹ gut ausgegangen ist, lässt ihn einen strukturellen Optimismus beibehalten, der ihn in späteren Krisensituationen insofern getragen haben dürfte, als erstens auf die Möglichkeit des ›Guten‹ vertraut wird Konflikte und zweitens vor diesem Hintergrund als aktiv lösbar erscheinen. Seine Erfahrungen führen ihn nicht zu einer ängstlich-pessimistischen Grundhaltung aus Furcht vor weiteren Schicksalsschlägen, sondern zu einem geradezu unerschütterlichen positiven Fatalismus, zu einer Art ›amor fati‹. Was aus dieser Perspektive zählt, sind nicht mehr erfahrene Verletzungen, Konflikte und Ängste als solche, sondern vielmehr das ›Ergebnis‹, trotz allem aus der lebensbedrohlichen Situation unbeschadet herausgekommen zu sein.

Verbunden wäre mit dieser Haltung auch die Fähigkeit zur Selbstdistanzierung und Dezentrierung im positiven Sinne, dem gegenüber stünde jedoch, wollte man das Bild einer ›Identitätsstabilitätsskala‹ bemühen, am negativen Pol eine Ich-Schwäche aufgrund des Gefühls, nichts durch eigene Handlungen herbeiführen oder beeinflussen zu können.

11. Und äh Mutti ging hin, und mit ihm gesprochen. Er sagt: »Ihr müßt morgen gehn. Ob ich raus bin oder nicht.«

Es fällt auf, dass hier erstmals von der Mutter als konkreter Person die Rede ist. In der sehr familiären und vertraulichen Ausdrucksweise, die üblicherweise Gesprächen im engsten Familien- und Freundeskreis vorbehalten ist, bezeichnet Georg Levi sie als ›Mutti‹. Wenn nicht unter Bemühung von Zusatzannahmen davon ausgegangen werden soll, dass die Mutter auch der Interviewerin persönlich gut bekannt war, kann dies nur bedeuten, dass Georg Levi hier erstmals ins Erzählen gerät und aus der Perspektive des einstmaligen Jugendlichen Georg spricht, der sich gemeinsam mit der Mutter um den Vater sorgte und vermutlich auch in späteren Jahren ein inniges Verhältnis zu seiner Mutter unterhielt. Die zugleich sehr knappe szenische Darstellung (es fehlt das Hilfsverb ›haben‹) ist ein weiterer Hinweis darauf, dass Georg Levi hier von der Dramatik der damaligen Ereignisse, die schnelles Entscheiden und Handeln verlangten, ›eingeholt‹ wird.

Dass Georg Levi in der vorigen Sequenz vom Tage der Auswanderung gesprochen hatte, legt nahe, dass die Mutter an eben jenem Tag noch den Vater im Gefängnis aufgesucht hat, um mit ihm zu besprechen, was zu tun sei. Dass sie hingegangen sein könnte, um ihn noch aus dem Gefängnis freizubekommen, erscheint ebenso unwahrscheinlich wie die Annahme, sie habe ihn nur besucht, um sich von ihm zu verabschieden, denn in ersterem Falle hätte sie nicht nur mit ihm, sondern vor allem mit der Gestapo sprechen müssen, im letzteren Falle hätte Georg Levi diesen Abschied als solchen benennen können bzw. müssen. Die Mutter wird also noch Optionen gesehen haben, ihren Mann später wieder zu sehen und dessen Möglichkeiten, noch auszureisen, zuvor vermutlich auch schon mit ihm besprochen haben. Georg Levi allerdings legt mit seiner Darstellung die Deutung nahe, die Mutter habe am Tag der Abreise, der sicher aufgrund der Angewiesenheit auf eine gebuchte Schiffspassage unumstößlich feststand, den Vater erstmals überhaupt aufgesucht, um sich mit ihm zu beratschlagen. Damit aber wird der Mutter eine geradezu ungeheuerliche, weil verantwortungslose Blauäugigkeit unterstellt. Erneut wird damit latent die Mutter als potentielle ›Täterin‹ bzw. Verräterin präsentiert, die insofern bereit war, den Vater aufzugeben, als sie sich nicht rechtzeitig um ihn gekümmert hatte. Die Mutter wird zugleich kurz und knapp als ›Macherin‹ präsentiert – sie lässt sich nicht von Ängsten oder gar Verzweiflung dominieren und harrt aus, indem sie etwa einfach nur abwartet, ob der Vater doch noch freigelassen wird, sondern sie tut das, was ihr in der Situation notwendig und möglich erscheint. Insofern kann hier auf eine lebenspraktisch-kluge Grundhaltung der Mutter geschlossen werden, die einerseits versucht haben wird, alles dafür zu tun, dass die Familie gemeinsam ausreisen kann, also den akuten Handlungsbedarf, andererseits aber auch die Begrenzungen ihrer Möglichkeiten realistisch wahrnimmt.

Erst anhand der Wiedergabe der Worte des Vaters wird dann deutlich, dass Georg Levi zwei Tage zu einem einzigen hat zusammenfließen lassen, dass also die Mutter den Vater in der Tat nicht erst am letzten Tag besucht, sondern sich etwas früher mit ihm abgesprochen hatte. Wenngleich auf der Hand liegt, dass es um das Problem der unmittelbar bevorstehenden Auswanderung gegangen sein dürfte, wird aber nicht mitgeteilt, was die Mutter dem Vater gesagt hat. Es ist der Vater, der spricht und entscheidet, die Mutter hingegen handelt ›nur‹. Indem der Vater präsentiert wird als Person, die erstens ihre Sorge um die Familie absolut in den Vordergrund stellt und zweitens daraus klare Handlungsanweisungen formuliert, wird das Bild eines fürsorglichen Patriarchen gezeichnet. Die Mutter spricht zwar mit dem Vater, ihre Stimme aber wird – zumindest bislang – nicht wiedergegeben. Durch die Worte des Vaters würden die oben als Lesart herausgearbeiteten Schuldzuweisungen gegenüber der Mutter, eventuell auch eigene Schuldgefühle, stillgestellt, denn es ist nun der Vater selbst, der unbedingt dafür plädiert, dass die Familie auch ohne ihn gehen sollte.

Die von Levi präsentierte Szene bildet somit in Miniaturform die Beziehungsstrukturen innerhalb der Familie sehr präzise ab. Der Vater, der auch bislang als Person im Zentrum seiner Darstellung stand, ist der entscheidungsmächtige, aber im Gegensatz zu seiner tatkräftigen Frau nicht initiierend aktiv werdende Mittelpunkt der Familie. Die Trennung vom Vater oder gar der Verlust des Vaters als starke Autoritäts- und Identifikationsfigur hätte für Georg Levis adoleszente Entwicklung eine schwere Krise bedeutet, die er zwar in der damaligen Situation nicht kognitiv, aber emotional antizipiert haben wird, und die insofern eine Beeinträchtigung der Entwicklung bedeutet hätte, als eine Ablösung vom Vater vermutlich immer nur im Verbund mit Schuldgefühlen möglich gewesen wäre. Eine solche emotionale Verstrickung hätte dann wiederum eine Behinderung im Prozess der Individuierung bedeutet.

12. *Und sie ham ihn denn ne halbe Stunde vorher rausgelassen und wir warn schon im Zug und da kam er an Bahnhof und ist mit uns weg.*
Georg Levi stellt den Fortgang der Ereignisse dar, wie er selbst ihn erlebt hat, ohne dabei vorerst auf seine persönliche Sichtweise des zuvor dargestellten Konflikts zu sprechen zu kommen. Indem er weder auf die unmittelbare Reaktion der Mutter noch auf weitere Überlegungen oder Befindlichkeiten seiner selbst bzw. innerhalb der Familie eingeht, macht er deutlich, dass das Wort des Vaters ›Gesetz‹ war und die Familie sich tatsächlich anschickte, Deutschland zu verlassen. Damit verbundene emotionale Konflikte werden nicht angesprochen.

Zugleich wird die Willkür der Nationalsozialisten betont: den Vater »eine halbe Stunde vorher«, offenbar vor der Abfahrt der Familie, erst freizulassen, bedeutete, diesen selbst nach der Freilassung noch bis zur letzten Minute im Ungewissen darüber zu lassen, ob er noch würde ausreisen können und ihn so die eigene Ohnmacht spüren zu lassen.

13. *Es war also sehr dramatisch (lachen). Kann man wohl sagen.*
Mit der abschließenden Bewertung der Erlebnisse im Kontext der Tage vor der Emigration als »dramatisch« spricht G. Levi einerseits die damit für ihn verbundenen starken Emotionen an, er tut dies aber auf sehr distanzierte Weise und verstärkt diese Distanz noch durch sein Lachen. In diesem Lachen drückt sich zugleich die Erleichterung darüber aus, dass die dramatischen Erlebnisse nicht in eine Tragödie mündeten.

Die zuvor herausgearbeitete Fallstruktur bezüglich Levis Welt- und Selbstsicht reproduziert sich hier insofern, als gerade über das Lachen nahegelegt wird, bei dem Drama handele es sich gar um eine Tragikomödie, bei der also aus Levis Sicht Tragisches – die Verhaftung des Vaters und die erzwungene Emigration – und ›Komisches‹, genauer: zur Freude

Anlass Gebendes – die geradezu unglaubliche Freilassung des Vaters in letzter Minute und die geglückte Emigration – in unauflösbarem Zusammenhang miteinander stehen. Genau aufgrund der Unglaublichkeit des Ausgangs scheint Levi überhaupt den Begriff des Dramas zu verwenden. Dieser nämlich impliziert ›Inszenierung‹ ebenso wie ein Evozieren starker Emotionen und einen (schnellen) Wechsel des Ausdrucks derselben – und ein Drama besteht aus mehreren Akten. Georg Levi verweist damit einerseits auf die willkürlichen, wechselhaften Schikanierungsmaßnahmen der Nazis (dies wäre der Aspekt der Inszenierung) und andererseits auf das eigene starke emotionale Erleben angesichts dieser Willkür. Mit der unpersönlichen und verhaltenen, lakonischen Selbstbekräftigung (»kann man wohl sagen«), schließt er potentielle Zweifel an der Dramatik der Ereignisse oder am Wahrheitsgehalt seiner Darstellung im Vorwege aus. Darin zeigen sich aber auch gewisse Skrupel, die eigenen Erfahrungen als absolut zu setzen – verglichen mit den Schicksalen anderer Juden, die entweder nicht mehr aus Deutschland herauskamen oder aber extremere Verfolgungserfahrungen machen mussten, ist die Familie Levi ›gut davongekommen‹. Dessen ist sich Georg Levi bewusst und insofern hält er es für notwendig, seine eigene Bewertung als dennoch angemessen und legitim zu qualifizieren.

14. *Und äh, ja aber die ganze Zeit, ich war so lang wie möglich in der Schule, und dann hab ich dann privat studiert. und hab dann auch englisch studiert, w weil wir vorhatten nach Amerika zu kommen.*
»Die ganze Zeit« muss den Zeitraum ab 1933 bis zur Auswanderung umfassen, und offenbar versucht Georg Levi nun nochmals, diese Zeit aus seiner persönlichen Perspektive darzustellen. Bereits einige Sequenzen zuvor hatte er versucht, von sich zu sprechen, war aber davon wieder abgekommen zugunsten einer Darstellung seiner genealogisch unmittelbaren Herkunft und der Situation der Familie ab 1933. Gegenläufig zu der gerade vorgenommenen Evaluierung der Erlebnisse vor der Emigration als dramatisch wird hier nun Normalität, genauer: der Versuch, Normalität aufrecht zu erhalten, thematisiert. Dadurch wird zugleich deutlich, dass es nicht nur die zuletzt beschriebenen Ereignisse unmittelbar vor der Emigration sind, die Georg Levi als dramatisch erlebte, sondern, dass auch die Jahre zuvor bereits nicht nur von Schwierigkeiten, sondern gravierenden Veränderungen geprägt waren. Diesen wurde nun von Seiten der Eltern, die ja über die Beschulung der Kinder zu entscheiden hatten, das Festhalten an ›Normalität‹ entgegengehalten.

Fraglich ist damit die Definition des von Georg Levi als »möglich« bezeichneten; was konkret er also in der Schule an Demütigung und Ausgrenzung erleben musste, bis die Grenze des Erträglichen von ihm und/oder den Eltern als überschritten angesehen wurde. Diese Frage aber lässt sich bislang nicht beantworten, denn das Krisenereignis, das zum Verlassen der Schule führte, wird vollständig ausgespart.

Es reproduziert sich somit weiterhin die Orientierung auf eine fakten- und ergebnis- bzw. progressionsorientierte Darstellung. Thematisiert wird lediglich die Haltung der Eltern, die sich, ableitbar aus dem Bestreben, den Sohn nicht aus dem gewohnten Umfeld der Gleichaltrigen herauszunehmen und ihm die ursprünglich angestrebte Schulbildung zuteil werden zu lassen, als Normalisierungsstrategie beschreiben lässt.

Allerdings muss nun die zuvor aufgestellte Annahme, die Eltern hätten aus blindem Optimismus, ohne Exploration von Alternativen, schlichtweg versucht, in Deutschland zu bleiben, eindeutig verworfen werden. Vielmehr wurde eine Auswanderung angestrebt und es wurde versucht, den Sohn optimal darauf vorzubereiten. Das heißt, es wurde eine Zukunft für die Familie entworfen und es wurden konkrete Vorbereitungen getroffen, so dass Georg Levi seine Eltern als umsichtig und verlässlich erlebt haben dürfte. Zugleich ist aber der Begriff des Vorhabens wenig konkret, zumindest nicht konkret im Hinblick auf einen bestimmten Zeitpunkt der Realisierung, denn ein Vorhaben kann im Unterschied zu einem Plan, der bereits so ausgefeilt sein sollte, dass er einen Beginn und ein Ende terminieren können sollte, als bloße Absichtserklärung bis zum sprichwörtlichen St.-Nimmerleinstag immer wieder verschoben werden. Insofern kann gefolgert werden, dass es über lange Zeit keine sehr konkreten Emigrationspläne gab und dennoch – für alle Fälle – bereits Vorbereitungen auf deren Umsetzung hin unternommen wurden.

Georg Levis Bezeichnung des Lernens als Studieren zeigt nicht nur an, dass Englisch für ihn zur ersten, zur Alltagssprache geworden ist, aus der er die Bezeichnung des Verbs ›to study‹ sowohl für die schulische als auch die universitäre Aneignung von Wissen auf das Deutsche überträgt. Dass er dies tut, kann darüber hinaus als Hinweis auf seine Leistungsorientierung interpretiert werden, also darauf, dass er das Erlernen der englischen Sprache auch mit Ernsthaftigkeit betrieben hat.

15. Und meine Mutter, neunzehnhundertdreiunddreizig als der Hitler kam, hatte sie eine Ahnung, daß das alles sehr schlimm wä würde und hat uns eine Wartenummer für das amerikanische Visum verschafft.
Die bislang formulierten Hypothesen hinsichtlich Georg Levis Beziehung zur Mutter und zum Vater können hier nun kritisiert und präzisiert werden, denn: Eindeutig wird die Mutter als politisch aufmerksame Person dargestellt, die frühzeitig Konsequenzen zieht. Fraglich ist daher umso mehr, weshalb die Familie bis 1939 mit der Auswanderung gewartet hat. Einerseits ist davon auszugehen, dass eine Wartenummer angesichts der von den USA streng kontengierten Visa durchaus mit einer nicht zu unterschätzenden Wartezeit verbunden war, zumal

neben eigenen finanziellen Mitteln ein Affidavit von finanzkräftigen amerikanischen Verwandten oder Freunden erforderlich war. Andererseits war es 1933 und in den ersten Folgejahren unter den genannten Voraussetzungen noch erheblich leichter, auszureisen, so dass also auf eine doch gravierende Ambivalenz hinsichtlich der Frage ›Gehen oder Bleiben‹ geschlossen werden kann, sofern nicht hinsichtlich des vorzuweisenden Affidavits erhebliche Schwierigkeiten vorlagen. Da von Georg Levi jedoch bereits ein in den Staaten lebender Verwandter erwähnt wurde, der sich als hilfreich erwiesen haben könnte, müssen diese Schwierigkeiten in der Familie selbst zu suchen sein. Das heißt, die bezüglich der Verhaftung des Vaters schon formulierten Überlegungen zu den unterschiedlichen Haltungen der Eltern wie auch zu Georg Levis Wahrnehmung der Eltern gewinnen hier an Kontur: Die Mutter scheint die treibende Kraft gewesen zu sein, die auf eine Emigration hinwirkte, während der Vater vermutlich eher zögerte und wohl auch darauf setzte, er werde als Arzt gebraucht. Damit erweisen sich meines Erachtens auch die oben relativ forsch formulierten Hypothesen, die in der Darstellung Georg Levis latente Schuldzuweisungen an die Mutter zu erkennen meinten, als plausibel, denn es ist durchaus anzunehmen, dass er sich mit der Frage konfrontiert sah, was mit der Familie passieren würde, wenn der Vater nicht freigelassen würde. – Was bedeutet dies nun für Georg Levis Identitätsentwicklung?

Die bereits bei der Interpretation der Interview-Eingangssequenz vermutete Verknüpfung von in den Familienzweigen tradierten Erfahrungen und entsprechenden, von beiden Elternteilen verkörperten Lebenshaltungen (vgl. Abbildung 3, S. 205) gewinnt hier an Plausibilität. Zur Erinnerung: Ich hatte anhand Georg Levis strikter Verfolgung von väterlichen und mütterlichen Linien bei der Darstellung seiner Herkunftsfamilie gefolgert, dass diese in Verbindung steht mit in den unterschiedlichen ›Familienlinien‹ jeweils repräsentierten Erfahrungen von Vertreibung einerseits und Sesshaftigkeit andererseits und entsprechenden Zuschreibungen von Repräsentanzen dieser Erfahrungen an Mutter und Vater und darüber hinaus mit der Generalisierung entsprechender Habitus als eher ›weiblich‹ und ›männlich‹.

Hinsichtlich Georg Levis Wahrnehmung und Verarbeitung der Situation der Familie nach 1933 kann festgehalten werden, dass er alt genug war, um das, was um ihn herum passierte, nicht nur diffus emotional wahrnehmen zu können, sondern auch kognitiv einordnen zu können und zu müssen. Zugleich aber war er in einem Alter, in dem eine allmähliche Auseinandersetzung mit und Ablösung von Herkunftsfamilie und -milieu stattzufinden beginnt, die mit der Frage der künftigen eigenen Verortung verbunden ist. Wenn also im Sinne Kegans (vgl. Kap. II.3) nicht beantwortbar ist, welche ›Kultur‹ überhaupt als einbindend zur Verfügung steht, und wer diese verlässlich repräsentiert, ist dies Anlass für Verunsicherung. Da es so zu sein scheint, dass auch innerhalb der Familie keine gemeinsame Deutung bezüglich der Verlässlichkeit der weiteren sozialen Umwelt mehr vorhanden war, dürfte dies für Georg Levi um so mehr Anlass für schwere Irritationen dargestellt haben, und zwar konkret insofern, als die Mutter um aktiven Schutz bemüht war, dieser aber zugleich das Herausstoßen der Familie aus dem vertrauten Umfeld bedeutete, der Vater hingegen auf das Bewahren-Können vertraute, dabei aber die wachsende Bedrohung des einstmalig vertrauenswürdigen Umfeldes zu unterschätzen schien. Ich würde hier so weit gehen zu schlussfolgern, dass damit im adoleszenten Prozess der Identitätsentwicklung – dies betrifft unter Umständen auch die Auseinandersetzung mit Bildern von Männlichkeit und Weiblichkeit, also auch die Weiterentwicklung der Geschlechtsidentität – sowohl das väterliche Zögern als auch das mütterliche Drängen mit einer jeweils anderen Form von Bedrohung verknüpft worden sind und somit Ambivalenzen hinsichtlich der Identifikationsmöglichkeiten stärker als üblich gegeben waren und eine Lösung erschwert haben. Nur ein ›Festhalten‹ an beiden Elternteilen bot für ihn die Möglichkeit, diese unterschiedlichen Ängste auszubalancieren.

16. Und mein Vater sagte: »Du bist ja verrückt. Die Deutschen machen mit dem Hitler das nicht mit die, das das tun sie nicht.«
Es bestätigt sich die oben angestellte Überlegung, dass die Emigration der Familie nicht früher erfolgte, weil Mutter und Vater sich in der Einschätzung der politischen Lage nicht einig waren. Der Vater repräsentierte eine optimistische Haltung, aus der heraus zwar möglicherweise Hitlers Absichten ernst genommen wurden, aber die politische Vernunft der Deutschen überschätzt (und die seiner Frau unterschätzt) wurde. Er vertraute also auf eine Solidargemeinschaft, die sich Hitler gegenüberstellen würde. Dafür allerdings werden (hier zumindest) keine Gründe genannt bzw. wiedergegeben. Worauf der Vater sich bezog, ist ein eher naives Gefühl, und man darf annehmen, dass das Stottern Georg Levis an dieser Stelle nicht ›zufällig‹ Wortfindungsstörungen aufweist, sondern darüber motiviert ist, dass dem Vater keine Argumente zur Verfügung standen, sondern dass er eher um Selbstbekräftigung zu ringen schien.

17. Und sie sagen: »Ja Du hast glaube ich nicht Recht, glaub leider tun sies doch.« Sie hatte Recht und er hatte nicht Recht.
Dass Georg Levi hier nochmals resümiert, wer damals »Recht hatte« und wer nicht, lässt die Frage aufkommen, weshalb ihm dies so wichtig ist. Denn dass die Vermutungen der Mutter sich bewahrheiteten, ist angesichts des bekannten Fortgangs der Geschichte im Grunde keine Feststellung, die explizit getroffen werden müsste. Es scheint für ihn

also erstens mit Beginn der Adoleszenz die Frage nach der verlässlichen ›Erklärung der Welt‹ in der Auseinandersetzung mit seinen Bildern von Mutter und Vater eine wichtige Rolle gespielt zu haben, zweitens kann dann gefolgert werden, dass es hier um eine Auseinandersetzung besonders mit der Beziehung zum Vater geht. Schon anhand der Tatsache, dass die Mutter sich in der Frage der Auswanderung gegenüber ihrem Mann offenbar lange Zeit nicht durchsetzen konnte, kann geschlossen werden, dass Entscheidungen vor allem von ihm oder in Ausrichtung an seiner Autorität getroffen wurden, dass ihm also in der Familie die Position eines entscheidungsmächtigen Patriarchen zukam. Für Georg Levi wird die als zutreffend sich erweisende Zukunftsprognose der Mutter daher eine Entzauberung der bis dahin idealisierten Vaterfigur dargestellt haben.

Sofern es lediglich um die Frage ginge, ›wer hat Recht und wer nicht?‹, erfolgte die Reflexion der Beziehung zu den Eltern in einer recht schlichten Form. Georg Levi hätte die ganze Situation auf sehr viel komplexere Weise reflektieren können, ohne der Frage nachzugehen, wer Recht hatte und wer nicht, sondern durch Gegenüberstellen der Argumente, die für den Vater einerseits und die Mutter andererseits wichtig waren. In der Tat hatte die Mutter Recht, aber das Problem scheint doch ein anderes zu sein, nämlich, dass der Vater nicht früh genug zum Handeln bereit war und damit das Leben seiner Familie aufs Spiel setzte, obwohl er möglicherweise ein guter Vater war, seine Frau und seine Kinder liebte, und weil er naiv genug war zu glauben, er könne mit ihnen in Deutschland bleiben. Dass Georg Levi sich hier auf die Frage der Wahrheit konzentriert, macht deutlich, dass es in der damaligen Situation nicht mehr um das eventuelle Nachvollziehen und Abwägen einzelner Befindlichkeiten und Argumente ging – die Frage nach Wahr oder Falsch war eine nach Leben oder Tod. Es ging um das bloße Überleben, und wer handelte und sich damit in Sicherheit bringen konnte, hatte Recht. Weil Georg Levi von der elterlichen Auseinandersetzung nicht ausgeschlossen war, sondern sie verfolgen konnte und somit nicht plötzlich mit der Entscheidung zur Emigration konfrontiert wurde, kann er nicht nur den Prozess des Ringens um eine Entscheidung darstellen, sondern auch den Handlungsdruck der Mutter nachvollziehen und sie in dieser Situation eindeutig und knapp als die Person, die klarsichtig Verantwortung übernommen hat, präsentieren, ohne den Vater damit herabzusetzen.

18. Aber wenn sie damals nicht diese Nummer für uns gekriegt hätte, wär ich, säß ich auch nich heute hier, nich.

Das Auffälligste an dieser Evaluation ist sogleich das erste Wort, nämlich das einschränkende »Aber«. Möglich wäre ja auch gewesen, an die Evaluation der elterlichen Positionen mit ›und‹ anzuschließen (also:

›sie hatte Recht […] und wenn sie damals nicht diese Nummer für uns gekriegt hätte, wär ich, säß ich auch nich heute hier, nich.‹), um die weitreichenden Konsequenzen der mütterlichen Sichtweise noch zu untermauern. Das einschränkende ›Aber‹ indiziert, dass es neben dem für ihn damals möglicherweise durchaus thematischen Glaubwürdigkeitskonflikt noch einen ganz anderen Aspekt gab, der letztlich von entscheidender Bedeutung war: Die Mutter setzte sich über den Vater hinweg, ohne zu wissen, ob sie tatsächlich gehen können würden. Sie mochte also zwar aufgrund ihrer Einschätzung der Situation initiativ geworden sein, das Überleben der Familie hing aber schließlich von Entscheidungen anderer ab: Hätte das amerikanische Konsulat der Mutter keine Wartenummer zugeteilt, vor allem aber: kein Visum erteilt, wäre eine Ausreise nicht möglich gewesen. Daran, dass Georg Levi einerseits das Ausschöpfen von Handlungsmöglichkeiten der Mutter und andererseits die Abhängigkeit von relativ willkürlich erscheinenden Entscheidungen anderer als das eigene Überleben bedingend darstellt, zeigt sich eine reflexive Haltung zur eigenen Lebensgeschichte. Denn weder wird die Mutter zur Retterin stilisiert, noch wird die ganze Familie als passiv der nationalsozialistischen Verfolgung wie auch der US-amerikanischen Immigrationspolitik ausgeliefert betrachtet, sondern es werden die unterschiedlichen Faktoren in ihrer Verflechtung aufgezeigt. Das ›Aber‹ indiziert daher auf den zweiten Blick eine Synthese, insofern, als erst aus dem Widerspruch der Mutter gegenüber dem Vater ein neues Gemeinsames, nämlich sehr konkret: das Überleben der Familie, möglich wird.

Dennoch wird insgesamt eine Tendenz zur ›Schicksalsliebe‹ deutlich: Weil Georg Levi das Gefühl erlebt hat, der Willkür anderer schutzlos ausgeliefert zu sein, versucht er zwar die Notwendigkeit des Ausschöpfens der eigenen Handlungsmöglichkeiten zu betonen, zugleich aber macht er deutlich, dass noch so viele andere Faktoren von Bedeutung waren, die als ursächlich nicht vollends bestimmbar sind, dass das Überleben schließlich wie das Ergebnis eines glücklichen Zufalls erscheint.

Fazit und Erweiterung der Fallstrukturhypothese

Im ersten Teil der Analyse und Interpretation sind hinsichtlich der Identitätskonstruktion und Habitusformation Georg Levis besonders Statusorientierung, Traditionsbewusstsein und erste vage Hinweise auf einen selbstbewusst-gelassenen Umgang mit Krisensituationen herausgearbeitet worden. Die weitere Analyse und Interpretation hat dann die Rekonstruktion von Strukturelementen ermöglicht, die die bisherige Fallstrukturhypothese stützen und ausdifferenzieren. Vor allem lassen sich nun präzise Aussagen zu Levis Erfahrungen im Prozess der familialen Sozialisation und zu seinem Habitus der Krisenverarbeitung formulieren.

In Georg Levis Darstellung dessen, was die Familie im nationalsozialistischen Deutschland vor ihrer Emigration erlebt hat, wird zweierlei deutlich: Die Eltern, vielmehr offenbar besonders der Vater, hofften, trotz der zunehmenden Verfolgung weiterhin in Deutschland leben zu können. Mit diesem Festhalten an ›Normalität‹ und am eigenen Herkunftsmythos sowie dem Rechnen auf die menschliche Vernunft setzte der Vater seine Familie objektiv einer dramatisch zunehmenden Gefährdung aus. Dies wird von seinem Sohn aber nicht bzw. nur indirekt thematisiert, indem der Versuch, zu bleiben nicht als auf den Vater zurückgehend, sondern als gemeinsamer Vollzug der Lebenspraxis Familie dargestellt wird. Erst spät, nämlich durch den Hinweis darauf, dass es die Mutter war, die vorausschauend handelte und die Auswanderung der Familie letztlich vorantrieb und durch die dann erfolgende Präsentation der unterschiedlichen elterlichen Positionen wird vollkommen klar, dass auch aus Georg Levis Sicht der Vater zumindest in dieser Hinsicht nicht aktiv für die Familie sorgte, sondern vielmehr selbst im Zuge der mehrfachen Verhaftungen dem Rest der Familie Sorgen bereitete.

Obgleich gerade in der Darstellung der Ereignisse im November 1938 die damaligen seelischen Konflikte des 14-jährigen Georg sichtbar werden, nämlich die Ängste, auf den Vater nicht mehr zählen zu können, ihn zu verlieren, wie auch die Angst, daran ›schuldig‹ zu werden, den Vater alleinlassen zu müssen, wird an der ganzen Erzählung deutlich, dass diese Ängste offenbar immer wieder soweit aufgefangen werden konnten, dass für ihn das Erleben der Eltern als beschützend und das der Familie als haltgebende Vergemeinschaftung überwog.

Die schon zu Beginn herausgearbeiteten unterschiedlichen Orientierungen und Lebenshaltungen der Eltern (Traditionalismus bzw. Konservatismus auf Seiten des Vaters, Realismus und Beweglichkeit auf Seiten der Mutter) scheinen außerdem für Georg Levi nicht unversöhnlich gegenüberzustehen, sondern sich so zu ergänzen, dass er sie in die Entwicklung seiner eigenen Lebenshaltung integrieren kann. An der Darstellung der Erlebnisse und Erfahrungen der Familie in Deutschland wird deutlich, dass er über ein Grundvertrauen verfügt, das sowohl mit Selbstbewusstsein bzw. -vertrauen (auf die eigene Handlungsfähigkeit) einhergeht als auch mit einem geradezu unerschütterlichen Vertrauen auf positive ›Fügungen‹.

Schließlich soll hier noch auf eine Passage eingegangen werden, in der Georg Levi sehr detailliert und im unmittelbaren Rückgriff auf das eigene Erleben eine Situation aus der Zeit der immer massiveren nationalsozialistischen Verfolgung darstellt.

Und mein Vater durfte dann nur in der Synagoge als Arzt tä tätig sein, nur jüdische Klienten haben. Was er dann auch tat bis dann achtunddreizig die Synagoge a abgebrannt wurde. Dann war da auch Schluß damit. Konnt er gar nich mehr machen. Und die Mutti wollte gar nicht, daß er das mehr tan, aber alle alle möglichen Sachen passierten alles Nachts um zwei Uhr morgens hat, schellt das Telefon und äh dann: »Ja wir, wir sind schrecklich krank, könn Sie komm?« Und ich sagte: »Geht nich geht nich geht nich.« Das klingt irgendwie nich so richtig. Muttis »Ach nein, das mn aber ich geh mit.« sagt sie. (1) Sind sie beide weg. Und das hat, das war im Herbst, hat hats geregnet. Und ich saß da zu Hause, meine Schwester schlief. Aber ich, mir mir hat das alles irgendwie doch nich, das klang nich richtig. (1) Sie kamen nich zurück, und kamen nich zurück, und kamen nich zurück.

1938 war Georg Levi 14 Jahre alt. Er stellt hier eine Situation dar, in der er aufgrund der Erfahrung von zunehmender Bedrohung der Familie zu dem Schluss kommt, bei dem Anruf eines vermeintlichen Patienten handele es sich um eine Falle, in die der Vater gelockt werden soll. Er hat Angst um den Vater, und die Mutter scheint diese Angst zu teilen, meint aber, wenn sie den Vater begleitete, könne diesem nichts passieren. Diese Vorstellung erscheint einigermaßen naiv; der Vater aber wird vor allem herausgestellt als geradezu tragisch gutgläubig, denn er konnte sich – zumindest in der Darstellung des Sohnes – im Gegensatz zu seiner Frau und seinem Sohn nicht einmal vorstellen, dass jemand einen Hilferuf an ihn als dem hippokratischen Eid verpflichteten Arzt missbrauchen könnte. Indem Georg Levi darauf hinweist, dass »alle möglichen Sachen passierten«, nimmt er den Vater nachträglich aber auch für seine Gutgläubigkeit in Schutz.

Georg Levis Angst wurde durch den situativen Rahmen noch verstärkt: Es war Nacht, es war kalt und regnerisch, er wusste sich mit der kleineren Schwester allein und unbeschützt im Haus, die Eltern der Willkür der Nazis ebenso ausgesetzt wie den unberechenbaren Naturgewalten in einer Herbstnacht. Er befand sich in einer eigentümlichen Situation insofern, als er groß genug war, um mit den Eltern die Situation zu besprechen und herangezogen wurde, um auf die kleinere Schwester acht zu geben, selbst aber als Heranwachsender Angst hatte, den Schutz der Eltern und natürlich auch die Eltern selbst zu verlieren. Diese Angst macht er durch die lebhafte Schilderung sehr deutlich, er spricht aber keinerlei ›Vorwürfe‹ gegenüber den Eltern aus, ihn dieser Situation ausgesetzt zu haben. Vielmehr betrachtet er die gesamte Familie gewissermaßen als Leidensgemeinschaft, in der alle gleichermaßen unter der Willkür der Nazis zu leiden hatten, so dass die Verantwortung der erwachsenen Eltern ihren Kindern gegenüber dahinter zurücktritt. An Georg Levis weiterer Darstellung des Ereignisses soll hier nur noch die Ironie und Distanz, die sich in der Kommentierung zeigt, hervorgehoben werden:

Morgens um sechs Uhr kamen sie zurück. Vollkommen mit Schlamm und (1), bedeckt, vollkommen nass. (2) Das war natürlich kein kein Patient. Und die merkten dann, daß ihnen ein Auto folgte. Und der is ja da d in d im Dunkeln, sind se dann, (1) sind sie stehn geblieben und aus em Auto gelaufen, in sehr sumpfigen Felder rein. Und da's Wetter so schlecht, fürchterlich war und alles so sumpfig war, sind die Leute nicht nach. (1) Und ham sie dann im Schlamm gelegen, die ganze Nacht, bis es morgens hell wurde und kam dann (rrrrch) so zurück. Das Auto war vollkommen kaputt geschlagen, ham ham die Leute vollkommen kaputt geschlagen, sind zu Fuß zurück, ungefähr sechs Kilometer gelaufen, war toll. Ja das war der Ende natürlich dann hat er nicht mehr, konnt er nicht mehr als Arzt tätig sein und dann (1) (seufzt) ham wir nur noch gewartet, daß alles hier mit dem Visa ging. Aber wie gesacht, ist er dann immer rein und raus aus dem Gefängnis, neh. (1) (Schnalzt) Das war doch ähm (2) unmöglich. Aber wir ham schrecklich Glück gehabt, dass alles noch noch klappte.[48]

4.1.4.1 Berufliche Orientierung und Habitusformation

Nachfolgend soll das Augenmerk auf zwei weitere identitätsrelevante Aspekte gerichtet werden: Zum einen auf die Darstellung der Entwicklung in der Adoleszenz zugunsten der Herausarbeitung identitätsrelevanter Bewährungsdimension(en), also beruflicher Orientierung, Gemeinwohlorientierung, Paarbeziehung und Elternschaft – wobei zu diesen letzten beiden Aspekten schon hier zu sagen ist, dass sich im ganzen Interview keinerlei Aussagen dazu finden. Zum anderen soll der Fokus damit auch auf die vorfindbare Habitusformation als Verkörperung der Haltung zum eigenen Leben gelegt werden. Diese ist bislang als eine strukturell optimistische, geradezu schicksalsbejahende bezeichnet worden, sollte aber noch konturierter herausgearbeitet werden.

1. G: Ja ich bin dann hier auf die High School, zwei Jahre.
Georg Levi spricht hier offenkundig über seinen eigenen Werdegang nach der Emigration in die USA. Er scheint sich in der Darstellung seines Lebensweges an einem institutionellen Ablaufschema zu orientieren: Vor der Nennung der High School als Station des Bildungsweges werden andere Institutionen erwähnt worden sein und es ist zu erwarten, dass noch weitere ›Stationen‹ folgen werden.

Georg Levi hatte bereits vor der Emigration genügend Englischkenntnisse erworben, um in einer amerikanischen Schule zurechtkommen zu können und das heißt weiter, es wurde von den Eltern Wert auf eine möglichst gute Integration in die amerikanische Gesellschaft gelegt.

48 GL, 18, 605-19, 618.

Durch die umgangssprachliche Auslassung eines Partizips (z.B. ›geschickt worden‹, ›gegangen‹, ›gekommen‹) ist der Satz nun einerseits zwar unpräzise, andererseits dennoch hinreichend verständlich formuliert – der Schulbesuch erhält dadurch etwas so Selbstverständliches, auch Konventionelles, dass es einer Markierung von Initiative nicht bedarf.

Von Schulbesuch aus genuin eigenem Antrieb des Schülers heraus hätte in Deutschland angesichts der gesetzlichen Schulpflicht kaum, in den USA dagegen schon viel eher die Rede sein können. Georg Levi wird also in der Lage und willens gewesen sein, elterliche wie institutionelle Bildungsanforderungen wie selbstverständlich zu übernehmen und zu erfüllen. Sofern diese Zeit des Schulbesuchs nicht im Weiteren noch näher beschrieben bzw. evaluiert wird, kann davon ausgegangen werden, dass sie, vor allem aber der Wechsel vom deutschen zum amerikanischen Schulsystem als eher unproblematisch, als kontinuierliche Fortsetzung des bisherigen Bildungsweges in Erinnerung geblieben ist.

2\. *Und ich hatte, äh seitdem ich sechs Jahre alt war, das war Geige, studiert.*

Die musikalische Betätigung, von der Georg Levi nun spricht, muss in Zusammenhang mit dem zuvor thematisierten Ausbildungsgang stehen; somit wird implizit auf berufliche Anschlussmöglichkeiten verwiesen, denn wenn das Violinenspiel in Kindheit und Jugend in sinnvollem Zusammenhang mit dem High School-Besuch stehen soll, kann dies nur bedeuten, dass G. Levi entweder der Musik mehr Aufmerksamkeit widmete als der Schule, vielleicht sogar die High School-Zeit abbrach und sich ohne Schulabschluss als Musiker verdingte, oder aber, dass er nach dem Ende der High School eine professionelle musikalische Ausbildung bzw. ein musikwissenschaftliches Studium anstrebte.

Letzteres ist meines Erachtens aber die plausiblere Annahme, denn erstens setzte die musikalische Förderung relativ frühzeitig ein und zweitens wurde das »Studium« der Geige kontinuierlich fortgesetzt. Dies verweist drittens auf eine gewisse Anspruchshaltung auf Leistung auf Seiten der Eltern, die von Georg Levi auch erfüllt wurde. Denn Georg Levis musikalische Erziehung beginnt gleich mit einem ›anspruchsvollen‹ Instrument, der Geige. Zwar ist nicht auszuschließen, dass er sogar schon vor dem sechsten Lebensjahr ein anderes Instrument, z.B. die Blockflöte als übliches Einstiegsinstrument, zu spielen begann, doch würde dies nur in noch stärkerem Maße für das Interesse der Eltern an einer entsprechenden Ausbildung ihres Sohnes sprechen.

Die Geige ist nun ein Instrument, das sowohl als Orchester- als auch als Soloinstrument zu spielen ist. Hinsichtlich seiner Einsatzmöglichkeiten verweist es – als klassisches Instrument der Kammermusik – auf einen bildungsbürgerlichen Hintergrund[49], hinsichtlich der Persönlichkeit des Spielers bedeutet es zudem, dass dieser sowohl in der Lage sein muss, sich in ein Ensemble einzufügen als auch im wahrsten Sinne des Wortes die erste Geige spielen zu können.

Da das Üben auf der Geige mit vielerlei nervenstrapazierenden Missklängen verbunden ist, müssen die Eltern also selbst entsprechende musikalische Interessen gehabt (und möglicherweise auch selbst musiziert) haben. Dabei kann ein gewisser Leistungsdruck noch nicht ausgeschlossen werden, denn auffällig ist, dass von ›Studieren‹, nicht von ›Lernen‹ oder ›Spielen‹ die Rede ist. Während der Begriff ›Lernen‹ vor allem den allmählichen Erwerb spieltechnischer Fähigkeiten betont, dieses Lernen aber nicht notwendig aus eigenem Antrieb und Interesse erfolgen müsste, impliziert der Ausdruck ›studieren‹ eine intensivere, intrinsisch motivierte Auseinandersetzung, die über kontinuierliches Üben und auch über die bloße Aneignung von Spieltechnik hinausginge.

Die bisherigen sprachlichen Eigentümlichkeiten sprechen dafür, dass Levi das englische Verb ›to study‹, das sowohl ›studieren‹ als auch ›(er)lernen‹ bedeuten kann, hier wiederum ganz wörtlich ins Deutsche überträgt. Somit scheint die Frage, mit welchem Aufwand das Erlernen des Geigenspiels für ihn verbunden war, wie es motiviert war und ob es im Falle intensiven ›Studierens‹ mit Leistungsdruck von Seiten der Eltern verbunden war, zunächst schwer entscheidbar. Festzuhalten ist jedoch, dass auch in der Retrospektive nicht allein das Spielen des Instruments im Vordergrund steht, dass er also über Jahre hinweg tatsächlich kontinuierlich geübt und (nicht nur aus Freude) gespielt haben dürfte, sondern sich dieser Sache mit einem gewissen Lerneifer widmete.

Das heißt, das Erlernen eines Musikinstrumentes, hier der Geige, gehörte vermutlich einerseits aus Sicht der Eltern zum bürgerlichen Bildungskanon und kann somit von diesen initiiert worden sein. Andererseits aber scheint Georg Levi unter Übernahme der elterlichen Leistungsorientierung deren Interesse an Musik und am Musizieren für sich selbst entdeckt und verfolgt zu haben. Er wurde also von den Eltern unterstützt in der Entwicklung seiner persönlichen Neigungen und Fähigkeiten. Indem er sich bereitwillig und kontinuierlich dem Geigenspiel widmete, entwickelte er Fähigkeiten, die ihm offenbar sogar Berufsperspektiven eröffneten.

Sollte G. Levi eine entsprechende Laufbahn eingeschlagen haben, wäre allerdings im Weiteren darauf zu achten, ob die Übernahme der elterlichen Leistungsorientierung in persönlichen Erfolg in der Bewährungsdimension der beruflichen Selbstverwirklichung umgemünzt

49 Im (jüdischen) Bürgertum wurde z.B. von Frauen erwartet, dass sie Klavierspielen konnten, so dass der Klavierunterricht also zur ›standesgemäßen‹ Erziehung der Mädchen gehörte (vgl. Kaplan 1997, 170).

werden kann oder eher mit Individuierungsproblemen verbunden sein wird.

3. Mein Vater was Amateur äh Cellist.
Dass Georg Levi hier kurz ins Englische verfällt, kann meines Erachtens als Hinweis darauf interpretiert werden, dass er selbst erstens eine professionelle Musikerkarriere absolviert hat und dass diese Karriere zweitens in den USA stattgefunden hat, so dass er den Vater aus seiner heutigen professionellen Perspektive, die eng mit seinem Leben in Amerika verbunden ist, als Amateur bezeichnet.

Wichtig ist nun aber vor allem festzuhalten, dass er aus einer bürgerlichen Familie stammt, in der Musik gelebte Praxis darstellte. Es handelte sich also tatsächlich nicht nur um ein Bildungsgut, sondern das Musizieren wirkte auch insofern sozial verbindend, als Hausmusik vermutlich zum täglichen Leben gehörte. Denn beim gemeinsamen Musizieren ergibt sich ein Zusammenspiel durch das Aufeinanderhören und das Sich-Abstimmen der Instrumentalisten; das gemeinsame Musizieren erfordert also soziale Kooperation, und erst in der Interaktion entsteht aus den einzelnen Hervorbringungen etwas gemeinsames Neues. In diesem Zusammenhang ist das Erleben von (wechselseitiger) Resonanz von fundamentaler Bedeutung. Der Begriff der Resonanz wird hier ganz umgangssprachlich verwendet im Sinne von ›Antwort‹, ›Echo‹, ›Reaktion‹, oder ›Rückmeldung‹ (von lat. ›resonare‹ = widerhallen, ertönen). Die Hervorbringung von Tönen beruht aber auch zunächst rein physikalisch betrachtet auf dem Prinzip der Resonanz.

Exkurs zum Resonanzbegriff

Der Resonanzbegriff ist sowohl in der Chemie als auch in der Physik von Bedeutung in der Beschreibung der Erzeugungs- und Verwandlungsprozesse von Wellen und Schwingungen über die Bewegung von Teilchen. In der Akustik bezeichnet er das, was geschieht, wenn Schallwellen auf »Systeme mit gleicher Eigenfrequenz« treffen: letztere werden »zum Mitschwingen angeregt« (dtv-Atlas Musik 2005, 17).

So bestehen Instrumente wie das Klavier oder Zupf- und Streichinstrumente aus einem Hohlkörper und Saiten, bei deren Betätigung Schwingungen über die wiederum in Schwingungen geratende Luft auf den Hohlkörper übertragen werden, der damit als sogenannter Resonanzkörper fungiert und diese Schwingungen verstärkt an die Luft abgibt. Voraussetzung dafür ist, dass der Resonanzkörper (beim Klavier auch: Resonanzboden) über ein gewisses Frequenzspektrum verfügt, um in der jeweils passenden Frequenz mitzuschwingen, denn Schwingungen gleicher Frequenz verstärken sich (vgl. a. a. O., 15; Cramer 1996, 60 ff.)

Beim Spiel mehrerer Instrumente besteht die Resonanz in der Überlagerung der unterschiedlichen Schwingungen, und im übertragenen Sinne entsteht Resonanz dann des Weiteren zwischen Musiker und Publikum, bei dem die musikalische Darbietung Empfindungen (welcher Art auch immer) hervorruft. Es kommt mir hier aber vor allem darauf an, dass das gemeinsame Musizieren auch ein spezifisches soziales Resonanzgefüge konstituiert. Der Begriff der Resonanz wäre dann also vielmehr entwicklungstheoretisch zu deuten im Sinne einer schwingungsaufnehmenden und -verwandelnden Antwort eines Gegenübers, die dem ›Erzeuger‹ dieser ›Schwingungen‹ wiederum die Möglichkeit zu einem erweiterten Selbstbild (als ein etwas Hervorbringender) gibt. Insofern wäre diese Kommunikation in und über wechselseitige Resonanz auch nicht im Sinne eines behavioristischen Sender-Empfänger-Modells, sondern vielmehr interaktionistisch zu verstehen.

Um zum Fall Georg Levis zurückzukommen, hieße das meines Erachtens, dass die gemeinsame musikalische Betätigung symbolisch einen Rahmen aufspannte, und dass im gemeinsamen Tun differenzierte Möglichkeiten der Individuierung über die mitschwingenden, korrigierenden, ergänzenden und anerkennenden Antworten des anderen sich eröffneten. Selbst falls gemeinsames Musizieren im Hause Levi gar nicht stattgefunden haben sollte, verfügte Georg Levi über einen Rahmen, in dem er sich sowohl an einem Modell orientieren als auch in der Entwicklung einer eigenen künstlerischen Ausdrucksform erproben konnte (denn der Vater spielte ja nicht das gleiche Instrument). Die Musik stellte dann in jedem Falle die Möglichkeit einer Verbindung zum Vater über ein gemeinsames Tun und auch die Fortsetzung der väterlichen musikalischen Praxis dar.

4. *Und wir hatten jeden (S: mhm, mhm) Samstag Abend bei uns zu Hause Kammermusik, so lang es noch ging.*

Dass im Hause Levi regelmäßig Kammermusik gespielt wurde, bestätigt nun, dass es sich bei diesem Musizieren um eine gelebte Praxis mit bildungsbürgerlichem Anspruch handelte. Die Kammermusik hatte sich einstmals in Abgrenzung zur Kirchenmusik an den Adelshöfen herausgebildet. Sie grenzte sich ab der Klassik auch von der großen Konzertmusik ab, richtete sich »ihrem Wesen nach an einen kleinen Kreis von Kennern und Liebhabern« (vgl. dtv-Atlas Musik 2005, 371) und wurde ab dem 19. Jahrhundert zum ›Ausweis‹ bildungsbürgerlicher Kulturpraxis: »Kammermusik stellt hohe Ansprüche an Spieler und Hörer. Sie bedürfen eines lyrisch-poet. Sinnes, müssen in der Lage sein, *absolute* Musik lieben zu können, subtile Strukturen (Voraussetzung für den hohen Stil der KaM) bewusst oder unbewusst aufzunehmen, Verinnerlichung zu erfahren« (a.a.O., 451, H.i.O.).

Entstehungsgeschichtlich ist die Kammermusik also das Ergebnis fortschreitender Säkularisierung und symbolisiert als Ausdrucksform des Bildungsbürgertums im vorliegenden Falle zugleich die assimilatorische Praxis der Familie. Charakteristisch für die Kammermusik ist zwar die – im Vergleich zur Orchestermusik – kleine Besetzung. Da aber vom Trio bis zum Nonett unterschiedlichste Formationen möglich sind, kann es sich bei diesen Treffen durchaus um kleine Abendgesellschaften gehandelt haben, die Georg Levi als Kind nur über das Hören der Musik ›erlebt‹ haben dürfte. Obgleich die Kammermusik aufgrund ihres Anspruchs nicht mit Hausmusik gleichzusetzen ist, die ungezwungen im Kreise der Familie jederzeit praktiziert werden kann, scheint das Ausschlaggebende für Georg Levis eigenes Musizieren dennoch das geradezu naturwüchsige Hineinwachsen in eine regelmäßige Praxis zu sein. Wenn er nämlich mit diesen Musikabenden indirekt seine eigene musikalische Betätigung begründet, bedeutet dies, dass das Musizieren der Erwachsenen für ihn ein positives, kontinuierlich verfügbares Modell darstellte, dem er nacheiferte. Die Kammermusikklänge am Samstagabend bildeten gewissermaßen die Hintergrundmusik seiner Kindheit.

Es wird weiterhin deutlich, dass Musik, vor allem aber das eigene Musizieren und die Pflege von Geselligkeit für die Eltern sehr wichtig waren und auch unter riskanten Umständen noch aufrechterhalten wurden: Die Eltern hielten damit nicht nur an Gewohnheiten, Konventionen, sondern auch an Beziehungen zu Freunden und Bekannten fest und erfuhren von diesen umgekehrt Solidarität[50]. Dieses aufrechte Festhalten ermöglichte es den Kindern, die Eltern als wahrhaftig und stabilisierend zu erfahren.

Bezüglich der Interaktion mit den Eltern über musikalische Praxis lässt sich sagen, dass Georg Levi, der ja an diesen Kammermusikabenden selbst noch nicht musizierend beteiligt gewesen sein wird, auch im bloßen Rezipieren dieser Musik eine Anregung durch die Eltern und ihre Musikerfreunde für seine eigene, noch im Werden begriffene Praxis vernommen haben dürfte, also ein Modell, auf das er sich beziehen konnte, zur Verfügung hatte.

Sein eigenes Musizieren war also eingebettet in einen Kontext, in dem er zum einen übte und sich selbst hörte, Rückmeldung bekam über Lob und Korrektur und zum anderen indirekte ›Rückmeldung‹ und Anregung über das Musizieren der Eltern erhielt, die zeigten, wie es gehen könnte. Offen ist hier allerdings durchaus noch, ob das Klima so sehr von Leistungsforderungen der Eltern bestimmt wurde, dass

50 Einschränkend hinzufügen ließe sich hier natürlich, dass aus der unbestimmten Zeitangabe nicht hervorgeht, wie lange diese Solidarität hielt und ob ein Kontaktabbruch von Seiten der Freunde und Bekannten vollzogen wurde.

ein spielerisches Finden einer eigenen Ausdrucksform für Georg Levi dadurch womöglich gerade nicht erleichtert wurde, oder aber ob es so beschaffen war, dass es die Entwicklung einer eigenen Ausdrucksform und damit auch ganz allgemein einer Perspektive auf das Potential von Selbstentfaltung und -gestaltung förderte.

5. *Und äh (1) aber ich hatte an für sich damals nich vor Musiker zu werden.*

Mit dem einschränkenden ›an [und] für sich‹[51] weist Georg Levi darauf hin, dass die Möglichkeit, Musiker zu werden, durchaus in Erwägung gezogen wurde, jedoch (zunächst) nicht zu entsprechenden Zukunftsplänen führte, und zwar *obwohl*, wie eben beschrieben, die Voraussetzungen (musikalische Praxis von Kindheit an) gegeben waren.

Die Formulierung Georg Levis legt aber bereits nahe, dass er schließlich doch Musiker wurde, und so kann geschlossen werden, dass sich in den USA[52] die beruflichen Pläne offenbar änderten, weil sich dort – dies wäre die ›positive Variante‹ – andere Zukunftsperspektiven eröffneten oder weil sich eine professionelle Musikerkarriere – dies wäre die ›negative Variante‹ – erst mit dem Scheitern des ursprünglichen Plans zu einer möglichen Alternative entwickelte.

In jedem Falle findet hier bereits eine Optionenverengung statt, indem Georg Levi nur die Möglichkeit, Musiker zu werden, anspricht (statt Dirigent, Komponist, Musiklehrer etc.). Dass er diese Option als vorstellbar, aber nicht intendiert darstellt, bedeutet, dass er sich selbst durchaus als professionellen Musiker sehen konnte, also um seine Fähigkeiten wusste und nicht nur ein diffuses Interesse an Musik entwickelt hatte (in diesem Falle wäre es vermutlich bei der Vorstellung geblieben, ›irgendetwas mit Musik‹ machen zu wollen). Um Musiker werden und davon auch leben zu können, hätte er aber ein Studium absolvieren müssen und hätte dann vermutlich zunächst nur die Möglichkeit gehabt, Orchestermusiker zu werden[53].

Als gewichtiger Hinderungsgrund für das Anstreben des Berufsziels Musiker erscheint somit, dass entweder die Familie nicht genügend Geld hatte, um eine solche Ausbildung zu finanzieren bzw. dass eine

51 Der Sprecher verweist damit, ähnlich wie beim Gebrauch des Modalpartikels ›eigentlich‹, darauf, dass entweder die vorgebrachte Meinung, Intention oder aber ein benannter Sachverhalt nicht für uneingeschränkt gültig oder richtig angesehen wird bzw., dass das ›Wesentliche‹, ›Wahre‹ dahinter gesehen wird.

52 Da Georg Levi zuvor von der Zeit in Deutschland gesprochen hatte, kann gefolgert werden, dass mit »damals« eben diese die Zeit bezeichnet wird.

53 Da die Kammermusik Georg Levis Ausgangsbasis darstellte, wäre im Folgenden darauf zu achten, ob er diese Richtung weiterverfolgt oder eine andere Richtung angestrebt hat.

materiell gesicherte Zukunft Priorität hatte oder aber, dass andere Interessen noch stärker ausgeprägt waren als das an der Musik. Betont wird jedenfalls ein ungeplanter Verlauf, in dem sich ›zufällig‹ diese Möglichkeit eröffnete.

6. Ich hatte immer vorgehabt Arzt zu werden.
Es fällt sofort ins Auge, dass das Berufsziel am väterlichen Vorbild ausgerichtet ist: Georg Levi wollte Arzt werden wie auch der Vater es war.

Nicht nur, dass Levi hier von einem ›Vorhaben‹ spricht, – der Arztberuf war nicht Gegen-stand eines vagen Wunschdenkens, sondern ein konkret verfolgtes Zukunftsziel –, sondern auch die Tatsache, dass dieses Ziel für ihn »immer« schon gegeben war, verweist auf klare Vorstellungen, die dem Wunsch entspringen, es dem Vater gleichzutun, und die offenbar niemals in Frage gestellt wurden, also auf eine ungebrochene Identifikation mit dem Vater hinweisen.

Das Medizinstudium aber schien in den USA – dies indiziert die Verwendung der abgeschlossenen Vergangenheitsform – dann keine realisierbare Möglichkeit mehr darzustellen. Zugleich ist die Verwendung der Tempusform ein Hinweis darauf, dass Georg Levi tatsächlich Musiker wurde. Es muss dafür aber andere als materielle Gründe gegeben haben, denn für beides war ein Studium von Nöten, und es spricht meines Erachtens auch nichts für die Annahme, die Eltern hätten eine Verdingung ihres Sohnes als Laienmusiker (also die Ausübung eines Jobs, der das Überleben sichern sollte) befürwortet, sondern diese hatten sich im Gegenteil um die Ermöglichung einer guten Ausbildung für den Sohn bemüht. Langer Rede kurzer Sinn: Es muss andere als materielle Gründe gegeben haben, die Georg Levi von seinem ursprünglichen Berufsziel des Arztes hin zu jenem des Musikers wechseln ließen.

Dabei stellt die Aufgabe des Medizinstudiums und die Wahl des Musikstudiums eine Modifikation der Identifikation mit dem Vater dar – von der nahtlosen Übernahme einer schon vorgelebten professionellen Praxis vollzieht Georg Levi den Schritt hin zur Entwicklung einer eigenen Professionalität.

Das heißt, er hat die ›Linie‹ des Vaters einerseits fortgesetzt, ist andererseits aber zugleich darüber hinausgegangen, denn schließlich war der Vater lediglich Amateurcellist. Dessen musikalische Ambitionen hätte Levi dann als Professioneller noch übertroffen und zur Vollendung gebracht. Das Streben nach Bewahrung bedeutet also zugleich Progression.

7. *Und dann das Komische war, es war nich so komisch sondern sehr tragisch.*
Der Grund dafür, dass Georg Levi nicht Mediziner wurde, liegt offenbar außerhalb seines Einflusses, denn er scheint sich plötzlich in einer tragikomischen ›Inszenierung‹ wieder zu finden. Auffällig ist nun aber noch, dass dieses tragische Ereignis sich genau besehen erst in der Retrospektive zum Positiven wendet, denn das Ergebnis wird in der Darstellung vorweggenommen. Georg Levi scheint also aufgrund von Hindernissen zum Musikerberuf gekommen zu sein, und diese Hindernisse werden nun im Rückblick als glückliche Zufälle betrachtet.

8. *Als ich dann hier an der High School fast fertig war hab ich mich an der Columbia Universität in New York ähm beworben, weil ich da Medizin studiern wollte. Und die hatten auch ne jüdische Quote. Da wußten nicht viele Leute was von. Aber es war so, es war so.*
Dass Georg Levis sich zügig beworben hat und einem nahtlosen Übergang von der High School zur Universität entgegen strebte, spricht nun für eine konsequente Planung und Zielverfolgung. Die Verhinderungsgründe liegen nicht bei ihm selbst, sondern bei der Institution. Er hatte Medizin studieren wollen, aber dieser Plan konnte nicht verwirklicht werden, weil er nicht angenommen wurde.

Tragisch ist es nun in der Tat, dass Georg Levi, der als Jude aus Deutschland fliehen musste, im Zufluchtsland USA offenbar eine erneute Diskriminierung aus demselben Grund, nämlich aufgrund seiner Konfession, erfuhr. Diese Tragik wird retrospektiv als komisch betrachtet, weil das spätere Leben sich positiv entwickelt hat. Georg Levi nimmt eine gegenwartsorientierte Perspektive ein, aus der die Vergangenheit gedeutet und einstmals tragische Ereignisse relativiert bzw. neu bewertet werden können.

Mit dem Hinweis auf den geringen allgemeinen Bekanntheitsgrad der Quote wird die Tragik der Erfahrung aber nochmals unterstrichen: Die Quote trifft ihn unvorbereitet, und es scheint ihm wichtig, zu betonen, dass dies nicht etwa an einer besonderen Naivität seinerseits lag, sondern dass er an einem Detail ›scheiterte‹, das nur wenigen Menschen überhaupt bekannt war. Mit der Kommentierung der Quote als kaum bekannt konzentriert sich Georg Levi dann auch nicht nur auf seine persönlichen Umstände, sondern spricht zugleich eine sozio-historische Dimension an, um ein differenziertes Bild der USA als Einwanderungsland zu vermitteln: Die Aufnahme dort kam zwar zunächst dem Einlaufen in einen sicheren, schützenden Hafen gleich, aber es gab dort neue bzw. ähnliche Probleme, weil es auch in den USA Antisemitismus gab, und er hat ihn erfahren müssen, im Gegensatz zu den wenigen, die überhaupt nur davon gewusst haben.

9. Und da wir kein Geld hatten, äh ich mußte irgendwo hingehn, wo ich son äh scholarship, wie heißt das
S: Stipendium mhm
G: Stipendium. Von da bin ich dann an der ›N‹-School of Music, (1) beworben.
Die Musik stellte für Georg Levi eine Notlösung dar, da er das Geld, mit dem er als ›jüdischer Quotenstudent‹ hätte aufgenommen werden können, nicht aufbringen konnte. Er hatte somit keine große Wahl, sondern musste »irgendwo« hingehen. Trotz mangelnder finanzieller Mittel kam eine nicht-akademische Berufsausbildung für ihn aber nicht in Frage; er verfügte also über Leistungsorientierung und Zielstrebigkeit, die ihn alle Möglichkeiten, die ein Studium erlaubten, auszuschöpfen versuchen ließen. Dabei wird er auch von seinen Eltern unterstützt worden sein, denn eine akademische Ausbildung scheint selbstverständlich angestrebt worden zu sein.

Die von ihm genannte Musikhochschule ist eine von einem privaten Stifter gegründete und zählt (heute) zu den renommiertesten Colleges bzw. Musikhochschulen der Welt. Dass er dort ein Stipendium erhielt, lässt sich also durchaus als Hinweis auf eine entsprechende Begabung verstehen. Der Erhalt der Förderung wird hier einerseits zwar vorweggenommen, indem Georg Levi formuliert »bin ich dann an der N-School of Music«, er führt diesen Satz aber nicht regelkonform zu Ende (durch Verwendung des Partizips ›gewesen‹), sondern geht in der Darstellung einen Schritt zur Bewerbung zurück. Dies kann als Verweis darauf gedeutet werden, dass ihm der Erhalt des Stipendiums damals alles andere als sicher war und dass er auch deutlich zum Ausdruck bringen möchte, wie abhängig er sich damals von der Entscheidung des Colleges fühlte – zum einen aufgrund der finanziellen Lage der Familie, zum anderen womöglich auch aufgrund einer Unsicherheit hinsichtlich seiner Eignung für das Fach.

10. Obwohl ich spiel auf der Geige und ham mir dann nen vier, four years Scholarship gegeben. Und so bin ich in die Musik (Lachen).
In sehr auffälliger Weise ›bröckelt‹ die Sprachperformanz hier erneut, was darauf hindeuten könnte, dass die Erinnerung an die Scholarship-Vergabe für Georg Levi als Wendepunkt mit Aufregung verbunden ist. Mit der Aufnahme am College bietet sich ihm die Möglichkeit, sein ›Hobby‹ zum Beruf zu machen, doch besteht gerade in diesem Bereich auch eine hohe Gefahr des Scheiterns. Der Umzug nach N. ist schließlich auch hinsichtlich der Überlegung bedeutsam, ob dieser seine Bereitschaft, von zu Hause wegzugehen, symbolisiert und damit tendenziell auf einen gelingenden Individuierungsprozess hinweist, oder ob das Prestige der Schule als ›Pull-Faktor‹ überwiegt und der Wegzug eher nur als notwendig in Kauf genommen wird.

Obwohl Georg Levi seine Berufswahl als ›Zweitlösung‹ präsentiert, zeigt sich hier deutlich, dass die Musik von ihm nicht als ›Job‹ verstanden wird, sondern, dass er diesen Beruf mit Hingabe ausübt(e). Er ist *in* die *Musik* gegangen (wohlgemerkt nicht in die Musikbranche, was ein stärkerer Ausweis für ein zweckorientiertes Berufsverständnis wäre) und in diesem Feld ist er ›zu Hause‹. Allerdings: In die Musik *gegangen* ist er nun gerade nicht, sondern seiner Darstellung zufolge vielmehr hineingeraten. So wird nochmals und vollends deutlich, weshalb er die Umstände seiner Berufswahl als komisch und tragisch zugleich bezeichnet hatte: Die zunächst als tragisch empfundene Verwehrung seines Berufswunsches, Arzt zu werden wie der Vater, hat ihm unverhofft ermöglicht, sein ›Hobby‹ zum Beruf zu machen.

In Georg Levis Darstellung kommt ganz deutlich zweierlei zum Ausdruck: Erstens wird die eigene Entwicklung trotz konkreter Pläne als nur begrenzt autonom planbar und machbar erlebt, denn sie ist zugleich äußeren, nicht antizipierten Umständen unterworfen, auf die kaum mehr Einfluss genommen werden kann. Zweitens aber scheint Georg Levi jeweils bemüht, unter den gegebenen Umständen das Beste für sich daraus zu machen, und er betrachtet das, was zunächst hinderlich sich ihm in den Weg zu stellen scheint, als Anfang einer unerwartet glücklichen Fügung. Damit reproduziert sich ein wesentliches Strukturelement, nämlich eine strukturell optimistische Haltung. Es ließe sich beinahe von einer schicksalsliebenden Haltung sprechen, aus der heraus retrospektiv alles als Ergebnis glücklicher Fügung gedeutet wird, jedoch würde damit Levis Bereitschaft zur Initiative unterschlagen. Denn man mag einerseits durchaus sagen, Georg Levi habe ›Glück‹ gehabt, sowohl, was die (bis zum sprichwörtlichen letzten Moment fragliche Möglichkeit der) Auswanderung seiner Familie betrifft, als auch was nun seinen Weg in den USA angeht, andererseits aber scheint dieses ›Glück‹ sich erst aus dem beherzten Umgang mit Widrigkeiten zu ergeben, der seinerseits eine Haltung offenbart, die Erikson vermutlich mit seinem Terminus des Urvertrauens bezeichnet hätte. Eine Haltung also, die nicht nur impliziert, sich selbst als vorbehaltlos empfangend wie auch (entwicklungspsychologisch später) als gebend erleben zu können, sondern die aufgrund dieser Vorbehaltlosigkeit oder Unbedingtheit auch den Bezug zum Glauben enthält.

Offen ist hier nun allerdings durchaus noch, ob Georg Levis Weg in die Musik auch langfristig von Erfolg gekrönt war oder in eine erfolglose und eher kärgliche Musikerexistenz führte.

11. Und äh (1) inzwischen brach denn der Krieg aus und da bin ich in die Armee eingezogen worden. Und äh (1) ham sie mich als ähm Spion trainiert. (1)

Der Kriegsausbruch stellte für Georg Levi aufgrund des Einzugs zum

Militär eine deutliche und deshalb zu erwähnende biographische Zäsur dar. Erstens selbstverständlich, weil er auch als Spion in Lebensgefahr geraten konnte, zweitens, weil er – zwar als Gegner des Nationalsozialismus, aber als gebürtiger Deutscher – plötzlich ›auf der anderen Seite‹ stand. Selbst, wenn dies in politischer Hinsicht für ihn nicht problematisch gewesen sein wird, hat er doch, im Gegensatz zu vielen, die ihren Eintritt in die vereinigten Streitkräfte als Ausweis ihrer Loyalität zu den USA und auch als förderlich für den Erwerb der amerikanischen Staatsbürgerschaft ansahen, eben diese Beteiligung nicht aktiv angestrebt, sondern wohl eher als hinderliche Unterbrechung des gerade begonnenen Studiums betrachtet.

12. *Ah und dann im letzten Moment, ähm ham sie mich denn da raus gezogen, weil sie plötzlich Infantrie brauchten. Und dann bin ich dann ins basing training or wie man das so nannte, a in Infantrie rein.*
Der Wechsel zur Infanterie bedeutete eine Zäsur, von der aber nicht eindeutig gesagt werden kann, ob sie eigentlich positiv oder negativ erlebt wurde. Wieder wird das Erlebte geradezu dramatisch von Georg Levi inszeniert, denn erneut passiert »im letzten Moment« etwas Unvorhergesehenes, auf das er aber in diesem Fall nicht unmittelbar handelnd reagieren kann, und es bleibt unklar, ob die Verhinderung seines Einsatzes als Spion für ihn eine Erleichterung oder aber eine Enttäuschung bedeutet.

13. *Und (1) im letzten Moment, äh bin ich dann sehr krank geworden. Und äh sonst säß ich nicht hier. Denn die ganzen Leute, die mit mir in der Armee waren, sind alle umgekommen. In der Nähe von (Lapodat) wo sie in bei Siena, beim beim Angriff, ging das nich mehr (   ). Und das hat mir das, (lautes Atmen) Leben gerettet.*
Hier haben wir nun erneut eine Variation der schon rekonstruierten Haltung, aus der heraus sich ein ›Schicksalsschlag‹ letztlich als positive Fügung erweist: Die wiederum »im letzten Moment« entwickelte Krankheit rettete Georg Levi letztlich das Leben. Sie bot ihm, wie auch dem Vater als Arzt im nationalsozialistischen Deutschland, einen temporären Schutz – für den Vater bedeutete Krankheit nur insofern Schutz, als er berechtigt, ja, verpflichtet war, diese zu behandeln, für den Sohn aber ergab sich daraus das Anrecht auf medizinische Behandlung und die Befreiung von der Beanspruchung als Gesunder durch Andere. In der Zeit vor der Emigration der Familie hatte Georg Levi sich als abhängig vom Überleben seines Vaters erleben müssen. In der hier geschilderten Situation war er erstmals unmittelbar ganz allein betroffen, und insofern erscheint die Interpretation nahe liegend, dass er sich über ein vertrautes Muster, nämlich Krankheit als ›Entzugs- bzw. Überlebenslegitimation‹ erfolgreich zu retten versuchte.

Es stellt sich mit Blick auf seine berufliche Zukunft die Frage, ob diese Krankheit ihm zwar das Leben gerettet hat, aber ihm im Weiteren den Berufsweg verbaute, oder ob es sich um einen weiteren Wendepunkt handelte, der gut gemeistert wurde.

14. Und damals hatten die gesagt, hät was schlimmes am Herz, was ich aber Gott sei Dank, nicht hatte aber irgendwas war, hatte da nicht gestimmt. Und so bin ich da, ich hab ein halbes Jahr hier gearbeitet für das, für die Regierung während des Krieges mit äh ähm (1) mußte die Briefe übersetzen von deutschen Gefangenen und so weiter. Und dann bin ich wieder zurück an die Universität und hab zu Ende (1) Musik studiert. Und dann bin ich von der Universität B nach C (Name Universität). Denn inzwischen hatt ich mich sehr an Komposition interessiert und der Lehmann war da. Großer deutscher Komponist.
Die rätselhafte Herzerkrankung kann meines Erachtens in der Tat als psychosomatische Ausdrucksform gedeutet werden – sie erweist sich als ein biographisch funktionales Symptom, das entstand, als Georg Levi in lebensgefährliche Situationen zu geraten drohte und wieder verschwand, sobald er sich in Sicherheit befand. Er konnte also mit Unterbrechung durch den Krieg seinen Weg erfolgreich fortsetzen und das Studium abschließen. Wenngleich noch ganz offen ist, ob es sich bei seinem Interesse an Komposition um ein dauerhaftes oder nur vorübergehendes handelte, ob er in diesem Bereich erfolgreich war oder nicht, es zeigt sich hier nun doch ganz deutlich, dass die Musik seine ›Berufung‹ ist – er wollte selbst Musik schreiben und zog nach Studienabschluss weiter, dorthin, wo er Aussichten hatte, in Komposition möglichst viel und gut lernen zu können. Das Renommée der Universität und der Lehrenden ist ihm bei seiner Darstellung sehr wichtig, so dass hier eine Tendenz zum Schmücken mit großen Namen vorstellbar ist, unabhängig von einer tatsächlich qualitativen Einschätzung. Dies wäre dann zugleich interpretierbar als Versuch der Aufwertung einer nicht sehr erfolgreichen eigenen Karriere.

15. Und äh (1) der hat mich dann angenommen. Und das war wunderbar und dann hab ich dann, noch ein paar Jahre in B, studiert. (1) Und äh So, die Sommer über hab ich bei Müller studiert. Der war damals Dirigent in äh D-Stadt, (1) D-Stadt Symphonie. Und dann (1) am Ende des zweiten Sommers mußte Müller, ich hatte keine Ahnung, was ich tun würde, ich hat ja kein, keine Position, nichts. Und da war ein äh Chordirigent, englischer Chordirigent, Archow. Am letzten Tag als ich da war, sachte er zu mir: »Was machst du denn jetzt, wenn du nach New York zurückgehst?« Sag ich: »Ich weiß nich.« »Jaa da kannst du für mich was tun. Ich hab hier so eine Show, hier auf dem Broadway kommt und ich brauch ein Assistenten und willst das machen?« Sag ich: »Ja«.

Die Arbeit am Broadway könnte nun einen erneuten Wendepunkt darstellen. Denn sofern es sich dabei nicht um ein einmaliges Zwischenspiel handelte, könnte sie bedeuten, dass Georg Levi mangels besserer Angebote den Weg in die ›leichte Muse‹ wählte. Die Broadwayshows als Produkte der Kulturindustrie wären dann vor dem Hintergrund seiner anspruchsvollen klassischen Ausbildung ein Hinweis auf eine eher ›zweitklassige‹ Karriere.

Hier zeigt sich im Übrigen wiederum ein schon bekanntes Strukturmuster: In einer zunächst aussichtslosen Situation, trat plötzlich, wie zufällig, im letzten Moment (hier: am letzten Tag) eine positive Wendung ein, indem sich eine Möglichkeit eröffnete, die Georg Levi dann auch zu nutzen wusste.

16. Das war nie am Broadway, das war ne off Broadway Show. Und das war was ganz Neues, wo sie, so alle drei vier Wochen, eine neue Show machten. Und das war alles sehr äh progressive Sachen, sehr neuartig, wunderbare Sachen. Bert Bertolt Brecht und solche Leute. Und das hab ich dann auch gemacht.

Dass sich die Ankündigung einer Show am Broadway nicht zu erfüllen schien, wertet Georg Levi offenbar positiv, denn unter dieser Voraussetzung scheint die Umsetzung künstlerisch ambitionierter Projekte möglich. Was die Selbstpräsentation betrifft, so fällt, wie auch bereits zuvor, ein gewisser Hang zum ›Namedropping‹ auf. Da Georg Levi ja mit dem hier genannten Bertolt Brecht selbst nicht zusammengearbeitet haben dürfte, bleibt dessen Erwähnung also eine bloße Äußerlichkeit, die der Unterstreichung des künstlerischen Werts der eigenen Arbeit dient. Dieses Schmücken mit fremden Federn könnte, wie oben schon formuliert, in Form eines Aufwertungsversuchs einen Hinweis auf berufliches Scheitern bzw. eine bescheidene Karriere darstellen. An diesem Wendepunkt könnte daher theoretisch auch der Vollzug einer Habitustransformation vermutet werden, die darin zum Ausdruck käme, dass Georg Levi seine bisherigen Ziele aufgegeben hätte und sich nicht mehr als Künstler, sondern als Unterhaltungsproduzent verstünde. Doch selbst wenn diese Station sich nun als beruflicher Wendepunkt erweisen sollte, beinhaltete dieser bei näherer Betrachtung keine Habitustransformation, da Georg Levi sich schon zuvor als offen für Neues gezeigt hat und dabei auch jeweils erfolgreich aus Krisensituationen hervorgegangen ist.

Der unmittelbar an diese Sequenz anschließende Text gibt bezüglich der Frage nach Georg Levis weiterem beruflichem Weg und der von ihm vorgenommenen Deutung aufschlussreich Antwort:

17. Und diese Show, die off Broadway war, die war so enorm erfolgreich, daß jemand sie eingekauft hat und sie auf den Broadway gesetzt hat. Und da sagte also der Hauptdirigent. »Ja das mach ich nicht. Tu Du das.« Und da war ich dann plötzlich am Broadway. (1) Und äh, das

hab ich ein Jahr lang gemacht, hat viel Spaß gemacht und äh, hat auch andre Konzerte in New York. Damals war ich, ach Gott wie alt war ich da, (1) in den frühen zwanziger Jahren, nich (1). Und dann, in dem einen Sommer, da war plötzlich ein großer äh (1) hurricane. Wie sagt man auf Deutsch?
S: Hurricane
G: Hurricane? (1) Eine Woche und dann die nächste Woche war ein großer Max Schmeling äh boxing fight. Und da ham wir nich genug Billette verkauft und ist die Show runter, ist gegangen. Ich hatte aber Geld gespart und sag sagte mir, am besten (1) bleibst du nich in New York und siehst Dich um, sondern ich bin nach Paris, (1) und hab da ein Jahr (1) gelebt. Und hab mit der amerikanischen ähm Embassy ähm (1) gearbeitet und hab dort Konzerte mit moderner amerikanischer Musik organisiert. Und kannte kein Mensch in Europa, was da, hier los war, los war. Und hab viele Solisten und Komp Kompo äh Kom äh Komponisten eingeladen und das hat großen Spaß gemacht. Und die hatten mich gerade noch (1) f für ein Jahr da noch engagiert, richtig formellerweise an engagiert. Da bekam ich morgens um zwei ein Telefonanruf von meiner Schwester Die war bei Marilov im Sommer und um auf um auf seine Kinder aufzupassen. (1) Und traf da (1) den Fischer, hier den äh, den berühmten Dirigenten, Polen Dirigenten. Und dort saßen sie alle so rum. Strawinsky war auch da. Und saßen so rum. Sagt er: »Ich weiß nicht was ich tun soll. In zwei Tagen fang mein Orchester an und ich hab noch keine Assistenten.« Sagte meine Schwester: »Ja mein mein mein Bruder ist in Paris und der sucht nen Job und so weiter.« Und Strawinsky hatte mich dirigieren gehört als ich in D-Stadt war. Und er sagte: »Jaa, er ist sehr gut.« Ja wenn Strawinsky so was sagt (leises Lachen) mehr brauchten die netterweise gar nicht zu hören, da brauchte ich noch nicht mal vordirigieren oder vorspielen und so weiter. Und äh meine Schwester rief mich an und denn, sechs Stunden später saß ich im Flugzeug. Und so fing meine Karriere hier in diesem, diesem Land an[54].

Georg Levi stellt den Beginn seiner Karriere weiterhin als Ergebnis der Kombination von glücklichen Zufällen und eigener Leistung dar. Er war offen auch für solche neuen Erfahrungen, die, wie im Falle der Broadwayshow, für eine klassische Musikerkarriere nicht unbedingt förderlich sein mögen, aber ihm ein breites Experimentierfeld zugunsten der Findung seines eigenen Weges eröffneten. Daran wird erneut deutlich, dass sein Interesse an der Musik intrinsisch motiviert ist; auch richtete er sich nicht im schnellen Erfolg ein oder versuchte, sich nach dem Scheitern der Show mit dem nächstbesten Job über Wasser zu halten, sondern er war im Vertrauen auf seine Fähigkeiten sowohl

54 GL, 6, 176-7, 201.

anspruchsvoll als auch risikobereit, wie sich an seinem Weggang nach Paris zeigt.

Das durch die Beziehungen der Schwester ermöglichte Engagement wird von ihm wiederum insbesondere durch die szenische Darstellung als geradezu unwahrscheinlicher Zufall präsentiert. Wieder einmal ändert sich Georg Levis Lebenssituation binnen sehr kurzer Zeit gravierend. In seiner Rekonstruktion nimmt Georg Levi einerseits eine bescheidene und tendenziell kritische Haltung ein, indem er Strawinskys Urteil in direkter Rede wiedergibt und mit dem Verweis auf das Einflussvermögen des Komponisten suggeriert, er sei ohne Ansehen seiner Fähigkeiten, beinahe aus einer Laune heraus, engagiert worden und wäre auch mit geringerem Talent angenommen worden, wenn dieser es gewollt hätte. Dabei hatte er ja sein ›Vorspiel‹ bereits gehabt. Entsprechend zeigt sich andererseits auch Stolz angesichts der anerkennenden Einschätzung seiner Fähigkeiten, letztlich vor allem aber darauf, damit die Möglichkeit erhalten zu haben »in diesem Land«, in das er als Flüchtling gekommen war, Karriere machen zu können.

›Karriere‹ bedeutet für ihn somit nicht, beruflichen Aufstieg um des Materiellen und um eines rein äußerlichen Prestigegewinns, sondern vor allem um der Anerkennung als Künstler willen.

Den ›Strukturkern‹ seines Habitus bildet eine optimistische Grundhaltung, ein Selbstvertrauen, das die Möglichkeit, anderen einen ›Vertrauensvorschuss‹ zu gewähren, eröffnet und ihm damit einen offenen und flexiblen Umgang mit seiner Umwelt ermöglicht. – Der Begriff des Vertrauensvorschusses ist hier bewusst in Anführungszeichen gesetzt, weil ihm erstens etwas Buchhalterisches anhaftet, das dem Begriff des Vertrauens zweitens gar nicht gemäß erscheint, weil dieser dem Anspruch nach Bedingungslosigkeit und eine asymmetrische, diffuse und somit eine nicht vertragsbasierte Beziehungslogik impliziert. Damit ist das Vertrauen-Können eine basale und zugleich außerordentlich fragile Angelegenheit: Wenn Vertrauen mehr bedeutet als ein an bestimmte Bedingungen geknüpftes Gefühl von Verlässlichkeit, dann bedeutet dies, sich der eigenen Verletzbarkeit und auch des potentiellen Verletztwerdens durch den anderen gewahr zu sein, aber doch darauf zu setzen, dass der andere mit dem in ihn gesetzten Vertrauen sorgsam umgehen werde (vgl. Brumlik 2002, 65 ff.).

Die Hinzuziehung der Kategorie des Vertrauens mag angesichts der vorliegenden Sequenzen, in denen Interaktionen mit anderen nur in spezifischer Form, den Beruf betreffend, thematisiert werden, als zu weitreichend erscheinen, aber sie hat meines Erachtens hier insofern ihre Berechtigung, als Georg Levi latent selbst diesen Aspekt anspricht, indem er sich durch die distanzierte Rede von »diesem Land« als tendenziell immer noch Fremder charakterisiert, also mit dem dies implizierenden Gefühl von Nichtzugehörigkeit und entsprechender Verletzbarkeit eine basalere Kategorie als die der rollenförmig gewährten Akzeptanz anspricht. Nicht zuletzt über die Entfaltung und Ausdifferenzierung spezifischer Talente und Fähigkeiten und ihre entsprechende Anerkennung aber scheint es ihm gelungen zu sein, diesen Status des Fremdseins weitgehend zu überwinden: Wenn Fremdsein auch immer bedeutet, sich verbal nicht verständlich machen zu können, so bedeutet dies weiterhin, dass Georg Levi das Zeichensystem der Musik – im so genannten Volksmund wird Musik schließlich gelegentlich als international, weil ohne Worte verstehbares Ausdrucksmedium bezeichnet – hat nutzen können, sowohl, um eine eigene Ausdrucksform zu entwickeln, als auch, um über dieses sich integrieren zu können.

Vor dem Hintergrund der erfahrenen Sozialisation, bei der das Musizieren schon früh ein zentrales Medium der Individuierung *und* der Vergemeinschaftung darstellte, bietet ihm die Musik somit nicht nur eine ›Karriere‹ im Sinne des prestigeorientierten Aufstiegs in einer Branche, sondern ist zugleich das gewählte Feld seiner ›Selbstverwirklichung‹, also eine Berufung, ein bewährungsverheißender Mythos, dessen Evidenz schon in der ambitionierten Praxis in der Familie aufschien.

Dennoch ist für die Entwicklung sowohl einer eigenen musikalischen ›Stimme‹ als auch eines professionellen Habitus eine Entwicklung notwendige Voraussetzung, die Georg Levi später im Interview wie folgt darstellt:

Ähm Lehmann war eine schwierige Ausgabe. Ähm, ich hab schrecklich gern mit ihm gearbeitet, weil er ein ganz toller Musiker. Aber es hat ungefähr fünf Jahre gedauert nachdem ich mit ihm fertig war, daß ich meine eigene Stimme bekomm. Denn er war einer von diesen Lehrern, wo alles genau so sein mußte, wie ers wollte. Und was ich auch immer dahin brachte äh an Kompositionen, wenn er da mit dem roten Bleistift, mit dem roten Stift ähm zu Ende war, dann klangs wie Lehmann. (1) Und er war so eine überwältich, überwältigend starke Persönlichkeit, das, man konnte gar nicht anders, nich. Das hat erst mal ne Zeitlang gedauert, bis ich, davon wegkam, nich. Dann hab ich eben ne Zeitlang nich komponiert, denn es klang alles wie Lehmann und das wollt ich gar nich, wollt wie ich klingen. Nich dass ich seine Musik nich gerne hätt, hab sie sehr gern aber das war nicht meine Musik, neh. Aber das is mir dann doch geglückt. Gott sei Dank[55].

Persönlichkeitsentwicklung im Sinne von Individuierung ist für Georg Levi einerseits Bestandteil und Ergebnis mühsamer Arbeit, irritierenderweise aber auch Resultat eines letztlich wenig beeinflussbaren Prozesses. Letzte Instanz ist das Schicksal, das man durch eigene Leistung zu beeinflussen vermag – dann erfährt man eine positive Behandlung.

55 GL, 12, 380-13, 393.

4.1.5 Interpretation weiterer identitätstheoretisch relevanter Sequenzen

Für die Rekonstruktion der Fallstruktur sind Sequenzen herangezogen worden, in denen die folgenden Aspekte thematisch waren: Zu Beginn des Interviews die familiäre Herkunft, sodann Georg Levis Perspektive auf die Situation der Familie in Deutschland und auf die Ereignisse unmittelbar vor der Emigration, schließlich die Zeit der Adoleszenz und vor allem der Berufswahl in den USA. Die Fallstrukturrekonstruktion ermöglichte somit die Rekonstruktion eines Herkunftsmythos sowie des individuell entwickelten Bewährungsmythos. Was dabei bislang zu wenig berücksichtigt wurde, ist erstens das konkrete Erleben und Ausgestalten von primärsozialisatorisch relevanten Beziehungen, also zum Beispiel die Beziehungen zu den Eltern, und zweitens die Darstellung Georg Levis unmittelbar eigener Erlebnisse in Kindheit und Jugend vor und nach der Emigration. Entsprechend soll die Interpretation diesbezüglich aufschlussreich erscheinender Sequenzen im Folgenden zusammenfassend präsentiert werden.

4.1.5.1 Die Atmosphäre zu Hause

1. Und wir hatten ein wunderbares Haus äh in A-Stadt. Und da, unterm Dach hat er sich da ein Studio eingerichtet, was wir das vierte Reich nannten. »Wo ist der Papi?« »Er ist im vierten Reich«. (Lachen) Entflohen (Lachen) vom täglichen Dreck des dritten Reiches, nich[56].

Es handelt sich hier um eine Sequenz, in der Georg Levi das Leben der Familie im Nationalsozialismus nicht über die Beschreibung von Ereignissen und Handlungsabläufen, sondern vielmehr über die Beschreibung von Zuständen aus seiner eigenen, deutlich positiv emotional besetzten Erinnerung darstellt. Dies zeigt schon die Bezeichnung des Elternhauses als »wunderbar«, woraus geschlossen werden kann, dass es sich aus seiner Perspektive nicht nur um ein vermutlich ›schönes‹, repräsentatives Gebäude handelte, sondern dass darin vor allem eine Atmosphäre herrschte, die ihn noch heute gern an das Zuhause zurückdenken lässt.

Exemplarisch wird dann in direkter Rede ein ›typischer‹ Wortwechsel wiedergegeben, der sowohl über das Familienklima, die Haltung der Eltern im Umgang mit Konflikten als auch über Georg Levis Beziehung zum Vater Aufschluss gibt. Zugleich zeigt sich daran auch deutlich Georg Levis Haltung zu den Erlebnissen in Deutschland und zu seinem Umgang mit diesen Erinnerungen.

In seiner Präsentation eines exemplarischen Dialogs zwischen ihm selbst und der Mutter oder der Schwester (oder aber zwischen diesen,

56 GL, 14, 446-449.

was letztlich nicht von Belang ist, weil dies hieße, dass er deren Perspektive übernehmen würde) versetzt sich Georg Levi zurück in die Position des Kindes, in der er, die emotional positiv besetzte Koseform ›Papi‹ verwendend, nach seinem Vater fragt. Das heißt, es kann von einer Beziehung ausgegangen werden, für die, wie auch immer konkret ausgestaltet, prinzipiell eine Begegnung ganzer Personen sowie affektive Zuwendung charakteristisch ist. Umgekehrt wäre die Rede von ›Vater‹ als Hinweis auf ein deutlich distanzierteres und autoritär strukturiertes Verhältnis zu interpretieren. Die Bezeichnung des Vaters als ›Papi‹ ist also – gerade unter Berücksichtigung der in Georg Levis Kindheit und Jugend gesellschaftlich dominanten und politisch propagierten geschlechtsspezifischen Erziehungs- und Sozialisationsvorstellungen – als Hinweis darauf zu deuten, dass der Vater sich liebevoll als ganze Person seinen Kindern zuwandte und wohl auch keinen Wert legte auf eine seinerzeit als ›vorbildlich deutsch‹ angesehene und damit ›militärisch disziplinierende Erziehung des Sohnes gemäß gängiger Geschlechterstereotypen. Die familieninterne Bezeichnung des väterlichen Studios als ›viertes Reich‹ zeigt nun einen Versuch des humorvollen, ironischen Umgangs der Familie, zuallererst der Eltern, die diesen Begriff geprägt haben dürften, mit der Politik der Nationalsozialisten. Nicht nur die Einrichtung des väterlichen Refugiums selbst, sondern auch der familieninterne Sprachgebrauch stellt eine kreative Form der Distanzierung dar. Das ausgerufene ›dritte Reich‹ wird als nicht ernstzunehmend verspottet bzw. wird ihm ein eigenes, viertes gegenübergestellt, eine eigene Welt, so als könne man aus dem dritten in das vierte Reich nicht nur wechseln, sondern dessen Realität progressiv hinter sich zurücklassen. Man mag dies, besonders scharf akzentuiert, als Verharmlosung der erfahrbaren ›Realität‹ interpretieren; mir scheint darin aber vor allem ein Potential zu deren kreativen Verarbeitung zu liegen, das den Kindern auch als psychische Ressource gedient haben wird. Denn ermöglicht wurde ihnen ein schützender Innen- und Alternativraum sowie die Perspektive auf die Option der Erschaffung eines solchen. Dies wird auch im Rückblick von Georg Levi noch deutlich positiv bewertet – mit Freude evaluiert er die Rückzugsmöglichkeit des Vaters als Schutzmaßnahme vor »Dreck«. Mit den Nazis in Berührung zu kommen, war erstens aufgrund deren Verfolgungspolitik beinahe unausweichlich und bedeutete eine unfreiwillige Verschmutzung. Die Schaffung eines eigenen ›Reiches‹ bot also die Möglichkeit einer zwischenzeitlichen ›Reinigung‹. Dies bedeutete aber, wie die privatsprachliche Formulierung indiziert, nicht etwa einen Rückzug des Vaters auch aus der Familie, sondern es war offenbar vielmehr die Möglichkeit der gemeinsamen Aufrechterhaltung einer Gegenwelt vorhanden (das ›vierte Reich‹ war zwar das Studio des Vaters, aber es war nicht ›sein‹ Reich): Der Vater lieferte ein Vorbild für die Erschaffung und Füllung eines schützenden eigenen Raumes, und daran hatte zugleich die ganze Familie Anteil. Die Schaffung einer Gegenwelt bedeutet dann nicht so sehr Flucht in eine illusorisch ›heile Welt‹, sondern vielmehr die Möglichkeit zeitweiliger Grenzziehung und der Bewahrung von eigenen Maßstäben, Träumen – ein ›Reich‹ muss schließlich auf etwas gründen – wie auch von einer gewissen Leichtigkeit. Über die zeitweilige väterliche Abgrenzungspraxis konnte Georg Levi erfahren, dass es möglich ist, sich (sowohl konkret-praktisch als auch symbolisch) einen Rückzugsraum zu schaffen und dennoch mit anderen in Verbindung zu bleiben. Dies scheint ihm ermöglicht zu haben, auf die damaligen Erfahrungen im nationalsozialistischen Deutschland, auf Belastungen und Verluste, mit einer gewissen Distanz und Ironie zurückblicken zu können, also, um im Bilde der Raummetapher zu bleiben, die Tür für einen Blick auf die Vergangenheit öffnen, aber dann auch wieder schließen zu können.

An einer anderen Stelle erzählt Georg Levi, anknüpfend an die Erinnerungen an den Vater und dessen teilweise gefährlich unbedarfter Ausübung seines Hobbys, des Fotografierens, von einer eigenen Rückzugsnische. Zunächst soll die Erinnerung an den Vater genauer betrachtet werden.

G: Ich hab noch Fotografien von (1) die mein Vater von unserm Balkoon nahm, als der neunzehnhundertdreiundreizig als der Goebbels durch unsre Straße fuhr und wir hatten nen gelben Flecken an unserer Tür und zwei SA Leute standen da. (1) Und äh (1) Mutti sagte: »D Du mach keine Fotographien, sie werden Dich einstecken.« »Ah uh rich richtiger Moment, richtiger Moment.« nich. War so nen kleiner Balkoon, is da raus und hat das, hat das Foto gemacht, nich. Wir ham so ne Leica, ich hab sie glaub ich noch, ich hab sie bestimmt noch[57].

Die Szene, die Georg Levi hier lebhaft darstellt, gibt Aufschluss sowohl über seine Beziehung nicht nur zum Vater, sondern auch zur Mutter sowie über die unterschiedlichen Haltungen der Eltern in der Konfrontation mit dem Nationalsozialismus. Der Vater agiert scheinbar arglos in geradezu kindlich anmutendem Eifer aus der Absicht heraus, das aktuell erfahrene Unrecht der Stigmatisierung im Bild festzuhalten, hat also vermutlich die Vorstellung, diese Dokumente irgendeiner Stelle vorlegen zu können, um Gerechtigkeit zu erfahren oder aber um zumindest die Erfahrung von Unrecht beweisen zu können und bestätigt zu bekommen.

Hingegen nimmt die Mutter die Gefahren seines Handelns wahr; sie schätzt die Situation realistischer ein und versucht (erfolglos) ihn zu warnen. Entscheidend scheint mir hier, dass Georg Levi in seiner Darstellung beide Positionen gleichberechtigt zum Ausdruck zu bringen

57 GL, 31, 1040-46.

versucht, deutlich aber von der selbstvergessenen, risikobereiten Handlungsweise des Vaters fasziniert zu sein scheint und diese Identifikation auch durch den Hinweis auf die noch in seinem Besitz bzw. im Familienbesitz befindliche Kamera unterstreicht. Diese Kamera erweist sich als hoch symbolträchtiges Objekt, denn es handelt sich um eine Leica, ein ›deutsches Qualitätsprodukt‹ mit langer Tradition, das vor allem aufgrund seiner hochwertigen Objektive seit den 1920er Jahren die technisch wohl ausgefeiltesten fotografischen Möglichkeiten bot und sich somit (auch langfristig) zum Avantgarde-Produkt entwickelte, das für Fotografen heute beinahe ›Kultstatus‹ besitzt. Der Vater investierte also in beste Geräte, das heißt, es war entsprechendes ökonomisches Kapital vorhanden sowie der Anspruch, technisch und/oder künstlerisch hochwertige Fotografien herzustellen.

Mit der Aufbewahrung dieser Leica wird einerseits die Wertschätzung des Vaters als jemand, der kreativ tätig war, der wichtige Augenblicke für das Familiengedächtnis im Medium des Bildes festgehalten hat, zum Ausdruck gebracht, andererseits ist die Kamera auch insofern ein symbolisches Relikt, als sie stets eine Versicherung über den Realitätscharakter des Erinnerten ermöglicht, selbst wenn entsprechende Fotos nicht mehr vorhanden sein sollten. Das Aufbewahren alter Gebrauchsgegenstände hat, so meine ich, nicht nur Beweggründe, die ›sentimental‹ genannt werden könnten, sondern dient immer auch der Sicherstellung, dass etwas Vergangenes nicht nur in unseren flüchtigen Erinnerungsprotokollen, sondern auch materiell dauerhaft repräsentiert bleibt. Insofern beinhaltet der Verweis Georg Levis auf die Kamera auch eine Versicherung von Authentizität gegenüber der Interviewerin: ›Diese Vergangenheit war einstmals wirkliche Gegenwart‹ – wenngleich auch die Kamera an sich das Erzählte keineswegs zu belegen vermag.

Die Bedeutung des Fotografierens und damit auch der Kamera für Georg Levi selbst wird vollumfänglich in den darauf folgenden Sequenzen deutlich.

Und äh er hats (sich) gerne fotografiert und äh Mutti und ich haben gelernt im äh er hatte so nen so nen (1) wo er die Röntchenaufnahmen nahm, Röntchenzimmer, schwarz gemalt war, hatte so nen Vergrößerungsaparat war, und Mutti und ich haben da spät
(Cassettenwechsel)
G: noch sehr, ( ) Entwicklung, nich, aber ne zeitlang hat er das gemacht. Aber Mutti und ich, wir sie hat das gemacht und sie mußte, ja die Röntchenbilder entwickelt für den Vater, so eins zum andern, so hatten wir das Ganze, wie sagt man das, was alles dazu gehörte, nich.
S: Die Einrichtung
G: Die Einrichtung. Und dann ham wir uns ( ) Apparat gekauft und so weiter, hab ich jetzt ganz schön erzählt. Aber das warn herrlich fried-

liche Stunden in der Mitte von der ganzen schwierigen Zeit, wenn Mutti und ich dann im Röntchenzimmer versch verschwanden und ham dann mit den Bildern gearbeitet, nich. Das hat viel Spaß gemacht. Ich hab die ganzen Albums noch, diese Photoalbens mit den Bildern, nich. Mein Vater hat schrecklich gern fotografiert und äh (1) man konnte natürlich rausgeben aber ich glaube, das hat viel mehr Spaß selbst zu machen, neh. Da konnt man vergrößern oder mit rummachen, was man da wollte, nich. Uns hat enormen Spaß gemacht. Es war da so ne Zeit wo man denn die Sorgen vergaß, nich, denn hat man was anderes gemacht, man konnte ( ) hat viel Spaß gemacht. Für Papa wars das Malen für Mami und mich wars also im Röntchenzimmer arbeiten (Lachen). Warum nich, ja hat schrecklich viel Spaß gemacht, nich[58].

In der hier zitierten Passage fällt zunächst Lebhaftigkeit, auch Unsicherheit beim Erzählen auf, ganz so, als ob Georg Levi sehr nah am damaligen Erleben sei und diese Momente wieder zu rekonstruieren und einzufangen versuche. Die erlebte Freude wird schließlich in einer gewissermaßen ›heiter-besinnlichen‹ Evaluation zu rechtfertigen versucht. Während diese Sequenzen auf den ersten Blick belanglos harmonisch erscheinen, sind sie bei näherer Betrachtung sehr aufschlussreich hinsichtlich der Beziehungen Georg Levis zu seiner Mutter und zu seinem Vater. Es sind meines Erachtens vor allem folgende Aspekte thematisch:

1. (Wie bereits oben) die Beziehungsgestaltung zwischen Georg Levi und
   – seinem Vater sowie
   – seiner Mutter,
   – aber auch in deren Paarbeziehung.
2. Die intergenerationelle Vermittlung und Aneignung von Kreativität und ihre psychoregulativen Funktionen.
3. Die aktuelle Selbstkonzeption und die Präsentation gegenüber der Interviewerin.

Zunächst präsentiert Georg Levi die Mutter und sich als Gehilfen des Vaters. Ausschlaggebend für die Beschäftigung mit Fotografie ist zunächst, dass die Mutter zuständig ist für die Entwicklung der Röntgenbilder aus der väterlichen Arztpraxis. Für die Entwicklung wird eigens eine Dunkelkammer eingerichtet und erst über die damit gegebene Möglichkeit, auch Fotos zu entwickeln, stellt sich für Georg Levi indirekt ein Bezug zur Fotografie her, denn der Vater ist Hobbyfotograf und nutzt die Einrichtung für beide Zwecke. Der direkte Zugang eröffnet sich aber offenbar über die Mutter als Assistentin des Vaters, die den Sohn mit einbezieht – vielleicht nicht in die Entwicklung der Röntgenbilder, aber in das Entwickeln der privaten Bilder. Interessant ist dabei,

58 GL 31, 1046-1067.

dass dieses Labor als ein Zentrum erscheint, in dem mehrere Beziehungsfäden zusammenlaufen und durch Rekombination zugleich neue Beziehungsmodalitäten stiften: Der Vater initiiert durch seine berufliche und private Praxis die Einrichtung dieses Ortes und richtet damit auch die Beziehung zu seiner Frau auf bestimmte Art und Weise ein – sie ist die Assistentin, die in diesem Labor die Arbeit übernimmt. Indem der Sohn in das Entwickeln von Fotos mit einbezogen wird, wird dessen Beziehung zum Vater über die Mutter aktualisiert, gleichzeitig hat der Vater mit dem Labor die Möglichkeit geschaffen für eine Intensivierung der Mutter-Sohn-Beziehung über eine gemeinsame Tätigkeit.

Es ergibt sich also eine Konstellation von Dyaden bzw. Triaden, bei der einmal der Vater (Mutter und Sohn im »Röntchenzimmer«) und einmal der Sohn (die Mutter als Assistentin des Vaters) ausgeschlossen sind, (der Darstellung Georg Levis zufolge) niemals aber die Mutter. Was bedeuten nun diese Beziehungsstrukturen und: können sie als generalisierbar im Hinblick auf die Fallstruktur betrachtet werden?

Zunächst und jenseits der gerade aufgezeigten Strukturen erscheint der Vater als Identifikationsfigur und als Mittelpunkt der Familie, indem er über sein Hobby sowohl eine Beziehung zum Sohn herstellt als auch eine gemeinsame Praxis mit Frau und Sohn eingeht. Bei genauerer Betrachtung aber ergibt sich diese eben erst vermittelt über die Mutter. Wir finden hier, kurz gesagt, eine Struktur vor, in der sich die Mutter als zentral für den Sohn herauskristallisiert. Der Vater hingegen bleibt insofern eher fern, als keine direkte gemeinsame Vater-Sohn-Interaktion stattfindet. Beide sind in ihrer jeweils exklusiven Bezogenheit auf die Mutter gewissermaßen Konkurrenten, so dass es nahe liegt, hier von einer ›klassisch‹ ödipalen Beziehungskonstellation zu sprechen.

Psychoanalytisch interpretiert, bietet sich hier also für Georg Levi die Möglichkeit der Exklusion des Vaters, um eine ungestörte Gemeinschaft mit der Mutter einzugehen. Eine solche Interpretation wird nahegelegt durch die Präsentation einer Szene – nämlich das ›Verschwinden von Georg Levi und seiner Mutter im »Röntchenzimmer« –, die die Assoziation von Stille, Dunkelheit, Abgeschiedenheit und (auch erotischer) Intimität nahe legt. Zum Ausdruck kommt manifest zunächst Georg Levis Freude an dem gemeinsamen, konzentrierten Tun mit der Mutter; die latente und schließlich die objektive Bedeutungsstruktur ist meines Erachtens aber dahingehend zu formulieren, dass hier die Freude des Jungen über dessen Wunscherfüllung, nämlich darüber, die Mutter für sich allein zu haben, sich Ausdruck verschafft. Entsprechend ist auch die spätere Rechtfertigungsbestrebung (»warum nicht«) zu interpretieren. Umgekehrt scheint der Vater das bewunderte, aber eher ferne Ideal zu bleiben, dem er sich allerdings, vermittelt über das konkrete Tun mit und über das Lernen von der Mutter, annähern kann. Die Mutter stellt in diesem Beziehungsgeflecht das Zentrum der Familie dar und stellt somit für den Sohn zugleich symbolisch die Verbindung zum Vater her.

Damit wird die Fotografie aber auch zum arbeitsteiligen, familienverbindenden Projekt, das Georg Levi die Möglichkeit kreativen Experimentierens eröffnet – und im Falle der Fotografie bedeutet dies: eine kreative Umgestaltung von ›Abbildern‹ der Realität und damit eine kreative Verarbeitung von Realität selbst, die von Georg Levi auch als Möglichkeit des entlastenden zeitweiligen Rückzugs aus der Realität gedeutet wird. Für diesen Rückzug scheint er aber, dies betrifft die aktuelle Selbstpräsentation, ein Gefühl der Rechtfertigungsnotwendigkeit (»warum nicht«) zu empfinden. Es besteht also zum einen die Sorge, für das Erleben von Unbeschwertheit in schwerer Zeit als naiv ›verurteilt‹ zu werden, zum anderen möglicherweise auch Angst vor dem Sichtbarwerden ödipaler Wünsche. Es wird eine potentielle Schuld thematisiert, die aber insofern keine ist, als Georg Levi erstens als Kind ein Recht auf eine möglichst unbeschwerte Kindheit hatte und eine Veranlassung zum stellvertretenden Leiden angesichts der Lage der Juden in Deutschland eine unzumutbare Forderung bedeutet hätte, zweitens ist die ödipale Schuldverstrickung eine unumgängliche, die mit tatsächlicher Schuld deshalb nichts zu tun hat, weil er sich als dem einstmaligen Kind erst retrospektiv eine Verantwortlichkeit für das eigenen Wünschen und ggf. Handeln unterstellt, die in der damaligen Situation noch gar nicht gegeben war (vgl. Oevermann 2001d, 99f).

Mit seinen Rechtfertigungsbestrebungen indiziert Georg Levi zugleich einen Gegenwarts- und Situationsbezug; aus der Perspektive der Gegenwart erfolgt nun eine Evaluation des Erlebten.

So (1) es waren schwierige Jahre denn es war viel Schönes und viel Schreckliches, nich. Denn äh wie gesagt ich war erst sieben Jahre alt als die Nazis kamen. Und trotzdem die ersten Jahren, die Eltern ham die hatten irgendwie ne große Freude am Leben, nich, und trotz all den schwierigen Sachen, die uns passierten ham sie irgendwie doch immer noch möglich gefunden schöne Sachen zu zu (2) Papi in seinem vierten Reich, und äh die Sonntagsausflüge, und (3) dann als ich nicht mehr in die Schule konnte natürlich äh (1) das hab ich denn sehr (1) versäumt, vermißt, ver
S: mhm vermißt
G: vermißt ähm aber auf der anderen Seite hats wars dann möglich für mich denn intensiv Englisch zu zu lernen die ganzen Sachen zu tun, die meine Mutter mir beigebracht hat, das hat sich dann doch ge(lohnt), nich.[59]

59 GL, 38, 1281-1291.

Die Schwierigkeit der Kindheitsjahre im nationalsozialistischen Deutschland bestand für Georg Levi darin, die Gleichzeitigkeit von positiven, freudigen und bedrohlichen Erlebnissen zu verstehen und einzuordnen. Mit dem Verweis auf sein Alter macht er deutlich, dass er sich selbst rückblickend über diese Überforderung sowohl in emotionaler als auch in kognitiver Hinsicht im Klaren ist. Für den Siebenjährigen war es die Gleichzeitigkeit von Schönem und Schrecklichem, die er nicht verstand, und die gerade deshalb, als das Unverstandene, zur Belastung wurde. Noch genauer führt Georg Levi das Problem anschließend aus: Betroffen war von den schrecklichen Erlebnissen ja die gesamte Familie, und es waren die Eltern, die zugleich in der Lage waren, sich ihre Lebensfreude zu erhalten und diese auch den Kindern zu vermitteln – dies macht einerseits das Unverstandene aus: wie konnten die Eltern soviel Angst erleben müssen und zugleich noch Freude am Leben haben? Andererseits liegt gerade in dieser Unverzagtheit der Eltern sicher eine der größten Ressourcen für das Aufwachsen ihrer Kinder. Die Tatsache, dass Georg Levi sich sowohl der schmerzhaften wie auch der positiven Erfahrungen erinnert und diese in ihrer Widersprüchlichkeit präsentiert, zeigt, dass er beides als zu seiner Biographie gehörend integrieren konnte und aufgrund dieses uneingeschränkten Zugangs zum einstmaligen Erleben Autonomie entwickelt hat. Weder Leid noch Freude müssen hier verneint werden, sondern sind gerade in ihrer scheinbaren Unvereinbarkeit Basis der eigenen Lebendigkeit und Lebensgeschichte.

Die Offenheit unterschiedlichen Gefühlen gegenüber ermöglicht es dann auch, die jeweils unterschiedlichen Seiten einer Situation zu betrachten. So wird auch in dem, was als schmerzhaft erlebt wurde, der Verdrängung Georg Levis aus dem sozialen Zusammenhang der Schule, etwas Positives gesehen, nämlich die Möglichkeit zur optimalen Vorbereitung auf die Emigration.

4.1.5.2 Überlegungen zu thematischen Auslassungen

Es ist bislang ein sehr starker Fokus auf die Beziehung Georg Levis zu seinen Eltern, auf seine Erzählungen über Kindheit und Jugend im Elternhaus sowie auf seine Berufsbiographie gelegt worden, so dass es nun angebracht wäre, Erzählpassagen zu betrachten, die Aufschluss über das Eingehen von Freundschaften und Liebesbeziehungen ab der Adoleszenz geben würden. Dieses Thema wird aber, wie oben bereits erwähnt, im gesamten Interview überhaupt nicht berührt. Theoretisch möglich wäre zwar, dass sich diese Auslassung aus der thematischen Fokussierung des Interviews auf Erinnerungen an den Vater und die eigene Kindheit ergibt. Diese Überlegung erscheint aber insofern wenig plausibel, als Georg Levi frei gewesen wäre, in die Darstellung seines eigenen Lebensweges in den USA, die er ja durchaus vornimmt, den

Aspekt intimer Beziehungen zu integrieren. So kann nur festgehalten werden, dass Liebesbeziehungen, Partnerschaft und Elternschaft für Georg Levi eine gegenüber dem Beruf als ›Lebensmittelpunkt‹ und persönliches Bewährungsfeld eher marginale Rolle spielen, so dass auch die Erörterung dieser Themen ihm retrospektiv nicht notwendig erscheint. Das bedeutet zugleich, dass die Entscheidung gegen Ehe und Elternschaft von ihm offenbar nicht bereut worden ist. Die ›Aufgabe‹ der Generativität wird von ihm möglicherweise auch in anderer Form, nämlich dem Unterrichten junger Musiker, gelöst.

4.1.6 Fallstrukturgeneralisierung

»In letzter Minute« – dies ist eine Redewendung, die Georg Levi beim Erzählen seiner außergewöhnlichen Lebensgeschichte mehrfach und an entscheidenden Punkten verwendet. Die zunächst erfolgreiche Flucht der Familie vor der Verfolgung des Vaters durch die Gestapo im November 1938, im Januar darauf die Freilassung Bernhard Levis aus der Haft, die die gemeinsame Ausreise der Familie in die USA ermöglicht, später in den USA Georg Levis Erkrankung, die ihn vor dem gefährlichen Militäreinsatz in Europa bewahrt, all dies sind Erlebnisse von Situationen, in denen es ›Spitze auf Knopf‹ steht, und die sich für Georg Levi gleichsam durch eine glückliche Fügung zum Positiven wenden. Auch die Begegnung des Verwandten mit einem Bekannten der Familie in einer US-amerikanischen Synagoge, bei der ersterer von den Schwierigkeiten der Levis überhaupt erst erfährt und ihnen daraufhin mit seinem Affidavit die Ausreise ermöglicht, ist in der Darstellung Georg Levis als (eingedenk ihrer ganzen tatsächlichen Unwahrscheinlichkeit) höchst zufällige angelegt. Und schließlich ist es die Verhinderung der Arztkarriere durch eine jüdische Quote an den US-amerikanischen Hochschulen, die ihm wie zufällig eine Zukunft als Dirigent und Komponist eröffnet. Wenngleich an allen diesen biographischen Knotenpunkten Entscheidungen und Initiativhandlungen entweder von Georg Levi selbst und/oder anderen Personen (in unterschiedlichem Maße) die Wendung der Situationen und die Ausgestaltung der bis dahin als negativ geschlossen imaginierten Zukunft mitbestimmten, ist für ihn selbst dabei immer wieder die Perspektive, bei allem Leid ›Glück gehabt‹ zu haben, die dominante. Er ist das Glückskind, für das sich scheinbar ohne eigenes Zutun nahezu jede Situation zum Positiven wendet, das aber, darüber ungläubig erfreut, auch jede Gelegenheit beim Schopfe packt. Wie in den Sequenzanalysen herausgearbeitet wurde, kann die dramatisch-schicksalhafte Inszenierung zweifellos außerordentlich schwieriger Lebenssituationen insofern als durchgängiges Strukturmuster oder biographisches Konstruktionsprinzip bezeichnet werden, an dem sich zudem einerseits zeigt, dass der mit ›Amor fati‹ überschreibbare Habitus der Krisenbewältigung in diesem Falle keinesfalls als passive Schicksalsergebenheit, sondern als eine positive Annahme von als unerwartet ›geschenkt‹ erlebten Möglichkeiten zu sehen ist[60]. Andererseits beinhaltet eben dieses Strukturmuster zweierlei Verweise: Einmal den Hinweis darauf, als wie erschütternd Georg Levi die verschiedenen genannten Situationen des Ausgeliefertseins erlebt haben muss, aber auch darauf, dass die Konstruktion der dramatischen Inszenierung die Möglichkeit einer Distanzierung bietet, nämlich, indem die Lösung der jeweiligen Krisensituation nicht personalisiert, sondern in einen Bereich außerhalb zuschreibbarer Einflussmöglichkeiten verlagert wird: »*Das* hat uns das Leben gerettet«, heißt es dort, wo eigentlich eine konkrete Handlung, die Entscheidung der Eltern, sich in einem kleinen Ort zu verstecken, die Rettung (zunächst vor allem für den Vater) vor der Gestapo brachte (vgl. S. 230f.). Dem nicht abwendbaren Ereignis wird somit durch die Deutung einer ebenso unbeeinflussbar erscheinenden ›glücklichen Fügung‹ eine Wendung mit gleichem Faktizitätsanspruch entgegengesetzt. Diese Habitusformation soll nun noch einmal deutlicher entwicklungstheoretisch kontextuiert werden.

Als bedeutsam für die Entwicklung der überaus positiven Grundhaltung Georg Levis kann die ihm in der Kindheit sich mitteilende Haltung der Eltern zum Leben angesehen werden:

»Und trotzdem die ersten Jahren, die Eltern ham die hatten irgendwie ne große Freude am Leben, nich, und trotz all den schwierigen Sachen, die uns passierten ham sie irgendwie doch immer noch möglich gefunden schöne Sachen zu zu (2) Papi in seinem vierten Reich, und äh die Sonntagsausflüge«[61]

60 Die Durchgängigkeit dieses Strukturmusters muss nach Durchführung der Sequenzanalysen hier eigentlich nicht nochmals belegt werden, dennoch sei beispielhaft zumindest noch ein weiteres, sich reproduzierendes sprachliches Merkmal genannt, an dem sich Levis Haltung deutlich rekonstruieren lässt: An zahlreichen Stellen verweist die Verwendung von Ausdrücken wie »schrecklich gern« (GL, 31, 1061), »schrecklich Glück gehabt« (GL, 19, 618) oder »schrecklich viel Spaß« (GL, 31, 1067) darauf, dass eine Situation als geradezu unerträglich, unglaublich positiv erlebt und anschließend entsprechend dramatisch rekonstruiert wird, dass also die Freude von einer Art schreckhaften Erstarrung darüber unterbrochen wird oder vielmehr, dass das positive Erleben in der Erinnerung daran zu einem solchen ungläubigen ›Erschrecken‹ führt, womit das einstmals Erlebte trotz der vermeintlich intensiv emotionalen, dichten Darstellung auf Distanz gebracht wird.

61 GL, 38, 1282-1285.

Wie auch schon in den Sequenzanalysen herausgearbeitet, verstanden die Eltern es, sich und den Kindern eine von täglichen Anfeindungen, Gefahren, Ängsten und Sorgen entlastende ›Gegenwelt‹ aufzubauen und über geraume Zeit hinweg zu bewahren.

Die Tatsache, dass Georg Levi Mutter und Vater dabei als überwiegend positiv aufeinander bezogene Gefährten erleben konnte, die mit ihrer Unterschiedlichkeit auch im Leben mit den Kindern offen umzugehen wussten und daraus eine gemeinsame, einzigartige ›Kultur‹ des Zusammenlebens entwickeln konnten, stellte somit eine sichere Basis für das Aufwachsen Georg Levis dar. Die Kultur, die im Sinne Kegans sowohl Einbindung als auch später Ablösung und Reintegration ermöglichte, ist im Falle dieser Familie geprägt von einer lebendigen, kommunikativen Verwendung (und bezogen auf die Kinder: Bereitstellung) kreativer Ausdrucksformen (in Form von Musik, Malerei, Bildhauerei und anderem mehr), die von den Eltern nicht vorrangig als standesgemäße Hobbies und damit um der gesellschaftlichen Selbstdarstellung willen gepflegt, sondern als zur eigenen Lebenspraxis unbedingt dazugehörige, ja möglicherweise als deren konstitutive Bestandteile verstanden wurden. Es ist somit nicht nur eine als typisch bildungsbürgerlich erscheinende Lebensweise im Sinne eines rein äußerlichen bleibenden Lebensstils, sondern vor allem die Art und Weise der Integration kreativer Ausdrucksformen in den Lebensalltag, die zunächst eine spezifische Vergemeinschaftung, nämlich das über gemeinsame Inhalte Aufeinander-Bezogensein ermöglichte. So fertigte der Vater für Georg und seine Schwester zum Beispiel Handpuppen aus Pappmaché für ihr Kasperletheater – diese Puppen waren Karikaturen nachgebildet, die der Vater während seiner Sprechstunden auf einem Skizzenblock heimlich von seinen Patienten anfertigte (vgl. GJ, 4).Insbesondere im Falle der von allen Familienangehörigen praktizierten Musik wurde den Kindern innerhalb dieser vergemeinschaftenden Praxis zugleich Individuierung ermöglicht. Im Zuge der Sequenzanalysen entwickelte sich in diesem Zusammenhang für mich der Begriff der Resonanz zu einem angemessenen Terminus, um Möglichkeitsbedingungen für das Entwickeln einer eigenen krisenlösungswirksamen ›Stimme‹ – und jede Situation gemeinsamer Interpretation eines musikalischen ›Textes‹ stellt eine Krise des Hervorbringens, Sich-Exponierens, des Sich-Abstimmens und Einfügens dar – symbolisch zu beschreiben.

Auch wenn Georg Levi in seiner Selbstpräsentation vor allem zu Beginn eher traditionalistisch und somit als an die eigene Herkunft übermäßig gebunden erscheint, indem er zum Beispiel die jahrhundertelange Verwurzelung der Herkunftsfamilie in Europa bzw. in Deutschland betont, zeigt sich, dass er als Dirigent und Komponist aus dem ihm vermittelten kulturellen Kapital etwas originär ihm zuschreibbares Neues hervorzubringen in der Lage ist.

Dass es ihm gelingt, einen scheinbar schon vorgezeichneten Weg (Arzt zu werden wie der Vater) zu verlassen, kann nicht nur im Zusammenhang mit dem schon beschriebenen stabilen Beziehungsgefüge in der Familie gesehen werden, sondern insbesondere mit einer starken identifikatorischen Bindung zur Mutter. Sie ist es, die in der Familie die Entscheidungen vorantreibt und fällt, die das Überleben der Familie sichert und insgesamt in der Klarheit und Realitätsbezogenheit ihrer Aussagen konturierter erscheint als der Vater. Insofern ist die Mutter die dominantere Person, während die von Georg Levi in seiner Erzählung durch Betonung der ›väterlichen Linie‹ zunächst aufgebaute patriarchale Struktur sich als eher formale Konstruktion erweist. ´Zugleich aber wird der als naiver und zögerlicher dargestellte Vater, der mit seinen gemeinhin als ›weicher‹ (und eher: weiblich) geltenden Eigenschaften als ›schwächer‹ dargestellt werden könnte, von Georg Levi in keinster Weise kritisiert oder gar abgewertet. Vielmehr weist die Darstellung beider Elternteile eine diesen jeweils gleichermaßen zukommende liebevolle Zugewandtheit auf. Die stabile emotionale Bindung zu den Eltern ermöglicht Offenheit den Anforderungen und Möglichkeiten des Lebens gegenüber, ja, ermöglicht das Bewahren einer kindlich-experimentellen Haltung, aus der heraus darauf vertraut werden kann, dass sich schon immer alles irgendwie positiv fügen wird. Wenngleich ein solcher, mit der Selbstkonstruktion als Glückskind verbundener Habitus kehrseitig tendenziell mit einer schwächeren Wahrnehmung von Selbstverantwortlichkeit und auch Verantwortungsübernahme einhergehen mag, ist hier jedoch das Besondere, dass genau dies aufgrund vielfältiger ideell und emotional gestifteter Einbindungen nicht der Fall ist.

4.2 Gisela Johann – Die ›zweite Geige‹ oder: die Kunst der Vermittlung

Nachdem bislang die Darstellung zweier Fälle recht ausführlich unter Einbezug der Dokumentation der jeweiligen sequenzanalytischen Schritte vorgenommen wurde, habe ich mich aus umfangslogischen Gründen dafür entschieden, für diesen dritten Fall eine ergebnisorientierte Darstellung in Form eines biographischen Portraits zu wählen. Dabei kann aufgrund der notwendigen Auslassung der Dokumentation von Analyseschritten sowie des Abwechselns von deskriptiven und interpretativen Elementen die Erfüllung des Kriteriums intersubjektiver Nachvollziehbarkeit sicherlich problematisiert werden. Diesem Prinzip kann meines Erachtens aber durch Angabe der jeweils für die Interpretation zugrunde gelegten Textpassagen doch hinreichend Rechnung getragen werden. Alle Ergebnisse gehen aus Sequenzanalysen hervor, denen im Gegensatz zu den Rekonstruktionen der Fälle Esther Brückner und Georg Levi kein narratives Interview zugrundelag, sondern ein von Gisela Johann Mitte der 1990er Jahre[62] verfasster autobiographischer Text in englischer Sprache. Es wurde, wie auch in den anderen Fällen, eine Analyse und Interpretation der objektiven Daten vorgenommen sowie anschließend des Manuskriptbeginns und -endes. Weitere Sequenzen wurden, analog zu den vorherigen Fallanalysen, so ausgewählt, dass die Frage nach der fallspezifischen Ausgestaltung von Ablösungskrisen und der Bewährungsdimensionen Beruf, Paarbeziehung und Elternschaft sowie Gemeinwohlverpflichtung berücksichtigt und darüber auch die Frage nach Entwicklung eines Habitus der Krisenbewältigung beantwortbar schien. Im Einzelnen sind dies Passagen, in denen

- die Beziehung zu den Eltern und die Geschwisterbeziehung,
- die Zeit vor der Emigration sowie die Emigration selbst,
- Schule und Studium sowie schließlich
- die Ehegattenbeziehung

thematisiert werden.

Zudem wurde aufgrund der Besonderheit, dass es sich im Unterschied zu den Materialgrundlagen der vorangehenden Fälle um einen gestalteten Text handelt, noch eine Analyse dieses Protokolltyps, des Textaufbaus und der darin verwendeten unterschiedlichen Protokolltypen als Gestaltungsformen durchgeführt. Diese Analyse und ihre (wenngleich hier sehr komprimierte) Darstellung halte ich für wichtig, da davon ausgegangen werden kann, dass jeder spezifische Typ eines

62 Der Entstehungszeitraum des Textes kann leider nicht genauer bestimmt werden; es gibt im Manuskript selbst keine exakten Angaben dazu, und es besteht kein Kontakt mehr zur Autorin.

autobiographischen Dokuments auch bereits eine spezifische Art und Weise der biographischen Sinn- und Zusammenhangsbildung repräsentiert. Insofern verweist die Wahl, die ein Autor hinsichtlich seiner Form der Lebensdarstellung trifft, auf spezifische Ressourcen der Biographisierung, die ihm zur Verfügung stehen, um im Prozess der Reflexion des eigenen Lebens Sinn, Bedeutung und Zusammenhang zwischen einzelnen Ereignissen und Erlebnissen herzustellen (vgl. zum Begriff der Biographisierung Marotzki 1991 sowie Kap. III. 1.2). Die Fallbestimmung zielte daher zunächst auf die Relation zwischen dem vorliegenden Protokolltyp und den darin für die Autorin liegenden Biographisierungsressourcen, um das Leben als ›Rohmaterial‹ in einen Text (als symbolische Form) bzw. in ein Protokoll (als deren materiale vorliegende Ausdrucksgestalt) zu bringen.

4.2.1 *Gestaltungsmerkmale der autobiographischen Erinnerungen Gisela Johanns und Strukturmerkmale von Identitätskonstruktion und Selbstpräsentation*

4.2.1.1 Zum Protokolltyp

Das Manuskript Gisela Johanns trägt den Titel »Memories for My Grandchildren«. Es handelt sich also zwar vermutlich um einen autobiographischen Text, im Unterschied zur klassischen Autobiographie oder auch zu Memoiren[63] aber um (nicht zwangsläufig autobiographische) Erinnerungen, deren Zusammenstellung auch nicht chronologisch erfolgen muss.

Erinnerungen sind aus Erlebnissen hervorgehende bzw. an eigene und/oder fremde Handlungen geknüpfte und ›gespeicherte‹ Erfahrungen, Gefühle, Eindrücke, Bilder und Gedanken. Als Inhalt des eigenen Gedächtnisses sind sie zunächst unzugänglich für andere, sobald sie aber mitgeteilt werden, werden sie zu einem Medium der Übermittlung von Erfahrungen, Gedanken und Gefühlen an andere. Sie fokussieren nicht im gleichen Ausmaß wie Autobiographien auf den Entwicklungsprozess der schreibenden Person und deren Reflexion von Erfahrungen, so dass ein etwas geringerer Grad an Chronologie und Reflexivität erwartbar ist, denn Erinnerungen können eher spontan und ungeordnet, impressionenhaft niedergeschrieben werden.

63 »Als literarische Gattung sind Memoiren Berichte über die Ereignisse in der Welt, die Taten und Handlungen des Berichterstatters, Beschreibungen von historischen Begebenheiten, von sozialen und kulturellen Verhältnissen – aber keine Eröffnung des Innenlebens, keine Bekenntnisse psychischer Entwicklungen und Krisen« (Fuchs-Heinritz 2000^2, 30).

Die schriftliche Fixierung sowohl von Lebensgeschichten wie auch von Erinnerungen wird aber – hier muss auch vom Typus des Tagebuchs als Medium der Selbstreflexion unterschieden werden – nur dann notwendig, wenn die Erinnerungen nicht ohne weiteres mündlich tradiert werden können oder aber, wenn diese mündliche Tradierung als nicht ausreichend betrachtet wird. Die eigenen Erfahrungen werden somit für so bedeutsam gehalten, dass sie der nächsten Generation oder der Nachwelt im eigenen Duktus übermittelt werden sollen. Die Niederschrift der Erinnerungen ist in diesem Falle an die Enkel adressiert, aber zugleich auch an eine anonyme Öffentlichkeit, die als diese Widmung bezeugendes Publikum dient[64]. Die Erinnerungen werden somit als erzählenswert über den Kreis der Familie hinaus, gewissermaßen als prototypisch, angesehen; die Verfasserin betrachtet sich selbst als Zeitzeugin. Daher sind mit einiger Wahrscheinlichkeit nicht nur Erinnerungen, sondern auch Botschaften oder Maximen (mit der Implikation einer gewissen Verpflichtung für die Enkel) zu erwarten, die aus der Reflexion und der Verarbeitung des vergangenen Lebens resultieren. Schließlich trifft die Verfasserin eine Selbstaussage, indem sie sich ihren Lesern als Großmutter präsentiert, unabhängig davon, ob eine persönliche Beziehung zu ihren Enkelkindern besteht und wie diese gestaltet sein mag.

Insgesamt zeigt sich hier eine Tendenz zur Vermischung von ›Privatsphäre‹ und ›Öffentlichkeit‹. Der Anspruch, Erinnerungen festzuhalten und weiterzugeben, wird durch Angabe eines Titels und durch Nennung des vollen Verfassernamens nicht nur in ein offizielles Gewand gekleidet, sondern als Adressaten kommen die Enkel wie auch eine breitere Öffentlichkeit gleichermaßen in Frage. Damit werden unterschiedliche Beziehungs- und Interaktionsebenen eröffnet, nämlich die emotionsbasierte Ebene diffuser Sozialbeziehungen und die rollenförmige spezifischer Sozialbeziehungen[65]. Bemerkenswert ist nun, dass der Text meines Wissens niemals veröffentlicht wurde. Dennoch fungiert im Kern ein anonymer Leserkreis als primärer Adressat der Erinnerungen, während die Enkel vielmehr als Vertreter der jüngeren Generation denn als indi-

64 Wären die Erinnerungen tatsächlich (ausschließlich) für die Enkel geschrieben worden, wie es der Titel insinuiert, so hätte dies durch eine direkte Ansprache bzw. namentliche Nennung (Memories for X, Y, Z) zum Ausdruck gebracht werden können. Hier aber wird ausgesagt: ›Ich schreibe dies für X, Y, Z‹, und es wird somit noch jemand Drittes adressiert.

65 Denkbar ist zwar, dass ursprünglich für die Enkel verfasste Erinnerungen nachträglich veröffentlicht wurden, dann jedenfalls wäre das Changieren zwischen ›privat‹ und ›öffentlich‹ gewissermaßen ein wohlgeformtes, in diesem Falle dürfte der Leser aber irritiert darüber sein, dass mit dem Titel ausschließlich die Enkel adressiert werden.

viduelle Personen angesprochen werden und möglicherweise lediglich dazu dienen, die Niederschrift der Erinnerungen zu legitimieren.

4.2.1.2 Zur Gestaltung des Titels

Was die Analyse des Titelblattes[66] betrifft, das in diesem Falle gewissermaßen die erste Sequenz darstellt, erscheinen mir hinsichtlich der Fallstruktur zwei Ergebnisse wichtig, die mit oben bereits genannten Merkmalen korrespondieren:

Erstens zur formalen Gestaltung: In den auf dem Titelblatt verwandten, unterschiedlichen Schrifttypen, einer geschwungenen, kalligraphische Handschrift imitierenden Form für den Titel und der Arial-Schrift zur Nennung des Verfasserinnennamens kontrastieren zwei Gestaltungstypen mit unterschiedlichen Implikationen hinsichtlich der Adressaten und auch des Inhalts: Eine eher auf Übermittlung privater, persönlicher Inhalte abstellende, nostalgische Form kontrastiert mit einem eher progressiv gestalteten Titelschema, wie es für Veröffentlichungen üblich ist. ›Nostalgie‹ konkurriert also mit Progressivität, Privates mit Öffentlichem, so dass hier in Form einer ›steilen Hypothese‹ eine entsprechende Problematik vermutet werden kann, nämlich erstens ein Konflikt zwischen einer traditionalistisch auf die Herkunftswurzeln sich berufenden Selbstdefinition und ihrer Übersteigung sowie zweitens zwischen dem Wunsch nach Exposition und (dieser diametral gegenüber stehenden) Intimität.

Zweitens: Auf dem Titelblatt ist eine Schwarz-Weiss-Fotografie abgebildet, die die obere Hälfte der Seite fast vollständig einnimmt. Das Foto zeigt, nebeneinander sitzend, das Ehepaar Johann im mittleren bis fortgeschrittenen Alter. Sichtbar sind die lächelnd einander zugewandten Gesichter sowie jeweils etwa das obere Drittel des Oberkörpers. Beide sind entweder nackt oder zumindest spärlich bekleidet, der Oberkörper des Mannes ist nackt, bei der Frau ist nicht zu erkennen, ob sie ebenfalls nackt ist oder aber nur ein schulterfreies Oberteil, z. B. einen Bikini, trägt. Sie sitzen im Freien: im Hintergrund befinden sich Bäume oder Sträucher. Es könnte sich um ein Urlaubsfoto handeln, zumindest um eine in Mußestunden entstandene Aufnahme. Obgleich die beiden im Moment der Aufnahme nicht miteinander sprechen, sondern nur mit

66 Siehe die Abbildung auf S. 267. Das Titelblatt kann hier nicht inklusive des darauf befindlichen Fotos abgebildet werden, ohne gegen die Zusicherung von Anonymität gegenüber Frau Johann zuwider zu handeln. Da auch eine verfremdende Bearbeitung des Fotos nicht möglich war, habe ich versucht, eine möglichst genaue Beschreibung zu erstellen, wohl wissend, dass dies als methodisch problematisch kritisierbar ist, weil dies erstens bereits interpretative Schritte beinhaltet, die zweitens nicht vom Leser überprüft werden können.

den Augen kommunizieren, resultieren ihre Blicke möglicherweise aus einer der Aufnahme vorangegangenen lebhaften Interaktion, so dass es sich bei dem Bild um einen Schnappschuss handeln könnte, um ein spontan von einem guten Freund aufgenommenes Portrait. Das Bild ist ganz ›geronnene Beziehung‹, es strahlt Zuneigung, Stolz und Optimismus aus. Indem das Bild aber einerseits Nacktheit präsentiert, die andererseits nur zur Hälfte gezeigt und damit eher verhüllt wird, wirft es Rätsel auf, und seine Verwendung auf dem Titelblatt stellt zudem eine Provokation dar (zumal dann, wenn berücksichtigt wird, dass sich hier die Großmutter ihren Enkeln präsentiert). Das Rätsel der Nacktheit und die Frage, weshalb das Foto für den Titel ausgewählt wurde, kann nur auf zweierlei Arten gelöst werden: Die Autorin muss selbst auf den nachfolgenden Seiten darüber (direkt oder indirekt Auskunft geben); sollte dies nicht der Fall sein, müssten die Leser sich fragend an sie wenden – es wird also bereits ein gewisser Anspruch an diese erhoben.

Da ein Foto als Dokument angesehen werden kann, das Aufschluss über den Habitus und die Selbstperspektive einer Person Auskunft gibt (letzteres jedenfalls in dem Fall, in dem die Person ein solches Foto selbst auswählt), kann eine freizügige Haltung, eine gewisse Tendenz zur Liberalität angenommen werden. Möglicherweise handelt es sich bei den Johanns um Anhänger der Freikörperkultur. Die Wahl dieses Fotos bringt, selbst um den Preis der Provokation, die Orientierung Gisela Johanns an entsprechenden Maximen der Lebensführung zum Ausdruck. Es könnte sogar vermutet werden, dass die Beziehung selbst in gewisser Hinsicht eine Provokation für wichtige Personen in ihrem persönlichen Umfeld darstellte, dass dies für sie von zentraler Bedeutung ist, und sie ihr Leben insgesamt unter der Perspektive eines finalen Triumphes betrachtet wissen möchte. Aus der Thematisierung

a. der Paarbeziehung im Titelbild und
b. der intergenerationellen Beziehung zu den Enkeln im Titel (der, wie bereits gesagt, zugleich eine Widmung darstellt)

kann die Erwartung formuliert werden, dass die erstere thematisiert werden muss, dass also spezifische Erinnerungen mitgeteilt und damit innerfamiliale Institutionen tradiert und legitimiert werden sollen. Unter Umständen ist damit eine Botschaft an die Enkel verknüpft: ›Schaut auf unser Leben und nehmt es als ein Modell für euer eigenes, lernt aus unseren Erfahrungen!‹. Zumindest wird den Enkeln mit dem Foto von den nackten Großeltern gewissermaßen ihr leibbasierter Ursprung präsentiert, und dies verweist wiederum auf zweierlei: Es soll erstens eine Generationenlücke geschlossen werden (oder verhindert werden, dass eine solche entstehen könnte). Dies wird zweitens auf unkonventionelle Art und Weise zu realisieren versucht, indem die Verletzung von Erwartungen auf rollenkonformes Verhalten (Präsentation als ›Großmutter‹) in Kauf genommen wird.

Memories
for
My Grandchildren

by Gisela Johann

4.2.1.3 Zur Gesamtgestalt

Das Manuskript Gisela Johanns umfasst 58 maschinenschriftlich bzw. per Computer verfasste Seiten (sowie einen Anhang von sechs Seiten). Es liegt in gebundener Form vor, hat jedoch keinen Bucheinband, sondern Deck- und Rückseite bestehen aus dünnem grauem Tonkarton. Neben einer Schwarz-Weiß-Fotografie auf dem Titelblatt sind auch auf den Seiten der einzelnen Kapitel Fotos zu finden. Diese Fotos zeigen die Verfasserin selbst wie auch Verwandte, Freunde und Bekannte und sind teils mit (die Personen benennenden) Bildunterschriften versehen, teils befinden sich solche Erläuterungen auch in handschriftlicher Form direkt auf den eingescannten oder kopierten Bildern. Die Kapitel tragen keine thematisch aussagekräftigen Überschriften, sondern sind jeweils mit der Angabe eines mehrere Jahre umfassenden Zeitraums überschrieben (so zum Beispiel das erste Kapitel: 1926-1933).

Der Protokolltyp ›Erinnerungen‹ ist insgesamt so ausgestaltet, dass er sich durch die Kombination weiterer unterschiedlicher Protokolltypen auszeichnet: Fotografien, unterschiedliche Textformen (im wesentlichen Prosa, aber auch zwei Gedichte) und Abbildungen von Kunstwerken (ein Gemälde eines berühmten, mit den Eltern befreundeten Malers und eigene Skulpturen) werden miteinander kombiniert. Insgesamt kann von vorhandenem Gestaltungswillen gesprochen werden, der, unter Orientierung an gängigen Darstellungsformen, aber nur semiprofessionell realisiert wird[67].

Aufgrund der Verwendung unterschiedlicher Protokolltypen stellt sich das Problem der Sinn- und Zusammenhangsbildung, das durch eine Relationierung von Bild und Text gelöst werden müsste, was aber nur zum Teil der Fall ist. Die Leserschaft ist somit zur Deutung und zur selbständigen Herstellung von Zusammenhängen oder aber zum

67 Dies zeigt sich zum Beispiel an der Positionierung des Fotos auf dem Titelblatt sowie an der Schriftsetzung.

Nachfragen aufgefordert. Indem Gisela Johann unterschiedliche Medien kombiniert (und die Deutung den Rezipienten überlässt), nutzt sie Kreativität und künstlerische Ausdrucksweise als Biographisierungsressource und präsentiert sich zugleich als pädagogisch motivierte Vermittlerin.Der Text repräsentiert Gisela Johanns inkorporiertes kulturelles Kapital (Bourdieu 1983) in Form künstlerischer Ausdrucksfülle. Inkorporiertes kulturelles Kapital aber kann der nächsten Generation bzw. in diesem Falle: den Enkelkindern nur in face-to-face-Interaktionen übermittelt werden. Insofern handelt es sich bei den ›Erinnerungen‹ vielmehr um eine ›Einladung‹, wenn nicht gar Aufforderung, von dieser Gelegenheit vor dem Tod der Großmutter Gebrauch zu machen. Dieses Angebot wird in Form eines ›virtuellen Besuches‹ bei der Großmutter, bei dem bereits über Fotos eine Besichtigung ihrer Vergangenheit und ihrer Werke unternommen werden kann, nahegelegt und öffentlich gemacht. Insgesamt scheint es, als wolle sie (vor allem angesichts ihrer Sterblichkeit) ihre Erinnerungen an die NS-Zeit, an Bedrohung, Verfolgung und Vernichtung von Menschen, die sie kannte, ebenso wie Erinnerungen an bewältigte Krisen, an erfahrene Liebe, Intimität und Kreativität fruchtbar werden lassen für die Enkel und deren Handeln in Gegenwart und Zukunft. Dabei möchte sie selbst als Persönlichkeit mit unterschiedlichen Facetten wahrgenommen werden: als das Kind, das sie einmal war, ebenso wie als unkonventionelle (und ihre Leiblichkeit nicht verleugnende) Frau, Ehefrau, Mutter und Großmutter, letztlich als das noch lebende und befragbare Familiengedächtnis.

4.2.2 *Objektive Daten*

16.4.1926	Geboren in A-Stadt Eltern: Bernhard Levi, Arzt, und Inge Levi, geb. Blum, Heilgymnastin Ein Bruder, Georg, * 1924
Ab 1932	zunächst Besuch einer Privatschule für Mädchen, dann der Volksschule in A-Stadt
Oktober 1938	Bernhard Levi wird die Approbation entzogen; Zwangsverkauf des Hauses, Umzug in einen kleinen Ort bei der Stadt A.
November 1938	Verhaftung Bernhard Levis, Freilassung und weitere Verhaftungen
23.1.1939	Emigration der Familie Levi über Holland in die USA (New York); die Mutter verdient Geld mit verschiedenen Gelegenheitsarbeiten. Es wird ein großes Apartment zur Betreuung alter und pflegebedürftiger Menschen angemietet; der Vater bereitet sich auf seine

	Wiederzulassung als Arzt vor, die erst vier Jahre später erfolgt.
1940	Besuch der High School of Music and Art
1944	Stipendium für Studium an der B-School of Music, Universität B-Stadt; dort gewerkschaftspolitisches Engagement, Androhung des Stipendienentzugs
19?	Wechsel zur Manhattan School of Music Master-Abschluss (History of Dynamics)
1950	Postgraduate Fellowship an der School of Music, Universität K-Stadt Umzug nach K-Stadt; Liebesbeziehung mit Walter Johann, Sinologe, *1905 als Kind deutscher Eltern in China; Abbruch des Studiums
1951	Arbeit in einem Musikladen; Hauskauf mit Walter Johann und einem Freund (Philosoph, Anthropologe)
Oktober 1951	Heirat; Arbeit als Avon-Beraterin und Cello-Lehrerin 10. Juni 1952 Geburt des Sohnes Justin Dezember 1953 Geburt des Sohnes Thomas
1962-63	Aufenthalt in Princeton (Gastprofessur f. W. Johann)
1963	Umzug der Eltern nach K-Stadt
1963-65	Master of Librarianship Universität K-Stadt
1970	Ruhestand des Ehemannes
1974	Tod des Vaters; Pflege der Mutter
1979	schwere Erkrankung des Mannes
1984	Tod der Mutter, Brustkrebserkrankung Erikas Erkrankung des Mannes, Pflege
1990	Tod des Ehemannes
1992	Verkauf des Hauses; Einzug in eine Eigentumswohnung

4.2.3 *Biographisches Portrait*

Gisela Johann, geb. Levi, wurde 1926 in A-Stadt geboren. Sie ist die jüngere Schwester Georg Levis, daher kann bezüglich der Darstellung ihrer familiären Herkunft insgesamt auf die Fallrekonstruktion Georg Levi im vorigen Kapitel verwiesen werden.

Hinsichtlich der biographischen ›Ausgangsposition‹ Gisela Levis soll das Datum ›geboren als zweites Kind und einzige Tochter‹ als erstes betrachtet werden: Obwohl sie in eine assimilationsorientierte Familie hineingeboren wurde, die Eltern sich am Modell der modernen bürgerlichen Kleinfamilie orientierten, für die zwei Kinder ›genügten‹, und ein ›Stammhalter‹ ja bereits geboren worden war, kann nicht zwangsläufig davon ausgegangen werden, dass es sich bei dem zweiten Kind um ein Wunschkind handelte[68]. Dass Gisela ihre Position in der Familie als Zweitgeborene und als Tochter mit ambivalenten Gefühlen erlebt hat und in der Retrospektive entsprechend betrachtet, wird zu Beginn ihrer Selbstpräsentation deutlich. Sie schreibt: »As there was my 2 year old brother Georg, my parents were happy to have a little girl« (GJ, 3[69]). Erkennbar wird darin einerseits der Wunsch, den Eltern als Mädchen willkommen gewesen zu sein, was durchaus auch so gewesen sein mag. Die Freude ist, wie die Formulierung (aus der Perspektive der erwachsenen Tochter) zeigt, aber andererseits nicht bedingungslos, sondern daran geknüpft, dass es bereits einen Sohn gibt, der außerdem das erstgeborene Kind ist. Gisela nimmt also in doppelter Hinsicht die Position der ›Zweiten‹ ein, und die Auseinandersetzung mit dieser Strukturposition wird, wie zu zeigen sein wird, von nicht unerheblicher biographischer Bedeutsamkeit sein.

Die ersten sieben Jahre der Kindheit in A-Stadt beschreibt Gisela als Zeit voller Freude und Unschuld (»a life filled with joy and innocence«, GJ, 8). Das Verhältnis zum Bruder wird als eng und, für die Kindheit, als wechselhaft beschrieben. Einträchtige gemeinsame Spiele wechseln mit als kriegerisch dargestellten Raufereien ab. Indem Gisela verschiedene entsprechende Episoden schildert, zeichnet sie das Bild einer spannungsreichen, aber doch ›normalen‹, sogar innigen Geschwisterbeziehung. Ab der Schulzeit beschreibt sie sich und den Bruder als sehr unterschiedlich, was Interessen und Leistungen betrifft:

> »Georg and I were very different in many ways. He was an intellectual, always got good grades in school. I was the outdoor kid. I loved playing ball, roller skating and riding my bike. My report cards were not too great. There were always remarks such as – Gisela does not always concentrate and is too playful in the class room« (GJ, 5).

Gisela Johann stellt sich als von klein auf eigensinnig und rebellisch dar. Diese Rebellion richtete sich als entwicklungsgemäße Äußerung von Autonomiebestrebungen zunächst gegen Mutter und Vater als signifikante andere, die von der Tochter im Umgang mit ihrem Widerstand aber beide als gerecht und einfühlsam, als geradezu weise erlebt bzw.

68 Denkbar ist aber immerhin ein gewisser Erwartungsdruck hinsichtlich eines zweiten Kindes seitens der Familie, auch eine trotz der insbesondere bei einem Arzt gegebenen Möglichkeit der methodischen Schwangerschaftsverhütung ungeplante Schwangerschaft – wobei hier wiederum dagegen argumentiert werden könnte, dass gerade in einem solchen Falle eine Abtreibung hätte vorgenommen werden können.

69 Mit dem Kürzel GJ wird hier und im Folgenden auf den von Gisela Johann verfassten autobiographischen Text verwiesen, der verfügbar ist unter www.humanities-online.de/download/Kirsch_Emigration.html.

erinnert werden. Aus der als letztlich positiv erinnerten Auseinandersetzung mit den Eltern leitet Gisela die Entwicklung ihres Gerechtigkeitsempfindens ab und stellt die Mutter als Vorbild heraus. Diesem nachzueifern, scheint für Gisela eine Selbstverständlichkeit, aber damit auch eine Belastung dargestellt zu haben[70].

> »I remember to this day that I must have said or done something which was offensive to my father. I was told to stay in my room until I apologized. I refused to do so as I felt innocent. I was released from my room and was pardoned even though I did not say that I was sorry. Justice was done. A theme which pursued me for the rest of my life.
>
> I remember a crime I did commit. I stole! Our nanny had a pink garter with little roses on it. I just had to have it! and hid it under a pillow of one of my dolls. My mother found it and the case was closed.
>
> […] My mother was always loving and kind. She said to us ›If you break something, just let me know, I will always be happy to know that you didn't get hurt and that [sic] an object can always be mended or thrown out‹, I honestly can't remember her ever getting very cross with me when I was a little girl and I have always tried to be as good a mom as she was. I am not sure I succeeded« (a.a.O., 8 f.)

Diese geradezu idealisierende Darstellung der Eltern kann als exemplarisch für viele weitere Sequenzen gelten, in denen die Beziehung zu ihnen und damit auch insgesamt für die Atmosphäre im Elternhaus thematisch ist. Der Vater wird als fürsorglich-strenge Autoritätsperson präsentiert, die Mutter als ebenso fürsorgliche, starke Persönlichkeit und als eigentliche ›Managerin‹ des Familienlebens.

Die oben zitierten Passagen dokumentieren meines Erachtens einen Erziehungsstil, der von autoritativen wie von demokratischen Elementen gekennzeichnet ist: Regeln und Konsequenzen ihrer Nichtbefolgung wurden offenbar (jedenfalls von der Mutter) im Gespräch mit den Kindern expliziert und begründet; kindliches Trotz- und Fehlverhalten wurde nicht unter Einsatz oder Inkaufnahme von Demütigung und Beschämung bestraft, sondern es wurde versucht, das Handeln des Kindes situativ zu verstehen und entsprechend angemessen darauf zu reagieren. Damit wurde dem Kind sowohl die Möglichkeit des Haltfindens als auch des Sich-Ablösens und des Entwickelns einer eigenen Position eröffnet. Trotzige Versuche der Abgrenzung und Entwicklung von Eigenständigkeit Giselas den Eltern gegenüber (obwohl hier nur im ersten Beispiel explizit thematisch) dürften also von diesen auch als solche ver-

70 Auf die Identifikation mit der Mutter werde ich an späterer Stelle nochmals und ausführlicher eingehen.

standen worden sein. Latent zeigt sich in Gisela Johanns Erinnerungen an die Eltern dennoch – oder gerade deshalb, weil teilweise womöglich von ihr eher als ›gnadenlos vorbildlich‹ erlebt – eine die eigene Individuierung hemmende Identifikation, besonders mit der Mutter.

Wie bereits im Falle Georg Levis herausgearbeitet wurde, waren künstlerische Betätigungsformen wie Musizieren, Malen, Fotografieren und Bildhauern konstitutiv für die Lebenspraxis der Familie (»At home, [sic] we were surrounded by books, music and art«, GJ, 4). In diesem Zusammenhang wird die Suche Giselas nach einer eigenen Position und auch der Umgang der Eltern damit besonders deutlich. Den Kindern wurde der Freiraum gegeben, das jeweils ›eigene‹ Instrument zu finden, es wurde dann aber auch ernsthaftes Interesse und eine entsprechende Bereitschaft zum regelmäßigen Üben erwartet. Gisela war zunächst sehr am Bruder als Vorbild orientiert, sie erhielt ebenfalls Geigenunterricht und spielte zudem Klavier. In beiden Fällen zeigte sie dann jedoch kein besonderes Engagement – sie probierte es aus, schien sich aber jeweils durch eine Last ›guter Vorbilder‹ und entsprechende Leistungserwartungen geradezu erdrückt zu fühlen und verweigerte sich. So schreibt sie:

> »One Christmas – Channuka I wanted a cello and a bike. I had already tried the violin because my brother had violin lessons. I really didn't apply myself, so that was that.
>
> I had a piano teacher, Elfriede Grotjahn. During the first student recital, when it was my turn to shine, I sat on the piano bench, got up again and said to my piano teacher ›Elfriede, I think you can do it better‹ and off I went. Thus my parents were dubious about my wish to have a cello. I had to choose between the cello and the bike. I opted for the cello and got a small cello, my bike arrived on my birthday. My father was my first cello teacher« (GJ, 5).

Deutlich wird erstens, dass die Eltern zwar Leistung und Ernsthaftigkeit erwarteten, dass sie der Tochter aber offenbar ohne größere Vorhaltungen auch die Möglichkeit einer begründeten Entscheidung und der ›Bewährung‹ eröffneten. Angesichts einer gewissen Konkurrenz- und Versagensangst scheint sie besonders auf eine Möglichkeit angewiesen gewesen zu sein, ›Werksinn‹ im Eriksonschen Sinne auf eine ihr selbst gemäße Art, also über das Finden einer eigenen musikalischen Ausdrucksform, zu entwickeln. Diese Möglichkeit gaben ihr die Eltern. Es zeigt sich hier aber ein Problem, das für Gisela später noch ein zentrales Thema darstellen wird: Das Problem der Exposition, genauer, der Angst, sich mit einer Leistung, die gerade darin liegt, dass sie im jeweiligen Moment ihrer Erbringung vor den Augen und Ohren anderer (und auch *für* diese) sich vollzieht und nicht korrigierbar ist, bewähren zu müssen und dabei, aufgrund der Angewiesenheit auf das Gelingen im Moment, zu scheitern.

Das Verhältnis zum Bruder ist in diesem Zusammenhang insofern als ambivalent zu bezeichnen, als dieser – erster signifikanter anderer neben Mutter und Vater– für sie einerseits ein Vorbild darstellte, an dem sie sich orientierte, mit dem sie sich andererseits aber auch genau deshalb hinsichtlich der musikalischen Leistungen immer wieder zu vergleichen suchte. So schreibt sie, rückblickend auf die High-School-Zeit, »I also had problems with theory and ear training as I don't have perfect pitch like my brother has« (GJ, 18).

Gisela besuchte ab ihrem sechsten Lebensjahr, also ab 1932, eine private Mädchenschule, später die Volksschule in A-Stadt. In der Mädchenschule lernte sie ihre erste und beste Freundin kennen, die jedoch bereits ein Jahr später starb. Gisela Johann schreibt dazu: »My first encounter with death and the feeling of loss« (GJ, 7), und dies ist insgesamt charakteristisch für die Art und Weise, wie sie ihre Kindheitserinnerungen arrangiert. Obgleich sie zu Beginn des Manuskripts ihre Erinnerungen an die Jahre von 1926 bis 1933 vergleicht mit einem »bright and colorful bouquet« und ankündigt, einige ›Blüten‹ aus diesem bunten Strauß den Lesern präsentieren und mit ihnen teilen zu wollen (vgl. GJ, 3), und dies in Form von unvermittelt einander abwechselnden Episoden auch tut, ist dieser Abschnitt ebenso wie der Rest des Manuskriptes zugleich durchzogen von ›welken Blüten‹ in Form von Geschichten um Verluste und Trennungen von Freunden, Bekannten oder Verwandten. Es wird häufig eine abrupte Wendung vollzogen, so dass der Verlust dem Leser als beinahe unwirkliches Ereignis angesichts der als nächstes hervorgezogenen bunten Blüte erscheinen muss. Die Verfasserin scheint– sei es bewusst oder eher unbewusst – auf eine moralische Erschütterung des Lesers abzuzielen, zugleich diese Intention aber mit charmanten Plaudereien, die die Erschütterung nur verschärfen können, wenn nicht zu verdecken, so doch wieder zu kontrastieren zu suchen.

Die Jahre von 1933 bis zur Emigration 1939 werden von Gisela Johann einleitend wie folgt kommentiert:

> »At the age of seven, terms like fascism, anti-Semitism, dictatorship didn't mean much to me. But slowly and insidiously my life was no longer a life filled with joy and innocence. There were muted conversations in my house and I was told never to repeat anything I heard at home to other people. In school I was suddenly not invited to birthday parties of my classmates. Signs appeared in a little park close to my house reading ›Dogs to be leashed. Jews not allowed‹. My ›friends‹ were shrinking in numbers. A sense of fear invaded our lives. When the phone rang at night our hearts stopped« (GJ, 8).

Diese Darstellung vermittelt auf eindringliche Weise, welchen Restriktionen, Belastungen und Verletzungen sich Gisela ab 1933 ausgesetzt sah. Während hier noch eine Beschreibung typischer Situationen, denen sich auch viele andere jüdische (oder als jüdisch verfolgte) Deutsche ausgesetzt sahen, erfolgt, also das persönliche Erleben Gisela Johanns etwas undeutlich zu bleiben scheint, werden später Erlebnisse, die Familie oder die Eltern betreffend, etwas konkreter geschildert, so zum Beispiel die erste Verhaftung der Eltern. Auch dabei schützt Gisela Johann sich durch eine ausreichend sachliche Formulierung vor dem Wiedererleben der einstmaligen, vermutlich doch großen Angst; dennoch gelingt es ihr, eine Ahnung davon zu vermitteln.

> »My parents were grilled by the Gestapo separately. They did not admit to any wrong-doing even though both of were told that the other one had confessed. They were released the next day and Georg and I were jubilant to have our parents back« (GJ, 10).

Ihre Erinnerungen an diese Jahre sind, wie sich dann zeigt, aber auch geprägt von Erinnerungen an Menschen, zum Beispiel an Nachbarn oder Freunde, die sich als solidarisch erwiesen (»acts of heroism occured«, ebd.). Diese Erfahrung, versehen mit einer moralischen Botschaft an die nächste Generation zu vermitteln, scheint ihr besonders wichtig:

> »only the courageous people had the inner strength to stand up for human decency, but [...] most Germans were too scared. There were quite few Germans by then who didn't like Hitler but didn't have the courage to speak up. I can understand that and thus cannot condemn all Germans. Every generation has only a few heroes.
>
> [...]
>
> There was a very impressive book published in Germany after the war ›Das Gewissen Steht Auf‹, the story of the great and courageous men and women that paid with their lives for their stance against Hitler. That book is out of print. I wonder why?« (ebd.)

Gisela Johann hat also offenbar einen Umgang mit ihren Erfahrungen gefunden, der es ihr sowohl ermöglicht, das eigene Erleben betrachten und darstellen zu können, ohne es immer wieder schmerzhaft durchleben zu müssen, als auch, die Ängste anderer, die nicht abhelfen konnten, weil sie sich für das ›Heldentum‹ nicht geboren fühlten, nachzuvollziehen. Eine Ermöglichung heldenhaften, solidarischen Verhaltens sieht sie aber in einer entsprechenden pädagogischen Vermittlung, die sie selbst übernimmt und anmahnt. Ihre eigene Mutter, die sie gerade hinsichtlich der Emigration als »mutig und beharrlich« erlebte (GJ, 2; Übers. S.K.), stellt für sie ein starkes Vorbild dar. Dies wird bereits zu Beginn ihres Manuskriptes deutlich, in dem sie dem Text eine Widmung und Danksagung voranstellt:

> »I am dedicating this little book to my grandchildren and to all the refugees in the world. Reading this book to friends, I have been criticized for not fleshing it out. If I had done that, the book would not have been written, as it would have been an overwhelming task. I would like to express my thanks to my parents for their love and support, which my brother and I have received. A special thanks to my mother for her courage and perseverance. Were it not for her we would not have survived« (ebd.)

Wenngleich beide Eltern hier als liebend und unterstützend charakterisiert werden, ist es die Mutter, der besonderer Dank ausgesprochen wird; sie erhält mit der Charakterisierung als mutig und beharrlich eine herausragende Position. Dies bedeutet umgekehrt, dass der Vater, zumindest im Vergleich zu ihr, nicht oder weniger stark über diese Eigenschaften verfügte, denn es war die Mutter, die für den Schutz der Familie vor den Anfechtungen des Nationalsozialismus sorgte und die schließlich die Emigration der Familie forcierte.

In Anbetracht traditioneller geschlechtsspezifischer Rollenzuschreibungen wird sie charakterisiert als eine Person, die eine ›männliche‹ Position einnimmt, indem sie die Familie gegenüber der Außenwelt repräsentiert und beschützt, und die zugleich innerhalb der Familie ermutigend wirkt. Vor allem aber wird die Mutter als Lebensretterin der Familie (oder der Kinder) betrachtet. Der Vater mag ein liebender und unterstützender gewesen sein, doch übernahm er in Zeiten der Gefahr nicht maßgeblich die Verantwortung für die Familie, so dass er für die Mutter eher als ›drittes Kind‹, das selbst der Ermutigung bedurfte, fungierte. Die Mutter kristallisiert sich hier zum Ideal der Tochter heraus, doch diese Bewunderung der Mutter als Inbegriff von Stärke und Mut und die Tatsache, ihr in zweifacher Hinsicht das Leben zu verdanken (die Mutter als gebärende Lebens*spenderin* und später als Lebens*retterin*) dürften einen gewissen psychischen Druck dahingehend ausgeübt haben, ebenso gut und stark wie die Mutter sein zu müssen, sich mit etwas in der Welt bewähren zu müssen, das den Taten der Mutter gleich kommt oder diese sogar übertrifft (indem ein ›kleines Buch‹ für die ›ganze Welt‹ geschrieben wird). Da diese Ziel aber schwerlich zu erreichen ist, beinhaltet die Identifikation mit der Mutter zugleich einen ›Wettkampf‹, der kaum zu gewinnen ist.

Die Erinnerung an die Mutter, vielmehr noch, deren Charakteristika Mut und Beharrlichkeit sollen als erstrebenswerte Eigenschaften an die Enkel tradiert werden. Gisela Johann versucht, in dieser Hinsicht ebenso mutig und beharrlich zu sein, wie es für sie die Mutter war – wenn sie ihre Erinnerungen nicht festhielte, wären sie für immer verloren. Das heißt, das Buch verkörpert einen selbsterteilten Erziehungsauftrag, weil die Erfahrung Giselas offenbar nicht auf naturwüchsig-sozialisatorischem Wege vermittelt werden kann[71]. Engagement und selbstgewählte Verpflichtung sind damit zentrale Elemente in der Identitätsentwicklung der Autorin.

Nach der Emigration der Familie in die USA im Januar 1939 besuchte Gisela Johann dort die High School, ab 1940 die High School of Music and Art. Ihre musikalische Ausbildung als Cellistin konnte sie auf hohem Niveau fortsetzen, denn sie wurde unterrichtet von einem ebenfalls emigrierten, renommierten deutschen Cellisten.

Wie ihr Bruder erhielt sie ein Stipendium für das Studium an der universitären B-School of Music, einer weltweit angesehenen privaten Musikhochschule. Sie studierte Cello im Hauptfach und arbeitete nebenbei zusätzlich als Küchenhilfe im Studentenwohnheim, um Lebensunterhalt und Studiengebühren finanzieren zu können (»Bitter sweet years, but also rich years of my life«, GJ, 20).

Das oben bereits thematisierte, von Gisela als extrem empfundene Lampenfieber bei Auftritten[72] veranlasste sie dann aber, über einen Studienwechsel (zum Fach Philosophie) nachzudenken. In diesem Zusammenhang wird auch ein Aspekt von Giselas Selbstbild und Entwicklungsverständnis sehr gut deutlich: Indem sie resümiert »I realized that I was not cut out to be a professional cellist« (ebd.), bringt sie nicht nur zum Ausdruck, dass sie die Nervosität und Unsicherheit trotz eigentlich erwartbarer Routinisierung für unüberwindbar hält, sondern vor allem, dass sie davon ausgeht, für jeden Menschen sei aufgrund seiner Anlagen eine bestimmte Aufgabe vorgesehen, die Entwicklung eines Menschen vollziehe sich also im Rahmen seiner Bestimmung. Wenngleich diese Begründung als nachträgliche Rationalisierung einer angstdominierten Entscheidung betrachtet werden könnte, weist sie doch meines Erachtens auch darauf hin, dass Gisela in sich andere Fähigkeiten ahnte oder wusste, zu deren Vervollkommnung sie sich in stärkerem Maße ›bestimmt‹ sah. Dass sie sich über den eigenen künftigen Weg aber nicht

71 Aber: Abgesehen davon, dass in der (alle Flüchtlinge in der Welt einschließenden) Widmung des Buches wiederum ein maximaler Anspruch auf Öffentlichkeit deutlich wird, enthält sie in mehrfacher Hinsicht Elemente der Vereinnahmung und Anmaßung, denn die Flüchtlinge werden gewissermaßen vereinnahmt für den eigenen pädagogischen Appell an die Enkel (›seid Euch der Situation der Flüchtlinge bewusst, übernehmt Verantwortung‹). Allerdings stellt ein solcher Appell unter Umständen eine Überforderung dar. Die eigene Lebensgeschichte wird zum Vermächtnis, angesichts dessen sich für die Enkel die Frage stellt, was sie damit tun sollen und wie sie die implizite Forderung der Großmutter, an die Flüchtlinge in aller Welt zu denken, umsetzen sollen.

72 »I was so nervous that my cello teacher told me he hadn't thought it possible to make such a mess of things as I did. It was a total nightmare« (ebd.).

nur in beruflicher Hinsicht noch nicht im Klaren war und folglich nach einem langfristig für sie tragfähigen Bewährungsmythos suchte, wird angesichts ihrer Idee, Philosophie zu studieren, sich also theoretisch mit Fragen der menschlichen Existenz auseinanderzusetzen, sehr deutlich.

In dieser Krisensituation (post-)adoleszenter Entscheidungsfindung beriet sie sich offenbar mit den Eltern, wobei ihr der Vater von der Philosophie mit der Begründung abriet, dies sei keine aussichtsreiche Profession. Er unterstütze sie aber gern, falls sie Medizin studieren wolle (vgl. ebd.). Dass Gisela diesen Vorschlag nicht umsetzte, mit der Begründung, ihre schlechten High-School-Leistungen in Chemie ließen vermuten, sie könne keine gute Ärztin werden, dass sie den Vorschlag also zumindest kurzzeitig in Erwägung zog, verweist erneut auf eine starke Identifikation mit dem (und Bindung an das) Elternhaus, aber auch darauf, dass sie keine spontanen und aus diesbezüglichen emotionalen Verstrickungen herrührenden ›Neigungsentscheidungen‹ (im Sinne eines ›Entweder-so-wie-oder-ganz-anders-als-der-Vater‹) traf, sondern, dass sie in der Auseinandersetzung mit dem Vater Argumente abwog und letztlich auf dieser Grundlage selbst entschied.

Schließlich schuf sie sich Entlastung vom Druck der praktisch-künstlerischen Performanz und der für sie damit verbundenen Bewährungsangst, indem sie zum Studium der Musikgeschichte im Hauptfach und Cello im Nebenfach wechselte, sich also über die theoretische Auseinandersetzung mit Musik einen anderen Zugang dazu ermöglichte. »It took the pressure off me and the next exam in front of the faculty went much better, because I knew that my life did not depend on it« (ebd.).

Die Konzeption des Lebens als abhängig von der Musik, und genauer: ihrer Darbietung, ist hier höchst aufschlussreich, denn abgesehen davon, dass die Befürchtung, von der Musik im ökonomischen Sinne nicht leben zu können, realistisch gewesen sein mag, geht es auch um Überleben im dem Sinne, dass offenbar über längere Zeit erst die als Musikerin gezeigten Fähigkeiten eine Art Lebensberechtigung darstellten.

Über die Lockerung dieser fatalistischen ›Verknotung‹ von Musik und Existenz ermöglichte sie es sich einerseits, sich aus der von musikalischer Praxis geprägten familialen Gemeinschaft und deren vom Bruder in Form des Musikstudiums vorgelebten ›Verfeinerung‹ über Professionalisierung zu lösen, schuf sich andererseits aber auch eine neue Form des ›In-der-Nähe-Bleibens‹ (vgl. Kegan 1994[3]). Während ihres Studiums hatte Gisela Johann neben Freundschaften mit Kommilitoninnen und Kommilitonen Kontakte, teils durch Unterricht, teils in Form von darüber hinausgehenden Bekanntschaften, zu renommierten Musikern, Dirigenten und Komponisten, konnte also auch das Musizieren auf hohem Niveau fortsetzen. Zugleich verhalf sie mit diesen Beziehungen ihrem Bruder zu seiner ersten Dirigenten-Anstellung (vgl. GJ, 22).

Mit den Bedingungen ihrer eigenen Ausbildung in B-Stadt war sie wenig zufrieden und daher – hier zeigt sich sowohl gemeinwohlorientierte Initiativkraft als auch erneut eine widerständige Haltung – schloss sie sich mit anderen gleichgesinnten Studierenden zusammen, um eine Organisation der Studentenschaft voranzutreiben und eine Zeitung als deren kritisches Organ herauszugeben. Insbesondere Segregation und Rassismus wurden für sie zu wichtigen politischen Themen. Als sie sich zudem gewerkschaftspolitisch engagierte, wurde ihr von der Schulleitung der Entzug des Stipendiums angedroht. Gisela zeigte sich aber nicht bereit, ihr Engagement aufzugeben (»I decided that I could not be silenced«, ebd.), sondern wechselte, wiederum der elterlichen Unterstützung sicher, zur C-School of Music, wo sie um 1950 herum ihr Studium mit einer musikgeschichtlichen Masterarbeit abschloss.

Für die Zeit ihres Studiums thematisiert sie insgesamt eher knapp zwei Liebesbeziehungen zu Männern, eine davon zu einem Schwarzen, die zwar Anlass zu Konflikten mit der Umwelt, nicht aber mit den Eltern gab.

> »Some of my father's patients reported to him that they had seen me with a black man and did he know about it. The simple answer was "yes" he did. My father had some black patients in New York. A white woman complained to my mother that she did not want to sit in the waiting room with black people. This woman was told that in that case she better find another doctor« (ebd.).

Es zeigt sich hier sowohl, dass Gisela in kritischen Situationen auf den Rückhalt beider Eltern zählen konnte als auch, wie der Vater und die Mutter mit solchen Situationen umgingen: Während der Vater zwar Stellung bezog, aber kaum die Möglichkeit bot, sich in weitere Auseinandersetzungen verwickeln zu lassen, den Konflikt also gewissermaßen an sich abperlen ließ, ging die Mutter einen Schritt weiter, indem sie selbst aktiv wurde.

Gisela erhielt 1950 ein postgraduate fellowship an der Universität K-Stadt, um bei einer wiederum sehr bedeutenden Musikerin das Viola-da-Gamba-Spiel zu studieren. Festgehalten werden kann also, dass Gisela sicher begabt war und aufgrund dieser Begabung und des sozialen Kapitals, der Möglichkeit zur Nutzung von Kontakten zu renommierten Musikern, beste Ausbildungsmöglichkeiten erhielt. Dass sie diese nutzte, obgleich sie sich scheinbar zuvor schon gegen eine professionelle Musikerlaufbahn entschieden hatte und ihre Fähigkeiten recht kritisch einschätzte (»after all, I was no Yo-Yo Ma«, GJ, 23), zeigt, wie ambivalent sie ihren Möglichkeiten gegenüberstand. In jedem Fall war die Musik als Ausdrucksmedium für sie von großer Bedeutung und es gab aus ihrer Perspektive keine echte berufliche Alternative.

In K-Stadt lernte sie den deutschen Sinologen Walter Johann kennen. Die beiden wurden ein Paar, heirateten aber (noch) nicht, da Walter noch verheiratet war, jedoch von dieser Frau getrennt lebte. Sie kauften – aus Gründen der Finanzierbarkeit gemeinsam mit einem Freund – ein Haus[73]. Zuvor hatte Gisela ihr Studium bzw. Dissertationsvorhaben bereits abgebrochen und arbeitete in einem Musikladen. Im Oktober 1951 heirateten Gisela und Walter; sie arbeitete nun, abgesehen von einer finanziell motivierten und nur kurzen Verdingung als ›Avon-Beraterin‹ während ihrer ersten Schwangerschaft, nurmehr als Cello-Lehrerin, um zusätzliches Geld zu verdienen. Spätestens mit Beginn von Ehe und Mutterschaft stellte die Musik für Gisela als professionelles Betätigungsfeld also keine Option mehr dar. Sie zog sich gewissermaßen auf die Position der Vermittlerin zurück und ließ andere spielen, wie sie auch als Kind ihre Klavierlehrerin an ihrer Stelle hatte spielen lassen; mit dem Unterschied, dass es sich, nun rollengerecht, um ihre Schüler handelte.

Die Beziehung zu Walter Johann und die Charakterisierung seiner Person nimmt im Manuskript einen großen Stellenwert ein. Nach der Ankündigung »I want to say a few words about Walter and to share with you some stories that are unique« (GJ, 30), wird der Ehemann charakterisiert als guter Vater sowie als guter Pädagoge und bescheidener, engagierter Hochschullehrer, der so wie von seinen Kindern auch von den Studenten nicht nur geschätzt, sondern geradezu geliebt wurde. Damit stellt die Verfasserin ihren Mann dar als Person, die sich über die Erfordernisse seiner Berufsrolle hinaus engagierte und als offenbar charismatische Person persönliche Beziehungen zu seinen Studenten einging. Eine offizielle Anerkennung seines Wirkens an der Universität wurde ihm jedoch Gisela zufolge nicht hinreichend zuteil[74]. In ihren Ausführungen dazu bringt sie unzweifelhaft Bewunderung für ihren Mann zum Ausdruck. Diese Bewunderung scheint aber nicht mit dem Gefühl eigener ›Unterlegenheit‹ gekoppelt zu sein, sondern ist Ausdruck einer vollen Anerkennung des Mannes als Person. Gisela ist keine Ehefrau, die auf öffentliche Ehrungen des Mannes bedacht ist, um davon narzisstisch oder im Sinne dessen, was Todorov ›Idolatrie‹ als Ersatzanerkennung im Sinne einer »Übertragungsbefriedigung« (1998, 115)

73 Es wird hier meines Erachtens sehr deutlich, dass Gisela die seinerzeit erwartbare soziale Missbilligung einer solchen unkonventionellen Lebensweise nicht scheute, sondern selbstbewusst genug war, sie in Kauf zu nehmen, möglicherweise gar eine gewisse Freude daran hatte, andere mit ihrem liberalen Lebensentwurf zu provozieren (»We moved into the house before we were married and many collegues were shocked that we were openly living in sin«, GJ, 25).

74 Der Vorschlag von Studenten, eine Bibliothek nach ihm zu benennen, wurde von Seiten der Universität abgelehnt mit dem Hinweis, eine solche Ehrung sei zu Lebzeiten der betreffenden Person noch nicht möglich (vgl. GJ, 30).

nennt, zu profitieren. Sie bedauert das Ausbleiben möglicher Anerkennung offenbar um seiner selbst und um seiner Arbeit willen; es ist ihr aber wichtig, dass andere, insbesondere die Enkelkinder davon erfahren, letztere vermutlich vor allem, weil sich damit aus Giselas Sicht für sie auch eine Verpflichtung ergibt. Ein ›narzisstischer Gewinn‹[75] liegt dennoch für sie darin, nämlich insofern, als sie nun diejenige ist, die für ein angemessenes Andenken an ihren Mann zumindest noch durch Anmahnung sorgen kann.

Unter den Überschriften ›Walter, der Eremit‹, ›Walter, der Weise‹ und ›Walter, der Träumer‹ werden Geschichten erzählte, die allesamt das Strukturmuster tiefer Bewunderung fortsetzen. Der Mann wird präsentiert als etwas verschrobener, aber aufrechter und klarer, zugleich verträumter Mensch – geradezu das Klischee des zerstreuten und lebensfremden Universitätsprofessors. Die Erlebnisse mit ihrem Mann, geronnen zu Geschichten, sind Ausdruck einer schwärmerischen Beziehung, in der immer wieder auch Verwunderung, gar Befremdung über das Verhalten des anderen aufkam, die sie dann allerdings nicht zu Entfremdung oder zu ›Erziehungsversuchen‹ führte. Gisela muss also erstens damit einverstanden und bereit gewesen sein, ihren Mann in alltagspraktischen Belangen zu entlasten, sie war aber zweitens offenbar auch in der Lage, seine Eigenheiten nicht nur hinzunehmen, sondern nachzuvollziehen und (amüsiert) anzunehmen, vermutlich, weil sie selbst entsprechend ähnliche Seiten hatte oder aber das ›Versponnene‹ ihres Mannes als Bereicherung empfand.

1952 und 1953 wurden die beiden Kinder geboren: 1952 der Sohn Justin, dann Thomas. Als Hausfrau und Mutter hin- und hergerissen zwischen dem Sorgen-›Müssen‹ für andere, der Erfüllung von Rollenerwartungen und der Erfüllung eigener Bedürfnisse[76], fand sie schließlich einen neuen Weg, um beidem gerecht werden zu können.

> »I was not prepared for a life as full time mother and a faculty wife. Except for playing chamber music, I had no time for my music. I slowly turned to sculpture, as an outlet for my creative longings. A piece of clay can wait for you, a cello needs constant attention« (GJ, 27).

75 Die Verwendung des Terminus ›Narzissmus‹ impliziert hier für mich nicht die Annahme einer Pathologie, da gewisse narzisstische Anteile gesunder Bestandteil einer jeden Persönlichkeit sind (vgl. z.B. Miller 1983, Mentzos 2005)

76 Mit den im Bild des ›faculty wife‹ enthaltenen gesellschaftlichen Rollenerwartungen haderte Gisela Johann stark (»Needless to say I consider that term an insult«, GJ, 28) und konnte sich ihrer Erfüllung nur zum Teil verweigern (vgl. ebd.).

An dieser Stelle zeigt sich meines Erachtens nun auf das Deutlichste Gisela Johanns Haltung zur Musik, viel mehr aber noch, dass für sie die Möglichkeit der Nutzung künstlerischer Ausdrucksformen im Allgemeinen ein notwendiges Feld der Bewährung und zugleich eine Form der Krisenverarbeitung darstellt. Während ihr eine professionelle Karriere als Musikerin nicht oder nicht mehr wichtig und vielleicht auch gar nicht möglich war, blieb die Bedeutung der Musik, eher aber: der Möglichkeit des kreativen Ausdrucks selbst für ihr Leben. In dieser Hinsicht war sie zwar eigentlich bereits eine ›Professionelle‹, weil sie als Musikerin auf hohem Niveau nicht gelegentliches Spielen um der Freude an der Musik willen praktizierte, sondern über permanente Praxis nach Vervollkommnung strebte. Möglicherweise gerade weil die Kunst, von kleinauf vermittelt, für sie als persönliches Ausdrucksmittel von so großer Bedeutung ist, schien sie diese aber nicht öffentlich, für andere sichtbar, zu ihrer ›Berufung‹ machen zu wollen oder zu können. Ihr produktiv krisenlösender Umgang damit bestand darin, dass sie sich darauf verlegte, Exponate in Form von Skulpturen zu schaffen, statt sich dem Risiko eigener Exponiertheit im Schaffensprozess aussetzen zu müssen.

Um nochmals und genauer auf den Begriff der Krisenverarbeitung zurückzukommen, ist das Zitat außerdem aufschlussreich hinsichtlich der Rekonstruktion eines diesbezüglichen Habitus: Es ist hierin meines Erachtens eine (An-)Klage zu erkennen – die direkte Klage, nicht genügend Zeit für sich selbst gehabt zu haben, beinhaltet indirekt eine Anklage von Ehemann und Söhnen, die ihr diese Zeit, wenngleich nicht bösen Willens, nicht gelassen haben. Ähnlich wie in zuvor bereits zitierten Passagen (zu Schwierigkeiten in der Schule wie auch im Studium) wird aber dieser Präsentation eines Mangels und der Selbstkonstruktion als ›Leidtragende‹ die Präsentation als kompromissfähig und aktiv Gestaltende (die, darauf verweist das verallgemeinernde ›you‹, weiß, wovon sie spricht) gegenübergestellt. Gisela Johann zeigt sich als sowohl an den Bedürfnissen anderer wie auch an den eigenen orientiert pragmatisch Handelnde, wobei der krisenlösende Gewinn in dem Anspruch auf Vermittlung dieser Haltung als allgemein praktikables und damit anerkennenswertes Modell[77] besteht.

1962 zog die Familie aufgrund einer Gastprofessur Walter Johanns in Princeton für ein Jahr dorthin. Gisela empfand den Ort als »stuffy town«, in dem sie aufgrund ihrer Sensibilität gegenüber Diskriminie-

77 Nochmals: Dieser Schluss lässt sich meines Erachtens ziehen angesichts des tendenziell übergriffig verallgemeinernden ›you‹, bei dem auch in der deutschen Entsprechung der vermeintlich persönlich Angesprochene sich letztlich als nur exemplarische Konkretion eines verallgemeinernden ›man‹ erweist.

rung (sie beklagt die Segregation von Schwarzen und Diskriminierung von Frauen) eine eher unglückliche Zeit verbrachte. Für ihren Mann, der viel Arbeit für das Erlangen einer Professur aufgewandt hatte, war dies sicher eine wichtige Station seiner akademischen Karriere, und er erhielt später einen »prestigeträchtigen« Lehrstuhl in der Schweiz angeboten (vgl. GJ, 31). Dieses Datum, genauer, Giselas ablehnende Haltung dazu, ist bedeutsam in zweierlei Hinsicht: Es zeigt erstens, dass Gisela sich angesichts schmerzhafter Erinnerungen an die erlebte Verfolgung in Europa resolut vor emotionaler Überforderung schützen musste und konnte und zweitens, dass sie und ihr Mann sich als gleichberechtigte Partner verstanden, die Lebensentscheidungen auch gemeinsam trafen:

> »He [Walter, Anm. S.K.] said to me ›I have been back to Europe several times, but you haven't. I want you to fly to Basel and see whether you could live in Europe again.‹ [sic] I flew to Basel [...] I made an appointment with some of the university people, who of course could not figure out what this was all about, and were probably quite shocked by my mission. When I came home, my answer was a resounding ›No‹. It was like going backwards for me and we remained in K. and never regretted our decision« (ebd.).

Im Jahr 1963 zogen die Eltern Giselas nach der Aufgabe der ärztlichen Praxis nach K-Stadt. Sie selbst absolvierte eine Ausbildung als Bibliothekarin (›Master of Librarianship‹ an der Universität K-Stadt) und arbeitete fortan halbtags in diesem Beruf, um sich einerseits um die Eltern kümmern und andererseits die Ausbildung der Söhne mitfinanzieren zu können[78]. Generativität wurde von Gisela Johann damit gewissermaßen in beide Richtungen hin gelebt: Sie kümmerte sich um die Eltern und gab ihnen dadurch etwas von der einstmals selbst empfangenen Fürsorge zurück; zugleich ermöglichte sie den eigenen Kindern Selbständigkeit in der Zukunft. Bildlich gesprochen, wurde sie zum Zentrum der Familie und streckte von dort ihre ›helfenden Hände‹ in beide Richtungen aus. Sie scheint über viel Energie verfügt zu haben, allerdings verlangte das Engagement für die Familie ihr schließlich auch viel Kraft ab – die Jahre von 1963 bis 1990, immerhin also 27 Jahre, bezeichnet sie selbst als ›hart‹ (vgl. ebd.). Nachdem ihr Mann 1970 in den Ruhestand gegangen und 1974 der Vater gestorben war, durchlebte sie eine längere Zeit psychischer und körperlicher Belastungen: Sie kümmerte sich um die pflegebedürftige Mutter und um den ab 1979 schwer erkrankten Ehemann. Nach dem Tod der Mutter 1984 erkrankte sie an Brustkrebs,

78 In diesem Zusammenhang ist bezeichnend, dass sie zunächst an eine Ausbildung zur Sozialarbeiterin dachte, wovon der Ehemann ihr abriet: »You already are a social worker, you don't need to bring more problems into your life« (GJ, 29).

zugleich kümmerte sie sich weiterhin um ihren immer schwerer erkrankenden Mann. 1990 starb dieser; zwei Jahre später verkaufte Gisela das gemeinsame Haus und bezog eine Eigentumswohnung in K-Stadt. In diesem Schritt lässt sich die Bereitschaft und Fähigkeit zur Lösung von der Vergangenheit und zur nochmaligen Neuorientierung erkennen, die für Gisela auch eine selbstreflexive Auseinandersetzung mit dem näherrückenden Lebensende bedeutet: »It was time for me to begin the last chapter of my life« (ebd.). Dieses Kapitel könnte mit dem Begriff der Rezentrierung im Sinne einer balancierten Neuintegration (vgl. Kegan 1994[3], 55) überschrieben werden, und Gisela Johanns Bilanzierung zeigt noch einmal deutlich die für sie notwendigen Bestandteile eines gelungenen Lebens, nämlich das Gefühl des tätigen Eingebundenseins, bei dem schöpferischer Selbstausdruck zugleich das Einnehmen einer eigenen Position ermöglicht: »I have time for my art, time for my friends and those in need. I feel centered and at peace with myself« (ebd.).

V. Zusammenfassende Fallkontrastierung

Zur Bedeutung von Emigration für Formen der Gestaltung von Einbindungs- und Ablösungsprozessen und für die Entwicklung eines Habitus der Krisenbewältigung

Die Frage nach der Bedeutung der Erfahrung erzwungener Emigration für Identitätskonstruktionen stellte den Ausgangspunkt der vorliegenden Arbeit dar. Im Zuge der Fallrekonstruktionen deuteten sich dann nicht nur von Fall zu Fall unterschiedliche Perspektiven auf die Erfahrung der Emigration und entsprechend unterschiedliche Umgangsweisen damit an, sondern, weit darüber hinausgehend, jeweils spezifische Haltungen im Umgang mit (wie bewusst auch immer als solche wahrgenommenen) Entscheidungskrisen der Lebensgestaltung, also eine je eigene Form des Umgangs mit der für die menschliche Lebenspraxis konstitutiven widersprüchlichen Einheit von Entscheidungszwang und Begründungsverpflichtung. Mithin schälten sich als weitere Fragen jene nach typologisch diskriminierbaren Strukturmustern bezüglich eines Habitus der Krisenbewältigung heraus und die Frage danach, welche Zusammenhänge einerseits herstellbar sind zu entwicklungsmäßig gewissermaßen ›vorprogrammierten‹ Krisen im Sozialisationsprozess und dem Ereignis ›Emigration‹ als fallübergreifend vorliegender Besonderheit im Sinne eines potentiell traumatischen Krisenereignisses.

Die vorgestellten Fälle repräsentieren im Sinne einer maximalen Kontrastierung höchst unterschiedliche Strukturtypen, die in ihren wesentlichen Charakteristika hier vergleichend gegenübergestellt werden sollen. Es handelt sich dabei um Typen in dem Sinne, dass jede als Ergebnis einer Fallrekonstruktion »artikulierte Fallstruktur einen Typus darstellt, der in sich allgemein ist [weil] Allgemeinheit der Erkenntnis von Allgemeinheit oder Frequenz des empirischen Vorkommens des Erkannten logisch vollkommen unabhängig ist« (Oevermann 2000, 124).

1. Zusammenfassender Überblick über die biographischen und sozialisatorischen Ausgangsbedingungen

Auf die objektiven Daten der Fälle und deren Interpretation zurückgreifend, sollen in einem ersten Schritt Vergleichskriterien vor allem hinsichtlich der konkreten biographischen und sozialisatorischen Ausgangskonstellation tabellarisch dargestellt werden, um im zweiten Schritt eine kontrastierende Skizzierung der herausgearbeiteten Typen hinsichtlich der Forschungsfrage vorzunehmen.

Name und Geburtsjahr	Eltern	Kapitalien der Herkunftsfamilie			›Grund‹, Jahr und Ziel der Emigration	Ausbildung und Beruf
		ökonomisch	sozial	kulturell		
Esther Brückner, *1925	Margot Pelzmann, geb. Weiss, Sozialarbeiterin, Walter Pelzmann, Philosoph. ∞ 1922-1926	(bis 1933) mittel-niedrig; ab 1933 niedrig	mittel	hoch	Politische und ›rassische‹ Verfolgung der Mutter 1934 Holland. 1937 USA (New York)	Biologie- u. Chemiestudium, keine abgeschlossene Ausbildung; einige Jahre tätig als Chemielaborantin
Gisela Johann, geb. Levi, *1926	Inge Levi, geb. Blum, Heilgymnastin, Bernhard Levi, Azrt	(bis 1938) hoch; ab 1938 eher niedrig	hoch	hoch	›rassische‹ Verfolgung, Januar 1939, USA (New York)	Studium Musikgeschichte und Cello, Bibliothekarswesen (Master-Abschluss); Bibliothekarin
Georg Levi, *1924						Musikstudium (Geige, Komposition und Dirigieren); Dirigent und Komponist

Abbildung 4: Objektive Daten

Esther Brückner wurde 1925 geboren, Georg Levi 1924, seine Schwester 1926. Damit ist die Zugehörigkeit zu einer Alterskohorte und Generation gegeben – alle drei erlebten den Beginn des Nationalsozialismus als Kinder, die zwischen sieben und neun Jahren alt den potentiell unmittelbaren Auswirkungen zum Beispiel im Schulalltag und im Umgang mit Freunden bereits direkt ausgesetzt waren und diese auch bereits bewusst erlebten, aber noch zu klein waren, selbstverantwortliche Entscheidungen zu treffen. Die Adoleszenzkrise ist in den Kriegsjahren 1942-1944 anzusetzen, was bedeutet, dass in allen drei Fällen ein Identitätsentwurf und Bewährungsmythos ausgebildet werden musste, der sich im Emigrationsland USA als tragfähig erweisen konnte und der eine (neue) Position zum ehemaligen Heimatland Deutschland erforderte.

In allen drei Fällen[1] kann von einer Herkunft aus dem assimilationsorientierten jüdischen Bürgertum gesprochen werden. In der Familie Esther Brückners setzte diese Orientierung bereits gegen Ende des 19. Jahrhunderts in der Generation der Urgroßeltern ein, die als kleine Kaufmannsleute dem Sohn eine akademische Ausbildung ermöglichten. In der Familie Levi vollzog sich dieser Aufstieg zum Bildungsbürgertum eine Generation später[2] und ist somit möglicherweise auch den Kindern, Gisela und Georg Levi in stärkerem Maße als bewahrenswerte Errungenschaft vermittelt worden. Während also im Falle der Geschwister Levi in der Elterngeneration eine Aufstiegsbewegung einsetzte und von den Kindern mehr oder minder ambitioniert und erfolgreich fortgeführt wurde, ist im Falle Esther Brückners umgekehrt eher ein Traditionsbruch oder wenigstens eine Absetzbewegung der Mutter vom Herkunftsmilieu festzustellen: Als Sozialarbeiterin und aktive Kommunistin distanzierte sie sich zumindest aufgrund der Politisierung vom akademischen und politisch eher ›enthaltsamen‹ Lebensstil ihrer Herkunftsfamilie. Insofern können die Kapitalien, die Esther Brückner in der Kindheit bis 1933 bzw. 1934, dem Jahr der Verhaftung der Mutter, zur Verfügung standen, in kultureller Hinsicht aufgrund des Bildungskapitals der Mutter als hoch, aufgrund ihrer beruflichen Tätigkeit und vor allem der politischen Positionierung[3] in ökonomischer und sozialer Hinsicht hingegen als niedriger angesehen werden. Diese Abwärtsbewegung setzte sich mit der Emigration fort: Abgesehen von in ökonomischer Hinsicht bescheidenen Lebensverhältnissen der Fami-

1 Da es sich bei Gisela Johann und Georg Levi um Geschwister handelt, ist diese Aussage, die Herkunftsfamilie und alle diesbezüglichen Daten betreffend, natürlich nicht zutreffend – an dieser Stelle kann streng genommen insgesamt nur von zwei Fällen gesprochen werden. Hier zeigt sich, nebenbei bemerkt, sehr deutlich noch einmal, wie wichtig es ist, zu Beginn der Fallrekonstruktionen zu klären, welche Fallstruktur jeweils von Interesse ist (vgl. Oevermann 2000, 106).

2 Bernhard Levi war als Sohn eines Metzgers der erste Akademiker in seiner Familie.

3 Diese war, bezogen auf die Mutter, nur möglich oder genauer gesagt: wirksam durch eine starke Vernetzung mit Gleichgesinnten; genau dies aber geht mit einem restringierten Sozialisationsraum für das Kind einher.

lie in den USA, ist festzustellen, dass von Seiten der Mutter (vermutlich aufgrund ihres Selbstverständnisses als politische Exilantin) keinerlei über ein Minimum hinausgehende Bildungsorientierungen existierten, die die Tochter darin unterstützten, einen tragfähigen eigenen Lebensentwurf zu entwickeln. Angesichts der Eingebundenheit der Mutter in das von starker Vernetzung innerhalb, aber starker Abgrenzung nach außen geprägte Milieu von politischen Exilanten wurde darüber hinaus die Erschließung eines eigenen Entfaltungsraumes für Esther Brückner erschwert. Die Aneignung der Welt konnte im Gegenteil nur in Orientierung an der Mutter erfolgen, da erstens aufgrund der mehrfachen langen Trennungen von dieser dauerhafte Unsicherheit und Verlustängste bestanden und zweitens die Mutter als verfolgte Jüdin und als im Widerstand aktive Kommunistin ein starkes Vorbild darstellte. Der scheinbar einzig mögliche Bewährungsmythos, der sich in der Logik adoleszenter Abgrenzung und Ablösung von der Elterngeneration dann für Esther Brückner anbot, war der von Paarbeziehung und Mutterschaft.

In allen Fällen ist kulturelles und symbolisches Kapital[4] beinahe das einzige, was die Eltern aus Deutschland mitnehmen konnten. Nur für die Geschwister Levi aber stand vor allem das kulturelle Kapital tatsächlich im Sinne einer Individuierung ermöglichenden Ressource zur Verfügung, weil die für die Lebenspraxis dieser Familie konstitutive Ausdrucksform der Kunst erstens eine im Zuge des primären Sozialisationsprozesses der Kinder selbsttätig angeeignete und damit inkorporierte darstellte und zweitens aufgrund ihrer laut- und schriftsprachlich Ungebundenheit vielfältige, international und interkulturell kompatible Ausdrucksmöglichkeiten bot. Aufgrund seiner symbolischen Aufgeladenheit innerhalb der Familie aber stellte dieses Kapital insbesondere für die Zweitgeborene, Gisela Levi, zumindest tendenziell eine Hypothek in Form eines Bewährungsdrucks dar.

Betrachtet man die Daten, die den Zeitpunkt der Emigration betreffen, so ist dies aufschlussreich hinsichtlich der Haltungen der Eltern, die mit unterschiedlichen Implikationen für die Kinder einhergehen. Während Margot Pelzmann ihre Kinder aufgrund ihrer politischen Aktivitäten früh in Sicherheit brachte, indem sie sie nach Holland schickte, sie also einerseits schützte, ihnen andererseits aber auch früh Selbständigkeit abverlangte und sie damit tendenziell überforderte, ist bei den Eltern Levi und ihrem Bestreben in Deutschland zu bleiben, eine viel stärkere Tendenz zur Bewahrung zu erkennen. Diese barg ihrerseits Ambivalenzen, weil sie von den Kindern einerseits als schutzgebende

4 Das symbolische Kapital stellt Bourdieu zufolge gewissermaßen ein sozial anerkennenswertes und prestigeträchtiges Destillat der anderen Kapitalsorten dar (vgl. Bourdieu 1979, 357).

Festigkeit angesichts der immer stärkeren Gefährdung, dann aber andererseits auch als das genaue Gegenteil erlebt werden konnte.

Die Fallrekonstruktionen haben gezeigt, dass die Art und Weise, in der die Eltern es generell sowie insbesondere vor dem Hintergrund akuter Bedrohung in Deutschland vermochten, den Kindern als ›einbindende Kulturen‹ zur Verfügung zu stehen und ihnen sowohl Halt, Freiraum und Loslösung ermöglichen als auch die Möglichkeit zur Wiedereinbindung geben konnten, von großer Bedeutung für die Entwicklung eines tragfähigen Identitätsentwurfs und Habitus der Krisenbewältigung war. Hier kann man für Georg Levi wie auch für Gisela Johann[5] sicherlich von einem positiveren Entwicklungsverlauf[6] sprechen als für Esther Brückner, die mit einer alleinerziehenden, berufstätigen und politisch (und vor allem: im Widerstand) aktiven Mutter erstens im Grunde genommen von Beginn ihres Lebens an mit dem Problem der ›Andersartigkeit‹ konfrontiert war, für die aber zweitens aus den gleichen Gründen, die die mangelnden Stützungsmöglichkeiten von Seiten der Mutter bedingten, kaum Optionen bestanden, dieses Anderssein positiv für sich selbst auszugestalten.

Allerdings zeigt gerade der Vergleich der drei Fälle nicht nur die Bedeutung von hinreichend tragfähigen Eltern-Kind-Beziehungen (oder allgemeiner: primärsozialisatorisch signifikanten anderen) für kindliche und adoleszente Entwicklungs- und Bewältigungsmöglichkeiten auf – diesbezüglich könnte auf Ergebnisse der Bindungsforschung wie auch der Entwicklungspsychologie und Psychoanalyse verwiesen werden (vgl. z.B. Bowlby 1973, 1969/1979; 1980; Grossmann/Grossmann 2004, 2007a+b; Winnicott 1965/97). Zumindest ebenso sehr ist von Belang– um noch einmal an Kegans Terminologie der Kulturen anzu-

5 Dass sich bei dem Geschwisterpaar gleichwohl deutliche Unterschiede zeigen, ist sicherlich nicht nur, wie es Gisela Johann deutet, auf unterschiedliche Persönlichkeiten zurückzuführen, sondern auch im Zusammenhang damit zu sehen, dass, wie schon zu Beginn des Kap. IV. 4 bemerkt, jedes Kind in einer eigenen Triadenrelation zu den Eltern zu sehen ist.

6 Eine Wertung mag in diesem Zusammenhang als problematisch angesehen werden, ich halte sie aber aus zweierlei Gründen für gerechtfertigt. Erstens können meines Erachtens Erziehungs-, Entwicklungs- und Sozialisationstheorien kaum eines normativen Elements entbehren, sofern Erziehung noch auf ein Ziel hin, nämlich zum Beispiel auf die Ermöglichung von Entwicklung zu einer ›autonom handlungsfähigen Persönlichkeit‹, orientiert sein soll. Erziehungs- und Entwicklungsziele sind damit aber notwendig normativ basiert, anderenfalls wären sie keine Ziele. Zweitens ist die Grundlage dieser Wertung für mich die in den Fällen selbst zum Ausdruck kommende, bilanzierende Perspektive auf das gelebte Leben, und die ist im Falle von Esther Brückner eindeutig von Bedauern und sogar Unzufriedenheit geprägt.

knüpfen –, inwiefern, abgesehen von der primärsozialisatorischen Elternkultur, auch später ›einbindende Kulturen‹ zur Verfügung standen, um das, was oben mit dem Bourdieuschen Terminus des Kapitals bezeichnet worden ist, auch einbringen und selbstdefinitorisch ›verwerten‹ zu können: Bei Esther Brückner zeigt sich ein ganz ›typisch‹ erscheinendes Problem, nämlich das Gefühl, zwischen zwei Kulturen zu stehen und sich nirgendwo wirklich beheimatet fühlen zu können. Doch noch nicht einmal auf der relativ basalen Ebene von Ernährungsgewohnheiten und -vorlieben[7] sich äußernde Bestrebungen, unterschiedliche Lebensgewohnheiten zu kombinieren, konnten in der DDR aufgrund der restriktiven Politik verwirklicht werden. Da sie ›nur‹ aus Liebe nach Deutschland zurückgekehrt war und, obgleich ohne eigene politische Motive, der exklusiven Gruppe politischer Exilanten zugerechnet wurde und auf ihre Selbstdefinition als ›amerikanisch sozialisiert‹ sicherlich keinerlei positive Resonanz erfuhr, blieb auch später nur eine trotzig anmutende Selbstbehauptung als ›anders‹. Demgegenüber ist es sowohl für Gisela Johann als auch für Georg Levi wesentlich leichter gewesen, sich mit ihren ›international konvertierbaren‹ musischen Talenten und Fähigkeiten einzubringen und, nicht zuletzt aufgrund der in den USA vorherrschenden Perspektive auf Europa als ›Wiege der Kultur‹, Anerkennung dafür zu erfahren.

2. Zur Typisierung der Fälle

Leitend für die Typisierung und damit für die Ablösung von den rekonstruierten, konkreten Fällen, war vor allem die Frage nach dem jeweils herausgearbeiteten Habitus der Krisenbewältigung, nach seiner Entwicklung und der jeweiligen identitätsstiftenden Bedeutung hinsichtlich der Adoleszenzkrisenbewältigung.

2.1 *Typus I: Lebenslänglich Emigrantin*

Es ist genau das hinsichtlich der Generalisierbarkeit rekonstruktiver Forschung immer wieder als vermeintliches Problem aufgeworfene dialektische Verhältnis von Allgemeinem und Besonderem – die Be-

7 »Von jedem, n bisschen, ja, hier bin ich so jewohnt zu leben, so die letzten ((gedehnt, überlegend)) *äh*, siebenundfuffzig Jahre, äh äh aber, aufjewachsen bin ich da, so dass ich sozusagen da doch irjendwie sehr viele Eigenschaften doch so mehr habe, wie se da/dieses gesunde Essen und/is zum Beispiel sehr viel üblicher in den USA, so, lauter so Anjewohnheiten, ja?« (EB, 60, 34-61, 2).

sonderung im Allgemeinen und das Allgemeine im Besonderen –, das in seiner lebenspraktischen Bewältigung, wie am Fall Esther Brückner rekonstruiert, den Kernkonflikt dieses Typus darstellt. Die im Zuge der Identitätsentwicklung sich stellende Aufgabe, einen Entwurf auszubilden, der ein Gefühl von Einzigartigkeit ebenso wie von Zugehörigkeit (so zu sein, wie alle anderen) ermöglicht, muss unter erschwerten Bedingungen, weil von vornherein unter dem Zeichen der Andersartigkeit stehend, bewältigt werden. Dies führt zu einem Krisenbewältigungshabitus der Selbststilisierung als ›untypisch‹, dessen Verheißung darin zu liegen scheint, dass eine befürchtete positive oder negative ›Determination‹ und Vereinnahmung durch Fremdtypisierung (›Ich sage dir, wie du wirklich bist‹) putativ über die selbstbewusste Markierung von Differenz abgewehrt werden kann. Zugleich wird diese Differenz immer wieder als Problem – und damit auch der Wunsch nach positiver Identifikation und Zugehörigkeit – artikuliert. Die Bezeichnung dieses Typus' als ›lebenslängliche Emigrantin‹ bringt nicht nur den Aspekt der Fortsetzung eines Emigrantendaseins über den Rückzug in ›innere Emigration‹ zum Ausdruck, sondern auch den einer damit einhergehenden dauerhaften Selbstbeschränkung, die also, zugespitzt formuliert, einer selbst vorgenommenen Inhaftierung gleichkommt.

Krisen werden vorrangig so zu lösen gesucht, dass Beziehungen, die bislang ein Minimum von Einbindung boten, nicht gefährdet werden, allerdings um den Preis der Wahrung eines Wartesaal-Status, der kein Ankommen ermöglicht.

Der im Falle Esther Brückners entwickelte Bewährungsmythos von Paarbeziehung und Mutterschaft bringt insofern genau diese Struktur zum Ausdruck, als darin der Versuch deutlich wird, durch ›Ausweichen‹ auf das Feld der Generativität etwas realisieren zu können, was ihr selbst versagt geblieben ist, nämlich eine hinreichend haltgebende Mutter-Kind-Beziehung[8].

Am Fall Esther Brückner konnte herausgearbeitet werden, wie eher mangelhafte Bindungs- und damit auch Ablösungsmöglichkeiten, die Erfahrung der Emigration und die ängstlich-bindungsorientierte Entscheidung zur Remigration individuierungshemmend zusammenwirken, was sich besonders deutlich daran zeigt, dass sie, am Modell der Mutter orientiert und nahezu zeitgleich zu deren zweiter Eheschließung mit einem kommunistischen Schriftsteller, einen 20 Jahre älteren Kommunisten heiratete, um dann quasi im Familienverband nach Deutschland zu remigrieren.

8 Inwiefern damit eigene Individuierungsprobleme wiederum an die nächste Generation ›weitergegeben‹ werden, ist eine Frage, die ich hier nicht mehr behandeln möchte.

Die frühzeitig an sie gestellte Anforderung, selbständig zu werden, erwies sich faktisch als Überforderung, wird aber von ihr als solche nicht ›gesehen‹, sondern als – tendenziell überstrapazierte – Stütze der Selbstkonstruktion präsentiert: Die Entwicklung eines Habitus der Krisenbewältigung in Form einer Selbststilisierung als autonomes, geradezu autarkes Subjekt, ist somit ein Versuch der Stillstellung kehrseitiger Gefühle, genauer: der Tilgung von Erinnerungen an Gefühle der Bedürftigkeit, Verlassenheit und Verletztheit. ›Lebenslänglich Emigrantin‹ heißt dann nicht nur auf Dauer gestellte Fremdheit im Umgang mit anderen, sondern auch sich selbst gegenüber.

2.2 *Typus II: ›Amor fati‹ oder: das Glückskind*

Der Fall Georg Levi steht in maximalem Kontrast zum Fall Esther Brückner, so dass eine Gegenüberstellung zunächst geradezu klischeehaft extrem wirkende Typen des Scheiterns einerseits und des Gelingens andererseits hervorzubringen scheint. Denn im Falle des ›Glückskindes‹ ist es gerade so, dass ihm die Emigration als an sich tragisches Erlebnis bis dahin ungeahnte Chancen eröffnet und letztlich eine Erfolgsgeschichte beschert. Charakteristisch erscheint dabei erstens eine die Wechselfälle des Lebens hinnehmende oder gar bejahende, strukturell optimistische Grundhaltung, die auf ein vertrauensvolles Selbst-Weltverhältnis verweist. Diese Haltung ist weniger Ausdruck eines unerschütterlichen oder gar übersteigerten Selbstbewusstseins als vielmehr eines Vertrauens darauf, jemand zu sein, der es im Eriksonschen Sinne ›wert‹ ist, etwas gegeben zu bekommen. Damit wird theoretisch auch der Modus der Erfahrung von sich selbst als Gebender thematisch, genau dieser Aspekt aber, auch das eigene Zutun zu der als so positiv evaluierten Entwicklung des eigenen Lebensweges in Form von erbrachter Leistung, wird weniger explizit benannt noch gar herausgestellt, so dass eine demütig-staunende Haltung dominiert, aus der heraus auch eben dieses selbst Geleistete beinahe noch wie ein unerwartetes Geschenk betrachtet wird. Eine kindlich-explorierende Haltung der Welt gegenüber, soziale Kompetenzen, vor allem Kommunikativität und Offenheit sind dabei aber ganz wesentliche Eigenschaften, die ein solches ›Beschenktwerden‹ mit ermöglichten. In der Selbstkonstruktion als Glückskind wird somit nicht nur ein Hang zur dramatischen Inszenierung deutlich, sondern damit ist auch eine Möglichkeit zur Distanzierung von als traumatisch erlebten Ereignissen verbunden.

Der Begriff des ›Kindes‹ ist hier insofern angebracht, als Georg Levi sich stärker über den Modus des Gegeben-Bekommens als des Gebens rekonstruiert. Generativität wird aber vermittelt gelebt, als Kreativität, die erst in der Umsetzung mit anderen oder der Weitergabe an andere vollends sichtbar und anerkennungsfähig und somit zur Grundlage für seinen bewährungsverheißenden Lebensentwurf wird.

2.3 *Typus III: Die engagierte Vermittlerin*

Der dritte Typus unterscheidet sich von den beiden zuvor dargestellten grundsätzlich und zeichnet sich dadurch aus, dass eine Erfahrungs- und Krisenverarbeitung in die Entwicklung einer daraus zu ziehenden Lehre mündet. Die eigenen Lebenserfahrungen führen zur Entwicklung einer engagierten Haltung und sollen an andere weitergegeben werden.

Im Falle Gisela Johanns zeigt sich eine solch engagierte Haltung von Anfang an auch gegenüber sich selbst. Sie ist also nicht nur Ergebnis der Emigrationserfahrung, aus der moralische und politische Konsequenzen gezogen werden. Vielmehr resultiert sie aus ihrer Position als ›Zweite‹ und als Mädchen in der Familie, in der aufgrund der für diese Familie so wichtigen künstlerischen Praxis zudem ein gewisser Erwartungsdruck, nämlich sich in dieses ›Ensemble‹ einzufügen, auf ihr lastete. Diesem Druck wurde mit Widerständigkeit begegnet, und diese Widerständigkeit wurde akzeptiert, so dass es ihr möglich wurde, Krisen nicht nur mit dem Wissen um die Solidarität der Eltern zu lösen, sondern solche im Vertrauen auf diese Solidarität selbst zu produzieren. Beispielhaft hierfür ist die Unterstützung der Eltern für ihre kompromisslose Haltung sowohl hinsichtlich ihres politischen Engagements während der Studienzeit als auch ihrer gesellschaftlich ›anstößigen‹ Beziehung zu einem Afroamerikaner.

An diesen Beispielen erfährt der Habitus der Künstlerin (und damit immer auch der Vermittlerin) eine lebenspraktische Konkretion: Sie ist gewissermaßen als ›Krisenproduzentin‹ die aktive Gestalterin ihres Schicksals geworden und hat es im Gegensatz zu den ersten beiden Typen nicht einfach erlitten oder als Geschenk angenommen. Mit dieser Haltung verbunden ist das Bestreben, über die mit einem Auftrag verknüpfte Weitergabe ihrer Erfahrungen an die nächste Generation gestaltend auf deren Zukunft Einfluss zu nehmen.

VI. Schlussbemerkungen

Die vorliegende Studie stellt einen Beitrag zur historischen Biographie- und Sozialisationsforschung dar. Ihren Ausgangspunkt bildete die Frage, was es für Kinder und Jugendliche in Deutschland zur Zeit des Nationalsozialismus bedeutete, ausgegrenzt und verfolgt zu werden sowie schließlich mehr oder weniger plötzlich und unfreiwillig emigrieren und in einem fremden Land leben zu müssen. Daraus entwickelte sich dann in einem zweiten Schritt die darüber hinausgehende Frage nach der Bedeutung von Emigrationserfahrungen im Kindes- und Jugendalter für die Identitätsentwicklung.

Eine umfassende Beantwortung dieser Frage hätte aber angesichts der Komplexität des Identitätsbegriffes und dessen jeweils unterschiedlicher historischer und theoretischer Besetzung sicher nicht ohne eine Präzisierung der Fragestellung gelingen können. Insofern erschien es mir, ausgehend von dem Verständnis von Emigration als potentiell traumatisierendem und Ablösung forcierendem Krisenereignis, sinnvoll, die Frage nach der Gestaltung von Einbindungs- und Ablösungsprozessen und nach der Entwicklung eines Habitus der Krisenbewältigung als wesentlichen Aspekt von Identitätsbildungsprozessen in den Mittelpunkt zu stellen.

Der thematische Fokus auf Emigration als Ablösung forcierendes Krisenerlebnis sowie die Frage nach ihrer biographischen und identitätsbezogenen Relevanz legte zwei theoretische Konzepte als heuristische Zugänge nahe: zum einen Ulrich Oevermanns Konzeption von Sozialisation als Prozess der Krisenbewältigung und zum anderen Robert Kegans Modell der Entwicklung des Selbst über Prozesse der Einbindung und Ablösung.

Dabei mag die Auswahl der objektiven Hermeneutik als Methode und der gleichzeitige Anschluss an Oevermanns Sozialisationsmodell zunächst als zu einseitig erscheinen; meines Erachtens führt diese aber erstens zu einer besonderen Stringenz von Methodologie und Methode, zweitens erscheint mir die anschließende Verbindung dieses Konzeptes mit jenem von Kegan als innovativ und pädagogisch besonders fruchtbar, betont letzteres doch stärker die einbindenden und ablösenden Funktionen der sogenannten Kulturen, also gewissermaßen die Möglichkeiten und Aufgaben der Sozialisationsinstanzen und der weiteren sozialen Umwelt für die Selbstentwicklung über die Lebensspanne.

An diesem Punkt können die Ergebnisse der Arbeit über ihren historischen Kontext hinaus als gewinnbringend betrachtet werden. So erweist sich als ein allgemein-erziehungswissenschaftlich relevantes Ergebnis, dass, wie insbesondere am Fall Gisela Johann gezeigt werden konnte, die symbolische Vermittlung und Aneignung der Möglichkeit zur Einnahme und allmählichen Ausdifferenzierung und Ausgestaltung einer eigenen, ›dritten‹ Position von erheblicher Bedeutung für die Möglichkeiten der Identitätsentwicklung ist: Das Kind hat – im Sinne Oevermanns – innerhalb der Familie eine spezifische Strukturposition inne. Aber je nachdem, ob eine solche überhaupt für das Kind ›vorgesehen‹ ist, wie sie von den Eltern definiert und wie sie dann in der Eltern-Kind-Interaktion ausgefüllt wird, bildet sich ein je spezifischer Habitus der Krisenbewältigung heraus. Dieser ist Ausdruck einer sich über Ausbildung von personaler und sozialer Identität gebildeten Formation des Subjekts in Interaktion mit seiner es immer wieder krisenhaft irritierenden Umwelt. Zentral für das spätere Sich-zur-Welt-in-Beziehung-Setzen ist also die Möglichkeit der positiven Stützung in der Einnahme eines ›eigenen Ortes‹ für das Kind in der Familie. Um diesen stabilisieren und auch später in der Welt einnehmen zu können, ist – im Sinne Kegans – eine ständige Subjekt-Objekt-Relationierung von Bedeutung, nämlich dahingehend, dass der Mensch sowohl die ihn umgebenden anderen als auch sich selbst zum Objekt (im Sinne der lat. Bedeutung von ›jacere‹ = ›werfen‹) und damit zum betrachtbaren Gegenüber werden lassen kann. Insofern ist die Betonung der Bedeutung familialer Sozialisation für die Identitätsentwicklung nur ein Ergebnis der Arbeit, und dies ist auch keineswegs als Plädoyer für die Wiederbelebung einer einseitigen Theorie unüberwindbarer frühkindlicher Prägung, zum Beispiel im Sinne früher psychoanalytischer Theorien, zu verstehen. Vielmehr bieten die Fallrekonstruktionen eine empirische Fundierung der Synthese aus den Theorien Oevermanns und Kegans (auch Eriksons) insofern, als gezeigt werden konnte, dass einbindende (und freigebende) Kulturen über Kindheit und Jugend hinaus von Bedeutung für die Identitätsentwicklung sind. Lebensbereiche wie Beruf, Gemeinwohl, Paarbeziehung und Elternschaft bzw. Generativität sind aus der Perspektive Oevermanns Bewährungsdimensionen, hinsichtlich deren Einbindung in den eigenen Lebensentwurf schon am Ende der Adoleszenz Stellung bezogen werden muss.

Es zeigt sich aber, dass diese – in den analysierten Fällen sind es Paarbeziehung und Elternschaft sowie Kunst als Profession – als einbindende Kulturen auch im Erwachsenalter bedeutsame Quellen für die jeweilige Identitätskonstruktion und die Verfestigung oder Modifikation des entwickelten Habitus der Krisenbewältigung sind.

Literatur

ADAM, HUBERTUS/ASSHAUER, MARTIN: Flüchtlingskinder – Individuelles Trauma, Versöhnungsprozess und soziale Rekonstruktion. In: Fooken, I./Zinnecker, J. (Hg.): Trauma und Resilienz. Chancen und Risiken lebensgeschichtlicher Bewältigung von belasteten Kindheiten. Weinheim/München 2007, S.155-168.

ADORNO, THEODOR W.: Zur Lehre von der Geschichte und von der Freiheit (1964/65). Frankfurt am Main 2001.

AINSWORTH, MARY D. SALTER: Attachment as related to Mother-Infant Interaction. In: Rosenblatt, J. et al. (eds.): Advances in the Study of Behaviour. New York/San Francisco/London 1979, S. 1-51.

ALHEIT, PETER/DAUSIEN, BETTINA/HANSES, ANDREAS/SCHEUERMANN, ANTONIUS: Biographische Konstruktionen. Beiträge zur Biographieforschung. Werkstattberichte des Forschungsschwerpunkts »Arbeit und Bildung«, Bd. 19. Bremen 1992.

ALLERT, TILMAN: Die Familie. Fallstudien zur Unverwüstlichkeit einer Lebensform. Berlin/New York 1998.

APITZSCH, URSULA (Hg.): Migration und Traditionsbildung. Opladen 1999.

ARNETT, JEFFREY JENSEN: Emerging Adulthood: The Winding Road from the Late Teens through the Twenties. Oxford 2007.

BADAWIA, TAREK/HAMBURGER, FRANZ/HUMMRICH, MERLE (Hg.): Wider die Ethnisierung einer Generation: Beiträge zur qualitativen Migrationsforschung. Frankfurt am Main 2003.

BARKAI, AVRAHAM/MENDES-FLOHR, PAUL: Deutsch-jüdische Geschichte der Neuzeit. Hg. i. Auftr. des Leo-Baeck-Instituts von Michael A. Meyer unter Mitw. von Michael Brenner. Bd. 4. Aufbruch und Zerstörung: 1918-1945. München 2000.

BARTMANN, SYLKE/GARZ, DETLEF: »Wir waren Vogelfrei«. In: Bonner Geschichtsblätter, Bd. 49/50. Bonn 1999/2000 (2001), S. 457-470.

BARTMANN, SYLKE: Ressourcenbildung im Biographieverlauf. In: zbbs 6, 2005, S. 23-42.

– Flüchten oder Bleiben? Rekonstruktion biographischer Verläufe und Ressourcen von Emigranten im Nationalsozialismus. Wiesbaden 2006.

BAUER, BARBARA/STRICKHAUSEN, WALTRAUD (Hg.): »Für ein Kind war das anders«. Traumatische Erfahrungen jüdischer Kinder und Jugendlicher im nationalsozialistischen Deutschland. Berlin 1999.

BAUER, ULLRICH: Keine Gesinnungsfrage. Der Subjektbegriff in der Sozialisationsforschung. In: Geulen, D./Veith, H. (Hg.): Sozialisationstheorie interdisziplinär. Stuttgart 2004, S. 61-91.

BAR-ON, DAN: Begegnung mit dem Holocaust: Israelische und deutsche Studenten im Prozeß des Durcharbeitens. In: HARDTMANN, G. (Hg.): Spuren der Verfolgung. Seelische Auswirkungen des Holocaust auf die Opfer und ihre Kinder. Gerlingen 1992, S. 167-196.

BEHNKEN, IMBKE, ZINNECKER, JÜRGEN (Hg.): Kinder. Kindheit. Lebensgeschichte. Ein Handbuch. Seelze-Velber 2001.

BENDIX, JOHN: The lived analytic: layers of meaning(fullness) in the context of the Holocaust. In: History of the Human Sciences 2004, 17, Nr. 2/3, S. 125-145. http://hhs.sagepub.com/cgi/content/abstract/17/2-3/125 (Datum des Abrufs 6. 2. 2007).

BENZ, UTE/BENZ, WOLFGANG (Hg.): Sozialisation und Traumatisierung. Kinder in der Zeit des Nationalsozialismus. Frankfurt am Main 1992.

BENZ, WOLFGANG: Die jüdische Emigration. In: Krohn, C.-D. et al. (Hg.): Handbuch der deutschsprachigen Emigration 1933-1945, Darmstadt 1998, S. 5-16.

BERGER, PETER L./LUCKMANN, THOMAS (1969): Die gesellschaftliche Konstruktion der Wirklichkeit. Eine Theorie der Wissenssoziologie. Frankfurt am Main 2000[17].

BERGMANN, MARTIN S./JUCOVY, MILTON E./KESTENBERG, JUDITH S.: Kinder der Opfer, Kinder der Täter. Psychoanalyse und Holocaust. Frankfurt am Main 1995.

BEUTLER, KURT ET AL. (Hg.): Jahrbuch für Pädagogik 2003. Erinnern – Bildung – Identität. Frankfurt am Main 2003.

BLÖMER, URSULA: »Im uebrigen wurde es still um mich«. Aberkennungsprozesse im nationalsozialistischen Deutschland. Oldenburg 2004.

BOHNSACK, RALF/MAROTZKI, WINFRIED/MEUSER, MICHAEL (Hg.): Hauptbegriffe qualitativer Sozialforschung. Opladen 2003.

BOURDIEU, PIERRE: Entwurf einer Theorie der Praxis auf der ethnologischen Grundlage der kabylischen Gesellschaft. Frankfurt am Main 1979.

– Ökonomisches Kapital, kulturelles Kapital, soziales Kapital. In: Krekel, R. (Hg.): Soziale Ungleichheiten. Soziale Welten. Sonderband 2. Göttingen 1983, S. 183-192.

BOWLBY, JOHN: (1969): Attachment and Loss. Vol. I: Attachment. London: Hogarth Press 1979.

– Attachment and Loss. Vol. II: Separation, Anxiety and Anger. London: Hogarth Press 1973.

– Attachment and Loss. Vol. III: Loss. New York: Basic Books 1980.

BRÜSEMEISTER, THOMAS: Qualitative Forschung. Ein Überblick. 2., überarb. Auflage. Wiesbaden 2008.

BRUMLIK, MICHA: Bildung und Glück. Versuch einer Theorie der Tugenden. Berlin/Wien 2002.

BÜHLER, GRIT: Mythos Gleichberechtigung in der DDR. Frankfurt am Main/New York 1997.

BURKHOLZ, ROLAND/GÄRTNER, CHRISTEL/ZEHENTREITER, FERDINAND (Hg.): Materialität des Geistes. Zur Sache Kultur – im Diskurs mit Ulrich Oevermann. Weilerswist 2001.

CRAMER, FRIEDRICH: Symphonie des Lebendigen. Versuch einer allgemeinen Resonanztheorie. Frankfurt am Main/Leipzig 1996.

DAVIE, MAURICE R. (Hg.): Refugees in America. Report of the Committee for the Study of Recent Immigration from Europe. New York u. London 1947.

DE LA MOTTE-HABER, HELGA: Handbuch der Musikpsychologie. 2., erg. Auflage. Mit Beitr. von Reinhard Kopiez und Günther Rötter. Laaber 1996.

DERTINGER, ANTJE: Heldentöchter. Bonn 1997.

DILTHEY, WILHELM (1875):Über das Studium der Geschichte der Wissenschaften vom Menschen, der Gesellschaft und dem Staat. In: Ders: Gesammelte Schriften. Band V. Die geistige Welt. Einleitung in die Philosophie des Lebens. Erste Hälfte: Abhandlung zur Grundlegung der Geisteswissenschaften. Stuttgart 1957, S. 31-73.

– (1927): Der Aufbau der geschichtlichen Welt in den Geisteswissenschaften. Frankfurt am Main 1981.

DINER, DAN (Hg.): Historische Migrationsforschung. Gerlingen 1998.

DTV-ATLAS MUSIK. 2., durchges. u. korr. Auflage, München 2005.

ELON, AMOS: Zu einer anderen Zeit. Porträt der jüdisch-deutschen Epoche 1743-1933. München 2005.

ERDHEIM, MARIO: Die gesellschaftliche Produktion von Unbewusstheit. Eine Einführung in den psychoanalytischen Prozeß. Frankfurt am Main 1988².

ERIKSON, ERIK. H. (1950): Kindheit und Gesellschaft. Stuttgart 1971.

– (1959): Identität und Lebenszyklus. Frankfurt am Main 1973.

– (1975): Lebensgeschichte und historischer Augenblick. Frankfurt am Main 1982.

FEIDEL-MERTZ, HILDEGARD: »Das letze Stückchen Eerde«. Die Tagebücher des Klaus Seckel aus der Internationalen Quäkerschule Eerde/Holland. In: HANSEN-SCHABERG, INGE (HG.): Als Kind verfolgt. Anne Frank und die anderen. Berlin 2004, S. 131-145.

FLICK, UWE/KARDORFF, ERNST VON/STEINKE, INES (Hg.): Qualitative Forschung. Ein Handbuch. Reinbek b. Hamburg 2000.

FLITNER, ANDREAS: Konrad, sprach die Frau Mama. Berlin 1982.

FREUD, ANNA/BURLINGHAM, DOROTHY (1951): Heimatlose Kinder. Zur Anwendung psychoanalytischen Wissens auf die Kindererziehung. Frankfurt am Main 1982.

FREUD, SIGMUND (1905): Drei Abhandlungen zur Sexualtheorie. Frankfurt am Main 1999.

– (1913): Totem und Tabu. Werkausgabe in zwei Bänden. Frankfurt am Main 1978.

FRIEBERTSHÄUSER, BARBARA/PRENGEL, ANNEDORE (Hg.): Handbuch Qualitative Forschungsmethoden in der Erziehungswissenschaft. Weinheim/München 2003.

FUCHS-HEINRITZ, WERNER: Biographische Forschung. Eine Einführung in Praxis und Methoden. Wiesbaden 2000².

FUNCKE, DORETT: Die unvollständige Triade. Eine strukturelle Herausforderung für das Gelingen einer Lebenspraxis. Das Beispiel Thomas Bernhard. In: sozialer sinn 6 (2005), S. 231-273.

GÄRTNER, C./POLLACK, D./WOHLRAB-SAHR, M. (Hg.): Atheismus und religiöse Indifferenz. Opladen 2003.

GARZ, DETLEF (Hg.): Vordtriede, K.: »Es gibt Zeiten, in denen man welkt«. Mein Leben in Deutschland vor und nach 1933. Lengwil 1999/2000.

– (Hg.): Wysbar, E.: »Hinaus aus Deutschland, irgendwohin …«. ›Mein Leben in Deutschland vor und nach 1933‹. Lengwil 2000a.

GARZ, DETLEF: Biographische Erziehungswissenschaft. Lebenslauf, Entwicklung und Erziehung. Eine Hinführung. Opladen 2000b.

– Jüdisches Leben vor und nach 1933. In: Einblicke Nr. 32/2000, Carl von Ossietzky Universität Oldenburg 2000c, S. 17-20.

– Der ›homo socialis‹ – Zu Methodologie und Theorie der objektiven Hermeneutik. In: Hug, T. (Hg.): Wie kommt Wissenschaft zu ihrem Wissen? Bd. 3. Baltmannsweiler 2001, S. 255-261.

– Die Methode der Objektiven Hermeneutik – Eine anwendungsbezogene Einführung. In: Friebertshäuser, B./Prengel, A. (Hg.): Handbuch Qualitative Forschungsmethoden in der Erziehungswissenschaft. Weinheim/München 2003, S. 535-543.

– Aberkennungsprozesse. Abfolgen des Erleidens in autobiographischen Manuskripten deutschsprachiger Emigranten. In: Allmendinger, J. (Hg.): Entstaatlichung und soziale Sicherheit. Verhandlungen des 31. Kongresses der Deutschen Gesellschaft für Soziologie in Leipzig 2002. 2 Bände + CD-ROM. Opladen 2003.

– ›Mein Leben in Deutschland vor und nach dem 30. Januar 1933‹. Das wissenschaftliche Preisausschreiben der Harvard Universität und seine in die USA emigrierten Teilnehmerinnen und Teilnehmer aus den Gebieten der Literatur. In: Spalek, J.M./Feilchenfeldt, K./Hawrylchak, S.H. (Hg.): Deutschsprachige Exilliteratur seit 1933. Band 3; USA. München 2005, S. 305-333.

– Weder Solidarität noch Recht noch Liebe. Grundzüge einer Moral der Aberkennung. Aberkennungstrilogie, Teil I. In: Drerup, H./Fölling, W. (Hg.): Gleichheit und Gerechtigkeit. Pädagogische Revisionen. Dresden 2006, S. 51-69.

– Wenn guten Menschen Böses widerfährt. Über einen Extremfall von Aberkennung. In: Bucher, A.A. (Hg.): Moral, Religion, Politik. Psychologisch-pädagogische Zugänge. Festschrift für Fritz Oser. Wien, Berlin 2007a, S. 209-226.

– Wie wir zu dem werden, was wir sind. Über Anerkennungs- und Aberkennungsprozesse in der sozialisatorischen Interaktion. Aberkennungstrilogie, Teil II. In: Andresen, S./Pinhard, I./Weyers, St. (Hg.): Erziehung, Ethik, Kultur. Pädagogische Aufklärung als intellektuelle Herausforderung. Weinheim 2007b, S. 34-49.

GARZ, DETLEF/ACKERMANN, FRIEDHELM: Objektive Hermeneutik und Medienforschung. In: Ayaß, R./Bergmann, J. (Hg.): Qualitative Methoden der Medienforschung. Reinbek 2006, S. 324-349.

GARZ, DETLEF/KNUTH, ANJA: Constanze Hallgarten. Porträt einer Pazifistin. Hamburg 2004.

GARZ, DETLEF/KRAIMER, KLAUS (Hg.): Die Welt als Text, Theorie, Kritik und Praxis der objektiven Hermeneutik. Frankfurt am Main 1994.

GARZ, DETLEF/LEE, HYO-SEON: L. Kohlberg's moral developmental theory applied to a biographical analysis of a Jewish girl and woman. In: Korean Social Welfare 7 2002, S. 241-258.

GARZ, DETLEF/LEE, HYO-SEON: ›Mein Leben in Deutschland vor und nach dem 30. Januar 1933‹. In: Fritz Bauer Institut (Hg.): Im Labyrinth der Schuld. Jahrbuch 2003. Frankfurt am Main 2003, S. 333-357.

GARZ, DETLEF/TAPPAN, MARK: Das kompetente und das dialogische moralische Selbst. In: Handlung, Kultur, Interpretation. Zeitschrift für Sozial- und Kulturwissenschaften 10, 2001, S. 246-272. .

GESTRICH, ANDREAS: Vergesellschaftungen des Menschen. Einführung in die Historische Sozialisationsforschung. Tübingen 1999.

GEULEN, DIETER/VEITH, HERMANN (Hg.): Sozialisationstheorie interdisziplinär. Stuttgart 2004.

GÖPPEL, ROLF: Ursprünge der seelischen Gesundheit. Risiko- und Schutzfaktoren in der kindlichen Entwicklung. Würzburg 1997.

GOLDSCHMIDT, GEORGES-ARTHUR: Die Absonderung. Frankfurt am Main 2001[3].

– Über die Flüsse. Autobiographie. Frankfurt am Main 2003.

GROSSMANN, KARIN/GROSSMANN, KLAUS E.: Bindung. Das Gefüge psychischer Sicherheit. Stuttgart 2004.

GROSSMANN, KLAUS E./GROSSMANN, KARIN: »Resilienz« – Skeptische Anmerkungen zu einem Begriff. In: Fooken, I./Zinnecker, J. (Hg.): Trauma und Resilienz. Chancen und Risiken lebensgeschichtlicher Bewältigung von belasteten Kindheiten. Weinheim/München 2007a, S. 29-38.

– Der Beitrag der Bindungsforschung zur Bewältigungsforschung. In: Fooken, I./Zinnecker, J. (Hg.): Trauma und Resilienz. Chancen und Risiken lebensgeschichtlicher Bewältigung von belasteten Kindheiten. Weinheim/München 2007b, S. 131- 145.

GRÜNBERG, KURT/STRAUB, JÜRGEN (Hg.): Unverlierbare Zeit. Psychosoziale Spätfolgen des Nationalsozialismus bei Nachkommen von Opfern und Tätern. Tübingen 2001.

GRUNENBERG, ANTONIA: Antifaschismus – ein deutscher Mythos. Reinbek b. Hamburg 1993.

HABERMAS, TILMANN/PAHA, CHRISTINE: Frühe Kindheitserinnerung und die Entwicklung biographischen Verstehens in der Adoleszenz. In: Behnken, I./Zinnecker, J. (Hg.): Kinder. Kindheit. Lebensgeschichte. Ein Handbuch. Seelze-Velber 2001, S. 85-99.

HANSEN-SCHABERG, INGE (Hg.): Als Kind verfolgt. Anne Frank und die anderen. Berlin 2004.

HARDTMANN, GERTRUD (Hg.): Spuren der Verfolgung. Seelische Auswirkungen des Holocaust auf die Opfer und ihre Kinder. Gerlingen 1992.

HARTEWIG, KARIN: Jüdische Kommunisten in der frühen DDR. In: »Provisorium für längstens ein Jahr«. Protokoll des Kolloquiums Die Gründung der DDR. Hrsg. von Elke Scherstjanoi. Berlin 1993, S 292-302.

HAUER, NADINE: Die »verschwundenen« Kinderjahre. In: Zwischenwelt – Zeitschrift für Kultur des Exils und des Widerstands. 3/2001. Kindheit im Rauch der Flammen, S. 57-59.

HAUPERT, BERND: Objektiv-hermeneutische Fotoanalyse am Beispiel von Soldatenfotos aus dem Zweiten Weltkrieg. In: Garz, D./Kraimer, K. (Hg.): Die Welt als Text. Theorie, Kritik und Praxis der Objektiven Hermeneutik. Frankfurt am Main 1994, 281-314.

HERZKA, HEINZ-STEFAN/SCHUMACHER, A. VON/TYRANGIEL, S.: Die Kinder der Verfolgten. Die Nachkommen der Naziopfer und Flüchtlingskinder heute. Göttingen 1989.

HOLTON, GERALD/SONNERT, GERHARD (2003): »What happened to the Austrian Refugee Children in America? A Report from Research Project ›Second Wave«. physics.harvard.edu/holton/AustrianChildren.pdf (Datum des Abrufs: 23.7.2006).

HONIGMANN, PETER: Nur noch lebendes Museumsstück? Das Problem, in der DDR ein Jude zu sein. In: Tribüne. Zeitschrift zum Verständnis des Judentums. 24. Jg., H. 96, 1985, S. 146-151.

HONNETH, AXEL: Objektbeziehungstheorie und postmoderne Identität. Über das vermeintliche Veralten der Psychoanalyse. In: ders.: Unsichtbarkeit. Stationen einer Theorie der Intersubjektivität. Frankfurt am Main 2003, S. 138-161.

HURRELMANN, KLAUS: Einführung in die Sozialisationstheorie. 8., vollst. überarb. Auflage. Weinheim u. Basel 2002.

ILBERG, WERNER: Hans Marchwitza. Leipzig 1971.

INOWLOCKI, LENA: Was bedeuten Geschichte und Religion nach der Shoah? Paradoxien und Reflexivität in Bildungsprozessen Jugendlicher. In: ZBBS Heft 2/2002, S. 263-281.

JASON, PHILIP K./POSNER, IRIS. Don't Wave Goodbye. The Children's Flight from Nazi Persecution to American Freedom. Westport u.a. 2004.

JÜRGENS, FRANZ J.: »Wir waren ja eigentlich Deutsche«. Juden berichten von Emigration und Rückkehr. Berlin 1997.

KAPLAN, LOUISE J.: Abschied von der Kindheit. Stuttgart 1991².

KAPLAN, MARION: Jüdisches Bürgertum. Frau, Familie und Identität im Kaiserreich. Hamburg 1997.

KAUFMANN, JEAN-CLAUDE: Die Erfindung des Ich. Eine Theorie der Identität. Konstanz 2005.

KEGAN, ROBERT: Die Entwicklungsstufen des Selbst. Fortschritte und Krisen im menschlichen Leben. München 1994³.

KEILSON, HANS: Trennung und Traumatisierung. Jüdische Kinder im Untergrund in Holland während deutscher Besatzung 1940-1945. In: Benz, U./Benz, W. (Hg.): Sozialisation und Traumatisierung. Kinder in der Zeit des Nationalsozialismus. Frankfurt am Main 1992, S. 40-57.

– Sequentielle Traumatisierung bei Kindern. In: Hardtmann, Gertrud (Hg.): Spuren der Verfolgung. Seelische Auswirkungen des Holocaust auf die Opfer und ihre Kinder. Gerlingen 1992, S. 69-79.

KEIM, W.: Jugend und Schule im NS-Staat – ein Überblick unter Berücksichtigung des aktuellen Forschungsstandes. In: Informationen für den Geschichts- und Gemeinschaftskundelehrer, Heft 64, 2/2002, S. 5-19.

KELLE, UDO/KLUGE, SUSANN: Vom Einzelfall zum Typus. Opladen 1999.

KESSLER, MARIO: Exilerfahrung in Wissenschaft und Politik. Remigrierte Historiker in der frühen DDR. Köln/Weimar/Wien 2001.

KESTENBERG, JUDITH S.: Kinder von Überlebenden der Nazi-Verfolgung. In: Psyche 28 (1974), S. 248 -265.

KESTENBERG, JUDITH S. (ED.): Children during the Nazi reign. Psychological perspective on the interview process. Westport, Conn./London: Praeger 1994.

KESTENBERG, JUDITH S./BRENNER, IRA: The last witness. The child survivor of the Holocaust. Washington, DC: American Psychiatric Press 1996.

KESTENBERG, JUDITH S./KAHN, CHARLOTTE (ED.): Children surviving Nazi persecution. An international study of trauma and healing. Westport, Conn./London: Praeger 1998.

KING, VERA: Die Entstehung des Neuen in der Adoleszenz. Individuation, Generativität und Geschlecht in modernisierten Gesellschaften. Opladen 2002.

KIRSCH, SANDRA: Emigration als Herausforderung für Prozesse der Einbindung und Ablösung. Eine Studie zu Identitätskonstruktionen von aus dem nationalsozialistischen Deutschland emigrierten Kindern und Jugendlichen. Mainz, Univ.; Diss., 2008.

KÖNIG, ECKARD/ZEDLER, PETER: Qualitative Forschung: Grundlagen und Methoden. Opladen 2002.

KOHLBERG, LAWRENCE: Die Psychologie der Lebensspanne. Hg. von Wolfgang Althof u. Detlef Garz. Frankfurt am Main 2000.

KLÜGER, RUTH: weiter leben. Eine Jugend. München 1999[9].

KRAPPMANN, LOTHAR: Soziologische Dimensionen der Identität. Stuttgart 1975[4].

KRAUSS, MARITA: Heimkehr in ein fremdes Land. Geschichte der Remigration nach 1945. München 2001.

KRÜGER, HEINZ-HERMANN/MAROTZKI, WINFRIED (Hg.): Handbuch erziehungswissenschaftliche Biographieforschung. Opladen 1999.

– Erziehungswissenschaftliche Biographieforschung. 2., durchges. Auflage, Opladen 1996.

KROHN, CLAUS-DIETER: Zufluchtsländer: Arbeits- und Lebensbedingungen im Exil – Vereinigte Staaten von Amerika. In: Krohn, C.-D. et al. (Hg.): Handbuch der deutschsprachigen Emigration 1933-1945, Darmstadt 1998, S. 446-466.

KROHN, CLAUS-DIETER ET AL. (Hg.): Kindheit und Jugend im Exil – Ein Generationenthema. Exilforschung. Ein internationales Jahrbuch, Bd. 24. München 2006.

LAMNEK, SIEGFRIED: Qualitative Sozialforschung. Bd. I + II München/ Weinheim 1988.

LAQUEUR, WALTER: Geboren in Deutschland. Der Exodus der jüdischen Jugend nach 1933. Berlin/München 2000.

LEBER, MARTINA/OEVERMANN, ULRICH: »Möglichkeiten der Therapieverlaufsanalyse in der objektiven Hermeneutik. Eine exemplarische Analyse der ersten Minuten einer Fokaltherapie aus der Ulmer Textbank (›Der Student‹)«, in: Garz, D./Kraimer, K. (Hg.): Die Welt als Text. Theorie, Kritik und Praxis der objektiven Hermeneutik. Frankfurt am Main 1994, S. 383-427.

LEMPP, REINHARD: Seelische Verfolgungsschäden bei Kindern der Ersten und Zweiten Generation. In: Hardtmann, Gertrud (Hg.): Spuren der Verfolgung. Seelische Auswirkungen des Holocaust auf die Opfer und ihre Kinder. Gerlingen 1992, S. 93-99.

LINKE, A./NUSSBAUMER, M./PORTMANN, P.R.: Studienbuch Linguistik. (Reihe Germanistische Linguistik). Tübingen 1991.

LOER, THOMAS: Werkgestalt und Erfahrungskonstitution. In: Garz, D./Kraimer, K. (Hg.): Die Welt als Text. Theorie, Kritik und Praxis der Objektiven Hermeneutik. Frankfurt am Main: Suhrkamp 1994, 341-382.

– Streit statt Haft und Zwang – objektive Hermeneutik in der Diskussion. In: sozialer sinn 7(2006), 345-374.

LOHFELD, WIEBKE: Es waren die dunkelsten Tage in meinem Leben. Krisenprozess und moralische Entwicklung. Eine Biographieanalyse. Frankfurt am Main 1998.

MAIERHOF, GUDRUN: »Wir hatten gehofft, mehr Kinder zu retten.« Die Abteilung Kinderauswanderung in der Reichsvertretung/Reichsvereinigung der Juden in Deutschland 1934 bis 1941. In: Hansen-Schaberg, Inge (Hg.): Als Kind verfolgt. Anne Frank und die anderen. Berlin 2004, S. 53-63.

MANN, ERIKA: Zehn Millionen Kinder. Die Erziehung der Jugend im Dritten Reich. Reinbek b. Hamburg 2002[4].

MARCIA, JAMES E.: Identity Diffusion Differentiated. In: Luszcz, M.A./Nettelbeck, T. (ed.): Psychological Development: Perspectives Across the Life-Span. North Holland: Elsevier Science Publishers B.V. 1989, S. 289-294.

MARCIA, JAMES ET AL. (ED.): Ego Identity. A Handbook for Psychosocial Research. New York: Springer 1993.

MAROTZKI, WINFRIED: Aspekte einer bildungstheoretisch orientierten Biographieforschung. In: Hoffmann, D./Heid, H. (Hg.): Bilanzierungen erziehungswissenschaftlicher Theorieentwicklung. Weinheim 1991, S. 120-134.

– Bildungstheorie und Allgemeine Biographieforschung. In: Krüger, H.-H./Marotzki, W. (Hg.): Erziehungswissenschaftliche Biographieforschung. 2., durchges. Auflage, Opladen 1996, S. 57-68.

MAYRING, PHILIPP: Einführung in die qualitative Sozialforschung. Weinheim 1999[4].

MEAD, GEORGE HERBERT: Philosophie der Sozialität. Frankfurt am Main 1969.

– (1934): Geist, Identität und Gesellschaft. Frankfurt am Main 1975[2].

MENTZOS, STAVROS: Neurotische Konfliktverarbeitung. Einführung in die psychoanalytische Neurosenlehre unter Berücksichtigung neuer Perspektiven. Frankfurt am Main 2005.

MERTENS, LOTHAR: Jüdische Gemeinden in der DDR. In: Tribüne. Zeitschrift zum Verständnis des Judentums. 28. Jg., Heft 111, 1989, S. 171-180.

MEYER, MICHAEL A. (HG.) : Deutsch-jüdische Geschichte der Neuzeit. Bd. 1-4. Hg. im Auftr. des Leo-Baeck-Instituts unter Mitw. von Michael Brenner. München 2000.

MICHAELIS-STERN; EVA: Der Vernichtung entronnen. Jugend-Aliyah von 1933 bis 1944 aus Europa nach Palästina. In: Tribüne. Zeitschrift zum Verständnis des Judentums. 28. Jg. Heft 108 u. 110, 1989, S. 216-226.

– Erinnerungen an meine Eltern. In: Deutsch, Werner (Hg.): Über die verborgene Aktualität von William Stern. Frankfurt am Main 1991.

MILLER, ALICE: Das Drama des begabten Kindes und die Suche nach dem wahren Selbst. Frankfurt am Main 1983.

MITSCHERLICH, MARGARETE/RUNGE, IRENE: Kulturschock. Umgang mit Deutschen. Hamburg 1993.

NELLES, DIETER/NOLZEN, ARMIN/SÜNKER, HEINZ: Sequentielle Traumatisierung. Die Lebensbedingungen der Kinder von politisch Verfolgten des NS-Regimes. In: Hansen-Schaberg, Inge/Müller, Ulrike (Hg.): »Ethik der Erinnerung« in der Praxis. Zur Vermittlung von Verfolgungs- und Exilerfahrungen. Wuppertal 2005, S. 200-219.

NIETZSCHE, FRIEDRICH: Die fröhliche Wissenschaft. München 1980.

NOAM, GIL: The Self, Adult Development and the Theory of Biography and Transformation. In: Lapsley, D. K./Power, F. Clark (eds.): Self, Ego and Identity. Integrative Approaches. New York, Berlin, Heidelberg 1988: Springer, S. 5-29.

– Selbst, Moral und Lebensgeschichte. In: Edelstein, W./Nunner-Winkler, G./Noam, G. (Hg.): Moral und Person. Frankfurt am Main 1993, S. 171-199.

– Moralisches Verhalten: Brauchen wir ein Selbst? In. Garz, D./Oser, F./Althof, W. (Hg.): Moralisches Urteil und Handeln. Frankfurt am Main 1999, S. 340-376.

OEVERMANN, ULRICH: Programmatische Überlegungen zu einer Theorie der Bildungsprozesse und zur Strategie der Sozialisationsforschung. In: Hurrelmann, K. (Hg.): Sozialisation und Lebenslauf. Empirie und Methodik sozialwissenschaftlicher Persönlichkeitsforschung. Reinbek b. Hamburg 1976, S. 34-52.

– Sozialisationstheorie. Ansätze zu einer soziologischen Sozialisationstheorie und ihre Konsequenzen für die allgemeine soziologische Analyse. In: KZfSS, H. 21, Sonderheft: Deutsche Soziologie seit 1945. Entwicklungsrichtungen und Praxisbezug. 1979, S. 143-168.

– Zur Sache. Die Bedeutung von Adornos methodologischem Selbstverständnis für die Begründung einer materialen soziologischen Strukturanalyse. In: Friedeburg, L. von/Habermas, J. (Hg.): Adorno-Konferenz 1983, Frankfurt am Main 1983, S. 234-289.

– Ein Modell der Struktur von Religiosität. Zugleich ein Strukturmodell

von Lebenspraxis und von sozialer Zeit. In: Wohlrab-Sahr, M. (Hg.): Biographie und Religion. Zwischen Ritual und Selbstsuche. Frankfurt am Main, New York 1995, S. 27-102.
– Die Methode der Fallrekonstruktion in der Grundlagenforschung sowie der klinischen und pädagogischen Praxis. In: Kraimer, K. (Hg.): Die Fallrekonstruktion. Sinnverstehen in der sozialwissenschaftlichen Forschung. Frankfurt am Main 2000, S. 58-156.
– Die Philosophie von Charles Sanders Peirce als Philosophie der Krise. In: Wagner, H.-J.: Objektive Hermeneutik und die Bildung des Subjekts. Weilerswist 2001a, S. 209-246.
– Strukturprobleme supervisorischer Praxis. Eine objektiv hermeneutische Sequenzanalyse zur Überprüfung der Professionalisierungstheorie. Frankfurt am Main 2001b.
– Überlegungen zum Stellenwert von »Selbstbewußtsein« in der Konstitutionstheorie der Erfahrungswissenschaften von der sinnstrukturierten Welt und zum Verhältnis dieser Wissenschaften zu den Neurowissenschaften. Unveröff. Manuskript, Frankfurt am Main 2001c, 17 S.
– Die Soziologie der Generationenbeziehungen und der historischen Generationen aus strukturalistischer Sicht und ihre Bedeutung für die Schulpädagogik. In: Kramer, R.-T./Helsper, W./Busse, S. (Hg.): Pädagogische Generationsbeziehungen. Opladen 2001d, S. 78-128.
– Die Struktur sozialer Deutungsmuster. Versuch einer Aktualisierung. In: sozialer sinn 1/2001e, S. 35-81.
– Bausteine einer Theorie künstlerischen Handelns aus soziologischer Sicht. Unveröff. Manuskript, Frankfurt am Main 2001f, 56 S.
– Klinische Soziologie auf der Basis der Methodologie der objektiven Hermeneutik – Manifest der objektiv hermeneutischen Sozialforschung. Frankfurt am Main 2002. Quelle: http: www.ihsk.de (Datum des Abrufs: 11.09.2005).
– Strukturelle Religiosität und ihre Ausprägungen unter Bedingungen der vollständigen Säkularisierung des Bewusstseins. In: Gärtner, C./Pollack, D./Wohlrab-Sahr, M. (Hg.): Atheismus und religiöse Indifferenz. Opladen 2003, S. 339-387.
– Sozialisation als Prozeß der Krisenbewältigung. In: Geulen, D./Veith, H. (Hg.): Sozialisationstheorie interdisziplinär. Stuttgart 2004a, S. 155-181.
– Bildungsideale und Strukturprobleme der Hochschulen im digitalen Zeitalter. Unveröff. Manuskript, Frankfurt am Main 2004, 40 S.

OEVERMANN, ULRICH et al.: Die Methodologie einer objektiven Hermeneutik und ihre allgemeine forschungslogische Bedeutung in den Sozialwissenschaften. In: Soeffner, H.-G. (Hg.): Interpretative Verfahren in den Sozial- und Textwissenschaften. Stuttgart 1979, S. 352-434.

PAUEN, MICHAEL: Illusion Freiheit? Mögliche und unmögliche Konsequenzen der Hirnforschung. Frankfurt am Main 2004.

POPPER, KARL R.: Objektive Erkenntnis. Ein evolutionärer Entwurf. Hamburg 1973.

PRZYBORSKI, AGLAJA/WOHLRAB-SAHR, MONIKA: Qualitative Sozialforschung. Ein Arbeitsbuch. 2., korr. Auflage. Oldenbourg 2009.

ROEDER, WERNER/STRAUSS, HERBERT A. (Hg.): Biographisches Handbuch der deutschsprachigen Emigration nach 1933/International Biographical Dictionary of Central European Emigrés 1933-1945. 3 Bd. München 1980-1983 (Ausgabe 1999).

ROEDER, WERNER: Die politische Emigration. In: Krohn, C.-D. et al. (Hg.): Handbuch der deutschsprachigen Emigration 1933-1945, Darmstadt 1998, S. 16-30.

ROSENTHAL, DOREEN A.: Living in Two Worlds: Intergenerational Conflict in Immigrant Families. In: Luszcz, M.A./Nettelbeck, T. (eds.): Psychological Development: Perspectives Across the Life-Span. Elsevier Science Publishers (North Holland) 1989, pp. 303-310.

RICKER, KIRSTEN: Migration, Biographie, Identität – Der biographische Ansatz in der Migrationsforschung. In: Badawia, T./Hamburger, F./ Hummrich, M. (Hg.) Wider die Ethnisierung einer Generation. Beiträge zur qualitativen Migrationsforschung. Frankfurt am Main 2003, S. 53-65.

RUNGE, IRENE: Ignoranz, Solidarität und Nationalwahn zu Zeiten der DDR. Innensicht aus jüdischer Perspektive. In: Kulke, Ch./Lederer, G. (Hg.): Der gewöhnliche Antisemitismus. Zur politischen Psychologie der Verachtung. Pfaffenweiler 1994, S. 159-170.

SAMUEL, ARTHUR: Mein Leben in Deutschland vor und nach dem 30. Januar 1933. In: Bonner Geschichtsblätter, Bd. 49/50. Bonn 1999/2000 (2001), S. 399-457.

SCHLICK, BRIGITTE: Frühgeburtlichkeit als Trauma: Zwei Exemplarische Fallanalysen von Frühgeborenen. Frankfurt am Main Univ., Diplomarbeit, 2006.

SCHOTTLAENDER, RUDOLF: Trotz allem ein Deutscher. Mein Lebensweg seit Jahrhundertbeginn. Freiburg i. Br. 1986.

SCHNEIDER, LUDWIG: Grundlagen der soziologischen Theorie, Bd. 3. Sinnverstehen und Intersubjektivität – Hermeneutik, funktionale Analyse, Konversationsanalyse und Systemtheorie. Wiesbaden 2004.

SCHREIBER, BIRGIT: Versteckt. Jüdische Kinder im nationalsozialistischen Deutschland und ihr Leben danach. Frankfurt am Main/New York 2005.

SCHÜTZ, ALFRED (1932): Der sinnhafte Aufbau der sozialen Welt. Eine Einleitung in die verstehende Soziologie. Frankfurt am Main 1993.

SCHÜTZE, FRITZ: Prozeßstrukturen des Lebenslaufs. In: Matthes, J./ Pfeifenberger, A./Stosberg, M. (Hg.): Biographie in handlungswissenschaftlicher Perspektive. Nürnberg 1981, S. 67-156.

– Kognitive Figuren des autobiographischen Stegreiferzählens. In: Kohli, M./Robert, G. (Hg.): Biographie und soziale Wirklichkeit. Stuttgart 1984, S. 78-117.

SCHULTZ, MAGDALENA: »An allem war das Kaninchen schuld«. Intergenerationenbeziehungen im hohen Lebensalter bei »Kindern der Shoah«. In:

Bauer, A./Gröning, K. (Hg.:) Die späte Familie. Intergenerationenbeziehungen im hohen Lebensalter. Gießen 2007, S. 43-61.

SCHULZE, THEODOR: Erziehungswissenschaftliche Biographieforschung. Anfänge, Fortschritte, Ausblicke. In: Krüger, H.-H./Marotzki, W. (Hg.): Handbuch erziehungswissenschaftliche Biographieforschung. Opladen 1999, S. 33-55.

SEIFFGE-KRENKE, INGE/GELHAAR, TIM: Entwicklungsregulation im jungen Erwachsenenalter: Zwischen Partnerschaft, Berufseinstieg und der Gründung eines eigenen Haushalts. In: Zeitschrift für Entwicklungspsychologie und Pädagogische Psychologie 2006, 38, S. 18-31.

SONNERT, GERHARD/HOLTON, GERALD: What happened to the children who fled Nazi persecution. New York: Palgrave Macmillan 2006.

STEPHAN, ALEXANDER: Die intellektuelle, literarische und künstlerische Emigration. In: Krohn, C.-D. et al. (Hg.): Handbuch der deutschsprachigen Emigration 1933-1945, Darmstadt 1998, S. 30-46.

SULEIMAN, SUSAN RUBIN: The 1.5 Generation: Thinking about Child Survivors and the Holocaust. In: American Imago, Vol 59, No. 3 (2002), pp. 277-295.

SUTTER, TILMANN: Sozialisation als Konstruktion subjektiver und sozialer Strukturen. In: Geulen, D./Veith, H. (Hg.): Sozialisationstheorie interdisziplinär. Stuttgart 2004, S. 93-115.

STEINKE, INES: Kriterien qualitativer Forschung. Weinheim/München 1999.

TAYLOR, CHARLES: Quellen des Selbst. Die Entstehung der neuzeitlichen Identität. Frankfurt am Main 1996.

TODOROV, TZVETAN: Abenteuer des Zusammenlebens. Versuch einer allgemeinen Anthropologie. Frankfurt am Main 1998.

TREIBEL, ANNETTE: Migration in modernen Gesellschaften: soziale Folgen von Einwanderung, Gastarbeit und Flucht. 2., völlig neubearb. u. erw. Auflage, Weinheim/München 1999.

TURNER, BARRY: Die Rettung der Kinder. Kindertransporte im Dritten Reich. Gießen 2003.

VAILLANT, GEORGE E.: The Wisdom of the Ego. Cambridge: Harvard University Press 1995.

VÖLTER, BETTINA: Judentum und Kommunismus. Deutsche Familiengeschichten in drei Generationen. Opladen 2002.

WAGNER, HANS-JOSEF: Rekonstruktive Methodologie. Opladen 1999.

– Objektive Hermeneutik und die Bildung des Subjekts. Weilerswist 2001.

– Sozialität und Reziprozität. Strukturale Sozialisationstheorie I. Frankfurt am Main 2004a.

– Krise und Sozialisation. Strukturale Sozialisationstheorie II. Frankfurt am Main 2004b.

– Thesen zu einer zukünftigen Sozialisationstheorie. In: Geulen, D./Veith, H. (Hg.): Sozialisationstheorie interdisziplinär. Stuttgart 2004c, S. 183-209.

WEBER, HERMANN: Kommunistischer Widerstand gegen die Hitler-Diktatur 1933-1939. Beiträge zum Widerstand 1933-1945. Berlin 1988.

WEBER, HERMANN/HERBST, ANDREAS: Deutsche Kommunisten. Biographisches Handbuch 1918 bis 1945. Berlin 2004.

WEINRICH, HARALD: Textgrammatik der deutschen Sprache. Hildesheim 2003².

WELZER, HARALD: Das kommunikative Gedächtnis. Eine Theorie der Erinnerung. München 2005.

– Familiengedächtnis. Zum Verhältnis von familialer Tradierung und Aufklärung über Geschichte. In: Jahrbuch für Pädagogik. Erinnern – Bildung – Identität. Red. Hans-Jochen Gamm. Frankfurt am Main 2003, S. 155-171.

WERNET, ANDREAS: Einführung in die Interpretationstechnik der objektiven Hermeneutik. Opladen 2000.

WETZEL, JULIANE: Ausgrenzung und Verlust des sozialen Umfeldes. Jüdische Schüler im NS-Staat. In: Benz, U./Benz, W. (Hg.): Sozialisation und Traumatisierung. Frankfurt am Main 1992, S. 92-102.

WINNICOTT, DONALD W. (1965): Reifungsprozesse und fördernde Umwelt. Frankfurt am Main 1993.

– (1965): Familie und individuelle Entwicklung. Frankfurt am Main 1997.

WINTERHAGER-SCHMID, LUISE: »Groß und »klein«. Zur Bedeutung der Erfahrung mit Generationendifferenz im Prozess des Heranwachsens. In: Winterhager-Schmid, L. (Hg.): Erfahrung mit Generationendifferenz. Weinheim 2000, S. 15-37.

WOHLRAB-SAHR, MONIKA: Religiöse Indifferenz und die Entmythologisierung des Lebens. Eine Auseinandersetzung mit Ulrich Oevermanns »Strukturmodell von Religiosität«. In: Gärtner, C./Pollack, D./Wohlrab-Sahr, M. (Hg.): Atheismus und religiöse Indifferenz. Opladen 2003, S. 389-399.

WULF, CHRISTOPH: Theorien und Konzepte der Erziehungswissenschaften. München 1977.

ZAPF, LILLY: Die Tübinger Juden. Eine Dokumentation. Tübingen 1974.

ZIMMER, JOCHEN (HG.): Mit uns zieht die neue Zeit. Die Naturfreunde. Zur Geschichte eines alternativen Verbandes in der Arbeiterkulturbewegung. Köln 1984.

Archivquellen

Sammlung Exil-Literatur und Deutsches Exilarchiv 1933-1945, Deutsche Nationalbibliothek Frankfurt am Main. Die Bestandsnummer kann aus Datenschutzgründen nicht angegeben werden.